"十四五"高等职业院校现代学徒制示范教材
教育部第三批现代学徒制试点项目校企合作教材

物流客户服务与营销

主　编　杨　俐
副主编　姚金沓

中国财富出版社有限公司

图书在版编目（CIP）数据

物流客户服务与营销 / 杨俐主编. —北京：中国财富出版社有限公司，2020.9（2024.7 重印）

“十四五”高等职业院校现代学徒制示范教材　教育部第三批现代学徒制试点项目校企合作教材

ISBN 978－7－5047－7214－5

Ⅰ.①物…　Ⅱ.①杨…　Ⅲ.①物资企业－客户－销售服务－高等职业教育－教材②物资市场－市场营销学－高等职业教育－教材　Ⅳ.①F253②F252.2

中国版本图书馆 CIP 数据核字（2020）第 150208 号

策划编辑　黄正丽　　**责任编辑**　黄正丽
责任印制　梁　凡　　**责任校对**　杨小静　　**责任发行**　敬　东

出版发行	中国财富出版社有限公司		
社　　址	北京市丰台区南四环西路 188 号 5 区 20 楼	**邮政编码**	100070
电　　话	010－52227588 转 2098（发行部）		010－52227588 转 321（总编室）
	010－52227566（24 小时读者服务）		010－52227588 转 305（质检部）
网　　址	http://www.cfpress.com.cn	**排　　版**	宝蕾元
经　　销	新华书店	**印　　刷**	宝蕾元仁浩（天津）印刷有限公司
书　　号	ISBN 978－7－5047－7214－5/F·3208		
开　　本	787mm×1092mm　1/16	**版　　次**	2020 年 9 月第 1 版
印　　张	19	**印　　次**	2024 年 7 月第 4 次印刷
字　　数	450 千字	**定　　价**	48.00 元

前　言

物流是继降低原材料成本、提高劳动生产率之后的“第三利润”源泉。现代物流业是一个新兴的服务行业，随着我国经济的发展，物流行业的竞争越来越激烈，对于物流企业来说，提升物流服务水平成为其获得竞争优势的必然选择。

本教材是为物流管理专业“量身定做”的教材，符合物流运营中级和高级职业等级人员的需要。本教材既保持了职校生“职业技能性”的共同特色，又兼顾了高职教育应具备的理论水准，同时也可作为物流相关从业人员的参考用书和岗位培训用书。

本教材的编写思路是以能力本位为主，坚持知识、能力、素质协调发展。依据物流客户服务（简称客服）职业能力需求，坚持理论知识与顶岗实操并重；围绕物流客服岗位业务流程，实现培养具有现代客户服务理念、掌握基本客户服务技能，并具备基础职业素质的中高级客户服务人员的目标。本教材以物流客户服务的售前、售中、售后三大工作职责为框架，引导学生通过项目进程和任务推进，学习并运用物流服务理念、客户服务职责、客户咨询、订单受理、订单查询、投诉处理、客户回访、客户信息收集和分析、大客户管理等理论知识，服务于岗位工作需要。在顶岗实操的过程中，以实际的岗位工作任务为主线，通过每个项目任务推进和任务目标的实现，达到培养学生职业能力和提升学生专业素质的培养目的。

本教材大胆创新，编写独具特色，以物流客户服务岗位为中心，围绕物流客户服务的业务流程，按项目任务设计，把项目中必会的相关知识单独列出，帮助学生理顺岗位职责中应用的知识点；增加了知识拓展部分，帮助学生深入掌握专业知识，训练学生横向思考能力；通过顶岗工作环节的评价，实现了对理论知识和岗位技能的综合考核。

基于本教材的上述特点，我们建议授课教师使用“理论教学 + 顶岗工作”的教学模式，理论教学以情境模拟为主，辅以课堂讨论和角色扮演等教学方法。建议总课时为 120 学时，具体课时分配如下表所示。

课时分配

序号	项目名称	理论学时（校内）	实践学时		合计学时
			岗位培训（企业）	顶岗工作（企业）	
1	认知物流企业客户服务岗位	4	4	10	18
2	掌握物流企业客户开发能力	10	4	10	24
3	掌握物流企业客户接待能力	8	4	10	22

续 表

序号	项目名称	理论学时（校内）	实践学时		合计学时
			岗位培训（企业）	顶岗工作（企业）	
4	掌握物流企业客户投诉处理能力	8	4	10	22
5	掌握物流企业客户营销和维护能力	4	2	10	16
6	理解物流客户服务绩效与管理	6	2	10	18
	合计	40	20	60	120

本教材由辽宁经济职业技术学院的专业教师与顺丰公司辽宁分公司的专业人士联合编写。辽宁经济职业技术学院商贸学院的杨俐担任主编，编写全书的理论部分，并负责全书的框架设计和最后统稿；顺丰公司辽宁分公司的姚金沓担任副主编，负责编写全书的企业项目背景和任务推进。

本教材在编写过程中参考并引用了大量的文献资料，我们对原作者表示由衷感谢！由于时间仓促且经验水平有限，本教材难免有不足之处，恳请各位同人批评指正。

编 者

2020 年 7 月

目　录

项目一　认知物流企业客户服务岗位

项目介绍

李忠伟是某职业技术学院物流管理专业的二年级学生，通过学校老师的推荐，他与其他几名同学到某物流公司辽宁分公司客户服务部（简称客服部）进行为期10周的顶岗实习。其间要进行与岗位相关的培训和学习，如果顶岗期间表现良好，毕业后则有机会优先招聘为正式员工。

李忠伟与其他几名同学在顶岗实习的第一天到客服部报到。企业指导老师介绍了公司的基本概况，并带着他们参观了公司各个部门，然后对他们进行了上岗前的培训。培训结束后，企业指导老师将对李忠伟等几位同学进行岗位培训考核。

任务分解

任务1　掌握物流客户关系管理的内容
任务2　认识物流客户服务与管理的内涵
任务3　理解物流企业客户管理的内涵
任务4　了解物流企业客户管理的作业流程
任务5　掌握物流企业客户服务部工作职责和岗位设置
任务6　培养物流企业客服和营销人员的从业素质
任务7　掌握互联网时代客服岗位应具备的新技能

任务目标

➢ 知识目标

（1）了解物流企业客户服务的内涵。
（2）熟悉物流企业客户服务结构的设置。
（3）了解物流企业客户服务人员的素质要求。
（4）熟悉物流企业客户服务流程和规范。
（5）掌握互联网时代客服岗位应具备的新技能。

➢ 技能目标

（1）能表述物流企业客户服务的内涵。
（2）能设置物流企业客户服务机构的岗位。
（3）能熟练应用物流企业客户服务礼仪服务客户。
（4）能树立“以客户为中心”的服务理念。
（5）能熟练应用互联网时代出现的创新服务工具。

任务1　掌握物流客户关系管理的内容

任务进程

某职业技术学院物流管理专业的李忠伟及其同学通过岗前培训考核后，被安排进入客户服务部进行轮岗。轮岗阶段，他与其他同学被安排到不同岗位，需要他们在不同岗位上分别完成各自的岗位任务。

李忠伟作为储备干部，被安排至客户服务中心进行轮岗工作，其岗位责任要求他对客户服务内涵和服务理念有一定的了解，要求其掌握物流客户服务内容，并辅助部门助理对客户服务部进行规划和管理。

第一周，李忠伟着手了解了物流客户关系管理的内容，并开始协助部门助理对部门的运作进行了整体规划和改进。

相关知识

一、物流客户关系管理

物流客户关系管理（CRM）是指把物流的各个环节组合成一个整体，再对其进行系统化客户管理。它能够整合物流、资金流、信息流等数据，同与其合作的供应商、生产商和经销商及最终客户等合作伙伴进行信息共享和资源互动，使其客户价值最大化，进而提升企业竞争力。

物流客户关系管理的内容主要包括以下几个方面。

（一）物流客户识别与管理

物流客户识别与管理是指物流企业对客户信息资料的收集、判别、分析和交流反馈的过程。具体内容如下。

1. 物流客户信息资料的收集

主要是做好物流客户原始记录。在信息技术支持下建立的客户档案是一个系统的、互动的营销数据库。其内容包括以下三个方面。

（1）主要客户的基本资料、信用等级、经营状况和负责人详细的个人资料。

（2）与客户沟通的信息记录、销售进展情况。

（3）市场研究和客户研究方面的基础资料等。

2. 物流潜在客户的判别

物流潜在客户的判别是指利用各种标准对客户进行分组，了解各类客户的特性，以便实施差异化服务。具体如下。

（1）了解谁是物流企业的客户，分辨关键客户、合适客户和一般客户。

（2）与合适的客户，尤其是关键客户建立深入关系。

（3）根据客户信息制定客户服务方案，满足客户个性化需求，提高客户价值。

（4）收集客户信息的方法有：市场调查，如电话、邮件调查和网上调查等；向咨询机构购买；信息交换等。

3. 物流客户分析

（1）分析各类客户的生命周期阶段、购买量、购买次数、维系成本、终身价值等，进而实施客户细分，了解客户差异对企业利润的影响。

（2）研究客户、零售商、经销商的不同需求特征（消费偏好）、需求变化、购买行为和消费习惯，指导企业进行市场定位和营销策略的制定。

4. 物流客户交流与反馈管理

（1）交流和沟通。

物流客户管理过程就是与客户交流信息的过程，实现有效的信息交流是物流企业与客户建立和保持良好关系的途径。有交流才会有了解，有了解才会建立并保持关系。因此要借助客户互动中心与客户保持适时的沟通；研究有效的沟通方法、方式和途径，指导物流企业进行品牌传播和推广策略的制定。

（2）客户反馈管理。

客户反馈管理的内容主要包括呼入呼出电话处理、呼叫中心运行管理、客户投诉管理、客户求助管理以及反馈信息分析、销售人员处理反馈信息记录等。反馈管理的目的在于衡量企业承诺目标实现的程度，并及时发现、分析并正确处理在为客户服务过程中出现的问题，最大限度地减少客户流失率。

（二）物流客户满意度管理

在物流活动中，客户满意度（CSD）是客户对所购买的产品和服务的满意程度，以及能够期待他们未来继续购买的可能性，它是客户满意程度的感性评价指标。

从本质上讲，客户满意度反映的是客户的一种心理状态，它源于客户对物流企业的某种产品或服务消费后所产生的感受与自己的期望所进行的对比。也就是说“满意”并不是一个绝对概念，而是一个相对概念。企业不能闭门造车，满足于自己对服务质量、服务态度、产品质量、价格等指标是否优化的主观判断上，而应考察所提供的产品或服务与客户期望、要求等吻合的程度。

1. 建立物流客户满意度评价体系

这是一种从客户感受出发来研究客户满意度的方法。物流客户满意度评价体系是以物流客户作为质量评价主体，以客户需求作为质量评价标准，通过构建一系列评价要素，计算出客户对物流产品或服务的满意度指数。物流满意度评价要素主要有客户预期质量、客户满意度、客户抱怨、客户忠诚度。

（1）客户预期质量。即客户在购买该产品或服务前对其质量的预期。在服务水平确定的条件下，客户预期质量的高低决定了客户的满意程度，预期质量高则满意度低。

（2）客户满意度。即客户对所购买的产品或服务的总体满意程度。

（3）客户抱怨。即客户对该产品或服务不满的正式表示。

（4）客户忠诚度。即客户继续选购该产品或服务的可能性。

2. 积极贴近并仔细研读客户

（1）树立以物流客户为中心的理念。建立物流客户满意度评价体系之后，再通过实施一系列的项目来获得客户体验资料，据此对物流企业员工进行客户关系培训，并将客户的需求写入所有工作日程。

（2）根据物流客户需求的变化调整业务机构。这是物流企业贴近客户，提高客户满意度的重要环节。

（3）加强与客户的沟通，缩短与客户的距离。建立有效的沟通系统，处理好客户抱怨，并及时了解客户需求，对客户需求做出快速反应。

（4）建立企业内部客户制度，使物流企业的整个工作围绕客户服务展开。内部客户是指在整个工作流程中，企业内部上个环节的部门把下个环节的部门当作客户，或上个工序把下个工序当作客户。

3. 为客户提供个性化产品或服务

为客户提供个性化产品或服务是提高客户满意度的关键因素。个性化产品或服务能够增加客户的认知体验，从而培养客户的认知信任。具体要做到以下几点。

（1）要面对面地了解物流客户的真实想法，根据客户的需求意向预测产品或服务。

（2）让客户参与产品或服务的规划设计，使客户感受到该产品或服务是为其“量身定做”的。

（3）进行敏捷的定制化生产，使客户时刻享受个性化。

（4）向客户提供的产品或服务要与众不同，具有差异性、多样化的特点。

4. 增强客户体验

增强客户体验是培养客户信任的重要方法。客户购买物流企业的产品或服务实质上是在接受一种体验，因此，增强客户体验，物流企业应从以下几方面着手。

（1）树立为客户服务的理念，并将这一理念贯穿营销活动的全过程。

（2）以完善的服务和对客户负责的精神，使客户对物流企业产生充分的信赖感。

（3）制定切实可行又有挑战性的服务标准，激励员工努力做好服务工作。

（4）向客户做出的承诺，一定要一诺千金。

（5）做好服务质量检查、考核工作，并将考核结果及时反馈给有关员工。

（6）研究改进措施，不断提高服务质量。

5. 重视客户关怀

客户关怀活动包含在客户接受产品或服务的客户体验的全部过程中。具体包括以下三部分。

（1）购买前的客户关怀。其是指为企业与客户之间的关系的建立打开一扇大门，为鼓励和促进客户的购买做铺垫。

（2）购买中的客户关怀。其是指与企业提供的产品或服务紧密地联系在一起，包括订单的处理以及各种有关的细节，都要与客户的期望相吻合，满足客户的需求。

（3）购买后的客户关怀。其是指集中于高效的跟进和提供有效的关怀，其目的是促进客户信任的形成和巩固，使客户能够重复购买企业的产品或服务。

（三）物流客户拓展管理

拓展物流客户是物流客户关系管理的工作重心。拓展物流客户一定要根据客户的特性，结合企业自身的特点，运用市场营销原理，通过建立良好的物流服务体系、进行精准的物流市场定位以及开展多样的物流促销活动等途径进行。

1. 建立良好的物流服务体系

良好的物流服务体系是拓展物流客户的基本途径，它包括优化物流服务设施配置和完善物流服务作业体系。

（1）优化物流服务设施配置。物流服务设施包括房屋建筑，各类机械设备、运输工具、通信设备以及信息系统和网络等。企业在进行设施配置的时候，一定要与物流活动需要和发展目标相适应，同时要考虑能够形成技术和资源优势，以达到吸引客户的目的。

（2）完善物流服务作业体系。企业在锁定了目标市场之后，要力图通过完善的服务作业体系吸引一部分客户。企业应当建立相应的服务人员管理、服务质量保证和客户投诉处理等规章制度；规范服务作业流程；进行必要的培训以提高员工的整体素质。

2. 进行精准的物流市场定位

在对物流市场细分的基础上，选择目标市场，再进行精准的物流市场定位。结合企业自身实力、产品差异、物流市场需求特点、产品生命周期、市场竞争状况、营销宏观环境等，选择一个或几个或全部细分市场作为自己的目标市场，找准物流客户，做到有的放矢，从而有效地开发物流客户。

3. 开展多样的物流促销活动

当把物流服务视为产品的时候，对其进行形式多样的促销活动是非常必要的。对物流服务的促销应当明确产品的范围、促销的价值、持续的时间以及收益者。

（四）物流客户忠诚度管理

培养客户忠诚度是客户关系管理的重要目标。物流企业的忠诚客户管理以及强化物流客户忠诚度管理就成为物流客户关系管理的重要内容。

1. 以客户为中心建立数据库

物流客户关系管理可把企业内部和外部分散的客户数据结合起来，使得客户或潜在客户的消费习惯、嗜好等得以存储和读取，并让客户知道物流企业以他们为重。做到以上两点，客户会多频次、多数量地购买或使用企业的产品和服务，企业会从他们身上获得更多的利润；如果企业让同一位服务人员长期服务客户，会使客户体验更加满意并更愿意与企业进一步合作。

2. 按客户级次制定营销策略

利用数据库，把现有客户分为可疑者、展望者、新客户、回头客、忠诚客户、拥护者、不积极客户和流失客户。针对不同客户分类，制订相应的营销计划，督促他们向拥护者级别转换并设法让客户保持这个忠诚状态。这样，才能逐步提升企业老客户的忠诚度。

这个过程也被称为客户“升级”过程，即把盈利能力差的客户提升为盈利能力强的客户。可以通过客户资产中的价值资产、品牌资产和维系资产三个部分的提升来分析客户升级的策略。

3. 用信息技术服务提高客户忠诚度

这里需要注意的是，要向客户提供企业承诺的能负担的让利；诚实地对待客户，尊重客户感受，客户会用忠诚回报企业的付出和服务。

4. 用信息系统与客户互动

企业要借助相关的信息技术维护和加强客户关系。企业应该使用各种互动渠道和前端办公应用系统与客户进行互动。措施是通过信息系统的建立，规划并标示出企业与客户之间的联系，扩展互动的潜在区域，探索新的活动策略；通过收集的客户信息与客户进行互动，传递企业信息或市场信息，帮助客户做出选择，维护并提高客户的忠诚度。

同时，企业应注意对互动成本进行估算和分类。比较常用和经济的方法是通过短信、微信、电子邮件等数字化方式与客户进行接触和互动。物流企业可以依据以客户数据库为核心的客户关系管理体系进行精准营销活动，通过为客户提供识别、互动、定制等个性服务，大幅提升客户的忠诚度。

二、物流客户服务

（一）物流客户服务内涵

客户服务是物流企业最关键的业务内容，是企业的利润来源，企业必须积极主动地处理客户的各种类型的信息咨询、订单查询与投诉，并提供高质量的现场服务等。物流客户服务的内容主要包括核心服务、基础服务、辅助服务和增值服务（见图1－1－1）。

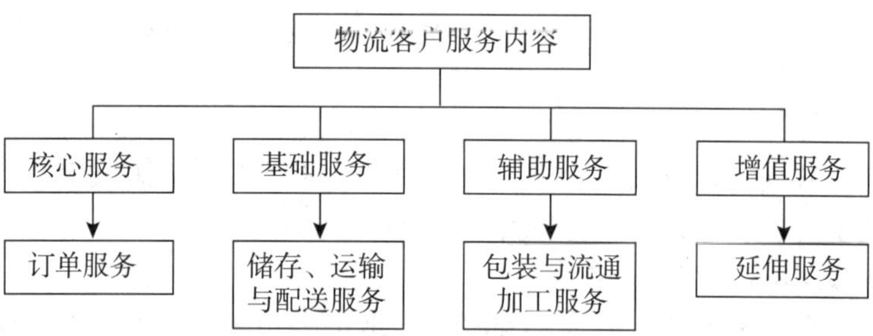

图1－1－1　物流客户服务内容

1. 核心服务——订单服务

订单服务是物流客户服务的主要部分，物流企业的所有业务都是围绕客户订单而开展的，它是从接到客户的订单开始到将货物送达客户的一系列物流过程。订单服务包括订单受理、订单传递、订单处理、订单分拣与整合、订单确认、退货处理等过程。

2. 基础服务——储存、运输与配送服务

在完成客户订单的过程中，需要储存、运输与配送这些基础服务来配合。没有物流的基础服务就没有物流的延伸服务。物流企业只有认真、扎实地做好储存、运输和配送服务，才能不断提高竞争力。

3. 辅助服务——包装与流通加工服务

在做好物流基础服务以后，还必须做好包装与流通加工服务。包装与流通加工服务是促进产品销售和提高物流效率的关键。

4. 增值服务——延伸服务

随着市场竞争的加剧，物流企业在完成基本服务的同时，必须为客户提供增值化的延伸服务。

（二）不同类型的物流客户服务内容设计

无论物流服务的对象多么千差万别，物流系统提供的物流客户服务的内容多么复杂，我们都可以简要地将物流客户服务归结为传统物流客户服务和增值性物流客户服务两大类。物流系统应该考虑从这两个方面进行物流客户服务内容设计。

1. 传统物流客户服务的内容

传统物流客户服务包括运输、储存、配送、包装、装卸搬运、流通加工和信息处理等基本的物流活动，属于基本的、功能性的物流服务。

（1）运输服务。将消费者的订货送到指定地点离不开运输，运输服务是最基本和最重要的物流服务。传统运输服务执行货物转移功能，单一的承运人仅采用单一的运输方式，如铁路货运仅承担铁路沿线货运站间的运输服务，不涉及货运站到收货人的公路运输服务。类似情形在航空货运中也存在。承运人仅收取货物转移的基本服务费。运输服务提供商一般自己拥有或掌握一定规模的运输工具，但其竞争优势并不仅仅体现在物流设施上，还体现在具有一个覆盖全国或一个区域的网络的能力上。运输服务提供商组织网络内部的运输作业，在规定的时间内将客户需要的货物运抵目的地。

（2）储存服务。储存为企业的生产和经营做必要的物质准备，是经济活动中必不可少的环节。但是，传统的仓库作为一种储存设施，仅起着货物储存的作用，是一个静态的场所，完全没有发挥应有的潜力。作为仓库的提供方，也仅能收取低廉的货物储存费。

（3）配送服务。配送是物流服务的第三大职能。配送是将货物送交收货人的一种活动，其目的是按客户订货要求，在配送中心或其他物流节点进行货物配备，并把货物以最合理的方式送交客户。

（4）包装服务。物流包装作业的目的不是要改变商品的销售包装，而是通过对销售包装进行组合、拼配、加固，形成适合于物流和配送的组合包装单元。

（5）装卸搬运服务。装卸搬运是物流中最频繁的活动，也是整个物流作业的关键，它的效率决定了整个物流的效率。物流中心（如车站、码头、港口、机场、货场等）以及大型的冶金和制造企业，都必须具备一定的装卸搬运能力。物流服务供应商应该提供专业化的装载、卸载、提升、运送、码垛等装卸搬运机械，以提高作业效率，缩短作业时间，减少商品在作业过程中的损坏。

（6）流通加工服务。流通加工的主要目的是方便生产和销售。专业化的物流中心常常与固定的制造商或分销商进行长期合作，为制造商或分销商完成一定的加工作业，如贴标签，制作并粘贴条形码等。还有一些流通加工工厂专门进行卷板开平、木材下料、玻璃裁剪、配料加工、组装加工、混凝土搅拌乃至农副产品分选等流通加工活动。

（7）信息处理服务。现代物流系统的运作已经离不开计算机，对各个环节中各种物流作业的信息进行适时采集、分析、传递，并向货主提供各种作业明细信息及咨询信息，这些都离不开物流信息处理服务。

2. 增值性物流客户服务的内容

一般认为，增值性物流客户服务是指根据客户需求，为客户提供的超出常规服务范围的服务，或者采用超出常规的服务方式提供的服务。创新、超出常规和满足客户需求是增值性物流客户服务的本质特征。

从起源来看，增值性物流客户服务一般是指在常规物流服务的基础上延伸出来的相关服务。有人将我国现有的增值性物流客户服务归为五大类：承运人型、仓储型、货运代理型、信息型和第四方物流增值服务型。例如，从仓储、运输、配送等常规服务的基础上延伸出来的增值服务：仓储的延伸服务包括原料质检、库存查询、库存补充及各种形式的流通加工服务等；运输的延伸服务包括选择国际、国内运输方式、运输路线，安排货运计划，为客户选择承运人，确定配载方法，监控、跟踪货物运输过程，“门到门”综合运输，报关，代垫运费，运费谈判，货款回收与结算等；配送的延伸服务包括集货、分拣包装、配套装配、条码生成、贴标签、自动补货等。从国外来看，增值性物流客户服务起源于竞争激烈的信件和包裹物流业务，现在则在整个物流行业全面展开。事实上，无论是海运、空运还是陆运，几乎所有和物流运输业相关的公司都在想方设法提供增值服务。敦豪航空货运公司（DHL）、联邦快递（FedEx）和美国联合包裹（UPS）等跨国物流公司都已经开始选择为客户提供一站式服务，其服务涵盖产品从采购到制造、仓储入库、外包装、配送、回返及再循环的全过程。而由这些巨头领跑的速递业也不再是简单的“门到门”“户到户”的货件运送，而是集电子商务、物流、金融、保险、代理等于一身的综合性行业。

增值性物流客户服务还可进一步深化。向上可以延伸到市场调查与预测、采购及订单处理等；向下可以延伸到配送、物流咨询、物流方案选择与规划、库存控制决策建议、货款回收与结算、教育与培训、物流系统设计与规划方案的制作等。

在不同的产业之间可以大力开展增值性物流客户服务。比如，农产品的增值性物流服务主要体现在以下几个方面：第一，农产品分类与包装增值服务；第二，农产品适度加工后包装增值服务；第三，农产品配送增值服务；第四，特种农产品运输增值服务；第五，特种农产品仓储与管理增值服务。

为了适应电子商务新的交易模式，需要发展增值性物流客户服务。一是增加便利性的服务。一切能够简化手续、简化操作的服务都是增值服务。例如，推行“一条龙”的“门到门”服务，提供完备的操作或作业提示，免培训、免维护、省力化的设计或安装，代办业务，“一张面孔”接待客户，24 小时营业，自动订货，利用 EOS（指区块链开发平台）、EDI（电子数据交换）、EFT（情绪释放技术）传递信息和转账，物流全过程追踪等都是对电子商务有用的增值服务。二是加快反应速度的服务。快速反应已经成为物流发展的动力之一。通过优化电子商务系统的配送中心、物流中心网络，重新设计适合电子商务的流通渠道，以此来减少物流环节，简化物流过程，提高物流系统的快速反应能力。三是降低成本的服务。发展电子商务物流，企业可以考虑采取“物流共同化”计划。如果具有一定的商务规模，电子商务企业可以通过采用比较适用但投资较少的物流技术和设施设备，或推行物流管理技术，如运筹学中的管理技术、单品管理技术、条形码技术和信息技术等，来提高物流的效率和效益，降低物流成本。

物流企业还可以和金融企业合作，将增值性物流服务延伸到金融领域，为中小企业提供金融担保服务。货物抵押融资在欧洲已有200多年的历史，普遍应用于工业企业、贸易公司和银行界，这种增值服务模式目前已受到我国金融界和物流界的广泛关注。其具体做法是：在货物运输或仓储过程中，将货权转移给银行，银行根据市场情况按一定比例提供融资。当生产商、贸易商或运输商向银行偿还融资金额后，银行向负责运输或仓储的机构发出放货指示，将货权还给原货主。如果贷款人不能在规定的融资期内向银行偿还融资金额，银行就会将手中持有的货物在市场上进行拍卖变现。货物抵押融资可以增加企业的流动资金，为客户提供超出常规的服务。除了货物抵押融资外，保兑仓和融通仓等较为复杂的物流金融模式也越来越受到物流企业、银行的青睐。

随着现代生产经营方式的不断发展，现代增值性物流服务需要根据客户的需求不断地创新、深化和丰富。

知识拓展

物流企业运用客户关系管理的步骤

1. 明确实施的必要性
2. 审查实施基础
3. 制定实施目标
4. 梳理业务流程
5. 进行结构设计
6. 实施运行
7. 绩效评估

技能训练

经过企业指导教师的岗前培训，李忠伟及其同学顺利通过了培训考核，将要进入物流客户服务中心进行轮岗训练。

在企业轮岗的10周内，李忠伟将完成如下工作。

（1）了解物流客户关系管理的内容。

（2）归纳、整理物流客户服务中心的工作职责。

（3）梳理部门的业务流程。

（4）尝试开始协助部门助理对部门的运作进行业务规划。

（5）尝试撰写运营改进计划。

（6）负责规划和计划的实施、评估。

通过第一周的顶岗实习，李同学基本完成了对部门工作的了解，请帮助李同学简要阐明物流客户关系管理的内涵，并就客户服务中心的工作职责和岗位设置情况，撰写一份部门业务总结，提交给部门经理助理（企业指导教师），为下一步进行部门业务重新规划做好前期资料准备。

任务 2　认识物流客户服务与管理的内涵

任务进程

某职业技术学院物流管理专业的李忠伟及其同学通过岗前培训考核后，被安排进入客户服务部进行轮岗。轮岗阶段，他与其他同学被安排到不同岗位，需要他们在不同岗位上分别完成各自的岗位任务。

王晓佳同学为人开朗热情，口齿伶俐，待人接物条理清楚，被企业指导老师安排进入企业的客户服务中心从事前台接待工作。其岗位责任要求她了解物流企业客户的范围和物流客户服务的内涵，理解物流企业客户的业务范围和服务理念，并掌握不同类型的物流企业的服务内容。

相关知识

一、认知物流企业客户的基础

（一）物流企业客户的内涵

物流企业客户（简称物流客户）就是指物流公司所有的服务对象，包括公司股东、雇员、顾客、合作者、政府官员、社区的居民。物流客户是物流企业经营的动力，是物流企业利润的来源。

（1）物流客户不全是产品或服务的最终接受者。处于物流供应链下游的企业是上游的客户，他们可能是物流商、批发商和零售商，而最终消费产品和服务的自然人或机构法人则是用户。

（2）物流客户不一定是用户。处于物流供应链下游的批发商、零售商是上游生产商的客户，但只有当他们消费这些产品和服务时，他们才是用户。

（3）物流客户不一定在物流企业之外，企业内部上下游客户的地位也日益引起重视。从供应链角度分析，物流企业内部上下流程也存在服务与被服务的关系，即物流企业内部下游是上游的服务客户。内部客户能够将企业的服务链无缝连接起来。长期以来，人们习惯于认为企业内部各部门或供应链上下游企业是平行关系或合作关系，把关注点主要放在外部客户上，从而淡化了内部服务意识，造成物流客户服务内外脱节和无法落实。

（二）物流客户的分类

通过客户分类，物流企业可以有效使用现有资源，扩展服务范围，尽量满足大客户需求，同时根据客户特色提供个性化的服务。常见的物流客户分类方式有以下几种。

1. 按时间进行分类，物流客户可以分为过去型客户、现在型客户和未来型客户

（1）过去型客户：过去曾经购买过物流企业产品或服务的人。

（2）现在型客户：正在进行交易的人。

（3）未来型客户：将来有可能会购买物流企业产品或服务的人。

2. 按所处地理位置进行分类，物流客户可以分为内部客户和外部客户

（1）内部客户：物流企业或整个供应链系统的上下游客户。

（2）外部客户：物流企业之外的客户。

3. 从市场营销角度进行分类，物流客户可以分为经济型客户、道德型客户、个性化客户和方便型客户

（1）经济型客户：主要特征为图“便宜”，这样的客户只关心物流公司提供产品或服务的价格。

（2）道德型客户：一般为社会责任感强的企业，客户忠诚度高。一旦取得道德型客户的信任，就能建立起长期的合作关系，但要求物流企业必须管理正规、运作有效。

（3）个性化客户：这类客户一般要求物流企业可以提供个性化的产品或服务。

（4）方便型客户：这类客户选择的重要标准是“方便”，物流企业在与这类客户沟通过程中，尽量一次性要求客户提供相关资料，切忌频繁与客户沟通，引起客户反感。

4. 从物流客户角度进行分类，物流客户可以分为常规客户、合适客户和关键客户

（1）常规客户：这类客户主要希望从物流企业那里获得直接好处。他们也是上文所介绍的经济型客户，追求实惠。这类客户约占客户量的 80%，但给企业带来的利润仅占 9%。

（2）合适客户：这类客户希望利用与物流企业的关系增加价值，从而获得附加收益，他们是物流企业营销和客户服务的核心。这类客户约占企业客户数的 15%，并创造 15% 左右的利润。

（3）关键客户：这类客户除希望从物流企业那里获得直接利益外，还希望获得其他间接利益，从而满足精神需求。他们是企业稳定的客户，约占客户量的 5%，但企业 80% 左右的利润来自他们。

（三）物流企业客户的业务范围

物流企业客户主要是指接受物流企业提供的仓储、运输、流通加工、配送等一系列业务的单位或机构。在供应链条上，物流企业连接着实物产品的供需两端，为客户提供专业、便捷的物流服务。

物流企业的业务范围，包括如下三方面。

（1）仓储与配送业务是物流服务中的重要环节。其业务运作主要包括：货物从生产工厂（货主）通过短途接驳到仓库、仓库进行存储加工、干线运输及末段运输配送。在仓储与配送业务中，客户服务主要完成客户订单业务受理、客户纠纷解决以及客户关系管理与维护等工作。仓储与配送企业客户一般为签订了固定合同的长期客户，双方在合同签订时已经对责、权、利进行了明确的约定，因而仓储与配送客户服务工作流程清晰，工作内容规范。

（2）运输是物流服务的核心环节，企业必须考虑运输服务的质量以及这种服务对整个物流系统动作成本的影响。衡量运输服务质量的因素通常包括运输时间、运输可靠性、运输安全性、服务容易性等。运输是一个动态的过程，因而运输客服不仅要做好运单的受理与跟踪、客户纠纷的处理、客户的管理工作，还要对运单进行跟踪和反馈，为客户提供满意的服务。

（3）国际货运代理（简称货代）行业是指接受进出口货物收货人、发货人和其他委托方或其代理人的委托，以委托人的名义或者以自己的名义，组织、办理国际货物运输及相关业务，提供国际货物流通领域的物流增值服务的行业。国际货运代理从最初的收/发货人代理发展成运输合同当事人，再到当今的第三方物流供应商及至供应链服务商，其业务范围相当广泛，不仅包括传统进出口货物的揽货、订舱、托运、仓储、包装、监装/卸、中转、分拨以及办理报关报检、货物保险等与国际运输相关的一系列服务活动，还包括国际多式联运、会展与私人物品运输、国际物流、第三方物流等新兴业务。国际货代已基本成为世界各国，尤其是外向型经济发达国家和地区服务贸易的重要组成部分。

国际货代客户服务是国际货运代理企业提供的增值服务的一部分，它是指为满足客户需求和管理客户群所提供的各种服务，它的服务内容和范围很广，主要包括回答客户咨询、管理维护客户关系、处理客户投诉、调查客户需求、国际货代服务质量管理等。在竞争激烈的国际货运市场上，具有完善服务的国际货代企业往往能成为行业的领先者。做好国际货代客户服务，可以有效地建立、维护客户关系，进而促进企业发展，增强企业实力。

（四）物流客户与一般客户的区别

物流客户具有以下三个显著特性。

1. 物流客户是物流企业最重要的战略资源

物流客户是企业交易的对象，消费企业提供的物流产品或服务，是给企业“送钱”的人，是企业唯一的利润中心，是企业生存、发展的“衣食父母”，是企业蕴涵的价值极高的资产，是企业不可忽视的最重要的战略资源。

2. 物流客户不同于顾客

顾客是企业服务对象的泛指，代表着一个被服务的群体，是一张没有名字、没有具体特征的脸；物流客户则是指物流企业拥有具体名称、地址、经营特性等详细资料的服务对象。

物流客户与企业之间的联系比一般意义上的顾客更加亲近密切。物流客户是针对物流市场某一特定人群或细分市场而言的。顾客可以由任何人或机构来提供服务，而物流客户则主要由专门的人员或机构来提供服务。

3. 物流客户不一定是用户，但用户一定是物流客户

物流客户不能与用户等同，两者是有区别的。物流客户不一定是用户，如物流企业的代理商、经销商等是客户，但不是物流用户；物流用户如货主等一定是物流企业的客户。前者（如物流代理商）关心的是物流产品或服务的利润，而后者（用户）关心的是物流产品或服务的使用价值。

二、物流企业客户服务的内涵

1. 服务的四个层次（见图1－2－1）

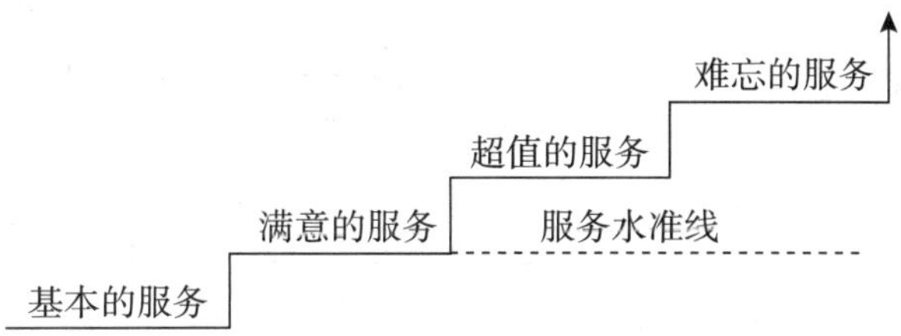

图1－2－1　服务的四个层次

服务可以分为四个层次：基本的服务、满意的服务、超值的服务、难忘的服务。

（1）基本的服务：例如客户要求送一批货，付完款且公司送货完成后，互不相欠，这时候顾客的基本物质价值利益得到满足，这就是基本的服务。

（2）满意的服务：提供服务的商家态度友善，使客户得到精神方面的满足。例如，客户来公司参观，前台服务人员对客户殷勤问候、热情招待，语气友善、态度礼貌，这就是满意的服务。

（3）超值的服务：具有附加值的服务，指那些可提供可不提供，但是提供了之后能够使客户更加满意、觉得收获更大的服务。

（4）难忘的服务：客户根本就没有想到的、远远超出客户预料的服务。

服务的标准线应该是满意的服务，因为优质的服务不但要满足客户物质上的需求，还要满足客户精神上的需求。

2. 树立以客户为中心的物流服务理念

物流客户服务是指为了促进产品或服务的销售，而发生在客户与物流企业之间的相互活动过程。物流客户服务要注意以下两点。

（1）以客户需求为导向。物流客户的需求主要包括：对经济的需求，对价格的参与需求，对物流信息的需求，对速度、准确、质量等要素的需求，对情感上获得理解和认同的需求。

物流企业的客户包括厂家、批发零售商及最终客户等各个群体（见图1－2－2），物流企业为这些不同类型的客户群体提供各种运输、储运、流通加工、信息咨询等服务。客服人员如果能够认识到这些客户的需求，并以此作为改善自身服务的依据，会更容易得到客户的认可和满意。

（2）树立"客户至上"的理念，建立有效的物流客户管理制度。物流企业要获得客户资源，首先要树立"客户至上"的理念，并为此制定完善的物流服务管理制度，建立一套行之有效的物流客服体系。如海川物流公司"顾客至上，锐意进取"的经营理念、德邦物流公司"品质第一，服务至上"的经营理念等，都体现了物流企业对客户服务重要性的理解与认识。

物流企业提供差异化服务的机会，可以通过调整和设置变量因素而实现。最重要的几个可调的物流客户服务变量因素包括：满足承诺的交付日期的能力、履行订单的准确性、运输延误的提前通知；客户服务投诉采取的行动；有关发货日期的信息、在库产品的承诺提前期长度、价格的竞争力、销售人员的后续行动速度等。

物流企业客户服务过程详见图 1－2－2。

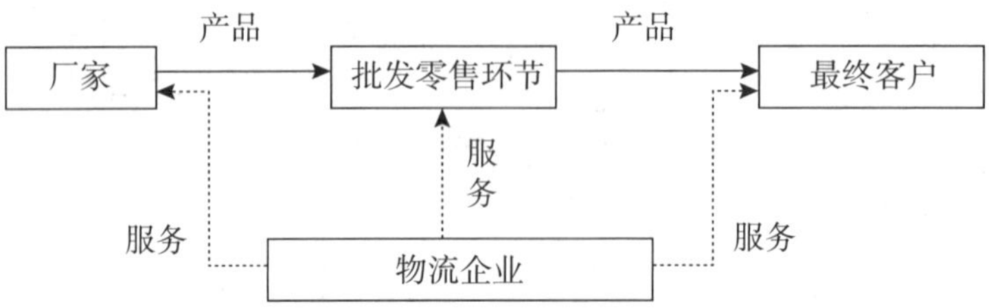

图 1－2－2　物流企业客户服务示意

物流服务可以从以下两个角度分析。

（1）作为企业客户服务一部分的物流服务（物流客户服务）。

从从事有形产品（或服务）制造或销售的制造企业或商业企业的角度看，物流服务属于企业客户服务的范畴。

客户在购买商品时，不仅是购买商品实体本身，还是购买由有形产品、服务、信息和其他因素组成的“服务产品组合”。而物流客户服务就是这个“服务产品组合”的重要组成部分。有形产品并不一定能保证企业取得良好的经济效益并在市场上长久地生存下去，使企业更具竞争力的是能为客户提供比竞争者更好的服务。因此，物流客户服务对于物流企业建立良好的客户关系、提高产品在客户心中的价值、增强企业竞争力具有十分重要的作用。

（2）作为物流企业产品销售的物流服务（物流商品）。

从物流活动委托方的角度看，物流企业提供的是一种服务，这种服务同时也是制造企业或商业企业物流服务的一部分。

在现代物流企业中，物流客户服务逐渐从经营活动的辅助手段变为企业为客户提供的物流服务产品的一部分。假如物流企业的客户服务水平不能满足竞争的需要，客户对该企业的信任度就会降低，导致物流企业的竞争力下降。

三、物流企业客户服务要素

客户服务要素包括交易前要素、交易中要素和交易后要素，如图 1－2－3 所示。

（1）交易前要素。

交易前要素是指在产品销售前为客户提供服务的各项要素，如制定和宣传物流客户服务政策、完善客户服务组织结构以及提供具有附加价值的管理及技术服务等。这部分要素不直接涉及物流活动，但对物流企业的交易活动具有巨大影响。

①物流客户服务政策。物流客户服务政策是提供给客户的书面声明，内容主要是物流企业的服务标准，详细地阐述了物流企业所提供服务的具体内容。

②组织结构。优秀的组织结构能够促进物流客户服务所涉及的各个职能部门之间

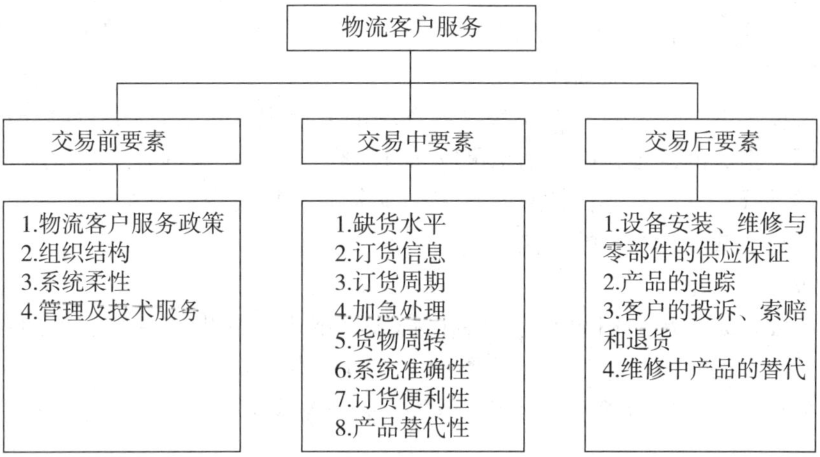

图 1－2－3　物流客户服务要素

的沟通和合作，提高效率，具有明确、有效的激励作用。

③系统柔性。系统柔性是指物流系统存在的应对突发事件的缓冲空间和降低其影响的应对措施。

④管理及技术服务。物流企业要为客户提供咨询、培训等管理及技术服务，一方面，有利于客户接受物流服务；另一方面，也帮助客户熟悉物流服务流程，便于双方顺利合作。（2）交易中要素。

交易中要素是指将产品从供应方向客户实际运送过程中的各种要素，如订货周期、订货便利性等。这些要素对客户的满意度具有重要的影响，是确定客户服务目标的基础。

①缺货水平。缺货水平反映物流产品的供应情况，是衡量物流客户服务的定量指标之一。当出现缺货时，物流企业可通过加速发货或者安排合适的替代产品来弥补，以此维持与客户的良好关系。同时，物流企业也应详细记录不同产品和客户的缺货情况，根据此情况进行缺货原因分析，进而强化缺货管理。

②订货信息。物流企业应具有为客户快速提供准确订货信息的能力，信息的内容包括库存水平、订单处理状况、预定发货和交货时间、是否延期交货等内容。

③订货周期。订货周期由订单输入、传递、处理、分拣、包装和交付等环节组成。从客户的角度来看，订货周期是指从下订单到得到产品的时间。因此，物流企业必须重视订货周期内的每个环节，使订货周期压缩到最短。

④加急处理。加急处理是指比正常的订货周期处理时间更短的情况。加急处理会使物流成本增大，但为了使物流客户对企业服务满意和强化客户的忠诚度，有时还是会被采用。加急处理实施的条件是根据某个特定的客户对物流企业的盈利贡献来确定的。

⑤货物周转。货物周转是指为了避免缺货，在不同区域之间对货物进行调配和运输，物流企业通常会根据订单或预测提前进行货物周转。

⑥系统准确性。系统准确性反映物流客户服务中差错的多少，这对于供应链上下游客户都很重要。因此，物流服务提供商必须对所有的差错进行记录、测算、改进，从而提高物流客户服务的准确性。

⑦订货便利性。订货便利性反映物流系统的方便程度。客户在下订单时可能会遇到非系统因素造成的困难，此种困难可以通过对客户进行调研的方式来识别和改进。

⑧产品替代性。产品替代性是指在发生缺货时，物流企业可给客户提供不同包装规格的同一产品或性能类似的其他产品。

（3）交易后要素。

交易后要素是指产品销售和运送后根据客户要求所提供的后续服务的各项要素，它们支撑着产品的售后服务。交易后要素主要包括设备安装、维修与零部件的供应保证，产品的追踪，客户的投诉、索赔和退货，以及维修中产品的替代等内容。

四、不同类型的物流企业服务内容

一般物流客户服务中所提到物流企业以第三方物流企业为主。目前主要有三种类型的物流企业，包括综合型物流公司、运输型物流公司以及仓储型物流公司。不同类型的物流企业服务内容如图 1-2-4 所示。

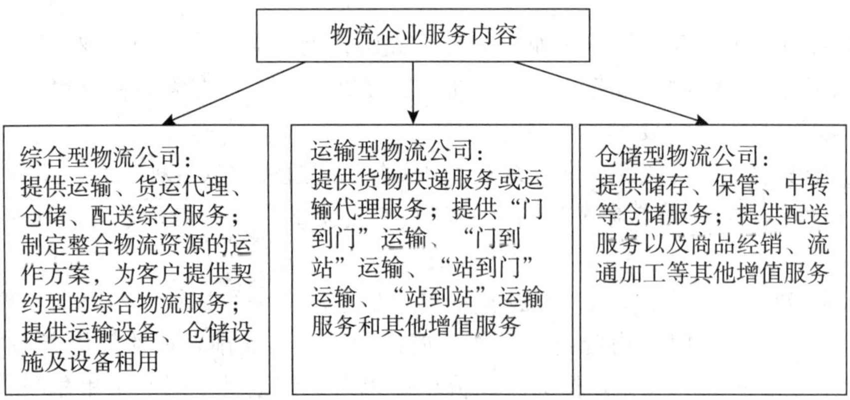

图 1-2-4　不同类型的物流企业服务内容

（一）仓储与配送客户、运输客户、国际货代客户的订单受理与跟踪业务

仓储是一种经营业务，能够按照客户物流需求对运输、储存、装卸、包装、流通加工、配送等基本功能进行组织和管理，具有与自身业务相适应的信息管理系统，实行独立核算、独立承担民事责任的经济组织。非法人物流经济组织可比照适用。

1. 订单受理业务的不同

（1）仓储与配送客户入库订单受理。

订单是整个物流作业的命令单，入库订单受理作业流程如图 1-2-5 所示。

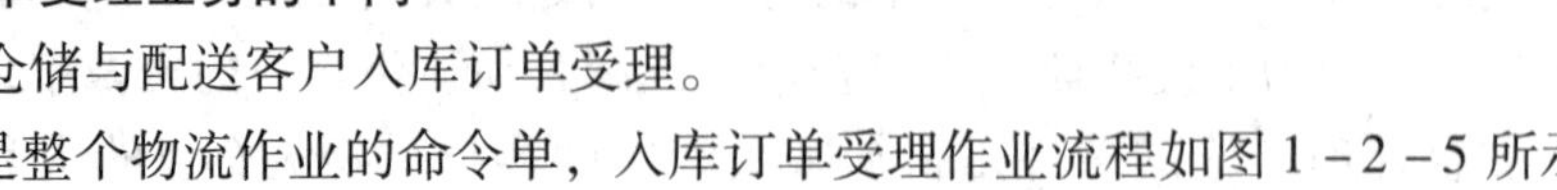

图 1-2-5　入库订单受理作业流程

（2）货物运输订单受理。

货物运输订单受理作业流程如图 1－2－6 所示。

图 1－2－6 货物运输订单受理作业流程

（3）海运、空运订单受理。

在国际业务中，我国货代企业处理业务主要包括出口业务和进口业务。出口业务以海运为主、空运为辅，受篇幅限制，在介绍出口业务时仅介绍了海运。进口业务中的空运介绍原因同前。

①海运出口订单受理。海运出口订单受理是货代企业办理海运出口的工作起点，是订舱等后续工作能否顺利进行的重要环节。海运出口订单受理作业流程一般为：根据客户提供的货物信息和要求进行询价与报价；报价经客户确认后，接受客户委托并通知货主按规定时间将货物送至堆场（或委托代理公司调箱“上门提货”送至堆场）；接收审核单据（发票、装箱单、买卖合同等基本文件，特殊货物还须提供相应的其他文件）；准备出口报检报关。如图 1－2－7 所示。

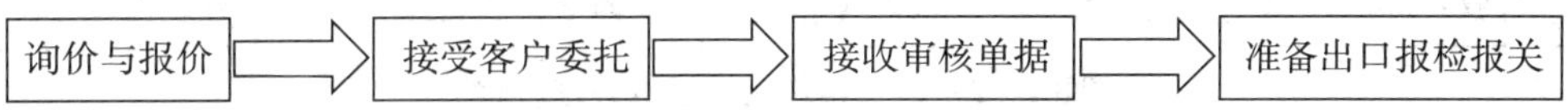

图 1－2－7 海运出口订单受理作业流程

②空运进口订单受理。空运进口订单受理作业流程一般为：接受客户委托；接收审核单据（运单、发票、装箱单、购买合同等）；准备进口报检报关。如图 1－2－8 所示。

图 1－2－8 空运进口订单受理作业流程

2. 订单跟踪业务的不同

（1）仓储与配送客户配送订单的受理与跟踪。

电商配送订单一般包括电商销售客户（个人客户）订单和门店销售客户订单。订单信息一般以网络和电子邮件的方式上传到公司客服部，客服代表对每天传入仓库管理系统的配送订单进行监控，决定出库作业方式，分配订单，并打印出相关作业方式下的单证、标签，流转给拣货人员。配送订单受理与跟踪流程如图 1－2－9 所示。

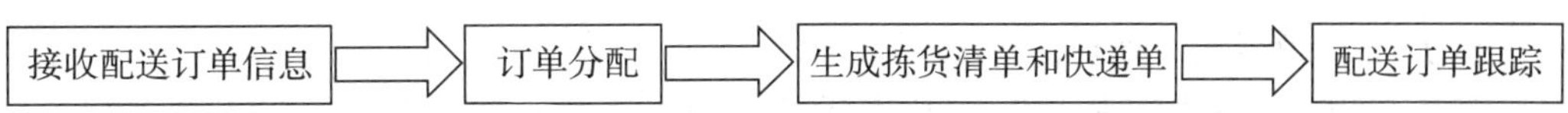

图 1－2－9 配送订单受理与跟踪流程

（2）货物运输订单的跟踪。

货物运输订单是整个货物运输作业的命令单，货物运输订单跟踪流程如图 1－2－10 所示。

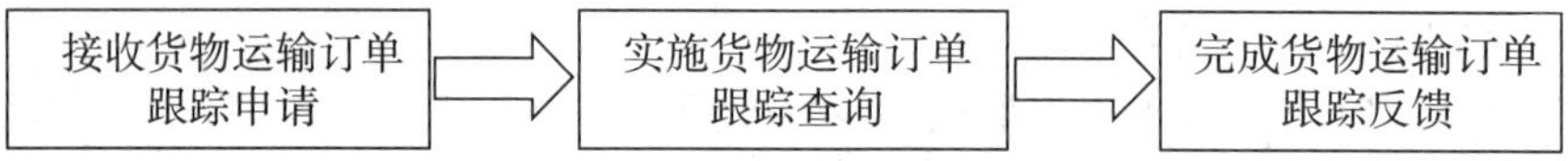

图 1－2－10　货物运输订单跟踪流程

（二）仓储与配送客户、运输客户、国际货代客户的纠纷处理业务

1. 仓储与配送客户的纠纷处理

（1）货物破损投诉处理。

客户投诉处理是物流客户服务中的重要环节，客户投诉的目的是希望物流公司能听取意见、提供帮助、解决问题，而不是纯粹的抱怨。最有效的处理投诉的方法是尽快调查事件，落实差错责任，给予客户有效的解决方案。作为一线的客服人员，必须清晰地掌握不同类型投诉的调查，如送货延误、出现货损货差等，并在工作中不断积累综合分析和解决问题的能力。

电话投诉是客户投诉的主要方式之一，处理客户电话投诉的作业流程如图 1－2－11 所示，具体投诉处理将在项目四中进行详细介绍。

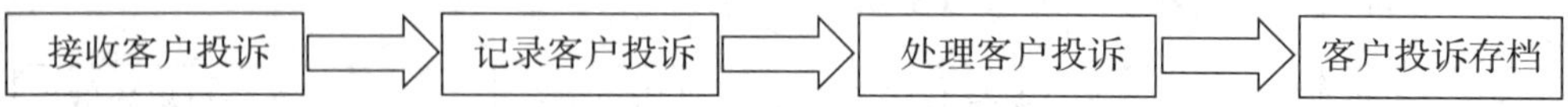

图 1－2－11　客户电话投诉处理流程

（2）货物延误纠纷处理。

货物延误纠纷处理的基本流程如图 1－2－12 所示。

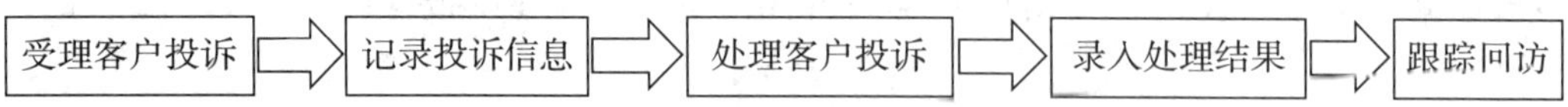

图 1－2－12　货物延误纠纷处理流程

2. 运输客户的纠纷处理

（1）货物丢失纠纷处理。

货物丢失投诉主要针对运输公司服务差错，一般是指承运货物在运输期间发生货物短少，包括整件丢失、内物丢失，而造成的客户投诉。货物丢失纠纷处理流程如图 1－2－13 所示。

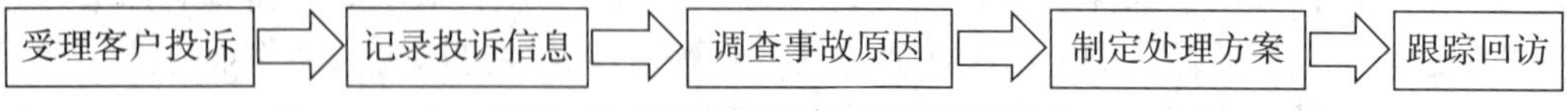

图 1－2－13　货物丢失纠纷处理流程

（2）货物延误纠纷处理。

货物延误是指货物的投递时间超出运输公司承诺的服务时限，但尚未超出彻底延误时限。彻底延误时限是指从运输公司承诺的服务时限到达之时算起，到顾客可以将快件视为丢失的时间间隔。货物延误纠纷处理流程如图 1－2－14 所示。

（3）服务态度纠纷处理。

服务态度投诉主要针对服务人员的服务品质，往往是由于服务过程没有严格遵照公司规定而造成的。服务态度纠纷处理流程如图 1－2－15 所示。

图 1－2－14　货物延误纠纷处理流程

图 1－2－15　服务态度纠纷处理流程

3. 国际货代客户的纠纷处理

（1）货物损毁纠纷处理。

在国际物流作业中，由于相关人员操作不当或不可抗力等原因导致货物卸错、交货延迟、野蛮装卸、货差货损及服务态度差、服务与承诺不一致等问题，从而引发客户投诉，处理客户投诉的流程如图 1－2－16 所示。

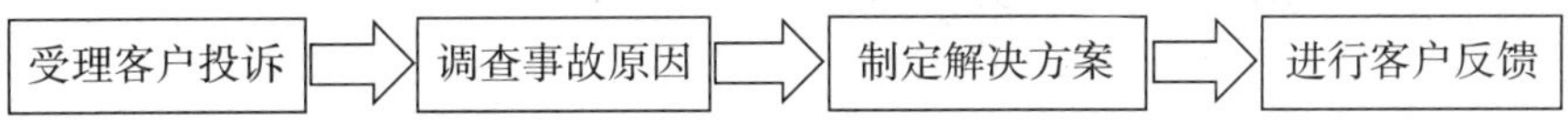

图 1－2－16　处理客户投诉的流程

（2）货物递送延误纠纷处理。

造成货物延误的原因是多方面的，有物流公司内部的原因，有不可抗力的原因，也有客户自身的原因。货物递送延误纠纷处理流程如图 1－2－17 所示。

图 1－2－17　货物递送延误纠纷处理流程

（三）仓储与配送客户、运输客户、国际货代客户的客户关系管理与维护

1. 仓储与配送客户的客户关系管理与维护

（1）客户分级管理。

客户分级管理是进行客户关系维护的核心工作，做好了客户分级管理才能为重要的客户提供更好的服务，客户分级管理的基本流程如图 1－2－18 所示。客户分级管理的内容详见项目五中的任务 3。

图 1－2－18　客户分级管理流程

（2）大客户日常拜访。

大客户日常拜访是进行大客户关系维护的基本服务内容，其基本流程如图 1－2－19 所示。

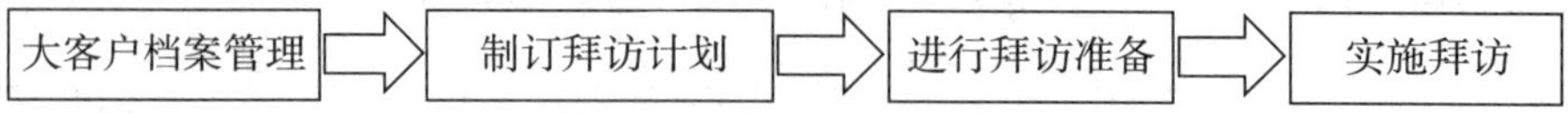

图 1-2-19　大客户日常拜访流程

（3）大客户项目管理。

大客户项目管理是进行大客户关系维护的重要服务内容，其基本流程如图 1-2-20 所示。

图 1-2-20　大客户项目管理流程

（4）大客户投标管理。

大客户投标管理是进行大客户关系维护的主要内容，其基本流程为：投标邀请；接受标书（内容包括投标人须知、说明、投标资质、招标相关文件）；制作标书；递送投标文件；招标方组织评标；定标；签订合同。投标实施步骤大致如图 1-2-21 所示。

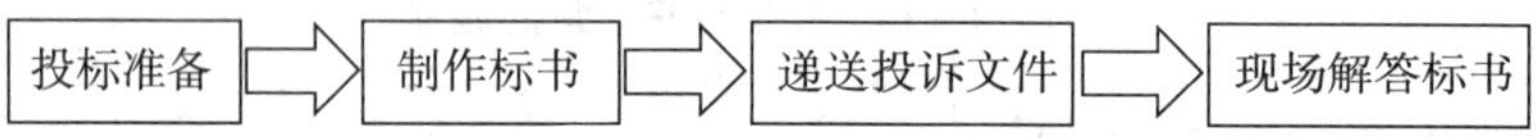

图 1-2-21　投标实施步骤

2. 运输客户的客户关系管理与维护

（1）客户回访。

物流客户回访的主要目的是提高物流企业的信誉和树立物流企业的形象。客户回访的基本流程如图 1-22 所示。

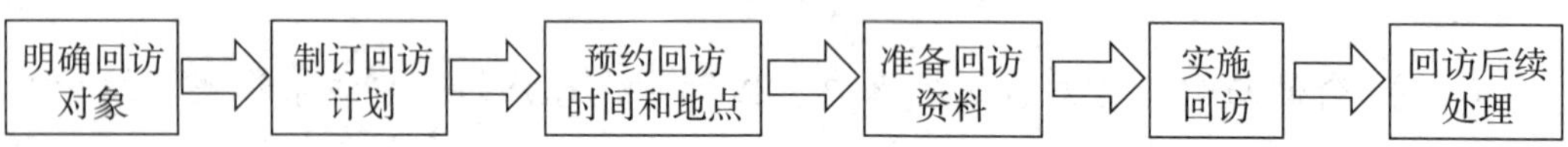

图 1-2-22　客户回访流程

（2）新业务和优惠政策推广。

新业务和优惠政策推广有助于客户了解公司的新业务和优惠政策，从而帮助客户选择最新的业务和服务内容。新业务和优惠政策推广流程如图 1-2-23 所示。

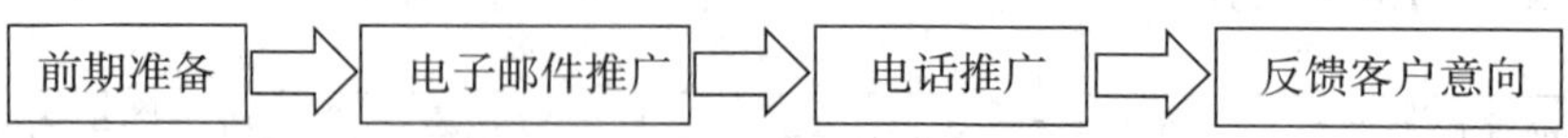

图 1-2-23　新业务和优惠政策推广流程

（3）客户档案维护。

客户档案维护是客户档案管理的核心内容，而做好客户档案管理、建立完善的客户档案管理规程，对于提高客户服务水平、扩大市场占有率、与客户建立长期稳定的业务联系具有重要的意义。具体的客户档案维护流程如图 1-2-24 所示。

图 1－2－24　客户档案维护流程

3. 国际货代客户的客户关系管理与维护

（1）客户关系管理内涵——满意度与忠诚度维护。

客户关系管理的定义虽不尽相同，但其内涵是相同的，本质上都是满意度与忠诚度维护，具体如图 1－2－25 所示。

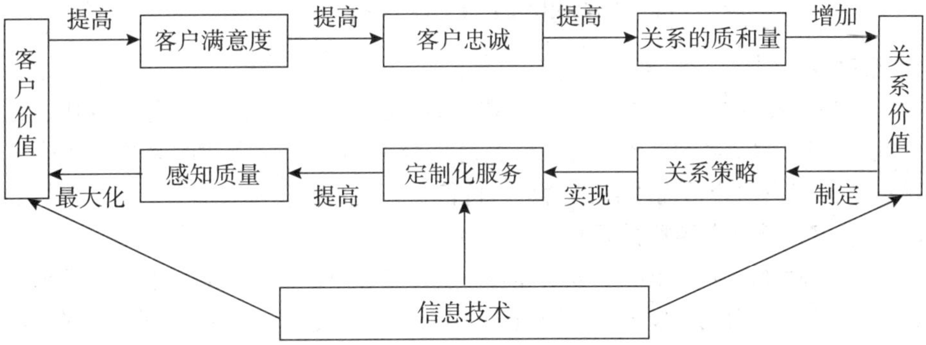

图 1－2－25　客户关系管理内涵

（2）客户差异化服务策略制定。

要做好客户关系管理，需要对客户进行准确的定位与分类管理，同时针对不同类型的客户制定相应的差异化服务策略。客户差异化服务策略制定流程如图 1－2－26 所示。

图 1－2－26　客户差异化服务策略制定流程

（3）客户满意度调查。

客户满意度直接影响着客户的忠诚度，客户满意度调查工作主要包括以下步骤：确定调查内容，量化客户满意度指标，明确调查方法，选择调查对象，进行客户满意度数据收集，针对所收集到的客户满意度数据资料进行数据分析，企业根据分析调查结果进行相应的改进和调整，客户满意度调查流程如图 1－2－27 所示。客户满意度管理的内容详见项目六。

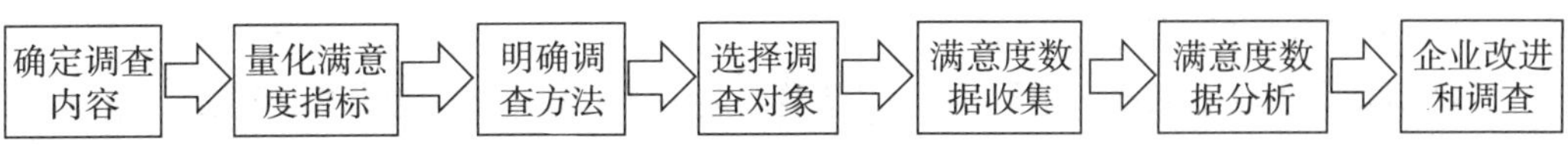

图 1－2－27　客户满意度调查流程

五、了解物流企业的服务技能要求

针对物流企业的业务范围，物流企业的服务技能要求包括如下三方面。

（1）业务推介。针对客户需求推介标准物流产品与服务；能根据客户个性化需求开发物流产品，制定个性化服务方案；能根据客户清关需求，开发特殊清关通道。

（2）客户满意度调查。能进行客户服务满意度调查，分析客户满意度；能进行物流产品、时限、价格满意度调查，分析市场满意度。

（3）客户投诉管理。能记录并处理客户反映的问题件，并持续跟进；能记录并处理客户反映的快件延误、服务态度等投诉；能与客户协商丢失、损毁等情况的赔偿方案；能现场处理涉及保险报价、资费、关税等投诉，提出解决方案。

六、物流企业客户服务管理的过程和内容

1. 物流客户服务的标准

物流客户服务的标准是“7R”（“R”为英文单词 Right 的首字母）原则，即在合适的时间、合适的场合，以合适的价格，通过合适的渠道为合适的客户提供合适的产品和服务，使客户的合适需求得到满足、价值得到提高的活动过程。

2. 物流客户服务各阶段的管理内容

物流服务业面临不同的客户，既有新客户也有老客户，且客户的需求也是千变万化的。物流客户服务阶段可分为开发期、接触期、确立期、成熟期、反复期、衰退期，在不同时期的物流客户服务的工作是不同的。物流客户服务各阶段的管理内容如图 1－2－28 所示。

开发期	接触期	确立期	成熟期	反复期	衰退期
客户调查，企业宣传	客户咨询，客户拜访	客户关系确立	客户业务往来，客户回访等	客户需求提高，客户投诉、理赔等	客户丢失等

图 1－2－28　物流客户服务各阶段的管理内容

3. 职业技能等级标准中规定的物流企业客户服务内容

根据 2020 年 1.0 版《物流运营职业技能等级标准》规定，物流企业的客户服务包括初级、中级、高级，三个级别依次递进，高级别涵盖低级别。

【物流运营】（初级）：主要面向邮政物流相关领域，根据作业流程规定，从事快件收寄、快件处理、快件派送、信息处理、设备操作等环节的生产作业。

【物流运营】（中级）：主要面向邮政物流相关领域，根据业务管理要求，从事网点管理、快件处理中心管理、安全管理、数据分析、客户服务等环节的生产管理。其中，中级客户服务的规定详见图 1－2－29。

【物流运营】（高级）：主要面向邮政物流相关领域，根据运营管理需求，从事业务开发、路由规划、安全管理、数据应用、智能设备应用与创新等流程优化和管理实施，提供解决方案。

技能训练

经过企业指导教师的岗前培训，王晓佳同学顺利通过了培训考核，将要进入物流

客户服务中心进行轮岗训练，并被安排从事前台接待工作。

在企业轮岗的10周内，王晓佳将完成如下工作。

（1）了解物流企业客户的范围和物流客户服务的内涵。

（2）理解物流企业客户的业务范围和服务理念。

（3）掌握不同类型的物流企业的服务内容。

（4）了解物流客户服务人员的基本素质。

（5）掌握物流客户服务的基本技巧。

（6）熟悉互联网时代下物流客户服务新工具。

通过第一周的顶岗实习，王同学基本完成了对部门工作的熟悉过程，理解了不同物流企业对客户服务的不同需求，现根据客户服务部接待处工作规定，撰写个人岗位工作总结，并在每周周五前提交给接待处主管（企业指导教师），成为今后工作指导和岗位培训设计的基础。

任务3 理解物流企业客户管理的内涵

任务进程

李恬恬及其他5名女同学经岗位考核合格后，被企业指导老师安排进入客户服务部的物流客户服务中心（即呼叫中心）工作，她们6人分成三组，分别被安排至呼叫中心的坐席岗位、查询岗位和投诉受理岗位。

以上岗位责任要求李恬恬及其同学必须理解物流企业客户管理的内涵，理解物流企业的组织架构与业务内容的联系，并掌握不同类型的物流企业的服务内容。

相关知识

物流客户管理就是物流客服人员通过收集和分析物流客户信息，把握客户需求特征和行为偏好，有针对性地为客户提供物流产品或服务，发展、管理与客户之间的关系，从而培养客户的长期忠诚度，形成双方共赢的经营战略。

物流客户管理的价值，就在于稳定和扩大物流客户群，提升销售业绩，提高物流客户满意度和忠诚度，有针对性地防止物流客户流失。物流客户管理的关键，就在于细分物流客户，分析和掌握各类物流客户的特点，把握其需求特性和发展趋势，实现针对性满足与策略性支持；服务客户、解决客户问题，让物流客户获得最大的价值和利益。同时要保持良好的沟通，积极改善客户关系，强化客情深度，获得客户满意与忠诚。

一、物流客户管理步骤

物流客户管理的工作步骤分为四个部分，如图1－3－1所示。

1. 收集物流客户信息资料

这是物流客户管理工作的第一步。在正式启动物流客户管理之前，物流企业必须

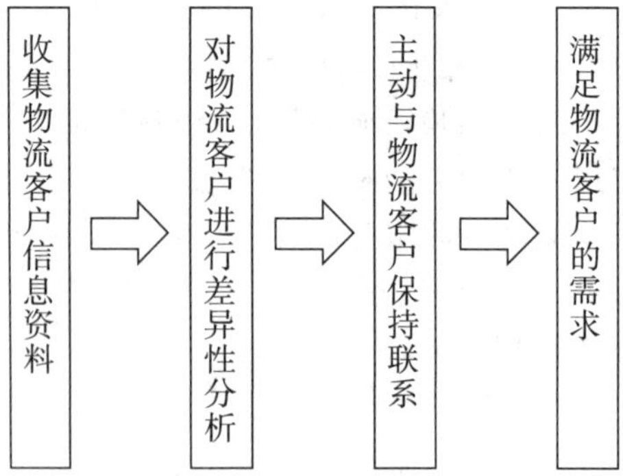

图 1－3－1　物流客户管理工作步骤

广泛地与大量的客户进行直接接触，深入了解客户方方面面的信息，如客户的姓名、单位、住址、联系方式、习惯、爱好等。主要内容包括如下几个方面。

（1）采用问卷式调查法等方法，收集物流客户的有关信息。

（2）自建或外包或交换建立物流客户数据库。

（3）定期或不定期“净化”客户信息，验证并不断更新客户文件。

2. 对物流客户进行差异性分析

客户差异性分析就是通过对相关客户数据的分析研究，强化对客户态度、能力、信用和社会关系的了解，以便于企业更好地配置各种资源，不断改进物流产品或服务，牢牢抓住最有价值的客户，取得尽可能大的收益。其主要内容包括如下几个方面。

（1）识别关键客户。运用上年度的销售数据或相关资料，预测本年度 5% 的关键客户。

（2）找出占到客户总数量 20% 的浪费企业成本的客户，应该减少免费赠与这些客户的资料，如信函。

（3）选出企业本年度最想合作的客户，并将客户信息添加到数据库中，同时至少记录三名企业联系人的联系方式。

（4）悉心与上一年度对本企业的产品或服务多次提出了抱怨的大客户保持联系。选派得力的营销人员尽快与他们联系，解决他们提出的问题。

（5）确认去年订单量最大的客户今年订货是否会减少，并赶在竞争对手之前去拜访该客户。

（6）关注在本企业只订购一两种产品或服务，而从其他企业订购更多产品或服务的客户。要提请该客户考虑，用本企业的其他几种产品代替其他企业的产品。

（7）根据客户带给企业价值的大小，把客户分为 A、B、C 三类。减少对 C 类客户的市场投入与其他花费，把节约的资金投向 A 类客户。

3. 主动与物流客户保持联系

这是物流客户管理的重要步骤。其主要内容包括如下几个方面。

（1）对本企业客户部门服务质量进行“试探性”的调查。如扮演成“神秘客户”，尝试 8～10 种不同的情况，对服务感受和意见做好记录。

（2）给竞争对手的客户服务部打电话，比较服务水平的不同。

（3）把客户打来的电话作为一次销售机会。如向客户提供特价、清仓处理、试用、促销活动等信息。

（4）测试并提高客户服务中心自动语音系统的质量。如使语音听起来更友好、处理速度更迅捷、缩短客户排队等候时间等。

（5）对企业内记录客户信息的文本进行跟踪。简化烦琐的步骤，缩短处理周期，提高客户响应速度。

（6）识别商业价值高的客户，主动与他们保持的联系。为客户提供个性化服务；指定专人与客户方进行联络；尝试找回过去失去的重要客户，并向其说明可重新开始合作的原因。

（7）应用先进信息技术，使客户与企业联系更方便。向客户提供多种可行的联系渠道，考虑使用自动传真系统，将客户信息存入数据库中。

（8）改善对客户抱怨的处理方式。把每天接到的抱怨进行整理和分析，提高对客户抱怨“一次性解决”的比率。

4. 满足物流客户的需求

要实施有效的物流客户管理，必须有的放矢、因地制宜地提供个性化甚至“一对一”的服务。其主要内容包括如下几个方面。

（1）改进客户服务过程中的文书工作，为客户节省时间和服务成本。按照地区或主题分类，提供不同版本的客户服务文档。

（2）发送个性化客户邮件。在撰写邮件中语言使用要简洁明了、针对性强。

（3）使用扫描器等设备，帮助客户填写各种表格。提升效率，改善公司服务形象。

（4）根据客户的要求，采取传真、发送电子邮件、邮寄信函或进行调查的方式，收集客户期望获取的企业信息。

（5）识别客户真正需求，鼓励客户对物流产品或服务或工作流程提出期望与建议。

（6）征求订单量排名前十的客户的意见，了解他们希望获得哪些特殊产品或服务。对他们的建议做出积极响应，密切跟踪并改进对这些客户的服务流程。

（7）结合客户反馈信息中提出的问题，整理出书面意见反映给高层领导，并争取企业高层的支持。

二、物流企业组织架构与管理职能

1. 物流企业的组织架构

物流企业的组织架构一般没有什么固定的框架结构，但会因企业规模不同而有所区别，即根据企业现在的情况和未来发展规划，划分部门、岗位并制定职责。从横向看，组织架构又划分为若干层次，即管理层次。所谓管理层次，是指从企业经理到基层工作人员之间体现领导隶属关系的管理环节。组织结构的管理层次受到管理幅度的制约。管理幅度是指一个领导者或管理者能够有效地管理下属人员的可能数量。它同管理层次成反比，即管理幅度增大，意味着领导者或管理者的下属人员增加，管理层次就减少；反之，管理幅度减少，管理层次就增多。一名领导者或管理者，因受其精力、经验、学识、能力等条件的限制，能够有效领导的下属人数是有限的，超过一定的限度就不可能实现有效的领导。一般来说，企业总是尽可能地在扩大有效管理幅度的基础上，减少管理层次，降低管理费用，加快管理指令的传递速度，以提高管理工作的效率。

一般来说，大中型物流企业的组织架构分为三个管理层次，即最高管理层、中间管理层和基层管理层；小型物流企业适宜两级管理，即设两个管理层次。德邦物流的组织架构如图 1－3－2 所示。

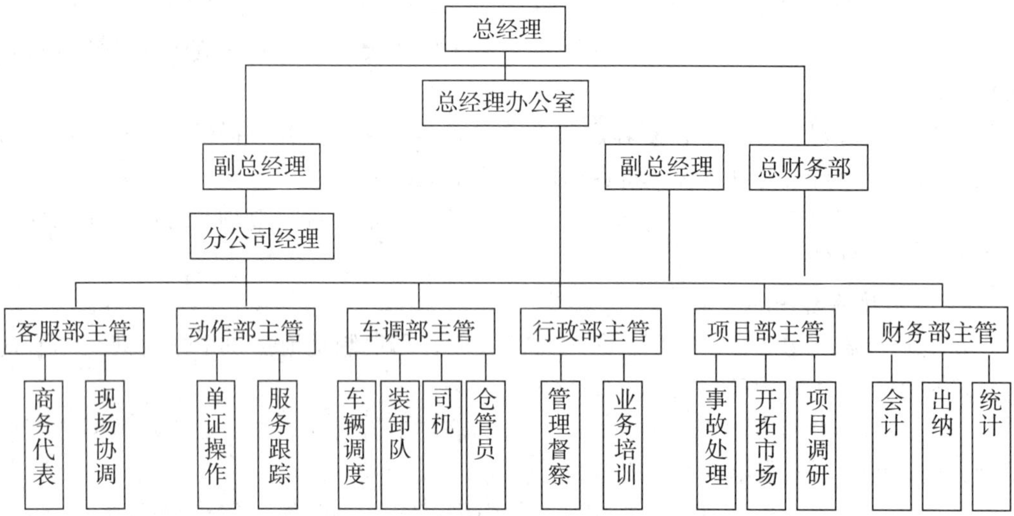

图 1－3－2　德邦物流的组织架构

2. 物流企业各管理层的主要职能

（1）最高管理层。

最高管理层即以经理为首的领导班子，统一领导各个层次的经营管理等活动。其主要职能是制定经营目标、方针、战略，制定利润的使用、分配方案，修改和废止重大规章制度，指挥和协调各组织机构的工作和相互关系，确定它们的职责和权限等。

（2）中间管理层。

中间管理层是指根据经营管理工作的需要设置的承上启下的中间层次的机构，主要是经营业务、职能管理和行政办事等机构。它们的主要任务和职责权限是依据最高管理层下达的指令和任务制定本部门的执行目标，直接从事企业的经营活动或管理活动，保证实现企业的经营和管理目标，向决策层提出建议以及直接领导最基层机构的各项具体的经营管理工作。

（3）基层管理层。

基层管理层是指经营管理工作的执行操作机构，是直接领导基层工作人员的管理层次，是企业中的最低管理层。它们的主要任务是依据上一层机构下达的任务来制定，职责权限是优化组织实施的具体方案，采取多种经营方式，提供优质服务，保证完成各自的经营目标，并向上层的领导机构报告工作或提出建议。

物流企业不论是三级管理还是两级管理，只要是设两个以上的管理层次，就涉及授权问题。只有根据集权和分权、统一领导和分级管理相结合的组织原则，方能保证统一指挥以及充分调动和发挥中间层及基层的主动性和积极性，增强物流企业经营管理中的向心力和创造力，实现既有经营的高效益，又有管理的高效率。

如某物流公司分为财务部、运输部、仓储部、行政管理部等。

财务部有 1 个财务经理，1 个会计，1 个出纳；

运输部有 1 个运输经理，1 个运输主管，1 个调度员，1 个文员，1 个统计员；

仓储部有 1 个仓储经理，1 个仓储主管，2 个仓管员；

行政管理部有 1 个行政经理，1 个行政助理，当然还包括货车司机、叉车司机、搬运工等。

在此基础上，给每个部门设定部门工作职责，给每个岗位设定岗位工作职责。

技能训练

通过一周的岗前培训，李恬恬及其同学通过了岗前考核进入客户服务部，根据不同的岗位素质要求，进入不同岗位进行顶岗实习，为了快速了解公司业务范围，请按照实习企业的业务梳理公司的组织架构，试着绘出公司组织框架并尝试分析企业组织架构与公司业务的关系，或分析现有组织架构对公司业务的影响。

以上分析请在首周周五前提交给客户服务部各自的岗位主管（企业指导教师），作为今后工作指导和岗位培训设计的基础。

任务 4　了解物流企业客户管理的作业流程

任务进程

某职业技术学院物流管理专业的李忠伟及其同学通过岗前培训考核后，被安排进入客户服务部进行轮岗。李忠伟作为储备干部，被企业指导老师安排至客户服务中心进行轮岗工作。

经过第一周的部门实习，李忠伟对部门业务有了初步的了解，本周开始着手按照部门职责和业务对客户服务部的业务进行梳理，为下一步协助部门助理对部门的运作进行整体规划和改进奠定了基础。

相关知识

一、物流企业网络客户服务基本流程及业务内容

（一）物流企业网络客户服务基本流程

网络客户服务基本流程如图 1－4－1 所示。客户登录网页即可使用在线客户服务系统，与客户服务人员进行实时交流，从而完成业务咨询、订单下达、订单查询、投诉等业务。客户服务人员则从后台登录，及时处理客户的留言，随时接受客户的在线提问，并办理相关业务。

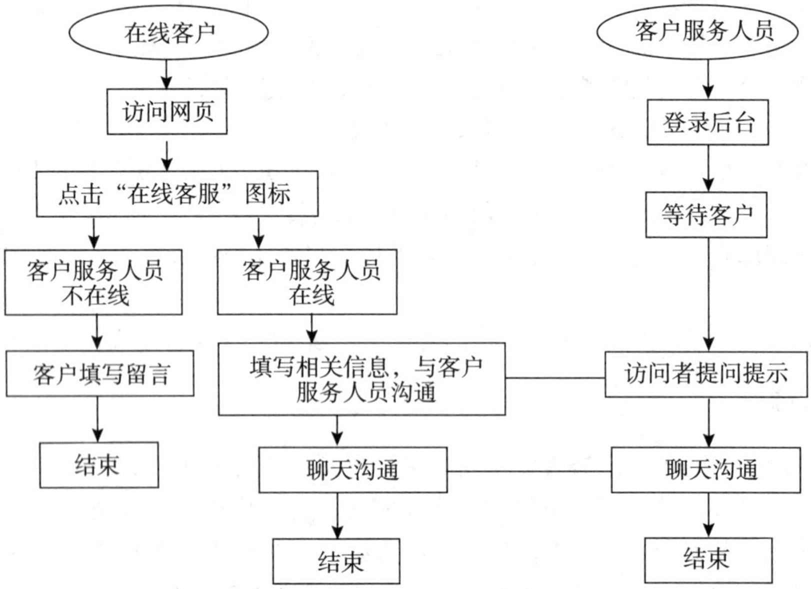

图1-4-1　网络客户服务基本流程

使用网络客户服务系统处理客户的订单可以按照以下流程进行。

1. 客户网上下单

客户在网上下单的时候，网站会要求客户填写发货联系人姓名、发货人电话、货物属性、收货人姓名、收货地址、收货人电话、运费结算方式等信息。

2. 客户服务人员核单

（1）核单时间规定。客户晚上下单，第二天上班客户服务人员必须第一时间审核订单并与客户联系；客户白天下单，下单后半小时内，客户服务人员必须审核订单并与客户联系。

（2）核单内容。客户下单后，客户服务人员会在客户服务系统看到客户订单。当看到有来自网站的订单后，客户服务人员需要对收到的订单进行相应的审核。

3. 与客户沟通

与客户沟通的目的是更正有问题的订单并最终确认下单。审核订单后，不论有无问题，客户服务人员都要打电话与客户沟通。如果订单有问题，则就问题进行沟通；如果订单无问题，则与客户确认安排提货。如果沟通后由于客户原因不能安排提货，则此订单作废。

4. 传递订单

与客户沟通后的订单就可以作为最终确认的订单交由业务部门处理。订单需要发送给所属分拨中心调度人员，调度人员安排调度并监督该订单的执行。

（二）物流企业网络客户服务业务内容

为充分运用网络资源，落实“以客户为中心”的经营理念，为客户提供更加人性化的服务，目前大多数物流企业都开展了网络客户服务业务，图1-4-2展示了某物流企业网络客户服务业务内容。物流企业网络客户服务业务内容一般包括订单查询、在线留言、信息发布、客户信息反馈处理、邮件处理及回复、订单处理等。

图1-4-2　某物流企业网络客户服务业务内容

二、物流企业客户开发流程

物流企业客户开发流程如图1-4-3所示。

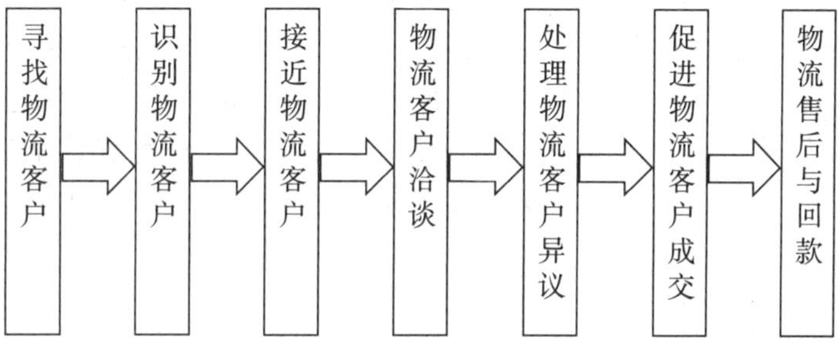

图1-4-3　物流客户开发流程

1. 寻找物流客户

寻找物流客户是物流客户开发的第一步，是物流营销人员取得良好业绩的重要基础工作。大多数物流企业要求营销人员自己寻找线索，有的企业还会动员企业所有力量寻找客户。寻找物流客户的渠道很多，主要有逐步访问、广告搜寻、老客户介绍、人际关系开拓、资料查询、名人介绍、会议搜寻、电信寻找、直接邮寄寻找、利用代理人寻找、个人观察、市场咨询寻找、产品展示、从竞争对手手中争取客户等。具体技巧详见项目二。

2. 识别物流客户

识别物流客户是物流客户开发的重要一步。物流企业营销人员寻找到自己的客户，并获取了潜在客户的名单之后，不能马上与这些潜在客户联系，必须先根据物流企业自身产品或服务的特点、用途、价格及其他方面的特性，对这些潜在客户进行深入的评估和资格审查。主要包括了解影响物流客户识别的因素（需求度、购买力、决策权、信誉度等）和对物流客户购买能力的评估等。具体内容和技巧详见项目二。

3. 接近物流客户

识别物流客户工作完成后，就将进入接近物流客户阶段。首次与物流客户接近时，物流营销人员应该制订适合自己的拜访计划；应该准备和使用准确的销售工具；应该熟悉企业的需要推销的产品或服务；能根据客户类型的预判，与客户进行约见和面谈。接近客户是为了通过问候客户的话术，让双方有一个良好的开端。

接近物流客户时，要考虑的因素包括物流营销人员的自我心态、专业熟练程度以及接近客户的基本要点和方法。具体技巧详见项目二。

4. 物流客户洽谈

接近物流客户之后，接下来的工作就是与物流客户进行洽谈，用正确的方法向物流企业客户描述产品或服务能带给他们的利益。但应注意：物流营销人员应关注客户的利益（客户导向），避免过分强调产品的特点（产品导向）。

与目标客户进入洽谈阶段，此阶段是决定其是否购买物流产品或服务的重要环节，要考虑的因素有：营销人员的洽谈技巧（倾听、提问、答复、说服等）、语言技巧（数据洽谈法、讲故事法、富兰克林法、引证法等）和销售示范法（展示、表演、体验、参观等）。具体技巧详见项目二。

5. 处理物流客户异议

处理物流客户异议是物流客户开发的关键步骤。处理物流客户异议的过程，实际上就是一个信息的传递、接收、加工、整理、反馈和再传递、再反馈直至达成意见统一的连续过程。在介绍物流产品或服务的过程中，物流客户会出现抵触心理或异议问题。要正确处理好物流客户的异议，必须要了解物流客户产生异议的原因及其类型；要掌握物流客户异议处理的原则；要熟练掌握物流客户异议处理的方法。具体处理技巧详见项目二。

6. 促进物流客户成交

结束了以上步骤之后，物流营销人员与客户达成交易是物流客户开发最关键的环节。要顺利完成交易，首先要克服与物流客户达成交易时存在的障碍，并能及时收到客户发出的成交信号（客户的言辞、举止、表情、状态等），同时还要通晓与客户谈判的技巧，把握成交时机，并及时向客户提出成交要求。具体技巧详见项目二。

7. 物流售后与回款

物流营销人员与客户签订合同后，并不代表物流客户开发工作的结束，还有两项重要工作要做。

（1）售后服务。售后服务是保证物流客户满意并实现客户忠诚的必要步骤。交易达成之后，物流企业及物流客服人员要向客户提供相关的售后服务，如物流产品或服务的维护保养、咨询服务、人员培训等，这些服务对合同的履行和下次交易都会产生促进作用。售后服务技巧详见项目二。

（2）回收业务款。物流客户开发的最终目的就是与客户签订合同，赚取货款或运费。物流企业只有把业务款顺利收回，才标志着销售工作的完成。作为物流营销人员，客服人员要学会运用回收业务款的技巧。具体技巧详见项目三。

三、物流企业客户业务接待和服务流程

物流企业客户线上业务接待流程，详见项目三。以下介绍物流企业客户线下业务接待流程。

1. 物流企业客户来访接待流程与步骤

物流客户接待流程如图1－4－4所示。

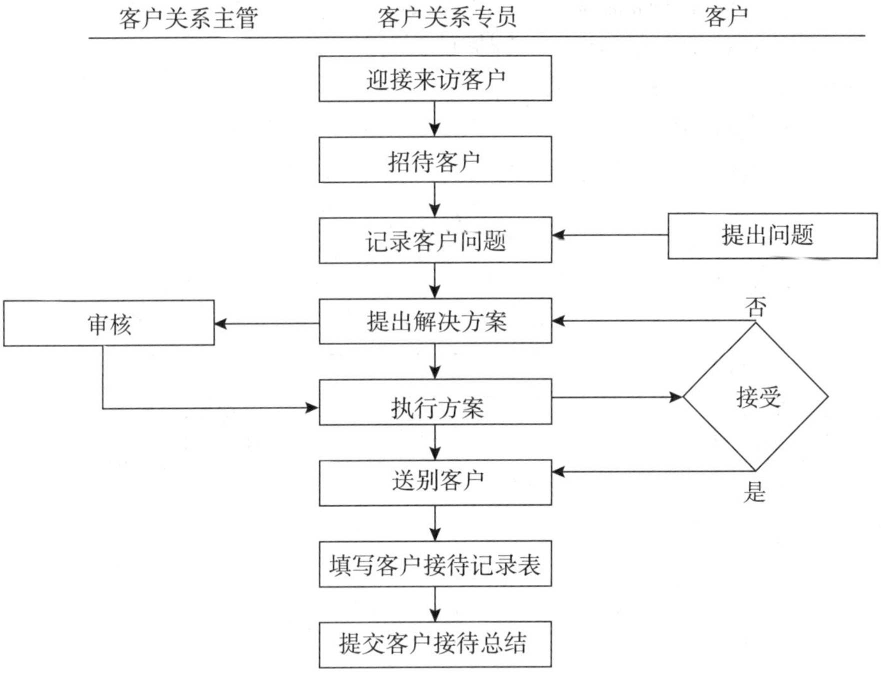

图1－4－4　物流客户接待流程

（1）接待人员将来访客户迎入安排好的场所后，提供待客服务，并登记客户的基本情况。

（2）询问来访目的，记录客户的意见和要求。

（3）解决客户问题，能答复的要立即答复，不能立即答复的，告知客户具体解决期限，并上报主管。

（4）填写客户接待记录表（见表1－4－1），详细记录客户来访的目的、时间、谈话过程、解决问题的方法和遗留问题的解决期限，并与客户核对、确认联系方式。

（5）客户结束拜访后，接待人员应遵照相关礼仪规范送别客户。

（6）送别来访客户后，接待人员需要根据客户接待记录表及实际状况写出接待工作总结，并提交给客户关系主管。

表1－4－1　　客户接待记录

客户姓名		联系电话		接待时间	
所在单位及职务		单位性质		邮　　箱	
来访事由					
主要合作业务					
来访详细情况					
备注					

2. 物流企业客户日常业务接待流程和步骤

日常业务接待流程和步骤，详见项目三。

3. 会议（活动）接待流程制作流程和步骤

会议（活动）接待流程和步骤，详见项目三。

4. 呼叫中心客户服务处理流程

（1）呼入电话处理流程。

呼入电话处理流程如图 1－4－5 所示。

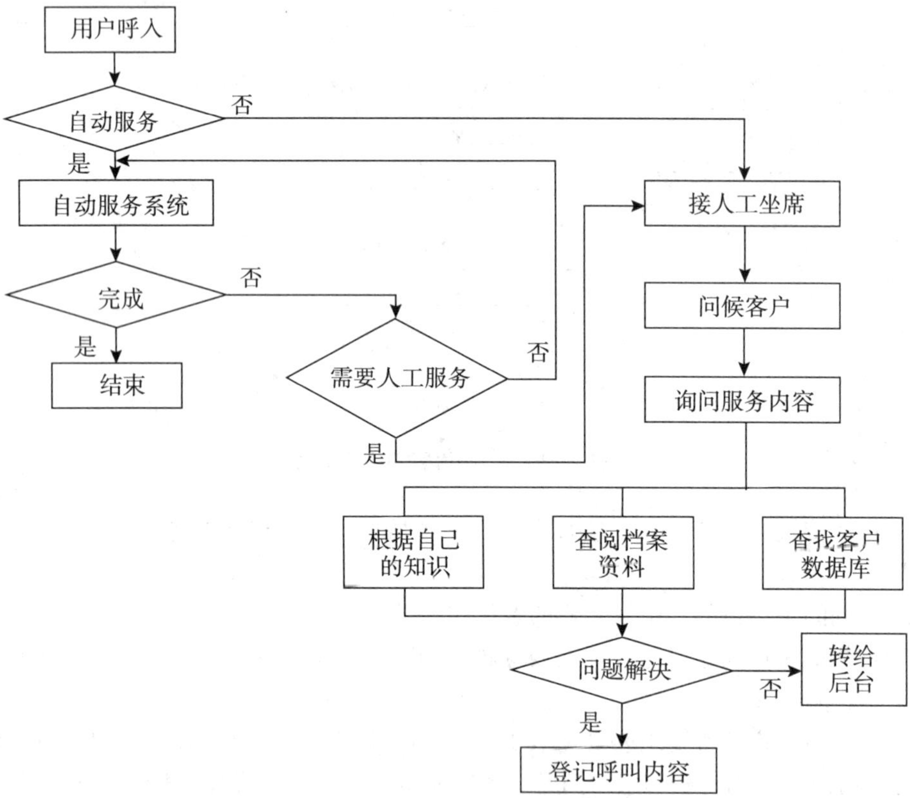

图 1－4－5　呼入电话处理流程

坐席人员在处理呼入电话时应注意以下几个方面。

①问候客户。坐席人员首先报工号，并采用统一、礼貌的开场语问候客户。

②询问服务内容。坐席人员应掌握提问技巧，引导客户说出真实的服务需求，收集有效的咨询信息，并及时记录。

③制定解决方案。坐席人员在确认了客户的需求后，要尽量提出完整、精练、双赢的解决方案，如果不能马上解决问题，在征得客户同意后，可转交相关部门解决。

④登记呼叫内容。坐席人员对呼叫信息进行及时记录、保存，为客户服务工作的顺利开展提供依据。呼叫内容登记信息主要包括呼叫时间、客户基本信息、客户提出的问题、客户问题的解决方法、客户问题的解决结果、客户服务经验总结等。

（2）呼出电话处理流程。

呼出电话处理流程如图 1－4－6 所示。

坐席人员在处理呼出电话时，应注意以下几个方面。

①做好沟通前的准备工作。呼叫中心坐席人员根据业务需要建立沟通目标，明确希望通过沟通要达到的目的，然后选择需要沟通的对象，并了解具体信息。

②电话沟通。根据呼出目标对客户进行电话销售与促销沟通，在电话沟通期间，坐席人员必须及时、礼貌地解答客户的疑问。

③沟通结果存档。坐席人员对呼叫沟通结果进行整理、归档，为后续呼叫服务质量的改进提供重要依据。

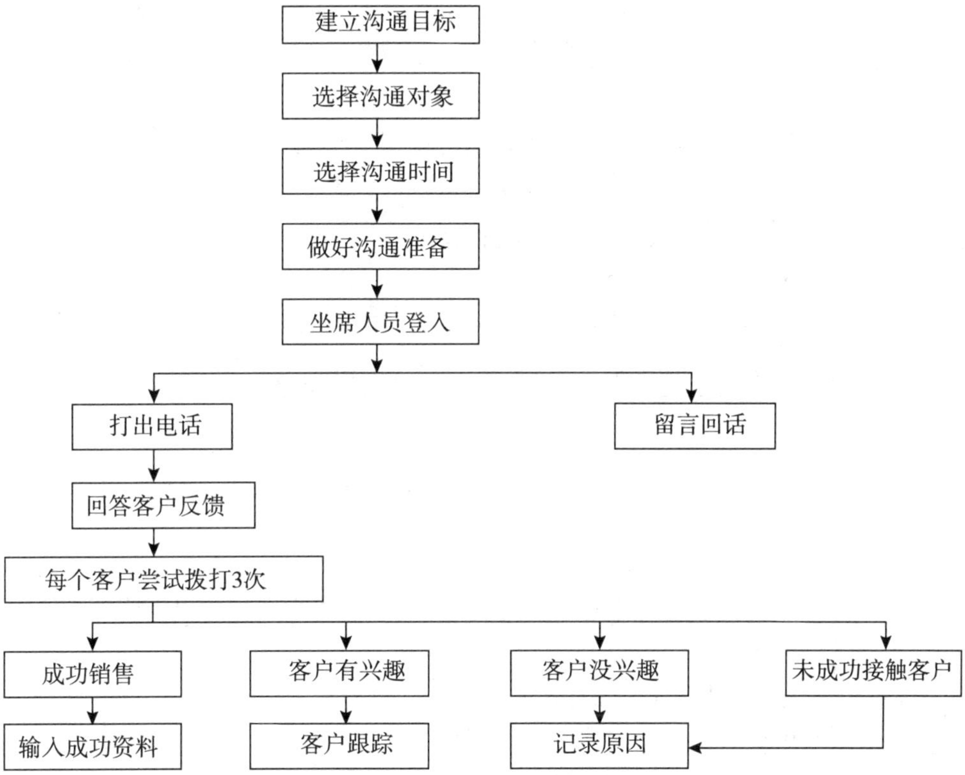

图 1－4－6　呼出电话处理流程

四、物流企业客户投诉处理流程

（一）物流客户投诉处理工作总流程

受理客户投诉流程如见图 1－4－7 所示。物流客户投诉处理工作的总流程如图 1－4－8 所示。

（1）当客服部门收到投诉后，应立即填写投诉记录。

（2）客服人员调查投诉原因，如投诉不成立，则回复客户驳回投诉的理由；如投诉成立，则传递工作联系单并与客户沟通。

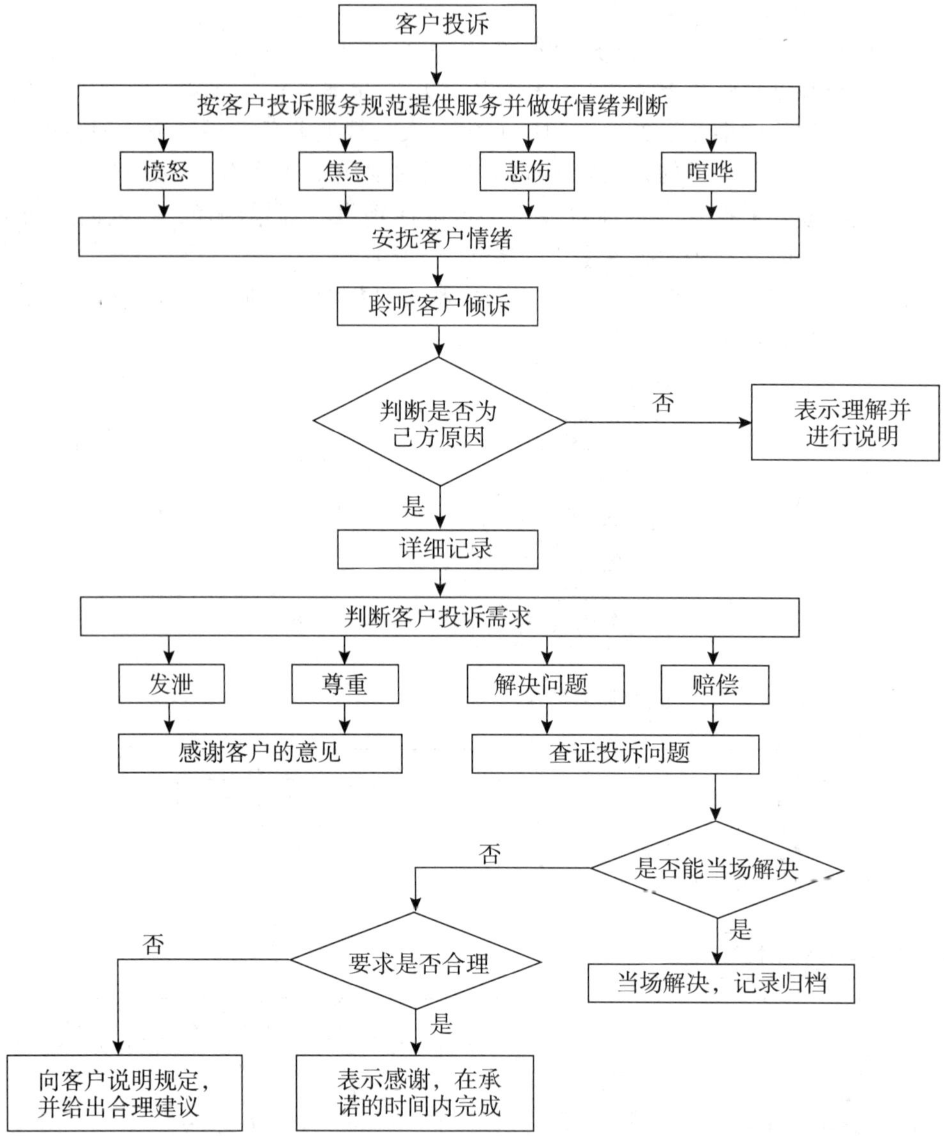

图 1－4－7　受理客户投诉流程

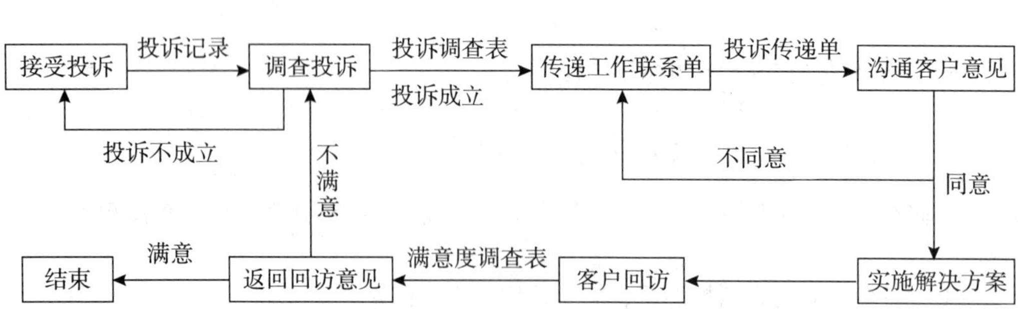

图 1－4－8　物流客户投诉处理工作总流程

（3）经与客户商讨形成解决方案。如没有与客户达成一致意见，还需修订方案再次与客户沟通，直至客户满意。问题解决后，客服部门要适时回访客户，进行满意度调查，记录回访意见。

知识拓展

处理客户投诉的步骤

1. 专心倾听客户投诉，安抚客户情绪；
2. 做好记录；
3. 客户陈述完，复述其主要内容并询问客户意见。

（二）常见客户投诉处理方式及其对应流程

客户投诉方式主要有书面投诉（通过信函形式）、网络投诉（通过客户邮件、客服QQ或电子商务平台系统）、电话投诉（通过手机或座机）和现场投诉（客户亲自到公司客户服务部投诉）等形式。

无论采取何种形式，总体流程都包括如下步骤。

（1）受理客户投诉后，调查差错原因。

（2）落实差错责任方（人）。

（3）商讨确定解决处理方案（一种或多种），将处理方案提交客户。

（4）向客户解释差错原因，表示歉意，请求客户谅解，并按处理方案给客户相应赔偿。

（5）问题解决后，回访客户，调查客户满意度。

客户投诉方式及对应流程如图1－4－9所示。

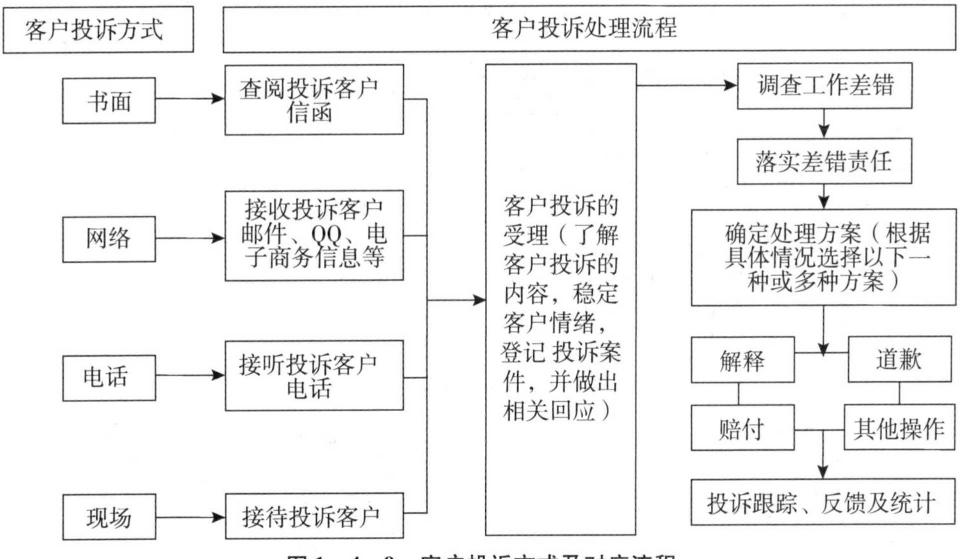

图1－4－9　客户投诉方式及对应流程

1. 书面投诉处理流程

书面投诉处理流程（见图1－4－10）主要是通过传真、邮件、信件等信函形式进行，客户通过信函投诉到物流公司客户服务部，客服人员查阅信函，并根据信函内容了解投诉事件。经调查，如投诉有效，填写客户投诉登记表，就投诉内容以电话或书面形式回复客户，告知客户投诉已被受理，物流公司会有专人负责跟进（向客户提供负责人的姓名及联系方式），认真展开调查，密切追踪进展情况并及时与客户联系；如投诉无效，就投诉内容以电话或书面形式回复客户，感谢客户提出的意见，解释相关事宜，提出解决方案，寻求客户谅解。

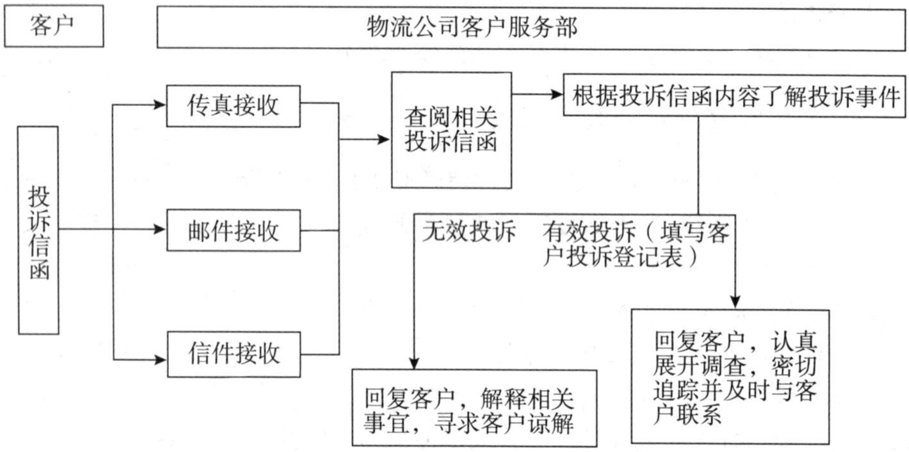

图1－4－10　书面投诉处理流程

2. 网络投诉处理流程

网络投诉处理流程（见图1－4－11）是通过电子邮件、电子商务平台、物流企业

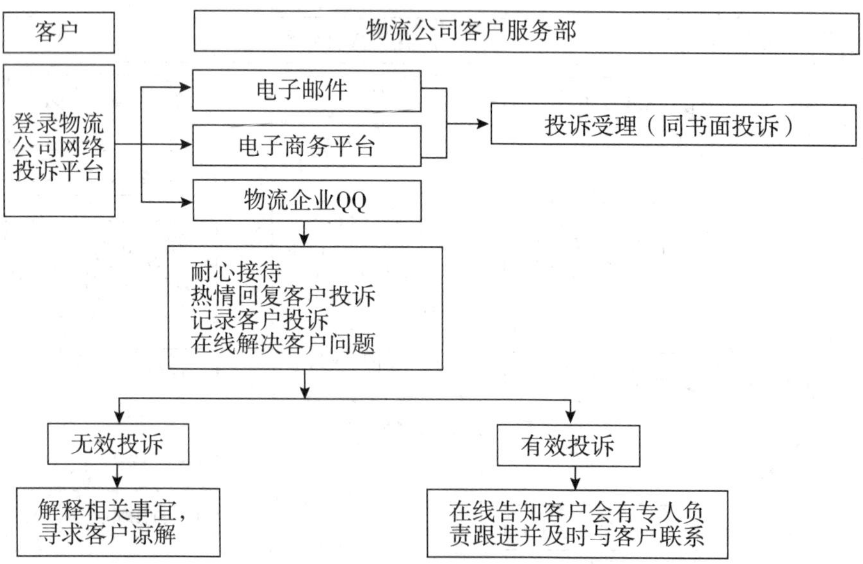

图1－4－11　网络投诉处理流程

QQ 等在线投诉系统进行投诉。在线客服人员应热情接待，接受客户投诉，并对投诉进行调查。如投诉有效，则指定专人跟踪，承诺及时与客户联系；如投诉无效，在线向客户耐心解释，得到客户谅解。

3. 电话投诉处理流程

电话投诉处理流程（见图 1－4－12）是通过手机或座机致电物流公司客服部进行投诉。客户有问题致电物流公司客服部，客服部应礼貌倾听客户投诉，适时记录。如投诉有效，则填写投诉单，指派专人跟踪及时联系客户；如投诉无效，则向客户解释原因，征求客户意见。最后，向客户询问是否有其他需求，礼貌挂机。

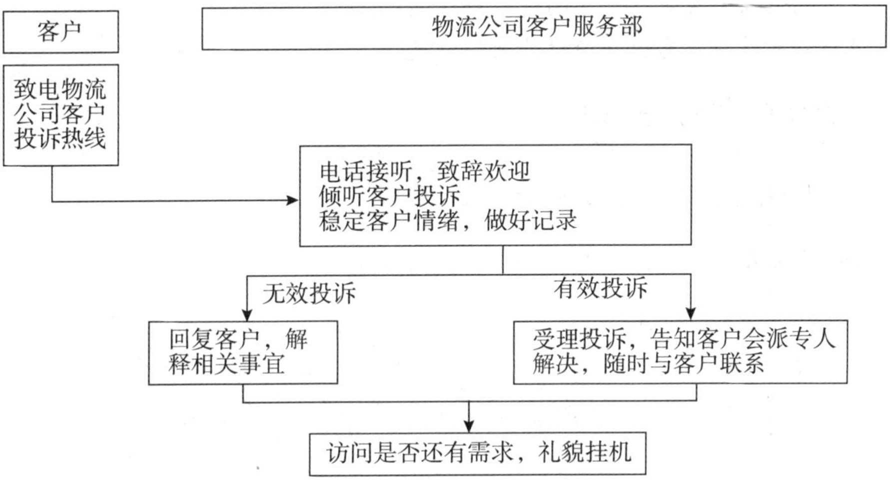

图 1－4－12　电话投诉处理流程

4. 现场投诉处理流程

现场投诉处理流程（见图 1－4－13）是指客户亲自上门找物流公司客服部门进行投诉。客服部门或相关部门人员应热情接待，稳定客户情绪，引领客户在尊位就座并奉茶，耐心聆听客户投诉的内容及要求，并对关键信息做好记录，填写客户投诉登记表。对客户投诉的内容要表示理解，如投诉有效，找到问题负责部门及时处理问题；如投诉无效，则耐心解释原因，获取客户谅解。

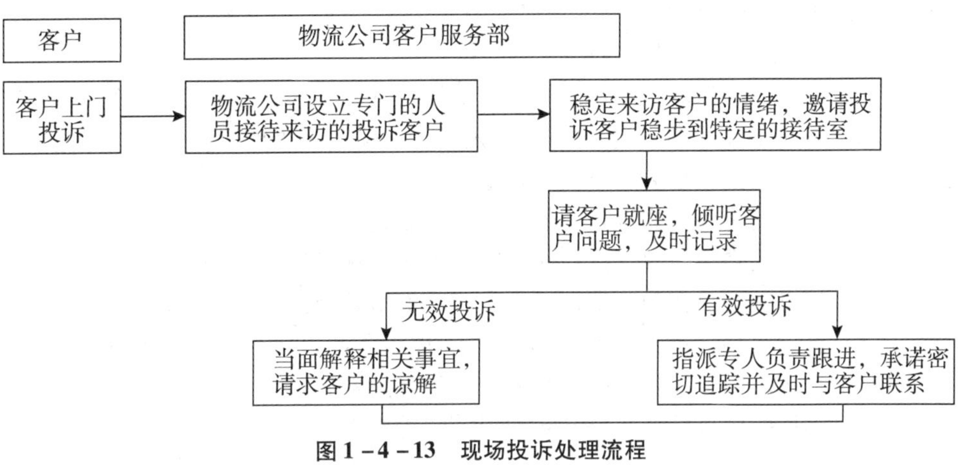

图 1－4－13　现场投诉处理流程

知识拓展

处理物流客户投诉的策略

1. 重视物流客户的投诉；
2. 分析物流客户投诉的原因；
3. 解决问题要正确及时；
4. 记录物流客户投诉与解决的过程和结果；
5. 追踪并反馈物流客户对投诉处理的态度。

五、物流企业客户关系保持

（一）物流企业客户流失的形成过程

物流客户流失的形成过程如图 1－4－14 所示。

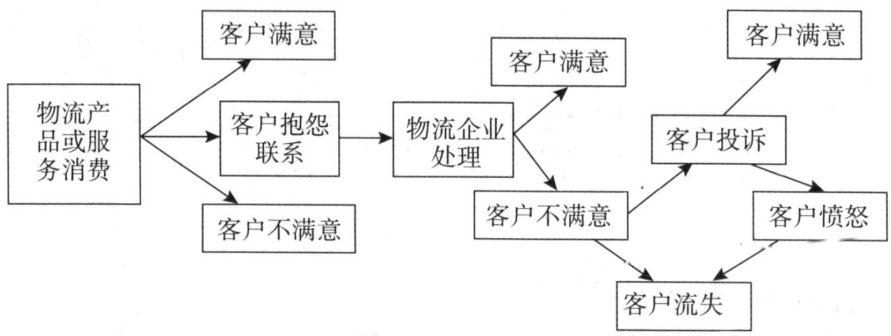

图 1－4－14　物流客户流失的形成过程

（二）物流企业客户保持管理的步骤和方法

物流客户保持的目的就是赢得物流客户的忠诚度。

1. 物流客户保持的步骤

（1）从思想上认识物流客户的重要性。

物流企业的领导者和员工要真正做到“尊重客户，以客户为中心”，就必须首先从思想上认识到客户的重要性，意识到客户是物流企业生存的根本，并把“尊重客户，以客户为中心”的思想贯彻到自己的行动中去。

为了达到思想的统一，物流企业的员工必须做到以下几点。

①要充分意识到强化客户保持、建立客户忠诚的优先地位。

②建立客户忠诚是自己的职责，而不是能够推给其他部门、其他员工的事情。

③牢记自己的一举一动都会影响客户如何看待企业，在物流产品或服务开发、销售、客户培训、售后服务等各个阶段都要处处为客户着想。

④建立高品质的服务标准是物流客户保持的重要内容。

（2）赢得高层管理人员的支持。

强化客户保持、建立客户忠诚是一个从上而下的过程，物流企业高层领导应提供全面的支持，并做出表率。

在建立客户忠诚计划的过程中，物流企业的高层管理人员不仅仅要协调控制，更应该成为这一过程中的组成部分和决定因素。物流企业的高层管理人员虽然不直接接触客户，但他们的行为更能成为普通的员工的表率。高层管理人员的行为标准如下。

①与具体接触客户的客户服务人员交流。

②出席赢得物流客户忠诚而举行的会议，并明确表达自己的观点。

③参加有关与物流客户交流的活动。

④从更高的层次制定赢得物流客户忠诚的各种标准。

（3）赢得物流企业员工的忠诚。

为了赢得客户，必须首先赢得员工，这包括两个方面：一是要赢得员工在工作中的忠诚；二是要保证员工不跳槽。很多企业为了赢得客户，都制定了严格标准，但是如果员工不遵守这些规章制度，那么企业的努力就等于零。为了解决这一问题，一方面企业要选用高素质的员工；另一方面还要制定严格的监督政策并对员工进行定期的培训，让每个员工都有良好的职业道德和“客户第一”的意识。

当前企业面临一个很普遍的现象就是员工跳槽。员工的这种高流动性对于建立客户忠诚是一个很大的障碍，尤其是那些与客户近距离接触的客服人员的流动带给物流企业的影响更加严重。频繁的员工流动不仅增加了物流企业的员工培训费用，还使客户不得不重新认识和熟悉新的接触对象，更重要的是，那些已经与客户长期接触并建立起深厚感情的客服人员的流失，同时也意味着对他保持“忠诚”的客户的流失。所以，物流企业应当从员工的需求出发去关怀他们，赢得企业员工的忠诚是强化客户保持、赢得客户忠诚的基础。

（4）赢得物流客户的满意和信赖。

物流客户的满意、愉悦和信赖是强化客户保持、形成客户忠诚的最主要因素，所以如何在这些方面取得成功也正是企业需要考虑的问题和努力的方向。为赢得客户满意，物流企业可采取以下行动。

①激发物流客户的兴趣。

②与物流客户有意接触并发现商机。

③建立反馈机制，倾听物流客户的意见。

④妥善处理物流客户的抱怨。

⑤分析物流客户的需求，开发新的物流产品或服务。

（5）提高物流客户的兴趣。

提高物流客户兴趣的方法有很多，物流企业可以推出价格折扣、有奖销售，也可通过推出明星助阵的广告来吸引物流客户。但是，这些都是短暂和不牢固的，最为有效的措施还是通过优质的物流产品或服务来吸引客户。要无微不至地关心客户的需求，并竭尽全力满足他们，这样做让客户感受到的不仅仅是一种满足，还有对企业的感激，而且他们很愿意将这种感受告诉自己所熟悉的人。

（6）与物流客户有意接触并发现他们的需求。

通过接触客户可以让客户更好地了解物流企业，物流企业也能够更好地了解客户，通过交流建立起一种朋友式的“双赢”关系。通过这种接触还可以了解客户当前的需求，以便制定更有针对性的措施，更好地为客户服务。也许仅仅是客户不经意说出的一些建议和需求，就会给物流企业带来新的商机。与客户的主动接触方式很多，方法如下。

①发函给客户，询问客户的需求和意见。

②定期派专人访问客户。

③时常召开客户见面会或联谊会。

④将物流企业新开发的物流产品和发展目标及时告知客户。

⑤把握每一次与客户接触的机会，一点一滴赢得客户的欢心。

（7）建立反馈机制，倾听物流客户的需求和意见。

物流企业与客户进行的是长期合作，所以应建立有效的反馈机制。交易的结束意味着下一次合作的开始。客户希望把自身的感受告诉物流企业，物流企业友善、耐心地倾听客户感受，可以拉近和客户的关系。

反馈机制是建立在物流企业和客户之间的一座桥梁，通过这座桥梁双方能够更好地沟通感情并建立友好关系。物流企业成功的秘诀就是善于倾听客户的意见，并善于发现这些意见中有用的市场信息和用户需求，将其转化为新的商机。

（8）妥善处理物流客户的抱怨。

客户抱怨物流企业产品或服务中存在的不足，是物流企业完善服务、增强产品竞争力的好时机。妥善地解决客户的抱怨，将客户的不满转变为满意，能够帮助物流企业赢得客户忠诚。通过对客户抱怨的处理，客户不仅能找到解决问题的方法，还会感到被尊重。

为妥善处理物流客户的抱怨，物流企业应注意如下问题。

①物流企业是否鼓励客户抱怨和说出自己的不满？

②物流企业是否有特别的机构处理这些问题？

③客户是否能够得到机会说出自己的不满？

④物流企业的高层领导是否注意到抱怨对企业的价值？

⑤物流企业是否制订了良好的计划解决那些从根本上引起客户不满的问题？

⑥客户是否知道物流企业对于这些不满的处理结果？

2. 物流客户保持的方法

（1）注重产品质量。

长期稳定的物流产品或服务质量是保持物流客户的根本。高质量的物流产品或服务本身就是客服人员与物流客户维护关系的凝固剂。客户对物流企业的要求不仅是产品或服务质量符合标准，还要求物流企业能够根据客户的意见和建议推出满足客户需求和喜好的产品或服务。随着社会的发展和市场竞争的加剧，物流企业应推出符合客户的需求的个性、定制化产品和服务。

（2）提供优质服务。

同类物流产品在质量和价格方面的差距越来越小，而在物流服务方面的差距却越来越大。物流客户对服务的要求也越来越高，虽然再好的服务也不能使劣质产品成为优质产品，但优质产品会因劣质的服务而失去物流客户。

大多数物流客户的不满来源不是物流产品质量问题，而是物流企业服务问题。物流客户能够感受到的服务质量，要比产品的质量更为重要。客户会将诸多因素放在一起考虑，如产品或服务的可信度、一致性、运货的速度与及时性、书面材料的准确度、电话咨询时对方是礼貌程度、员工的精神面貌等。进入服务经济时代后，服务因素已经开始取代产品质量和价格成为主要竞争因素。

（3）提升品牌形象。

物流客户的需求层次有了提升，客户开始倾向于物流品牌的选择。随着客户偏好差异性增强，客户更习惯于指名购买。物流客户对品牌忠诚，是基于客户心目中对物流企业的产品或服务的印象，只有给物流客户留下深刻印象和强烈好感的物流企业，才会有客户成为其物流企业品牌的忠诚者。

（4）保持价格优惠。

价格优惠不仅仅体现在低价格上，更重要的是能向物流客户提供他们所认同的价值，如增加物流客户的知识含量、改善品质、增加功能、提供灵活的付款方式和资金的融通方式等。若物流客户是中间商或制造商，物流企业通过为其承担经营风险而确保其利润，这也不失为一种具有吸引力的留住物流客户的方法。

（5）重视感情投资。

与物流客户建立了业务关系后，不仅要积极完成合同，还要提供除了产品或服务之外的附加服务，建立超出业务关系之外的其他联系，用这种联系进一步强化产品或服务交易关系。比如记住某物流客户的生日、结婚纪念日并送上祝福，记住某企业物流客户的厂庆纪念日等重要的日子。尊重客户，对于重要的物流客户，由物流企业负责人亲自接待和走访，并亲自邀请他们参加物流企业的重要活动，通过亲力亲为使客户感受到被尊重，引导他们感受到物流企业在他们的支持下取得的成就，让他们体会到物流企业表示出的衷心的感谢之情。对于一般的物流客户可以通过建立俱乐部、联谊会等固定沟通渠道，保持并加深双方的关系。

物流客户保持的第一层次是注重质量，优质服务和品牌形象是第二层次，在此基础上构建起价格优惠和感情投资是第三层次。

技能训练

李恬恬和另外一名女同学进入物流客户服务中心后，被分配至呼叫中心坐席岗位，岗位责任是负责客户咨询电话的接入和记录、业务咨询、业务推荐和业务报价；负责业务异议时的沟通和督促，以及客户寻求业务合作时向公司反馈需求。

另一组的2人成为呼叫中的查询员，负责货物的登记和查询、物流信息的追踪和向特定客户的发出和到达信息的反馈以及限定时间的应急查询；根据不同货物运输方式进行物流信息查询，物流信息出现异常时督促和协调相关方进行处理；货物出现破损短少或到付拒付货款或运费时联系开单受理员或值班经理；负责货物清单或签收单原件的回收和整理，对货物的上站率、晚点率、事故差错率进行统计并注明原因。

第三组的2人成为投诉受理员，负责投诉受理和理赔处理；对投诉问题进行调查并确认责任人，对坐席人员进行投诉处理和技巧的指导。

作为物流客户服务中心的客户服务人员，其岗位责任要求李恬恬及其同学必须了解物流企业客户服务和作业流程。

请帮助李恬恬同学，对照所学相关知识，试着从业务层面，梳理物流公司的作业流程，并针对现有业务流程提出意见和建议。

任务5　掌握物流企业客户服务部工作职责和岗位设置

任务进程

经过一周的部门的顶岗实习，李忠伟同学对部门业务和岗位设置有了初步的了解，为了下一步协助部门助理对客户服务部的运作进行整体重新规划和业务改进积累了一定基础。

接下来开始对部门分工和岗位职责以及部门工作流程进行梳理。

相关知识

一、物流客户服务部的分工构成

物流客户服务部是物流企业专门为市场客户提供售中和售后服务的部门，客户一旦进入物流企业开始运作后，针对运作效果的客户服务均由客户服务部承担。物流客户服务部的分工构成主要包括：前台接待；物流客户服务中心（又称为呼叫中心）；售中、售后服务；客户档案管理中心；客户投诉处理中心。

二、物流客户服务部的职责

物流客户服务部的主要职责如下。

（一）客户档案建立、跟踪及客户关系管理

1. 物流客户信息管理

建立客户数据库管理系统，对客户各方面资料进行收集、汇总，分类建档，针对特殊客户进行分析，为企业物流营销策略、客户服务策略的完善提供依据。

2. 物流客户调查与开发管理

（1）开展客户调查活动，了解客户各方面信息，为企业开发潜在客户提供依据。

（2）提醒管理层，公司内部哪些环节已经引起客户不满，并提供相应的解决方案。

3. 物流客户关系管理，

建立客户关系管理制度，不断改进客户服务方式，完善客户服务体系，巩固和加强与客户之间的关系，为企业的营销工作提供支持，进而塑造和提升企业的品牌形象。

4. 物流大客户管理

成立专门的大客户服务团队，为企业的大客户量身打造个性化的服务模式，提供

有针对性的全方位服务，从而强化与大客户的合作关系，提高企业的利润水平。

5. 物流售后服务管理

（1）建立售后服务管理制度，规范企业售后服务工作，保证履行承诺，提高客户的满意度和忠诚度。

（2）保持与客户的定期沟通，听取客户关于营运工作的意见，并组织企业内部相关部门对客户意见进行落实或整改。

（3）复核并监督落实运营指标执行情况，并提出意见。

（4）督促、检查物流企业对客户承诺的各种服务的执行情况。

（二）接受并处理客户关于运作质量和运作效率的投诉

（1）建立客户投诉管理制度，运用灵活的处理技巧，消除企业与客户之间的误会，使双方互相谅解，为企业的运营活动创造最佳的外部环境。

（2）了解客户订单的执行情况，对可能存在的订单增加情况，向市场部门及时反馈并予以落实。

（三）建立物流客户呼叫中心，派遣和管理客服专员

（1）建立先进的客户呼叫中心，培训并派遣客户服务人员，有效地为客户提供高质量、高效率、全方位的服务，同时进一步协调企业的内部管理，提高服务工作的效率。

（2）代表公司处理中型以上的运作事故。

三、物流客户服务部设置岗位的主要职责

物流客户服务部主要岗位包括客户服务部经理、客户关系管理人员、前台接待主管、客户信息档案管理人员和客户投诉管理人员。各岗位的职责如下。

1. 客户服务部经理的岗位职责

（1）负责制定客户服务原则与客户服务标准，协助拟定标准的服务工作流程规范。

（2）负责管理客户服务部各服务项目的运作。

（3）负责对客户服务人员进行培训、激励、评价和考核。

（4）负责对企业的客户资源进行统计分析与管理。

（5）负责按照分级管理规定定期对所服务的客户进行访问。

（6）负责按客户服务部的有关要求对所服务的客户进行客户关系维护。

（7）负责对客户有关服务质量投诉与意见处理进行督办以及对处理结果进行反馈。

（8）负责大客户的接待管理工作，维护与大客户长期的沟通和合作。

（9）负责协调和维护客户服务部与企业其他各部门的关系。

（10）负责接待管理。

（11）负责创造企业间交流的机会。

2. 客户关系管理人员的岗位职责

（1）负责维护客户关系，包括拜访客户、客户关系评价和提案管理等。

（2）负责与客户日常交往管理，包括客户拜访工作、客户接待工作等，协助巩固企业与客户的关系。

3. 前台接待主管的岗位职责

（1）协助客户服务部经理制定前台服务原则与服务标准，协助拟定标准的服务工作流程与规范。

（2）负责组织前台人员进行来客接待、来客信息核实和服务享受资格验证，协调各种款项缴纳，来客分流和引导。

（3）负责受理客户服务投诉。

（4）负责处理客户服务过程中的突发事件。

（5）负责对前台服务人员进行培训、激励、评价和考核。

4. 客户信息档案管理人员的岗位职责

（1）负责协助制订客户信息调查计划，明确调查目的、对象以及调查的数量，统一调查方法，做到事前充分模拟，有效完成收集资料的工作。

（2）负责客户信息分析工作，对各种客户调查资料的内容、可信度、使用价值等做出分析判断，得出结果后提交上级有关部门，作为决策依据。

（3）负责客户档案管理，帮助建立客户资料档案，并对客户档案保管使用及档案保密工作提出合理意见。

（4）负责客户信用调查、客户信用度评估，并对客户信用进行分级管理。

5. 客户投诉管理人员的岗位职责

（1）负责协助制定统一的投诉案件处理程序和方法。

（2）负责对客户投诉案件进行登记、移交和督办，协助检查和审核投诉处理通知。

（3）负责协助各部门对客户投诉的原因进行调查，协助开展对客户投诉案件的分析和处理工作，负责填制投诉统计报表。

（4）负责提交客户投诉调查报告，分发给企业有关部门。

（5）负责协助客户办理相关手续。

（6）负责提交投诉处理中客户反映的意见，跟踪处理结果并提交相关部门。

（7）定期向主管领导汇报客户投诉管理工作情况。

（8）负责受理客户投诉，跟踪投诉处理过程，及时回馈客户，并协助做好客户回访工作。

四、物流客户服务岗位的职业发展

客服人员在整个物流业务操作流程中扮演着重要的角色。因为客服对外要与客户、承运、海关、商检等部门保持良好的沟通，对内要同销售人员、操作人员及现场人员等保持良好的团队合作，所以优质的客户服务不仅是销售工作的延伸，在很多时候也涵盖售前环节。

客服人员的职业发展也是多元的，不仅可以在客服领域晋升，而且可以发展为销售人员。通常，客服人员的晋升通道为客服代表、客服主管、客服经理、区域客服经理、客服总监等。

五、物流客户服务部工作流程

物流客户服务部的具体工作流程如图 1－5－1 所示。

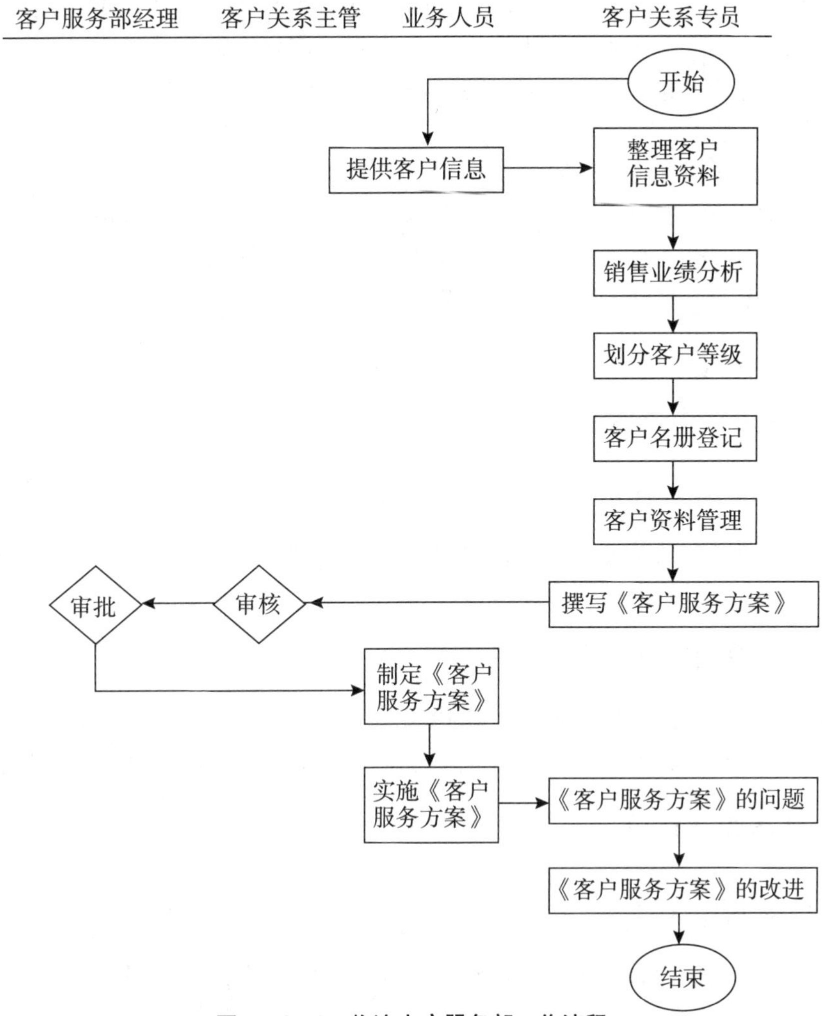

图 1－5－1　物流客户服务部工作流程

技能训练

请帮助李忠伟同学绘制出所在企业的物流客户服务部的工作流程图，并针对现有部门职责设置部门岗位分工。

任务 6　培养物流企业客服和营销人员的从业素质

任务进程

由于近期客户服务部新进员工较多，针对新进员工的最近一周的工作表现，客户服务部门各个岗位主管向部门经理建议进行部门员工服务礼仪培训。

相关知识

根据2020年1.0版《物流运营职业技能等级标准》对职业等级的描述，适应高职层次的客户服务的职业技能主要表现在业务推荐、满意度调查、投诉处理三项中。鉴于部分学生对高等职业技能的需求，特将高等技能中的业务开发工作领域也列入了本书，重点在于让学生进行市场调研，通过客户服务营销的方式，能够根据客户需求分析，进行产品设计和市场营销活动设计。

根据职业等级中工作领域的工作任务的描述，对客户服务和营销岗位人员的从业职业能力和素质提出了要求，物流企业是以服务客户为导向的企业，要做好物流客服工作，客服工作人员要具备以下能力和素质。

一、职业素质

具备良好的责任心、积极的工作态度、爱岗敬业的精神等。

二、基本职业通用能力

具备良好的口头表达能力、准确处理业务的能力、基本语言能力、沟通能力、团队合作能力等。沟通能力详见项目二。

三、基本职业技能

具备完成订单咨询、订单下单、客户回访、营销、客户投诉受理及处理、大客户管理等业务的能力。此项技能要求和训练会在项目二、三、四、五中有详尽的描述。

四、基本职业礼仪

（一）日常礼仪

日常礼仪，包括会面礼仪、名片礼仪和座次礼仪以及拜访礼仪。其中拜访礼仪详见项目二。

1. 会面礼仪

1）称呼

在人际交往中，选择称呼要合乎常规，体现自身的教养以及对对方尊敬的程度，体现双方关系发展所达到的程度。要照顾被称呼者的个人习惯。在工作岗位上，彼此称呼要庄重、正式、规范。

2）介绍

介绍也是日常接待工作中必不可少的一个环节，是人际交往和接待工作中相互了解的基本方式。根据介绍者所处的位置不同，介绍可分为自我介绍和他人介绍。

（1）自我介绍。

自我介绍时要注意以下四点：一是时机，自我介绍时间要简短，最好在一分钟以内。二是仪态，进行自我介绍时举止表情要自然、大方，面带笑容，眼睛注视对方，不要紧张拘泥，不知所措。介绍时可先递名片再做介绍，介绍完毕后也可根据情况与对方握手。三是语言，自我介绍时，语言要亲切、友好，充满自信。音量大小适中，发音标准，吐字清晰。四是内容。自我介绍有“四要素”，即“单位、部门、职务、姓名”，初次介绍时需将四者都介绍出来。需要特别注意的是，第一次介绍时单位名称要用全称，不要用简称，以免让客户产生误解。

（2）他人介绍。

由他人做介绍，自己处在当事人位置。如果自己是职位高者、年长者，应立即与对方热情握手；如果自己是职位低者、年轻者，应根据对方的反应做出反应。

①介绍他人。介绍时表情、手势应文雅，无论介绍哪一方，都应手心朝上、手背朝下，四指并拢，拇指张开，指向被介绍一方，并向另一方点头微笑，切忌伸出手指指来指去。

②集体介绍，分两种情况。第一种情况：将一个人介绍给大家。适合于重大活动中对职位高者、年长者和特邀嘉宾的介绍。第二种情况：将大家介绍给一个人。注意按职位高低、座次顺序等，由近及远介绍。

3）握手

（1）注意握手的场合。

握手是人际交往中最常见的见面礼节，适合握手的场合有：遇到较长时间没见面的熟人；比较正式的场合和认识的人道别；在以本人作为东道主的社交场合迎接或送别来访者时；拜访他人后辞行的时候；被介绍给不认识的人时；在社交场合偶然遇上亲朋故旧或上司的时候；别人给予你一定的支持、鼓励或帮助时；表示感谢、恭喜、祝贺时；对别人表示理解、支持、肯定时；得知别人患病、失恋、失业、降职或遭受其他挫折时；向别人赠送礼品或颁发奖品时。

（2）握手的基本要求。

与人握手时，伸手的先后顺序是上级在先、主人在先、长者在先、女性在先。长辈和晚辈之间，长辈先伸手；上下级之间，上级先伸手；男女之间，女方先伸手；当然，如果男方为长者，仍然长者在先。如果需要和多人握手，握手时要讲究先后次序，即先年长者后年幼者，先长辈再晚辈，先女士后男士，先已婚者后未婚者，先上级后下级。握手时，应距对方约一步远，上身稍向前倾，两足立正，伸出右手，四指并拢，虎口相交，拇指张开下滑，与受礼者握手，眼睛应注视对方并面带微笑。握手时间一般在 2 ~5 秒为宜。正确的做法是要握住整个手掌，即使对异性，也要这么做。

知识拓展

握手的禁忌

1. 不要在握手时戴着手套或墨镜，女士在社交场合可以戴薄纱手套握手；
2. 不要在握手时将另外一只手插在衣袋里或拿着东西；
3. 不要在握手时面无表情、不置一词，或长篇大论、点头哈腰，过分客套；

4. 不要在握手时仅仅握住对方的手指尖，好像有意与对方保持距离；

5. 不要在握手时把对方的手拉过来、推过去，或握住不放；

6. 不要拒绝和别人握手，即使自己的手有手疾、汗湿或弄脏了，也要和对方说一句："对不起，我的手现在不方便。"以免造成不必要的误会。

2. 名片礼仪

名片作为重要的社交工具之一，它传递着个人和公司的信息，担负着通报、联系甚至宣传的重任。要使名片发挥作用，必须了解名片的使用礼仪。

1）名片的分类

（1）企业名片。

企业名片主要用于企业产品交流会等，用来宣传本企业及其产品。名片上提供企业名称、地址、公务电话等内容。

（2）个人名片。

第一种：私人名片。类似于做"应酬式"自我介绍，名片上只提供姓名，其他信息一概不提供。

第二种：商用名片。提供的内容包括本人归属（企业标志、单位全称、所属部门等）、本人称谓（本人姓名、行政职务、学术头衔等）和联络方式（所在地址、邮政编码、办公电话等）。

2）名片交换技巧

（1）索取名片方法。

第一种：互换法。想要索取别人的名片，就先把自己的名片递给别人，别人自然会回赠一张名片。

第二种：明示法。直接表明自己的本意，比如，可以说："×总，认识您很高兴，能要一张您的名片吗？"

第三种：谦恭法。欲向长辈或地位、职务高的人索要名片时，可以说："以后如何向您请教？"实际就是暗示对方留下电话号码，这样即使不想给，自己也不会显得尴尬。

第四种：联络法。欲向平辈、晚辈，或职位、地位相仿的人索取名片，可以说："今后怎样与你联系？"如果对方不想给，会说："今后还是我与你联系吧。"被索要名片时，不想给对方名片，不可以直接拒绝，宜说："非常抱歉，我的名片暂时用完了。"

（2）递名片的礼仪。

一要态度谦恭。以双手食指和拇指执名片的两角，以文字正对对方，一边自我介绍，一边递上名片。对于对方递过来的名片，应该用双手去接，以示尊重和礼节。

二要讲究顺序。如果递给很多人，应由长及幼、由近及远。在圆桌上就餐，则宜从自己右侧以顺时针方向依次递上。

（3）接受名片的礼仪。

首先用双手接对方递过来的名片；其次应重复对方职务、头衔，加以确认，然后毕恭毕敬地放在适当位置；最后有来有往，回敬对方。

（4）名片交换的注意事项。

①自己的名片应放在随手可取的地方，不应东摸西摸，半天找不到。

②出示名片应把握机会，一是在交谈开始前，二是在交谈融洽时，三是在握手告别时。

③接过别人的名片时，切忌不加确认就放入包中。忌把别人名片放在裤兜、裙兜、提包、钱夹中，忌随手乱扔。

④忌“批发式”散发名片。

⑤自己名片存放要用专用的名片夹、名片包。

⑥当名片交换完毕后，如果对方表示了“请坐”，就可以坐下与对方进行深入交谈。

⑦应注意养成一个基本的习惯，即会客前检查和确认名片夹内是否有足够的名片。

3. 座次礼仪

1）行走中的位次礼仪

多人并行的时候总体遵循内侧高于外侧的原则。两人并行，可把墙侧让给客户；多人并行，则中央高于两侧。在平地上单行行进的时候，通常前排高于后排，宜把选择前进方向的权利让给客户；引导客户时可走在客人左前方约一米处。使用楼梯和自动扶梯时，主人应走在前面，或者按先来后到的顺序使用。

2）上下电梯礼仪

遵循先下后上原则。上电梯时，如电梯中有人，可请客户先上；如没人，应抢先进入电梯，按住“开”钮，再请客户进电梯。下电梯时可一只手按住“开”钮，另一只手示意请客户先下。注意，在电梯内要避免与他人对面而立。

3）乘车礼仪

（1）乘坐礼节。

乘坐由司机驾驶的小轿车，不管驾驶盘在左还是在右，都是以后排右座为首位，左座次之，中座再次之，司机旁边的座位为末位。如果是主人充当司机驾车，首座则是司机旁边的位置，次之才是后排右座，再次之是后排左座，后排中间为末座。

（2）需要注意的细节问题。

主人陪同客人乘同一辆轿车，应帮助客人上下车；与亲友乘同一辆车，应请女士和长辈先上车，并为之开关车门；男女同乘、上下级同乘，男士或下级应主动帮助女士或上级开门乘车。

4）会客礼仪

礼节性的、一般性的人和人之间的相互见面有时也称为会客、会晤或会面。通常来说，有以下几种方式。

（1）自由式。适用于两种情况：一是非正式交往时宾主双方不分主次，自由择座；二是难以排列座次时（大家平级），可根据喜好自由择座。

（2）相对式。具体做法是宾主双方面对面而坐。这种排列方式主次分明，含有“公事公办”之意，多适用于公务性会客。采用相对式安排位次时，会有以下两种情况。

第一种：双方就座时一方面对正门，另一方背对正门，这时应遵循“面门为上”的原则（见图1－6－1）。

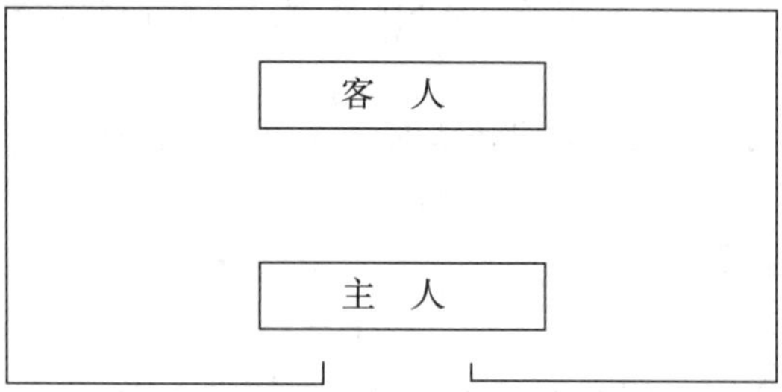

图1－6－1 相对式会客排位（面门为上）

第二种：双方就座时，室内分为左右两侧，面对面就座。这时遵循“以右为上”的原则，即进门之后，右侧一方为上座。需要指明的是，此时的左右，是依照“面门为上”的规则来确认的（见图1－6－2）。

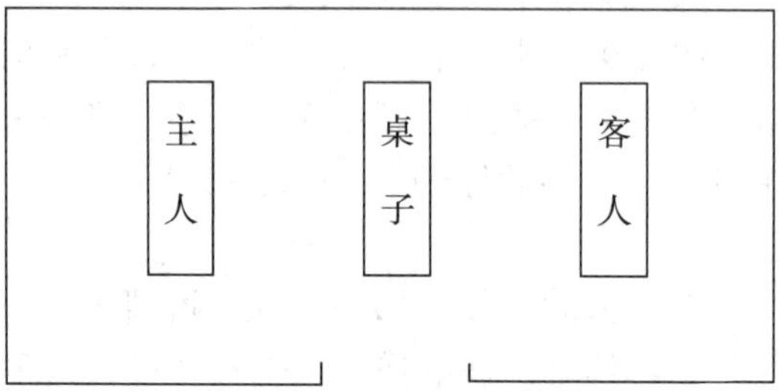

图1－6－2 相对式会客排位（以右为上）

（3）并列式。宾主双方并排就座。如宾主双方都是面门而坐，则以右边为上座，即客人坐在主人的右边（见图1－6－3）。

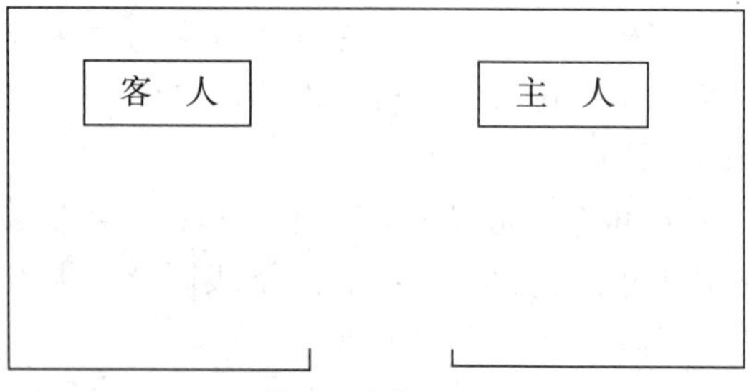

图1－6－3 并列式会客排位（以右为上）

5）宴请

这里主要介绍中餐宴请排位，分为中餐桌次排位和中餐席次排位。

（1）中餐桌次排位。举行中餐宴请时，若所设餐桌不止一桌，就会有桌次之别。排定桌次时，主要有以下三条常规。

一是以右为上。中餐餐桌一般采用圆桌，若两张餐桌横排时，在右为上，如图1－6－4中桌①所示。

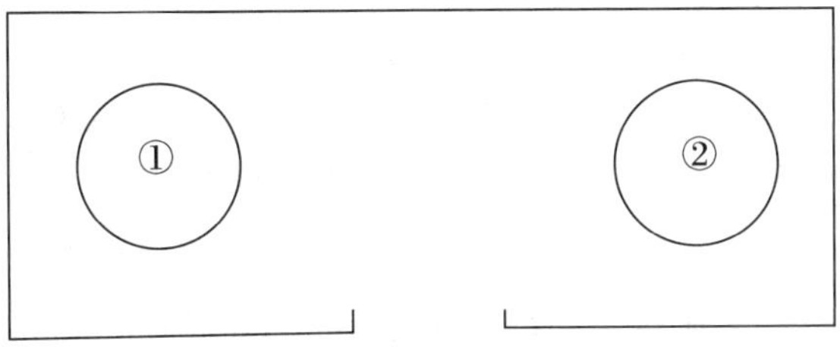

图 1－6－4　中餐桌次排位（以右为上）

二是以远为上。即距离餐厅正门远者为上，如图 1－6－5 中桌①所示。

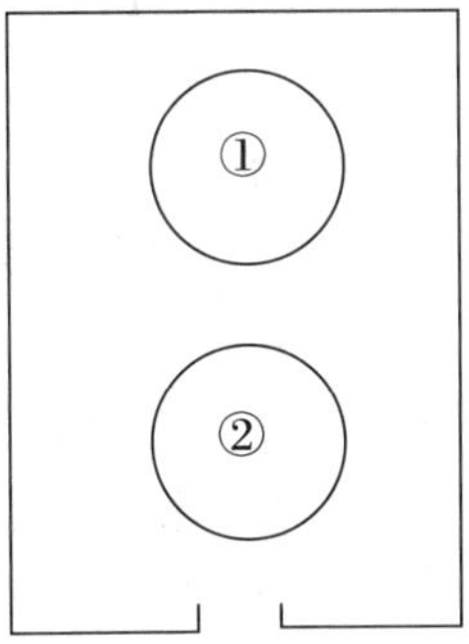

图 1－6－5　中餐桌次排位

三是居中为上。多张餐桌并排时，居于中央者通常地位高于两侧，如图 1－6－6 所示。

很多时候，上述三条桌次排位的常规是交叉使用的。

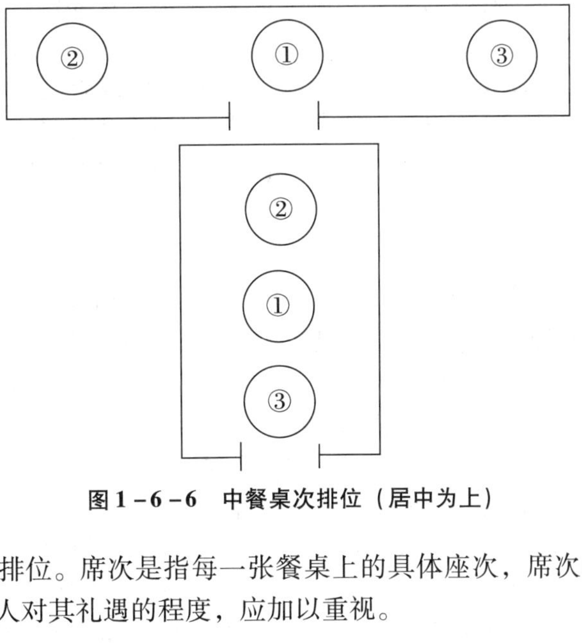

图 1－6－6　中餐桌次排位（居中为上）

（2）中餐席次排位。席次是指每一张餐桌上的具体座次，席次的排列体现了来宾的身份，体现了主人对其礼遇的程度，应加以重视。

一是面门为上。宴会的主人应坐在主桌上，面对正门就座。

二是主宾居右。主宾应在主人的右侧就座。

三是好事成双。每桌就座的人数宜为双数，并以六人、八人、十人为最佳。

四是各桌同向。即除主桌外的其他各张餐桌上的主位，可与主桌上的主人之位方向相同。

（二）物流企业客户服务人员着装和仪容规范

1. 人员着装规范

一般来说，合乎礼仪的着装，首先要合体、合适、合意。合体就是穿着要和身体、体形相协调，根据自己的体形特点做到扬长避短；合适就是在服装穿着、饰物佩戴和配件使用等方面，必须适应具体时间、地点和场合的要求；合意就是根据自己的爱好、兴趣、个性和审美观，按照着装的基本要求选择合意的服装，穿出自己的风格和魅力。

着装规范需注意“服装 TOP 三原则”，“TOP”实际上是三个英语单词的缩写，它们分别代表时间（Time）、场合（Occasion）和地点（Place），即着装应该与当时的时间、所处的场合和所在的地点相协调。如喜庆场合的着装要求充分表现个性，色彩丰富，款式新颖、时尚，行动基本不受限制；悲伤场合的着装则要求以黑色为主，以深色、素色、白色为辅，款式简洁，穿着规范严整，男士脱帽致哀，女士不抹口红，不戴饰品；庄重场合的着装要严格遵守穿着规范，一般男士穿西服，女士穿礼服、套装，不可当众解衣、脱衣，男士进入室内须脱帽，不戴墨镜。

员工应着装规范，工作时间应穿制服。制服也称工装，一般泛指人们在工作场合的着装，对员工来说，着工装就是指其在工作时，按照有关规定穿着与本人工作相称的统一制作的正式服装。

按公司的不同规定，若有需要，工牌应时刻佩戴于胸前。最好不佩戴任何饰物；如果佩戴了饰物，则一定要合乎身份，不得佩戴装饰性过强的装饰物、标记和吉祥物。手腕除了手表外最好不戴其他装饰物。物流员工穿着制服时应注意下列四大禁忌：一忌不守规定，即工作时不按规定穿制服；二忌乱穿制服，即在非工作时间穿制服；三忌制便混穿，即制服与便服任意组合、搭配；四忌污损制服，即穿脏、烂、破、损的制服。

2. 员工仪容规范

仪容，通常是指人的外观、外貌。在人际交往中，每个人的仪容都会引起交往对象的特别关注，并影响对方对自己的整体评价。良好的职业形象离不开仪容修饰，它可以从侧面反映出一个人的工作态度、工作能力以及综合素质。服务礼仪规定，服务人员必须对本人的仪容进行必要的修饰与维护，而且在修饰与维护时必须遵守一定的规范。在具体修饰仪容时可遵循自然、协调、礼貌、健康等原则。仪容修饰包括发部修饰、面部修饰、肢部修饰、化妆修饰四个方面。

发部修饰要注意保持头发干净。不论有无交际活动，平日都要勤于梳洗自己的头发。这样做既有助于保养头发，又有助于消除异味。在佩戴发饰方面，物流服务人员最好不戴发饰，如果戴，也只是束发之用，女性服务人员应选择深色无纹饰的发卡、发箍、发带等。在工作岗位上只有佩戴工作帽才是被允许的。

面部修饰的基本要求是：时刻保持面部干净清爽，做到整洁、卫生、简约与端庄。

在人际交往中，人的肢体因为动作最多，经常会受到特别的关注。有时，人们对于他人肢体的重视程度，会比对脸部更高。

（三）物流企业客户服务人员的形体和语言规范

1. 人员的形体规范

俗话说“站有站相、坐有坐相”，在日常生活或工作中，人的仪态举止是一个人形象及精神的写照，物流员工应了解并学习一些基本的仪态规范。

（1）站姿基本要求有眼平、颈收、颈直、肩松且平、收腹、挺胸、垂臂、右手握左手、脚跟并拢等。坐姿基本要求有头正、目平、颔收、体端、肩松、身微倾。

（2）物流人员在整理工作场所、给予客户帮助、提供必要服务、捡拾地面物品、拾取低处的物品时，都需要采取蹲姿。蹲姿规范要求一脚在前、一脚在后，两腿向下蹲；前脚全着地，小腿基本垂直于地面；后脚跟提起，脚掌着地，臀部向下。

（3）行姿即行进时的姿态规范，标准行姿的具体要求是方向明、身姿稳健、步伐从容，步态平、步幅中、走直线，臂自然、目视前方、抬头挺胸。

（4）手势在服务工作中极为重要，很多工作都需要用双手去完成。手势的含义，或是发出信息，或是表达感情，是人的体态语中重要的传播媒介，物流服务人员不仅要了解各种手势的含义，而且要能够自觉运用各种规范手势。在服务和日常交往中，一些基本手势的手形规范通常是手掌自然伸直，掌心向上，四指并拢，拇指自然稍稍分开，手腕伸直，使手与小臂成一直线，肘关节自然弯曲。

（5）递送物品时双手为宜，不方便双手并用时，一般情况下使用右手；以左手递物被视为失礼之举；递给他人的物品，以直接交到对方手中为好；双方相距过远，递物者应当主动走近接物者；在递物于人时，应当为对方留出便于接取物品的地方，不要让其感到接物时无从下手；将带有文字的物品递交他人时，应使物品正面面对对方。

（6）面部表情要给人以热心、细心、快乐、自信的感觉。表情神态，重在面部，要亲切自然而不紧张拘泥；神态要真诚热情而不过分亲昵。要微笑面对客户，眼神自然，注视客户的双眼，表示自己正在聆听客户所讲的话。与客户进行较长时间的交谈时，以客户的整个面部为注视区域；注视客户的面部时，最好不要聚焦于一处，而以散点柔视为宜。

2. 员工的语言规范

1）礼貌用语

物流客户服务人员在同客户接触的整个过程中，始终离不开语言交流。物流客户服务人员的语言运用、表达能力，既体现自己的服务水准，又直接影响物流企业的形象。所以物流客户服务员工在工作岗位时，应自觉遵守相关的服务语言规范。

2）语言规范

（1）语言标准。语言标准是语言交际的前提。语言不标准，服务对象就无法听懂，沟通就会出现障碍，就会出现一些不必要的误会。语言标准主要要求是讲普通话。

（2）语调柔和。语调指人们说话时的具体腔调，不同的语调传递不同的信息。一个人的语调，通常体现在他讲话时的语音的高低、轻重和节奏快慢上。面对客户时，物流服务人员要语调柔和、音量适中、语速适当。

3）语气正确

语气，即人们说话时的口气，它往往会流露出说话者真实的感情色彩。语气一般包括陈述、疑问、祈使、感叹、否定等。工作岗位上切忌使用急躁、生硬和轻慢的语气，如"快点，抓紧时间！""等着吧！""看清要求再写！"等用语。

4）语言技巧

（1）赞美的技巧。赞美时要做到实事求是，恰到好处，力戒虚情假意，乱给别人戴高帽子。适当地说出他人渴望获得的赞赏；但要做到适可而止，不能过头。

（2）感谢的技巧。要真心实意，要提致谢的理由。所谢的若是多人，可用"谢谢大家！"统而言之，也可逐个言谢。

（3）拒绝的技巧。从语言技巧上说，拒绝有直接拒绝、婉言拒绝、沉默拒绝、回避拒绝四种方法。

（4）道歉的技巧。道歉语应当文明且规范，道歉应当及时、大方；道歉可借助于"物语"；记住道歉并非万能。

工作礼仪包括客户接待礼仪、岗位工作礼仪，此部分内容详见项目三。

知识拓展

物流客户服务的主要工具

1. 电话服务；
2. 即时通信工具；
3. 电子邮件；
4. 其他互联网工具。

技能训练

鉴于近期客户服务部新进人员的工作中出现的问题，应岗位主管的请求，部门经理要求助理设计部门岗位培训计划，并指派李忠伟同学辅助其工作。

请帮助李忠伟同学归纳、整理近期顶岗实习岗位工作中出现的问题，并针对这些问题，设计培训课程内容，提出培训计划方案。

任务7　掌握互联网时代客服岗位应具备的新技能

任务进程

李忠伟同学在设计部门岗位培训课程和方案时，认为客户服务部的员工不仅要掌握从业的基本技能，还应该了解和顺应时代变化，与时俱进，掌握互联网时代的新工具和新技能。

相关知识

随着互联网技术的成熟，网络运行环境的不断完善以及智能手机等移动端的进一步普及，互联网应用技术不断向用户生活需求深入渗透，手机等移动终端上网使用率明星增长。同时，移动互联网技术的应用，逐步提高了客户对服务的要求，“互联网+”行动计划推动政企服务向多元化、移动化发展。

一、电子商务对物流客户服务的影响

电子商务作为新的商务模式，在减少流通环节、加快流通速度、降低交易成本、便捷百姓生活方面的作用日益突出。互联网用户规模的扩大和电子商务的发展，为物流行业提供了巨大的市场空间，将成为物流行业发展新的增长点。电子商务发展对提升物流客户服务质量、调整产品结构、加快向现代服务业转型具有促进作用。电子商务配送已成为拉动物流客户服务业务增长的重要力量，它对物流客户服务有如下影响。

1. 提升了物流客户服务的质量

电子商务与物流客户服务的结合使得物流企业可根据客户的个性需求，向客户提供差异化的服务，进而提升物流客户服务的质量。

在互联网技术兴起的今天，物流企业的竞争归根到底是服务的竞争。物流客户服务的时效性、准确性和安全性相差不多时，向客户提供直接、便利的服务就成了企业竞争的重点。电子商务的兴起和运用使得物流客户服务不再限于“点到点”“户对户”的单一传递模式，使得物流企业的服务范围、服务时限、服务频次发生了重大变化。客户需求变化不定，这就要求物流企业不仅能提供标准服务，也能提供个性定制化服务。

电子商务的迅猛发展促进了物流企业与客户的动态交流，通过电子邮件和网络，客户的所有需求信息一目了然，物流企业可充分利用这些资源为客户提供优质的客户服务，进行个性化的客户服务和市场营销。

2. 扩大了物流服务产品的种类

物流服务与电子商务的对接，使得物流企业能更好地为客户提供仓储、理货、代收货款、收件人付费、签单返回、代客户报关等多种增值服务，使物流产品结构得到了调整，促使物流企业由单一的价格竞争向服务质量竞争转型，甚至把物流服务产品的品种、价格与服务品质捆绑进行差异化竞争，从而提高了物流企业把握市场的能力。

3. 加速了物流服务网络信息化的进程

网络信息化是电子商务时代的主要特征之一。物流服务网络信息化随着电子商务的运用而加速发展。

如果客户需要寄递包裹，可以登录企业网站，通过计费系统查询到物流的运费报价。选择物流模式后，网上会自动产生各种模式的运单，接下来就可以预约取件和进行付费了。取件完成后，客户可以通过互联网平台进行快件的追踪查询，时刻掌握快件运递进程。无论快件是在从上海到纽约的飞机上，还是在前往客户办公室的货车上，客户都可以追踪他们包裹的位置，还有更加人性化的快件状态通知——电子邮件通知服务为客户提供快件追踪信息。为使客户能全时段跟踪货件信息，物流企业实施精准扫描服务。从取件发货到完成送达，每个快件都需要扫描很多次，快件位置的相关信息可以凭借相关查询码在互联网上进行查询。客户也可通过物流企业的相关微信平台更便捷地获得以上服务。

电子商务充分发挥了信息技术优势，对物流的发展起到了引领和推动作用。物流企业间在信息接口、商品签收、安全管理、风险分担等方面还缺乏统一的规范，国内相关法律、标准、政策还缺乏必要的衔接。因此，电子商务企业和物流企业从中会发现新机遇，只有优化网络、改善服务质量，才能在各方通力协作下，实现共同繁荣。

二、与客户的网络沟通

（一）与客户网络沟通的优势

在互联网时代，传统的面对面沟通已逐渐被其他的沟通方式所替代。企业与客户通过网络进行沟通和交流，就不会受时间和空间的限制。客户可以利用工作的间隙登录企业的网站，把自己的投诉问题、咨询问题或答谢等留言在企业的网站平台上；也可以发电子邮件到企业的邮箱；如果企业有短信留言平台，客户还可以通过手机短信的形式表达自己的想法。而对于企业来说，企业只要派少数工作人员维护网站（平台），解答客户的投诉、咨询等问题就可以了，不仅提高了人员利用率，也可以避免与客户当面沟通时出现的诸如工作人员情绪过于激动、处理不当等引发客户不满的问题。

（二）与客户进行网络沟通的类型和方法

一般来说，物流企业与客户网络沟通的类型主要有投诉问题的处理、物流问题的咨询、一般的交流以及答谢等。这些沟通可以通过 FAQ（Frequently Asked Questions，常见问题解答）、E－mail（电子邮件）、呼叫中心等平台来实现。

1. FAQ 在网络沟通中的应用

FAQ 主要是为客户提供有关产品及企业情况等常见问题的解答，FAQ 能使客户迅速找到所需的服务信息，同时也能够引发客户随意浏览的兴趣。

实际上，企业对客户提出的某个问题经过一段时间的讨论和研究后，就会形成解决方案，把这些解决方案汇总整理后列在一起，制成页面或栏目，就形成了 FAQ。通过 FAQ，企业能够为每个客户提供及时的日常服务。

FAQ 的设计即在企业自有网站（平台）列出客户常见问题。FAQ 能够帮助工作人员了解客户关心什么、问得最多的问题有哪些以及这些问题的答案是什么。更重要的是，企业可以透过表面的问题，确定客户真正意图。

创建面向客户的 FAQ 可以分为两个层次：一层是面向新客户和潜在客户的，它提供的是企业、产品等最基本问题的答案；另一层是面向老客户的，这些客户对企业已经有了初步的了解，需要向他们提供更深层次的信息，如详细的技术细节、技术改进信息等。通过这种针对性的做法，新客户、潜在客户和老客户都会感受到企业对他们的尊重和真诚的帮助。

2. E－mail 在网络沟通中的应用

E－mail 是用户或用户组之间通过国际互联网收发信息的服务，是一种网络用户之间的快捷、简便、可靠且成本低廉的现代化通信手段，也是国际互联网上使用最多的服务之一。

利用电子邮件进行沟通有方便性、广域性、快捷性、透明性、廉价性、全天候的特点。它对客户沟通有如下四个方面的影响。

（1）利用电子邮件可与客户建立主动的服务关系。可以主动向客户提供企业的最新信息，如企业新闻、寄件价格、新产品信息等；同时，还可以获得客户需求的反馈，并将其整合到企业生产运作、销售、客户服务等营销组合系统中。

（2）利用电子邮件传递单证。为了方便客户，物流企业可以允许客户以电子邮件的方式将物流订单发送到企业邮箱，订购物流服务。除利用电子邮件下单外，客户还可以通过电子邮件进行物流业务咨询、物流价格咨询、投诉等。

（3）利用电子邮件进行营销。电子邮件是一种发现并留住客户的有效手段。由于传统媒体（如电视和广播）缺乏针对性，传统的直邮广告成本又太高，物流企业越来越青睐利用电子邮件开展营销。这样在为客户提供物流服务的同时，又同客户建立了交互式通信，为进一步开展营销奠定了基础。

（4）利用电子邮件处理客户投诉问题。客户还可以用发送电子邮件的方式对出现的问题进行投诉。企业在收到邮件后，也可以用电子邮件的方式把处理意见反馈给客户，并且还可以定期做回访，追踪整个事件的处理进程，体现企业关怀。

电子邮件是国际互联网上使用最频繁的现代通信手段之一。物流企业要利用电子邮件做好客户服务，就必须做好电子邮件的管理。

（1）电子邮件的分类管理。企业在客户服务中应将 E－mail 和 FAQ 结合使用，对常规的问题，只要让客户在 FAQ 中查阅即可，应在企业的数据库中事先准备好常见问题的答案，以便迅速满足客户的需要。而特殊问题意味着数据库中还没有现成答案，需要有关部门派专人解决。

（2）自动应答。在接收到客户的邮件信息后，为使客户放心，并说明邮件已被获悉，可以采用计算机自动应答器，事先自动答复客户。

（3）主动为客户服务。互联网具有互动的特点，但是企业也应主动采取措施，加强同客户的交流，主动了解客户需要什么服务。例如，利用电子邮件主动给客户发送有关物流服务的流程、物流传送的流程、寄递价格、新的服务信息等，以增加客户对企业的了解。

3. 呼叫中心在网络沟通中的应用

呼叫中心（Call Center）是一种新型的基于计算机电话集成（Computer Telephony Integration，CTI）技术的服务方式，它通过有效利用现有的各种通信手段，为企业和企业客户提供高质量的服务。最初的物流呼叫中心只是个简单的电话系统，客户通过电话来获取物流企业的资讯，物流企业通过它来联络客户，并为客户提供下单、快件查询等服务。随着计算机网络技术的发展，呼叫中心的功能大大扩展，自动呼叫分配

(ACD)、互动式语音应答(IVR)、历史数据库的应用，使得呼叫中心的运营效率、服务效果大幅提升。呼叫中心也成为物流企业与客户沟通的重要方式。呼叫中心在物流企业的网络沟通工具中发挥的重要作用如下。

(1)充分互动。在电子商务时代，人们会过分依赖互联网的沟通方式而忽略了人和人的直接沟通，致使企业与客户缺乏情感交流。而通过呼叫中心，客户的服务人员可以通过电话与客户进行直接的交流。

(2)一站解决。通常情况下，物流客户为解决一个问题，不得不在企业各部门间往来不停，这是对客户忍耐能力的考验。而集中办公的呼叫中心给客户提供了一个沟通平台，使其能够快速地取得统一的、标准化的服务及问题解决办法。

(3)提升客户价值。充满个性化的咨询服务、24 小时全天候的电话服务，这些附加价值有助于解决客户问题，提高客户满意度。

(4)有价值的信息中心。客户的基本信息、偏好、关心的话题、历史记录、抱怨、建议都能通过与呼叫中心的交流被企业及时地收集、整理，成为判断和评估客户价值的有效信息。

三、物流企业常用的网络营销方法

物流企业常用的网络营销方法一般有站点营销和非站点营销两种。

(一)站点营销

已有独立域名的物流企业应整合企业现有网站资源，进行站点推广。解决网站访问量小的问题的途径就是进行一系列网站推广活动，一般网站推广途径有以下几种。

1. 利用电子邮件

电子邮件营销被证明是一种效果很好的网络营销工具，据统计，其回应率为5%～15%，远远高于标志广告的回应率。B2B(指电子商务中企业对企业的交易方式)电子商务企业经常利用电子邮件进行营销。

电子邮件营销是事先征得客户许可的“软营销”方式，也被称为许可电子邮件营销。其工作思路是，通过为客户提供某些有价值的信息，如时事新闻、最新产品信息、免费报告及其他为客户定制的个性化服务内容等，吸引客户参与，从而收集客户的电子邮件地址(邮件列表)，在发送定制信息的同时对自己的网站、产品或服务进行宣传。在企业没有条件获取邮件列表的情况下，也可以通过与第三方合作等方式开展电子邮件营销，或者委托专业的电子邮件营销服务公司。

电子邮件营销是站点推广的主要方法之一。首先要从各种途径获取一些电子邮件地址，然后制作一个精美的网页，网页上应该有企业的产品和服务信息，以及可以进入公司网站主页的链接。然后利用群发软件，按邮件列表发送广告，并统计通过电子邮件广告浏览网站的用户的基本资料。对于曾经访问过网站的用户，可以继续发电子邮件广告，而对于对广告无动于衷的用户，就没必要再发送了。这样可以在争取到更多浏览量的同时，把访问者留住。如果访问者能成为公司网站论坛的会员，那网站推广的目的就实现了。用电子邮件推广网站的方法效果比较明显，但为了获得大量有效的邮箱地址，企业需要花费一些成本。

2. 利用搜索引擎

搜索引擎实质上是用于查询网站的数据库。当人们在搜索引擎中键入关键词进行查询时，搜索引擎根据一定的排名机制，扫描数据库中的数以百万计的网页，然后根据其与关键词的相关程度，来决定网页的排名，并显示在反馈结果中。

搜索引擎是人们发现新网站的主要手段，所以，当一个网站建成并正式发布之后，首要的推广任务就是向各大搜索引擎登记。如果网站的潜在客户还有在国外的，那么国内外的搜索引擎均需要登记。

除了重视注册搜索引擎的数量外，还要关注搜索引擎结果的排名。因此，在设计网站时要考虑选用的搜索引擎，要提前对网站设计进行优化。

目前国内主要的搜索引擎有百度、搜狐、新浪、网易等。在这些搜索引擎上登记，对提高企业网站的访问量效果显著。在搜索引擎上注册是提高企业网站访问量的最有效的途径。

通过调查发现，企业最认可的网络推广手段是搜索引擎，占比高达 75. 3%，远远超出其他网络营销手段。其他网络营销手段中，网络黄页占 2. 42%、在线图片广告占 2%、电子邮件推广占 3. 1%、中文网址类占 3%、文字链广告和网上交易平台各占 1%。在接受调查的企业当中，目前有 50. 14% 的企业已经或打算购买百度的搜索引擎服务，而百度竞价排名的效果要远远领先于其他同类产品。

3. 提供免费服务

很多网站为了获得高浏览量，在自己的网站上提供了很多免费服务，如在线游戏、免费下载、免费信息服务等。提供这些免费服务，需要较大的投入，所以并不是所有企业都有必要给访问者提供大量的免费服务。

4. 利用传统媒体

可以利用书刊、杂志、广播、电视等传统媒体给企业的网站做广告。目前，这些传统媒体上网站的广告并不多，但效果很好，不过传统媒体广告费用很高，需要有较大投入。

5. 交换链接

交换链接（也称互惠链接）是一种增加网站曝光机会、进而提高访问量的有效方式。交换链接数量的多少是搜索引擎决定网站排名的一项重要参数。交换链接被认为是网站网络营销的一项重要手段，也是评价网站网络营销效果的一项标准。

实现交换链接的方法是寻找与自己的网站具有互补性、相关性或潜在客户常访问的站点，并向它们提出与之交换链接的要求，在彼此的网站上为对方站点设立链接。通常有图片链接及文本链接两种形式，由于文本链接占用字节少且不影响网页整体效果而被广泛采用。

交换链接还可以增加网站的“质量”。被业界证明的有效方法是相互建立交换链接。这是因为一个网站很难做到全面而完整，而客户往往又需要“完整”的答案。这么做的原因是鼓励企业建设有特色的网站，要紧紧围绕核心业务，突出企业特色，而应该把外延无特色业务外包出去，“交给”交换链接。

在选择链接对象时应该有一定的标准，因为建立链接不仅是为了增加访问量，还应对网站内容起补充的作用，以便更好地服务用户。如果链接了大量低水平的网站，会降低访问者对网站的信任，甚至失去潜在客户。

6. 网络广告

网络广告是一种常用的网站推广手段，是利用超文本链接功能实现的一种宣传方式，常见的网络广告有标志广告、文本广告、电子邮件广告、分类广告等多种形式，其中标志广告又是最通用的，因此有时也将网络广告等同于标志广告。

标志广告通常以 GIF、JPG 等格式建立图像文件，插在网页中表现广告内容，同时还可以使用 Java 等编程语言使其产生交互性，如用户点击标志广告后可到达广告所要宣传的内容页面。与传统媒体相比，网络广告具有独特之处，如成本低廉、不受地理区域限制、交互性强、广告效果容易统计、实时性强、用户主动性高等。

7. 交换广告

交换广告是网络广告的一种，一般是免费的。交换广告与交换链接有许多相似之处，都是出于平等互惠的原则，为增加访问量而采取的一种推广手段，交换广告通常是企业加入了专业的广告交换网从而与其他成员建立交换广告，而不是自行寻找相关的网站直接交换双方的标志广告，广告投放和显示次数也是由广告交换网决定的，双方的广告均显示在对方的网站上。

（二）非站点营销

站点营销主要是指企业以自己的网站为平台进行一系列营销活动，这种网络营销方式成本较高，仅适合少数的实力较强的大企业。非站点营销是一种适合于任何企业（特别是关注低成本营销方式的小企业）的低成本的网络营销方式。

非站点营销就是利用除自己网站外的一切网络资源进行营销。物流企业可以在网络上找到很多客户，还可以通过网络改变企业的业务模式，拓展市场，提高企业的知名度。

物流企业可以利用如下几种资源进行非站点营销。

1. B2C 资源

电子商务有两种主要的模式，即 B2C（指电子商务中企业对消费者的交易方式）和 C2C（指电子商务中消费者对消费者的交易方式）。对于物流企业来说，可以利用的 B2C 资源主要是指从事网上销售的一些网上商城。物流企业尤其应该寻找那些规模不大，但非常具有发展潜力的网站，这样可以以较低的代价与对方建立战略合作伙伴关系，随着这些网上商城的发展，物流企业也可获得高速发展的机会。

2. C2C 资源

近几年随着淘宝网的崛起，以往被人们忽视的 C2C 市场越来越繁荣。物流企业可以利用淘宝、易趣、拍拍等网站的资源，寻找更多的客户，给企业做广告，提高企业的知名度。

3. 其他网络资源

其他网络资源主要指新闻组与网上社区。新闻组是互联网的基本服务之一，互联网使得具有相同专业兴趣的人们组成成千上万的具备很强针对性的通信社区和新闻组，参加某一新闻组的人们有共同兴趣，或关心特定主题，利用新闻组可有效地推广企业产品。

网络社区是网上特有的一种虚拟社会，主要通过把具有共同兴趣的访问者组织到一个虚拟空间，达到成员相互沟通的目的，其中论坛、聊天室是最主要的表现形式。网络社区在网络营销中有独到的应用，可以增进企业与客户之间的关系，有利于建立企业的专业形象，还有可能直接促进网上销售。论坛是一个非常有用的场所，通过论坛可以了解他人的观点，同时可以帮助他人或者向他人求助，论坛一般都有特定的讨论主题，定期参加论坛的人有电子杂志的编辑、企业家、管理人员以及那些对某些话题感兴趣的人，等等。

网络社区营销是网络营销区别于传统营销的重要表现。除了利用他人网站的论坛和聊天室之外，也可以建立自己的网络社区，为网络营销提供直接渠道和手段。建立自己的论坛和聊天室对于得到访问者的信任、增加网站访问量以及进行在线调查等方面有独到的作用。

除此之外，网络上还有很多可免费获得的资源供企业利用，如利用博客营销。博客营销是利用博客这种网络应用形式开展的网络营销。公司、企业或个人利用博客，可以发布并更新企业、公司或个人的相关概况及信息，密切关注并及时回复平台上客户对企业或个人的相关疑问及咨询，同时还可以通过博客平台帮助企业零成本获得搜索引擎的较前排位，达到宣传目的。

综上所述，企业应该利用好这些资源，并对这些资源加以整合，充分利用网络这个平台获取更多的机会。

四、网络客户服务的基本技能

（一）网络客户服务的基础认知

1. 定义

客户服务属于围绕核心产品所开展的附加服务，它从客户角度出发，为客户着想，直接服务于客户的需要，而不是通常所认为的仅是销售活动的一个延长过程。所以，基于互联网的客户服务从过程论的角度可以定义为：它以传递信息为基础，是客户与服务组织通过互联网和网络工具远距离进行的、针对人的思想或无形资产的信息处理活动的过程，属于围绕核心产品开展的以客户为导向的低接触度的附加服务。它的目的是满足客户以信息为基础的需求，以获得客户满意和提高生产效率，从而使企业的长期利润最大化。

网络客户服务借助互联网直接沟通的优势，以便捷的方式满足客户对产品咨询、订单处理、售后帮助、技术支持和产品维护的需求。

由于分工的日益专业化，一个产品的生产需要多个企业配合，因此产品的支持（指对使用或购买产品的客户的服务支持）和技术也相对比较复杂。提供网上产品支持和技术服务，可以方便客户通过网站直接找到相应的企业或者专家寻求帮助，减少不必要的中间环节。如美国的波音公司通过其网站公布其零件供应商的联系方式，同时将有关技术资料放到网站上，方便各地飞机维修人员及时索取最新资料和寻求技术帮助。为提升企业的竞争能力，许多企业在提供基本售后服务的同时，还提供一些增值性服务，如当当网推出的退换货政策。

2. 特性

换代更加迅速，企业之间的竞争更加激烈，市场环境也更加难以把握。在这种情况下，企业的经营理念向经营服务型转变，以快速响应客户需求为导向，不断提高企业的市场竞争地位。

（1）即时性。

网络客户服务最大的优势即在于能够与客户建立持久的“一对一”服务关系，而这种关系的得来应归功于网络即时互动的特性。这与传统的客户服务由公司到客户或由客户到公司的单项特征相比，已经是天壤之别了。

（2）互动性。

随着企业业务的不断增多以及网站日渐成熟，网站也使用了一些基本的互动元素。比如，建立产品信息库，能够在网站上动态反映产品价格和其他详细信息，促进了与客户的互动。企业采用会员登录的方式，便于了解、掌握客户信息，进行客户细分，客户可以在网站上看到专门化的问候，如“欢迎×××登录”。

（3）个性化。

网站以客户为驱动，销售与交易的详情都被存储在数据库里，并且为每个客户建立了一份个人档案，企业系统地跟踪包括购买模式在内的客户生活方式的各个方面，对客户的偏好、忌讳、兴趣、习惯、接受新思想的可能性等个性化行为都有很全面的记录。这些信息被用于发现一些高度个性化形式的新销售机会。就网络客户服务而言，网站应该拥有大量个性化的工具，能提供个性化的服务，同时关注客户的个性化需求，大量收集客户个性化需求的信息。

3. 网络客户服务的优势

网络经济下的客户服务行业，由于其技术特性，彻底改变了企业与客户的互动方式，因此具有不可比拟的优势。

（1）降低客户服务的成本。

利用网络开展客户服务最直接的价值就是成本费用的降低。通过网络传递商品和服务的存在、性能、功效及特征等信息，可以缩短渠道流通环节，并降低促销费用。网上购物为企业和客户提供了更为便利有效的购买途径，电子邮件为企业提供了更高效、更低成本的调查方式。这些措施使得企业在向客户提供服务的同时降低了企业和客户的成本，从而提升了产品的价格竞争优势。例如，戴尔公司主页服务的推出，使客户的系统维护成本大大降低。

（2）提高客户服务的效率。

客户通过微博、在线客服系统、网站留言或发送电子邮件等方式可以快速地将问题传递给企业，企业在了解到客户的疑问或投诉后可以通过相同的方式快速对客户的各种问题做出反应，有些问题甚至通过网络由企业直接解决。例如，软件开发商可以通过网络直接解决客户的软件问题。即时通信、聊天室等作为即时客户服务的手段不断被推出，既缩短了客户服务的时间，又提高了客户的满意度。

（3）提供更高层次的服务。

传统服务的不可分离性使客户在寻求服务时受到限制，互联网的出现突破了传统服务的限制。客户可以通过互联网得到更高层次的服务，不仅可以了解信息，还可以直接参与整个过程，最大限度地满足个人需求。

（4）客户寻求服务的主动性增强。

客户通过互联网可以直接向企业提出要求，企业必须针对客户的要求提供特定的“一对一”服务，而且企业也可以借助互联网的低成本来满足客户对“一对一”服务的需求。当然，企业必须改变业务流程和管理方式，实现柔性化服务。

（5）促进服务手段的多样化。

传统的客户服务手段主要有电话和信函咨询、工作人员上门服务、设立服务网点等。在网络环境下，客户服务的方式日趋多样，除传统方式外，常用的网上客户服务手段包括 FAQ、论坛、微博、电子邮件、即时信息、在线客户服务系统等。在线服务作为网上客户服务的一种常见形式，其服务手段还在不断发展中。

（二）网络客户服务的内涵

客户服务过程实质上是满足客户除产品以外的其他连带需求的过程，因此完善的网络客户服务必须建立在掌握客户需求的基础上。客户的需求就是企业客户服务的内容。

1. 网络客户的服务的需求

（1）提供公司产品和服务的详细信息。

人们对于详细的产品和服务信息更感兴趣。这种信息应该是相对完备的，或是可以通过逐级点击实现信息的翔实化，因为为客户提供使客户有着足够取舍的资源是其寻找个性化需求信息的前提。

（2）需要公司帮助解决的共性问题。

为客户解决共性较强的问题常常占据了传统营销部门的大量人力、物力，而这些重复出现的问题完全可以通过客户网络自学的途径得到解决，这一途径通常以企业网站关于产品或服务的 FAQ 为表现形式。

客户经常会对某些技术性较强的产品的使用产生疑问，另外，有些产品在使用过程中经常会发生故障，因此，从产品安装、调试、使用到故障排除，提供产品系统更深层次的知识等，这些客户需要解决的共性较强的问题，都应纳入客户服务的范围。

（3）与公司人员接触。

客户与公司人员即时、直接的交流，很多时候是通过在线交流实现的。在必要时，客户需要与公司的有关人员直接接触，解决比较困难的问题，或面对面地询问一些特殊的信息，提出他们的意见。

（4）了解全过程信息。

客户对产品了解越详细深入，他们对自己需要什么样的产品也就越清楚。网络客户还常常要求作为整个营销过程中一个积极主动的因素来参与产品设计、制造、改进等。这一点充分体现了网络客户与企业双向互动的特性。企业应逐渐向提供个性化的客户服务迈进，尽可能将主要客户的个性化需求作为产品定位的依据纳入产品的设计、制造和改进的过程中。让客户形成“了解整个过程实际上就意味着企业和客户之间‘一对一’关系建立”的信念，从而推动客户忠诚的实现与强化。另外，这种关系的建立将为小企业挑战大企业独霸市场的格局提供机会。

2. 网络客户服务的内容

网络技术使企业能够为客户提供丰富多样的服务。这些服务通常包括以下内容。

（1）企业信息发布。

①产品及服务介绍。通过互联网，企业可以向客户及所有感兴趣的网民、潜在客户提供全面、详尽和即时的产品及服务介绍。

②优惠及服务。通过互联网公告企业目前的产品销售政策及正在举办的各种活动、提供的优惠和服务，如数量折扣、现金折扣、功能折扣、安装服务、保修条例、产品使用或维修培训、服务网络以及正在开展的促销活动等。

③产品技术支持与培训。企业应充分利用互联网的交互功能，开展在线客户培训，使客户了解产品的工作原理，学会科学地识别和选择产品，开展在线技术支持与培训，及时解决用户在产品使用过程中遇到的障碍。

（2）信息咨询。

网络信息咨询对企业而言成本更低、服务的范围更广，因此企业要致力于网络信息咨询业务的发展，应用现代信息技术，提供更为及时的、互动性更好的咨询服务。

（3）客户注册。

通过注册，使来访者成为企业的会员。一方面，企业可以获得一定的客户信息；另一方面，企业可以有针对性地开展客户服务活动。客户将更多地光顾谁的网站，不在于谁经常干扰他，而在于谁能经常提供更具吸引力的网上活动或信息，谁能更及时地对客户的问题做出答复。

（4）网络调研。

网络调研具有便捷、经济、经常和及时的特点。企业可以常年在线开展以客户满意度为核心的在线调查。这种满意度调查无形之中向客户传递着企业对用户的关爱及一种负责任的态度。同时，调查还可以及时了解客户对产品的需求动态，为企业及时改进产品提供有效帮助。

（5）网络投诉。

互联网提供的网络投诉的功能，使客户能够迅速把产品使用过程中遇到的问题及时反馈给企业，这实际上是给客户提供了一条发泄渠道，暂时缓解客户的不满，一定程度上维护了企业的信誉。如果企业能够给予及时有效的答复和解决，则将消除客户的不满甚至将其转变为客户对企业的信任。

（6）网络导购。

网络营销企业可以在站点为客户提供诸如“智能代理”等产品价格比较、分析工具，以及提供网络导购目录以帮助客户在网上选择商品并帮助他们做出正确的购买决策。

（7）在线交易。

在网上完成最后的交易是一个理想的结果，从商务角度来看，这对交易双方都有好处。在线交易的完成使信息服务、网络营销、各种在线支持一气呵成，大大提高了交易效率和交易的可靠件、安全性，互联网强大的信息功能使企业和客户双方都能随时查询交易情况，需要时还可迅速做出调整。

（8）安全确认。

安全问题是制约电子商务发展的一个重大障碍，与熟悉的现实世界的可见交易相比，互联网上的不可见交易、黑客的活动等一系列因素导致消费者对网上交易安全、产品安全产生忧虑。为解除客户的安全忧虑，企业应当提供各种相关的安全措施，例如，利用互联网的超级链接功能向客户提供访问数字签证机构、产品审批监测机构、金融机构等的路径。这样还可以起到防止假冒伪劣的作用。

（9）客户论坛。

客户论坛提供了一个供客户自由交流的空间，让客户自由发表各自对产品的看法和使用体会等。

3. 网络客户服务过程

客户与企业发生关系可以分为销售前、销售中和销售后三个阶段。网络客户服务相应也可划分为网上售前服务、网上售中服务和网上售后服务。

（1）网上售前服务。

从交易双方的需求可以看出，企业的售前服务主要是提供信息服务。企业提供售前服务的方式主要有两种：一种是通过自己网站宣传和介绍产品信息，这种方式要求企业的网站必须有一定的知名度，否则很难吸引客户注意；另一种方式是通过网上虚拟市场提供商品信息。企业可以免费在网站上发布产品信息广告，提供产品样品。除了提供产品信息外，还应该提供产品相关信息，包括产品性能介绍和同类产品比较信息。为方便客户购买，还应该介绍产品如何购买的信息、产品包含哪些服务、产品使用说明等。

（2）网上售中服务。

网上售中服务主要是指销售过程中的服务。这类服务是指产品的买卖关系已经确定，等待产品送到指定地点的过程中的服务，如了解订单执行情况、产品运输情况等。

例如，美国的联邦快递通过其高效的邮件快递系统，将包裹邮件在递送中的中间环节信息都输入计算机的数据库，客户可以直接通过互联网查找包裹邮件的最新动态。客户可以在网上查看其包裹到了哪一站、投递的状态如何、投递不成的原因、在什么时间会采取下一步措施，直至收件人安全地收到包裹为止。客户不用打电话去问任何人，上述服务信息都可在网上获得，既让客户免于为查找包裹邮件而奔波，同时也大大降低了企业的运营成本，实现了企业与客户的共同增值。

交易中的客户服务包括交易谈判、签订合同和办理交易前的手续等。

①交易谈判和签订合同主要是指买卖双方利用系统对所有交易细节进行网上谈判，并将双方磋商的结果以文件的形式确定下来，以电子文件形式签订贸易合同。明确双方在交易中的权利、所承担的义务及所购买商品的种类、数量、价格、交货地点、交货期、交易方式、运输方式、违约和索赔等合同条款。合同双方可以利用电子数据交

换（EDI）进行签约，也可以通过数字签名等方式签约。

②办理交易前的手续主要是指买卖双方签订合同后到合同开始履行之前办理各种手续的过程，也是双方交易准备过程。交易中要涉及有关各方，如中介方、银行金融机构、信用卡公司、海关系统、商检系统、保险公司、税务系统、运输公司等，买卖双方要利用 EDI 与有关各方进行各种电子票据和电子单证的交换，直到办完一切手续为止。

（3）网上售后服务。

交易后服务包括交易合同的履行、服务和索赔等活动。这一阶段是在买卖双方办完所有手续之后开始，卖方要备货、组货、发货；买方可以通过系统跟踪发出的货物，银行和金融机构按照合同处理双方收付款，进行结算，出具相应的银行单据等，直到买方收到自己所购商品，完成整个交易过程。索赔是指在买卖双方交易过程中出现违约时，受损方向违约方索取赔偿费用。网上售后服务有两类：一类是基本的网上产品支持和技术服务；另一类是企业为满足客户的附加需求提供的增值服务。

技能训练

李忠伟同学在设计物流客户服务中心的部门岗位培训方案时，针对培训内容提出应该增加运用互联网时代新工具的介绍。

请帮助李同学完成下列任务。

1. 请就培训内容设计一份培训前调研表，并根据调查结果，帮助李同学设计岗位培训内容和计划。

2. 请针对李同学的建议，重点列明应培训的互联网新工具的应用内容。

项目小结

李忠伟同学连同其他几名同学被分配到某物流公司辽宁分公司客户服务部客户服务岗进行为期 10 周的顶岗实习。顶岗期间企业指导教师对实习学生进行了培训和考核。

李忠伟与其他几名同学在顶岗实习的第一周到客服部报到。企业指导教师根据他们实习岗位的不同，对他们的岗位工作进行了分工，要求他们在限定的实习期限内，完成各自的岗位任务，具体如下。

李忠伟作为储备干部，在客户服务部内辅助部门助理对客户服务部工作分工和岗位设置进行重新梳理和规划，使之更为适应公司业务的发展趋势。该同学在第一个实习周内，已经初步完成了对部门业务和岗位设置的了解，并根据部门助理的要求，针对新进员工在工作中出现的问题，协助其设计部门岗位培训课程。

其他几名同学分别成为客户服务部的前台接待员、呼叫中心坐席人员、查询员和投诉受理员，他们也在第一个实习周内完成了对各自岗位和作业流程的熟悉，表现可圈可点。

随着第一个实习周的结束，企业指导教师针对李忠伟等 8 名同学的工作表现进行讲评。几位同学在顶岗的第一周里，理解了物流客户服务的内涵和服务内容，全面了解了物流客户服务部的工作职责和岗位设置，能够明了各自的岗位职责，能够实现知识向技能的转换，基本上实现了项目一的预期目标。

扫描右侧二维码，阅读学习顺丰仓储运营内容，了解运营仓储类型，运营客户，入库、出库管理，以及智慧运营的相关知识。

项目考核与评价

1. 自我评价

自我评价

评价说明	考核项目	考核点	考核总结
□及格 □不及格	理论知识	详细列明学会的知识点	
	企业操作	详细阐述掌握的操作能力	
	素质技能	详细列明培养的素质和技能	
	学生自评成绩		

2. 理论考核

理论考核

评价说明	考核项目	考核点	学院评语
□及格 □不及格	操行表现	有无违法/违纪，不诚信表现	
	学习状况	出勤率、课堂表现、作业完成率	
	理论水平	作业、测试、项目报告成绩	
	理论成绩		

3. 实操考核

实操考核

评价说明	考核项目	考核点	企业评语
□称职 □不称职	职业道德	有无违反职业道德或不诚信表现	
	职业表现	到岗率、岗位表现、任务达成率	
	技能水平	绩效考核结果	
	实操评价		

项目二　掌握物流企业客户开发能力

项目介绍

进入客服部后，由于个人表现突出，且对客户服务部的业务较为了解，上手较快，唐甜同学被企业指导老师调派至客服部助理服务专员岗位，主要负责协调客服专员进行新客户的开发。工作期间，唐同学接触的第一项任务是掌握客户开发流程和步骤，开发新客户。通过此次任务，唐同学不但深刻理解了客户开发的相关专业理论的精髓，而且也做到了理论联系实际，提升了自身客户开发的技能。

任务分解

任务 1　找寻物流客户技巧
任务 2　分析物流客户需求和制订客户关怀计划
任务 3　识别物流客户技巧
任务 4　接近和拜访物流客户技巧
任务 5　投标和服务物流客户技巧
任务 6　销售与沟通物流客户技巧
任务 7　处理物流客户异议技巧
任务 8　促进物流客户成交和培养售后服务技巧

任务目标

➢ 知识目标

(1) 掌握物流客户找寻技巧。
(2) 熟悉物流企业客户需求分析和客户关怀计划。
(3) 掌握物流企业客户识别技巧。
(4) 熟悉物流企业客户接近和拜访技巧。
(5) 掌握物流企业客户服务技巧。
(6) 能熟练运用物流客户销售与沟通技巧。
(7) 掌握物流客户异议处理技巧。
(8) 熟悉物流客户成交和售后服务技巧。

➢ 技能目标

(1) 能运用物流客户找寻技巧。
(2) 能根据物流企业客户需求分析制订客户关怀计划。
(3) 能识别物流企业客户。

(4) 能运用物流企业客户接近和拜访技巧。

(5) 能运用物流企业客户销售技巧。

(6) 能熟练运用物流客户洽谈与沟通技巧。

(7) 能运用物流客户异议处理技巧。

(8) 能运用物流客户成交和售后服务技巧。

任务 1　找寻物流客户技巧

任务进程

某物流公司辽宁分公司客服部业务团队负责人张先生接到上级安排的新任务，要求其带领业务团队开拓辽沈地区的物流客户。刚刚成为团队成员的唐甜同学，刚一上岗就马上面临如何快速、高效地寻找物流客户的难题。唐同学必须了解寻找物流客户的原则，也必须掌握寻找物流客户的途径，才能渡过这一难关。请帮助唐同学模拟寻找物流客户线索的过程。

相关知识

作为物流市场的开发人员，在企业制定了具体的营销策略之后，就需要有针对性地进行物流客户（简称客户）的开发了。在寻找物流客户之前，必须要掌握多种方法和途径，做好一系列的准备工作，只有这样才能有效地寻找并且识别潜在客户，取得营销的成功。

一、寻找物流客户的原则

在竞争激烈的现代市场环境中，物流客户是物流企业最重要的战略资源，而寻找物流客户便是最具挑战性和艰巨性的工作。作为一名物流客服人员，寻找客户是有一定规律可循的。

1. 确定客户范围

在寻找客户前，首先要确定客户的范围，并使寻找客户的范围相对集中，提高寻找效率，避免盲目性。

2. 满足客户需求

需求是第一位的。寻找物流客户，并了解客户需求，需要客服人员察言观色、独具慧眼，从客户的言辞、动作、表情、眼神和服饰等细微处入手，来发现和挖掘客户的需求并有效唤起需求。

3. “勤”

勤奋是一切成功的最基本要素。人们经常说：“做推销没有技巧，只有勤劳。”这充分说明“勤而行之”就是成功推销的关键，订单永远属于那些勤奋的业务员。在物流客户开拓过程中，“勤”有以下四大要诀。

(1) 勤于寻找。身为物流客服人员，要勤于寻找，养成一种随时随地搜寻客户的习惯，牢固树立“随处留心皆客户”的强烈意识，并且要善于通过多种途径来寻找。

（2）勤于接触。物流客户的培养必须从勤于接触开始。对于新客户，要多接触，从内心深处真诚地关心他，多找机会来建立友谊，彼此之间要沟通顺畅、相互认同，这样，面对物流客户服务人员的要求，客户也就不好意思拒绝了；对于老客户，要足够重视，因为老客户不但有可能继续购买本企业的产品或服务，还有可能介绍和影响潜在的物流客户成为本企业的客户，在接触过程中，有时会带来意外的惊喜。

（3）勤于管理。包含两层意思：一是物流客户主管必须勤于管理，关心业务运作的情况，适时地提供后勤保障并进行协助；二是物流客服人员要加强对客户资料的管理，运用各种表格将客户资料适当地分类整理，并且要勤于归档、补充和更换新的信息，从而掌握客户最新的情况，只有这样才能在第一时间寻觅到商机。

（4）勤于练习。任何技巧都是在不断地学习和实践中培养起来的，物流客服人员要勤于练习，日积月累，业务能力就会步步提升。

二、寻找物流客户的方法

寻找客户是开拓物流客户的起点，也是其中最基础和最关键的一步。没有客户，物流客户的开发也就无从谈起。在寻找物流客户时，不能盲目地大海捞针，必须掌握一定的方法和途径。

1. 逐户寻访法

逐户寻访法又称“挨门挨户访问法”或“地毯式寻找法”，指的是物流客服人员在特定的区域内，用上门探访的形式，对预测的可能成为客户的单位、组织、家庭、个人逐一地进行访问，来挖掘潜在客户，寻找客户线索的方法。

（1）逐户寻访法的优点：①涉及范围广，接触到的客户多；②可以借机进行市场调查，了解市场、客户和公众对企业及产品和服务的看法，客观和全面地了解客户需求，挖掘潜在客户；③锻炼客服人员的意志和对市场的判断力；④便于客服人员在与各种类型的客户打交道的过程中积累经验。

（2）逐户寻访法的缺点：①带有很大的盲目性，客户往往采取拒绝的态度；②费时费力，成本高。

2. 连锁介绍法

连锁介绍法又称“客户引荐法”或“无限连锁法”，是指通过老客户的介绍来寻找新客户的一种方法。连锁介绍法在西方被广为推崇，也是物流客服人员寻找客户最有效的方法之一，还被称为黄金客户开发法。

（1）连锁介绍法的优点：①老客户提供新客户的信息准确、内容详细，避免寻找客户的盲目性；②因为有老客户介绍，所以客服人员很容易获得新客户的信任，且与新客户合作的成功率较高。

（2）连锁介绍法的缺点：客服人员事先难以制订完整的客户访问计划，且常常处于被动的地位。

3. 中心开花法

中心开花法是指物流客服人员在某一特定的范围内发展一些有影响力的中心人物，

并在这些中心人物的协助下把该范围内的组织或个人发展为客户的方法，它是连锁介绍法的特殊形式，也称“名人介绍法”。

（1）中心开花法的优点：①省时省力，物流客服人员可以集中精力对少数中心人物做细致的说服工作；②不仅可以通过中心人物的联系发现大批新客户，而且可以借助中心人物的社会地位来扩大产品或服务的影响。

（2）中心开花法的缺点：中心人物起决定作用，选错中心人物会得不偿失。

4. 人际关系开发法

人际关系开发法是指客服人员利用一切可能的人际关系来寻找客户线索的方法。在生活和工作中，每个人都会有各种各样的人际关系，包括家人、亲戚、朋友、同事、社会团体的成员等，这些人都有可能成为客户线索，或者介绍客户线索，所以这是所有客服人员都可以运用的一种方法。

（1）人际关系开发法的优点：寻找到的客户资源比较可靠，所以拜访的成功率较高。

（2）人际关系开发法的缺点：人际交往受时间和空间的限制。

5. 资料查询法

资料查阅法是指客服人员通过收集、整理、查阅各种现有文献资料，来寻找潜在客户的方法。这些资料可以来自企业外部，如国际互联网，《中国工商企业名录》，地方统计机关，专业杂志，有关协会、港口、海关等名册，各类企业广告和公告等；也可以来自企业内部收集的客户资料，如销售部门的订货合同、客户意见反馈记录等。

（1）资料查询法的优点：客服人员能够较快地了解市场和客户情况，且花费的成本较低。

（2）资料查询法的缺点：资料种类繁杂，有效信息不易得到，且信息的时效性较差。

6. 市场咨询法

市场咨询法是指利用社会上各种专门的行业组织、市场信息咨询服务等部门所提供的信息来寻找客户的方法。一些组织，特别是行业组织、技术服务组织、咨询单位等，他们手中往往集中了大量的客户资料和资源以及相关行业和市场信息，通过市场咨询的方式寻找客户是一个行之有效的方法。

（1）市场咨询法的优点：方法简便，信息准确性高，可靠性强。

（2）市场咨询法的缺点：成本较高。

7. 个人观察法

个人观察法是指物流客服人员依靠个人的知识、经验，通过对周围环境的直接观察和判断，来寻找客户的方法。这种方法对客服人员个人的职业素质和观察能力要求很高，是一种古老且常见的方法。

（1）个人观察法的优点：简便、易行、可靠，且成本较低。

（2）个人观察法的缺点：对客服人员的观察和判断能力要求较高。

8. 委托助手法

委托助手法也称“猎犬法”，就是物流客服人员雇佣他人来寻找客户的一种方法。在西方国家，这种方法运用十分普遍。一些客服人员常雇佣有关人士来寻找准客户，而自己则集中精力从事具体的营销工作。这些受雇人员一旦发现潜在的准客户，便立即通知客服人员安排营销访问。

(1) 委托助手法的优点：可以有效地寻找到新客户，节约大量的时间和费用。

(2) 委托助手法的缺点：不容易确定助手的人选，不利于客户的长期开拓。

9. 直接邮寄法

直接邮寄法是指以邮寄信函的方式来寻找目标客户的方法。

(1) 直接邮寄法的优点：涉及范围广，客户数量多。

(2) 直接邮寄法的缺点：费用高，耗时长。

10. 电话访问法

电话访问法是指客服人员用打电话的方式来寻找客户的方法。

(1) 电话访问法的优点：与逐户寻访相比，省时间，效率高，覆盖面广，能够避免被客户当面拒绝的尴尬。

(2) 电话访问法的缺点：对客服人员的素质要求高。

11. 广告搜寻法

广告搜寻法是指客服人员利用各种广告媒体的宣传推广来寻找客户的方法。

(1) 广告搜寻法的优点：覆盖面广，反馈速度快。

(2) 广告搜寻法的缺点：费用昂贵。

12. 俱乐部寻找法

俱乐部寻找法就是客服人员通过参与一些由公司牵头发起的行业组织，充分利用这个庞大的俱乐部客户资源来寻找客户的方法。在条件允许的条件下，物流企业还可以组织自己的俱乐部，通过相互交流和娱乐等方式来建立自己的客户资源。

(1) 俱乐部寻找法的优点：可以获得客户的第一手资料，且获取大量客户资源。

(2) 俱乐部寻找法的缺点：花费时间长。

13. 竞争寻找法

竞争寻找法是通过了解竞争对手的客户情况来寻找相似的客户群体，从而找到潜在客户的方法。

(1) 竞争寻找法的优点：容易得到客户基本信息，从而有目的地发展物流客户。

(2) 竞争寻找法的缺点：获得客户信赖的成本较高。

技能训练

唐同学需要学会根据寻找物流客户的原则和途径的理论知识，制定筛选辽沈地区潜在客户的标准，请帮助唐同学模拟、整理出辽沈地区潜在物流客户名单。

任务2　分析物流客户需求和制订客户关怀计划

任务进程

客服部业务团队负责人张先生为完成上级交办的开发辽沈地区客户的任务，给团队成员分配了任务。

物流客户开发时，首先要求筛选出潜在客户名单。为了筛选出潜在客户，企业必须先行收集客户信息，然后对客户需求和资格进行分析，根据分析结果针对不同物流客户，设计出不同的营销方案。

唐甜同学作为新进成员，协助团队成员负责辽沈地区潜在客户信息的收集工作。

相关知识

一、物流客户信息资料的收集

通过客户信息的收集，建立物流客户资料卡。物流客户基本资料的内容主要包括：姓名、年龄、文化水平、居住地点、购买能力、有无购买决定权、家庭状况、拜访的最佳时机、个人特点、职业、兴趣和爱好、公司管理、公司的业务、公司的物流运营活动状况等。

物流客户资料卡（简称资料卡）一般包括个体型物流客户资料卡（见图2－2－1）和组织型物流客户资料卡（见图2－2－2）两类。

姓　名		性　别		年　龄	
住　址		邮　编		电　话	
工作单位		职　务		民　族	
家　属	姓　名	关　系	年　龄	职　业	备　注
特长爱好			性格特征		
推销方法			访问记录		
备　注			建卡日期		

图2－2－1　个体型物流客户资料卡

资料卡的作用主要是做好物流客户原始记录，同时使用现代信息技术将资料卡中信息进行汇总，建立成一个系统的、互动的营销数据库平台。数据库平台的内容主要包括以下三部分。

第一部分：主要客户的基本资料、信用等级、经营状况和负责人详细的个人资料。

第二部分：与客户沟通的信息记录、销售进展情况。

第三部分：市场研究和客户研究方面的基本资料等。

物流客服人员收集到潜在客户的基本信息后，就可以依据物流客户资料卡上信息，经过分析比较，初步筛选出潜在客户，并通过客户需求分析，识别客户需求并有针对性地设计拜访计划和制定拜访策略。运用资料卡上个人信息来决定在何时、何地、采用何种方式来拜访客户，以提升拜访和约见的效率和效果。具体内容在本项目后续任务中有详细介绍。

单位名称			建卡日期		电　话	
地　址			邮　编		传　真	
经营范围			生产规模		经营方式	
开户银行			信用等级		付款方式	
负责人	姓　名		性　别		地　址	
	年　龄		职　务		电　话	
	民　族		性　格		爱　好	
业务员	姓　名		性　别		地　址	
	年　龄		性　格		爱　好	
	民　族		学　历		备　注	
使用人员	姓　名		年　龄		地　址	
	性　格		爱　好		备　注	

图 2-2-2　组织型物流客户资料卡

要注意的是，物流客户资料卡制作完成后，要将每一位潜在客户的资料按照个体型客户和组织型客户分类，分别填入相关资料卡，同时编号。每周至少要整理资料卡两次，并根据变动情况进行适时调整。

二、物流企业客户的需求

（一）物流企业客户的价值种类

物流需求，是指一定时期内因社会经济活动对生产、流通、消费领域的原材料、成品和半成品、商品以及废旧物品、废旧材料等的配置作用，而产生的对物在空间、时间和费用方面的要求，涉及运输、库存、包装、装卸搬运、流通加工以及与之相关的信息需求等物流活动的诸多方面。

物流客户需求分析的目的，在于为社会物流活动提供“物流能力供给不断满足物流需求”的依据，以保证物流服务的供给与需求之间的相对平衡，使社会物流活动保持较高的效率与效益。客户对物流企业的服务需求，按照价值可以分为以下四种。

1. 关注成本价值

成本价值是指企业在提供服务时所耗费的成本。为了降低成本，企业可以将物流业务外包给物流公司，以支付服务费用的形式获得服务，而不需要自己内部维持运输设备、仓库等物流基础设施和人员来满足这些需求，从而可以使公司的固定成本转化为可变成本。物流公司由于拥有强大的购买力和货物配载能力，可以通过自身广泛的站点网络实施共同配送，并从运输商那里大批量购买运力，然后集中配载不同客户的货物，大幅度地降低单位运输成本。

这类物流客户大多是在市场上已经取得了一定的市场份额，他们关注的不仅是如何大幅提高服务水平，还要考虑在提高服务水平基础上如何降低成本。

2. 关注服务能力价值

服务能力价值是物流企业能为客户提供服务水平的能力。服务水平的提高会提升客户满意度，增强企业信誉，促进企业的销售，提高利润率，进而提高企业市场占有率。在市场竞争日益激烈的今天，物流企业客户服务能力水平可以成为企业在行业竞争的优势，可以帮助物流企业提高客户服务水平和质量，也就成了物流企业所追求的根本目标。由此可见，物流服务水平实际上已成为物流企业实力的一种体现。

这类客户更多关注的是通过提高物流企业服务的能力来提高自身的服务水平。对于附加价值较高的产品或刚刚进入市场的产品，对服务能力价值的需求往往较强。

3. 关注资金价值

资金价值是指物流企业在进行物流活动时资金方面所体现出来的价值。企业如果自己运作物流，在资金方面要面临两大风险：一是投资的风险，自己运作物流，需要进行物流设施、设备及运作等巨大投资；二是存货的风险，企业由于自身配送、管理能力有限，为了能对客户订货及时做出反应，防止缺货，快速交货，往往采取高水平的库存策略。一般来说，企业防止缺货的期望越大，所需的安全储备就越多，平均存货数量和需要的资金也越多。

这类客户，往往资金不足或较重视资金的使用效率，不愿意在物流方面投入过多的人力和物力。因此，物流企业要充分展现自己在物流方面的专业能力，提供可垫付货款或延长付款期限的物流服务项目。

4. 关注复合价值

复合价值是指物流企业出于多种因素考虑而形成的价值体系。在专业化分工越来越细的时代，企业业务领域不可能面面俱到，任何企业都要面临自身资源有限的问题。因此，对于那些并非以物流为核心业务的企业而言，可以将物流运作外包给物流企业来承担，通过提供增值信息服务来帮助客户更好地管理其核心能力，这样有助于使企业专注于自身的核心能力，提高竞争力。

这类客户对物流服务的需求是出于多种因素考虑的。物流企业需要综合考虑多个因素后，取得一个折中方案。

（二）物流客户需求特征

1. 内在性

物流客户需求分析是将物流需求与产生需求的社会经济活动进行相关分析的过程，主要是为社会物流活动提供物流能力，以保证物流服务的供给与需求之间的相对平衡，使社会物流活动保持较高的效率和效益。在一定时期内，当物流能力供给不能满足这种需求时，将对需求产生抑制作用；当物流能力超过这种需求时，会不可避免地造成供给的浪费。因此，物流需求是物流能力供给的基础，物流需求分析的社会经济意义也正体现在这方面。

由于物流活动日益渗透到生产、流通、消费等整个社会经济活动过程之中，与社会经济的发展存在着密切的联系，是社会经济活动的重要组成部分，因而物流需求与社会经济发展有着密切的相关性，社会经济发展成为影响物流需求的内在因素。

2. 阶段性

从物流的发展规律来看，现代物流服务的需求包括量和质两个方面，即从物流规模和物流服务质量中综合反映出物流的总体需求，它的发展体现了一定的阶段性。在发展早期，物流规模是衡量物流服务的重要指标，即物流活动中运输、储存、包装、装卸搬运和流通加工等物流作业量的总和。随着物流业的不断发展，物流服务质量逐渐成为物流服务效果的集中反映，即用物流时间、物流费用、物流效率来衡量物流服务，其变化突出表现在减少物流时间、降低物流成本、提高物流效率等方面。

在当前中国经济发展的背景下，物流规模继续增长，物流服务质量需要提高，物流需求结构不断调整。这就需要物流企业制定适合自身发展阶段的发展目标，适时引入物流合理化的理念，加强物流需求管理。

3. 一般规律性

物流客户需求来自物流客户的内在要求。从事物流活动必须真正以物流客户的需求为导向，即必须识别、把握和跟踪不断变化的物流客户需求。一般而言，物流客户只有在其外部物流供给的效率和效益超过其内部物流需求时，才会去寻求新的物流供给。从经济学角度分析，物流客户需求满足需求与效率的一般规律。

（三）物流客户需求的模式

物流客户需求的模式包括三个阶段的内容：一是刺激过程，即物流需求的产生源自外部激励和内在动机；二是混合思维过程，该过程受思维者的各种客观条件约束；三是反应过程，即物流需求者经过思考之后，提出对物流服务的各种要求。

1. 客户需求刺激

客户需求刺激可以分为外部激励和内在动机两种类型。

（1）外部激励。外部激励是指来自事物外部的影响因素。物流客户的外部激励源自物流的服务能够提供的六个主要方案，即库存、保管、配送、运输、包装、装卸方案的科学化、合理化、经济化程度。当物流企业提供一个系统的物流方案时，就可以综合地激活物流需求者的各种需求。

（2）内在动机。内在动机是指来自事物内部的影响因素。物流客户的内在动机由以下三方面组成：一是基础需求，即物流需求者对物流的基本需求，它们具有明确的目的，但并无特殊的要求；二是附加需求，其是指物流需求者在基础需求之上，对物流的客体有着特殊性要求；三是发展需求，其是指对物流供给者的延伸服务的需求，物流需求者不仅要完成自己产品的空间和时间协调统一的转移，更希望物流供给者在市场信息、市场准入方面提供完整的交易服务。

2. 客户需求思维

物流客户需求思维是客户“自我操作”的过程，对外界而言，这是一个可能被感受但无法知晓的过程。这一过程的完成，是多种条件混合的“化学反应”过程，主要表现在需求者的特征和决策两个方面。

（1）需求者特征。需求者特征主要包括服务价值判断能力、企业的规模大小以及企业所在的行业以及地理区域等形成的物流特殊性。

（2）需求者决策。需求者决策过程可分为以下三个阶段。

第一阶段，需要认识阶段。消费者无论购买什么样的商品，总是以认识到对某种商品的需要为开始，服务也不例外。营销人员在这一阶段的主要任务是仔细辨别物流需求者的各种需求以及判断各种需求产生的内驱力。

第二阶段，信息收集阶段。物流需求者在确认自己有某种需求后，就会注意收集与这些需求有关的各种产品信息，营销者的重要工作就是要了解物流需求者主要的信息来源有哪些，这些信息来源对物流需求者做出购买决策的重要意义是什么，并在此基础上制订有效的传播计划。

第三阶段，方案评价阶段。需求者在评价物流服务方案的过程中，最常见的模式是认识导向模式。该模式首要考虑的是服务属性，即首先要考虑物流供给者的服务方案中哪些属性能满足自己的需求。物流需求者往往要对不同物流企业的服务方案属性进行对比，形成最后的确定方案。

3. 客户需求反应

客户需求反应，即客户决策的结果，表明物流客户是否接受该物流服务，也是物流企业能够直接了解物流客户态度并为之服务的基本出发点。

从客户服务的角度分析，物流企业不仅要在推出物流服务方案前，根据物流客户的需求，确定服务方案。同时，还应该根据物流客户的反馈信息，进一步做出让物流客户满意的方案，最终达到物流企业和客户双赢的目的。

三、物流企业客户分析

（一）物流企业客户分析的内容

（1）分析各类客户的生命周期阶段、购买量、购买次数、维系成本、终身价值等，进而实施客户细分，分析客户差异对企业利润的影响。

（2）研究客户、零售商、经销商的不同需求特征（消费偏好）、需求变化、购买行为和消费习惯，指导企业进行市场定位和营销策略的制定。

知识拓展

客户价值

目前，人们对于客户价值的定量计算主要采取关键指标法。关键指标法是指企业通过分析某些关键指标（如销售额或利润）来对客户进行排行，筛选出其中最有价值的客户。该方法可以比较准确地对客户价值进行计算，从而为企业处理客户关系提供量化的依据。再加之简便易行的优点，该方法受到了众多企业的青睐。在关键指标法的应用中，企业对客户商业价值的评价主要从客户对企业利润贡献的大小方面展开，如较为典型的客户商业价值关键指标——客户年利润贡献度，其计算公式如下：

$$客户年利润贡献度 = \frac{客户年利润}{客户年分摊的营销成本}$$

其中，客户年利润是指客户每年与企业进行交易时，企业从中所获取的年利润，一般是指企业从与客户的交易中所得的销售额与客户购买的产品的生产成本之间的差额。

客户年分摊的营销成本是指客户每年所耗费企业的营销费用，主要包括企业发展客户所需的营销费用和企业、区域运营费用等平均分摊到客户的累积费用之和。它包括直接分摊到客户身上的拜访费、服务费、运输费、包装费和促销费，其中促销费包含直接面对单一客户的促销费用，以及客户所在区域及企业总体的促销费用平均分摊的费用。

（二）物流客户价值分析因素

以下分别从客户角度和企业角度出发，分析物流客户价值。

1. 从客户角度分析

（1）客户让渡价值。

客户让渡价值是指客户总价值与客户总成本之间的差额。客户总价值就是客户从某一特定产品或服务中获得的一系列利益，它包括产品价值、服务价值、人员价值和形象价值等。客户总成本是指客户为了购买一件产品或服务所耗费的时间、精神、体力，以及所支付的货币资金等，客户总成本包括货币成本、时间成本、体力成本和精神成本，如图 2－2－3 所示。

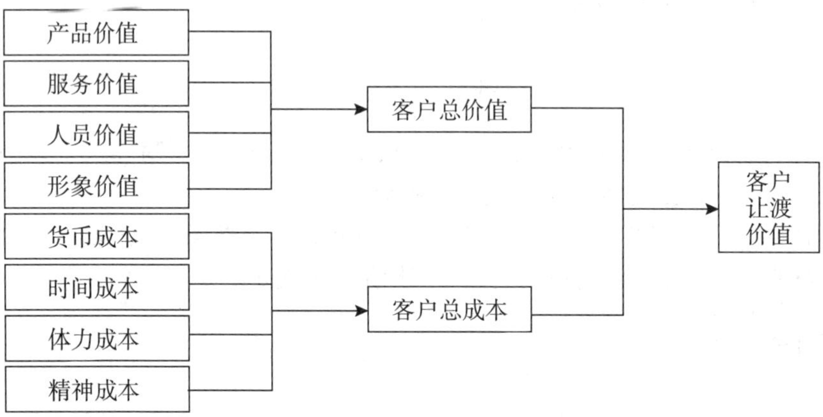

图 2－2－3　客户让渡价值

（2）物流客户让渡价值。

由于物流客户在购买产品或服务时，总希望把有关成本，包括货币成本、时间成本、精神和体力成本等降到最低，而同时又希望从中获得更多的实际利益，以使自己的需求得到最大限度的满足。因此物流客户在选购产品或服务时，往往从价值与成本两个方面进行比较分析，从中选价值最高、成本最低的，即将物流客户让渡价值最大的产品作为优先选购的对象。

①物流客户购买总价值。

使客户获得更大让渡价值的途径之一是提高产品价值、服务价值、人员价值与形象价值，从而提高产品或服务的总价值。每一项价值的变化都对总价值产生影响，进而提高企业生产经营的绩效。

产品价值是物流产品的特性、功能、品质、式样、品牌等因素所产生的价值。产品价值是客户需求的核心内容之一，也是客户选择物流服务考虑的首要因素。物流产品价值是由客户的需求决定的，在分析时必须考虑不同经济发展时期客户需求的共同特点以及同一发展时期不同类型客户需求的个性特征。

服务价值是伴随着物流产品出售，物流企业为客户提供产品介绍、培训、包装、收寄、运输、派送等服务时产生的价值。因此为客户提供更优质的服务，已经成为物流企业市场竞争的焦点。

人员价值是指物流企业员工的经营思想、知识水平、业务能力、工作效率与服务质量等所产生的价值。物流企业员工直接决定着物流企业为客户提供的产品与服务的质量，决定着客户购买总价值的大小。

形象价值是指物流企业及其产品在社会公众中形成的总体形象所产生的价值，包括企业的产品质量、技术水平、服务质量、品牌标志、营业场所等构成的有形形象所产生的价值，以及物流企业员工的职业道德行为、经营行为、服务态度、工作作风等行为形象所产生的价值。形象价值对于物流企业来说是宝贵的无形资产，良好的形象会对物流企业产生巨大的支持作用，并能为客户带来精神和心理上的满足感、信任感，从而增加客户购买的总价值。

②物流客户购买总成本。

要实现最大限度的客户让渡价值，仅仅创造价值是远远不够的，还应该设法降低客户购买的总成本。客户总成本不仅包括货币成本，而且还包括时间成本、精神成本、体力成本等非货币成本。因此，物流企业要想创造最大的客户让渡价值，使客户能充分满意，就必须帮助客户降低非货币成本。

通常情况下，客户购买产品首先要考虑货币成本的高低，因而货币成本是构成客户总成本的主要因素和基本因素。

时间成本是客户为得到所期望的物流产品或服务必须付出的等待时间和代价。在一定的条件下，时间成本越低，客户购买的总成本越小，客户让渡价值越大，反之，客户让渡价值越小。

精力成本（精神和体力成本）是指客户在购买物流产品时，在精神、体力方面的耗费和支出。客户购买物流产品的过程是一个产生需求、搜索信息、判断选择、决定购买、实施购买，以及表达购买后感受的全过程，客户在购买过程的各个阶段，均需付出一定的精神和体力。在一定的条件下，精力成本越小，客户为购买物流产品所付出的总成本越低，客户让渡价值越大。

2. 从企业角度分析

对于企业而言，客户是商业价值的利润源泉。客户价值体现了客户对企业利润贡献程度的大小，最终将转化为企业的经济价值，它包括了客户自身购买及影响他人购买最终可以为企业带来的经济价值。

（1）物流客户价值构成。

①客户的当前价值。

客户的当前价值主要是指客户当前的、实际发生的对企业产品或服务的购买行为给企业带来的利润贡献。一方面，客户的当前价值的大小和客户的消费额密切相关，在同等条件下，客户的消费额越高，该客户的当前价值越高，反之，消费额越低，该客户的当前价值越低；另一方面，客户当前价值还与该客户的营销成本（即企业为了吸引该客户做出购买决策及进行交易而支出的所有费用）密切相关，在同等条件下，客户所需的营销成本越高，该客户的当前价值越低，反之，客户所需的营销成本越低，该客户的当前价值越高。

②客户的潜在价值。

客户的潜在价值是指客户未来的购买行为将给企业带来的利润。客户的潜在价值主要体现在两点：一是客户未来的增量购买，即客户未来可能增加的对当前采购的产品或服务的购买量；二是客户未来的交叉购买，即客户未来拓宽与企业的业务合作范围，购买除当前采购类型以外的企业的其他产品或服务。客户的潜在价值一般要在客户对企业形成了足够的信任、与企业建立了良好的关系后才有可能产生。

③客户的影响价值。

客户的影响价值是指客户在对其他客户的影响、企业社会声誉的提高等方面给企业间接带来的贡献。一是影响其他客户购买：当客户对企业非常满意，认可企业是有价值的供应商时，客户会传递好的“口碑”，甚至把一些潜在客户推荐给企业；二是客户对企业品牌增值的贡献，即企业由于拥有优质客户而获得的一种无形收益。优质客户对产品的质量和性能的要求很高，所以拥有这样的客户能证明企业的技术、管理水平，从而提升企业在其他客户心目中的声望和知名度，使企业可从其他客户的购买活动中获取更多利润。

（2）物流客户价值指标。

客户价值指标是客户价值评价内容的载体，也是客户价值评价内容的外在表现，通过它们，可以对企业客户进行量化的价值评估。不同的企业在行业类型、经营范围、发展策略等方面各不相同，其对客户价值进行评价的关键指标也各不相同。表 2－2－1 概括了物流企业常用的客户价值评价指标。客户价值评价指标总体上可分为客户财务贡献类、客户特征类、客户交易类和客户忠诚类四大类。

表 2－2－1　　常用的客户价值评价指标

指标类型	指标名称
客户财务贡献类	累计交易额、累计利润额、毛利率、销售预期金额等
客户特征类	单位客户：企业规模、注册资金、区域、行业、年销售额、是否为上市公司等； 个人客户：年龄、学历、婚姻状况、月收入、有无子女等

续　表

指标类型	指标名称
客户交易类	交易次数、交易频率、交易周期、已交易时间、平均单笔交易额、最大单笔交易额、欠款额、逾期付款次数、退货金额、退货次数、平均收款周期、平均欠款率等
客户忠诚类	客户表扬比例、客户投诉比例、客户建议比例、客户的流失率、客户对企业的满意度、客户与企业合作的时间、客户对营销活动响应度、客户重复购买率等

①客户财务贡献类指标。

该类指标主要是指那些反映客户对企业的利润贡献的指标。这类指标是客户当前价值的直接体现，它们在企业日常财务报表中有明确的反映，也最容易获取。一般而言，客户财务贡献类指标越高，客户价值越大。

②客户特征类指标。

该类指标主要是指反映客户自身特点和消费行为的指标。这类指标反映了客户的现状，同时也反映了客户未来的业务需求，进而反映出客户在未来能与企业进行业务发展的潜力。

③客户交易类指标。

该类指标主要是指反映客户与企业进行商务活动的过程中交易顺利程度的指标。一般而言，客户与企业的交易越频繁、时间越长、退货频率和金额越少，客户价值越大。

④客户忠诚类指标。

该类指标主要是指体现客户忠诚度的指标。这类指标体现了客户与企业的关系，一般而言，客户与企业的关系越亲密，客户价值越大。

（三）客户价值与客户服务的关系

在激烈的物流市场竞争中，抓住最有价值的物流客户，以及通过客户服务不断提升客户的满意度和忠诚度，并最终提升客户价值成为物流企业发展的核心。是否能维系客户价值是检验物流企业是否成熟的重要标志。维系并提升客户价值，除了产品、服务、价格等因素外，还需要物流企业根据客户价值的不同，优化营销资源配置，利用有限的营销资源产生更多价值。物流企业可从以下两方面进行优化。

1. 对不同价值水平的客户实行差异化服务

不同价值水平的客户其行为特征、消费特征、兴趣特征及对服务和价格的敏感程度都有很大差别，而同一价值水平的客户则有很多相似之处。通过对物流客户的价值分析，物流企业可以对不同价值水平的客户实行差异化服务。

2. 利用客户服务不断提升客户价值

物流企业除了对不同价值水平的客户提供差异化的客户服务，还可以通过不同的客户服务来实现客户价值的不断提升，以获取长期的巨大利润。如对于价值高的客户，企业应积极跟进服务，提高其潜在价值，使之成为最具战略意义的客户，从而实现双方的共同发展；对当前价值低，但潜在价值很高的客户，虽然此类客户在目前不能为企业创造较多的价值，但企业应积极投资培养双方的关系，使其成为企业未来的重要客户；而有的客户当前价值低、潜在价值也低，意味着该客户难以成为有价值的客户，为充分发掘市场，企业应重新寻找新的、潜在价值更高的客户。

（四）物流客户交流与反馈管理

详见P3相关具体内容。

四、物流企业客户服务营销策略

（一）理解物流客户服务营销的内涵

1. 不同战略观的特点（见表2－2－2）

表2－2－2　不同战略观的特点

战略观	特点
服务战略观	强调产品组合要能够提高客户感知价值；仅依靠核心解决方案无法获取竞争优势，因为有形产品、服务、信息、对客户的关怀和其他要素共同构成了服务产品组合，尽管它建立在有形产品的基础之上；强化这个服务产品组合是管理者最重要的任务，不管是从账面上能够体现出来的服务，还是隐性服务，都是这个服务产品组合的组成部分
核心产品战略观	企业管理的重点是保持产品核心技术优势，这种优势是客户感知价值最重要的源泉；对于服务或有形产品都是如此：附加服务是必要的，但并不处于战略位置；隐性服务，特别是那些账面上无法体现的隐性服务，不能成为增加客户感知价值的决定性要素；企业通过技术优势取胜于竞争者
价格战略观	价格是决定客户感知价值最重要的因素。企业利用低价进行竞争；忽略附加服务等对客户感知价值的影响，重视价格因素；企业通过低价策略进行竞争
形象战略观	企业利用形象进行竞争，如品牌形象；这种独特的形象是通过广告和市场沟通而形成的；形象是提高客户感知价值最重要的因素，特别是品牌形象

2. 服务观念

服务是由一系列或多或少具有无形特征的活动所构成的一种过程，这种过程是在客户与员工和有形资源的互动中进行的，这些有形资源（有形产品或有形系统）是作为客户问题的解决方案而提供给客户的。服务的定义说明“无形性”是确定一个产品是否为服务的关键所在，同时也说明服务通常是在互动过程中进行的。

物流服务具有不同于有形产品的特征，具体如表2－2－3所示。

表 2-2-3　　服务与有形产品消费的比较

有形产品消费	服务消费
有形	无形
同质	异质
生产、传递与消费过程分离	生产、传递与消费过程同时发生
一种物体	一种活动或过程
核心价值在工厂中生产	核心价值在买与卖的交互过程中实现
通常客户不参与生产过程	客户参与生产过程
可以储存	无法储存
涉及所有权的转移	不涉及所有权的转移

为正确理解服务营销，应该明确服务是一种过程消费，而不是结果消费。图 2-2-4 体现出了有形产品消费和服务消费的本质。

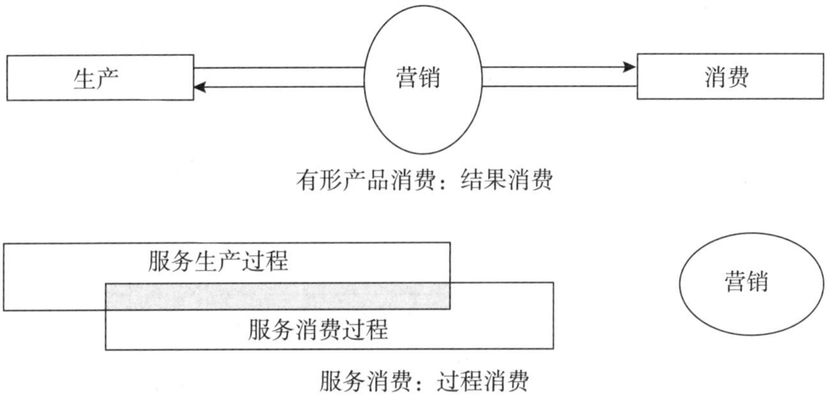

图 2-2-4　有形产品消费和服务消费的本质及营销的作用

图 2-2-4 的上部分表明的是有形产品的消费，我们从中可以看出生产和消费的过程，无论是从空间上看还是从时间上看，都是分离的。

服务消费的生产与消费是同步进行的，消费者与生产资源（人）、有形资源、营运系统和信息系统等产生交互作用，企业将营销纳入服务过程，是连接服务的生产和消费过程的核心。

另外，人们认为能够在账面上体现出来的服务才被称为服务。事实上，企业所提供的服务远不止那些可以在账面上反映出来的服务，还有许许多多的隐性服务，如票据处理、质量问题处理、服务补救、抱怨处理、客户培训、电子邮件收发、对特殊问题的关照、信守承诺、及时送货等。

清晰、准确地处理票据，及时、有效地处理服务失误和客户抱怨，以及员工对客户的重视和理解，可以提高客户服务质量。这些努力可以使客户更轻松地接受企业的服务，在这些问题上，建立起良好的客户关系，有助于提高客户的重购率和减少客户的流失率。所以，这些隐性服务实际上是企业获取竞争优势的一个重要源泉。

现代物流企业，应该强化企业客户服务管理的质量控制，有效管理和规划服务成本投入，全面提升企业效益，利用隐性服务，巩固老客户，有针对性地开发新客户，实现企业相对成本的降低和平均利润的增长，让企业在行业竞争中占据优势地位。

（二）物流服务人员参与营销策略

服务与有形产品相比有很大的不同，1981 年，布姆斯和比特纳在传统的 4Ps 理论的基础上增加了三个服务性的“P”，即人（People）、有形展示（Physical evidence）和服务过程（Process），成为 7Ps，由此形成一体化的物流服务解决方案。

1. 人员的地位及服务利润链

在提供服务产品的过程中，人（物流企业的员工）是一个不可或缺的因素，一方面，高素质、符合有关要求的员工的参与是提供服务的一个必要条件；另一方面，员工服务的态度和能力水平也是决定客户对服务满意程度的关键因素之一。

通常，一个高素质的员工能够弥补客户因物质条件的匮乏而产生的缺憾感。考虑到人的因素在服务中的重要性，服务实际上由三个部分组成，如图 2－2－5 所示。

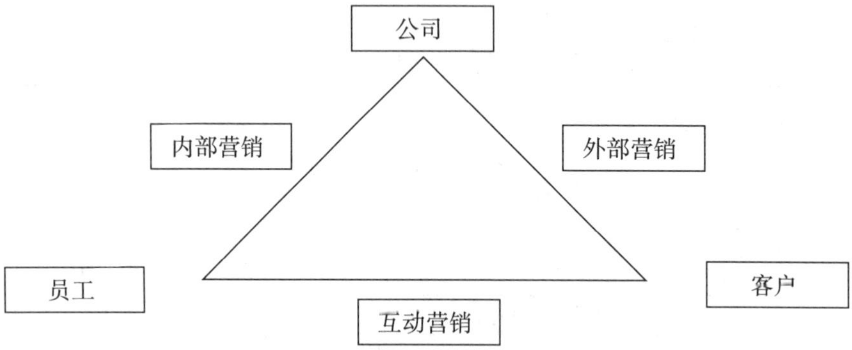

图 2－2－5　服务的三个组成部分及三种类型的营销

其中，外部营销包括物流企业提供的服务准备、服务定价、促销、分销等内容；内部营销则是指物流企业员工培训及为促使员工更好地向客户提供服务所进行的其他各项工作；互动营销则主要强调员工向客户提供服务的技能。图 2－2－6 中的模型清楚地显示了员工因素在物流服务营销中的重要地位。

客户对物流企业服务质量评价的一个重要因素是一线员工（或称前线员工）的服务素质和能力，而要形成并保持一支素质一流、服务质量优异的一线员工队伍，物流企业管理部门就必须要做好员工的挑选和培训工作，同时要使物流企业内部的“二线”“三线”队伍都围绕着“为一线队伍的优质服务提供更好的条件”这一中心展开：只有为一线员工创造了良好的服务环境，建立员工对物流企业的忠诚，进而才能使员工为客户服务更加热忱，并通过较高的服务质量赢得客户对企业的忠诚，从而使企业获取收益。而服务利润链对这一思路做出了很好的说明，如图 2－2－6 所示。

物流企业要对员工从事内部营销，对客户从事外部营销，而员工之间则交互营销，共同为客户提供服务。因此，物流企业的营销不仅要施之于客户，而且还要放在内部员工身上，这不同于有形产品的销售。

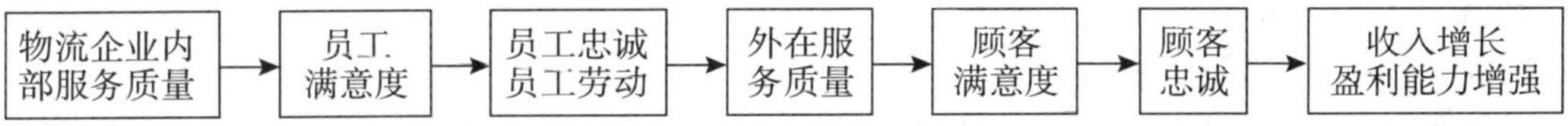

图 2－2－6 服务利润链

2. 营销人员及客户对服务的影响

根据服务人员接触客户的频繁程度不同和参与常规营销活动的程度不同，把服务营销中的人员分为四类，如图 2－2－7 所示。

	参与常规营销组合	不直接参与营销组合
频繁地或定期地与顾客接触	接触者	改善者
不频繁地或没有与顾客接触	影响者	隔离者

图 2－2－7 营销人员分类

接触者是物流企业服务的主要传递者，也是企业营销活动的主要执行者。改善者是指经常与客户接触，但是并不经常参与常规营销活动的人员，如企业的接待人员、财务收款人员。影响者是指不经常参与客户接触，但是参与常规营销活动的人员，如产品设计开发人员等。隔离者是不经常与客户接触也不经常参与常规营销活动的人员，如人事等部门的员工。

物流企业的具体服务人员包括运输、储存、包装、搬运、装卸以及配送和信息处理等这一系列过程中涉及的服务人员。这些人可能有生产或操作的任务，但他们也可能是与客户直接接触的角色，他们的态度对物流服务质量的影响程度和正式客户业务代表态度对物流服务质量的影响程度可以说是一样的。因此，高素质的服务人员对物流企业来说尤为重要。

在服务营销组合中，“人”的要素的另一个方面就是客户。在物流企业的营销活动中客户的参与意识越来越强。

（三）物流客户服务营销的内容

物流客户服务营销的内容包括物流客户服务的有形展示、物流客户服务过程管理、物流客户服务销售管理、物流客户服务支持与改进。

1. 物流客户服务的有形展示

基于物流服务的无形性和其他特性，物流企业要善于通过对服务工具、设备、员工、信息资料、其他客户和价目表等所有这些为客户提供服务的有形物的服务线索的管理①，增强客户对服务的理解和认识，为客户传递有关服务线索的信息，进而做出购

① 服务线索的管理指的是按照作业流程，列明各个步骤应提供给客户的服务有形凭证，并形成作业流程图。

买决策。有形展示是服务市场营销组合策略的七大要素之一。

1）服务有形展示的概念

1973 年，科特勒把“营销氛围”作为一种营销工具，建议“设计一种环境空间，以对客户施加影响”。1977 年，萧斯塔克引入了“服务展示管理”术语。对服务营销人员来说，服务展示管理就是对服务有形物以及能传递有关服务的适当信号的线索进行管理。

服务产品具有“不可感知性”的特征，它本身就是抽象的、不可触及的，无法再用另外一种无形的概念来赋予服务产品以某种特殊意义或形象。这就给企业有效地推广服务产品带来了难题。因此，如何将这种既看不见又摸不着的产品实体化，让客户感知并获得一个初步印象，是营销人员必须思考的一个问题。

所谓有形展示，是指在服务市场营销管理的范畴内，一切可传达服务特色及优点的有形组成部分。在产品营销中，有形展示基本上就是产品本身，而在服务营销中，有形展示的范围比较广泛。

2）物流服务有形展示的构成要素

物流服务有形展示的构成要素主要表现为三种类型：物质环境、信息沟通、价格（见图 2 –2 –8）。

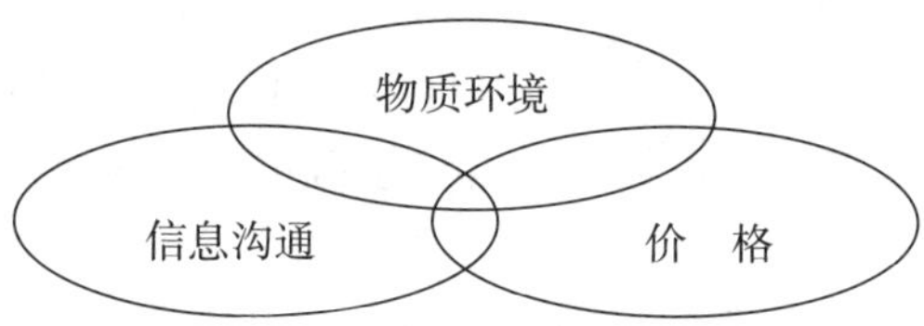

图 2 –2 –8 有形展示的构成要素

（1）物质环境包含三方面内容：周围因素、设计因素和社会因素。

①周围因素。

这类要素通常被客户认为是构成服务产品内涵的必要组成部分，是指消费者可能不会立即意识到的环境因素，如气温、湿度、气味和声音等。它们的存在并不会使客户感到格外的兴奋和惊喜。

②设计因素。

设计因素是刺激消费者视觉的环境因素，这类要素被用于改善服务产品的包装，使产品的功能更为明显和突出，以建立有形的、赏心悦目的产品形象。

设计因素是主动刺激，它比周围因素更易引起客户的注意。因此，设计性因素有助于培养客户的积极的感觉，且鼓励其采取接近行为，有较大的竞争潜力。

设计因素又可分为两类：美学因素（如建筑风格、色彩）和功能因素（如陈设、舒适）。

在实施有形展示策略的过程中，服务环境的设计往往是企业营销努力的重点，因为客户在接触服务之前，他们最先感受到的就是来自服务环境的影响，尤其是对于那些容易先入为主的客户而言，环境因素的影响至关重要。所谓服务环境是指企业向客户提供服务的场所，它不仅包括影响服务表现水准和沟通的任何设施，而且还包括许多无形的要素。

③社会因素。

这类要素是指在服务场所内一切参与及影响服务产品生产的人，包括服务员工和其他在服务场所同时出现的各类人士。他们的言行举止皆可影响客户对服务质量的期望与判断。

服务产品展示与有形产品展示最大的不同是，服务人员的表现在服务展示管理中特别重要。因为客户在一般情况下并不对服务和服务提供者进行区分，服务产品很大程度上取决于人。所以，人就必须被适当地包装起来。

（2）信息沟通。

信息沟通是另一种服务展示形式，这些来自公司本身以及其他引人注意的沟通信息通过多种媒体传播、展示服务。从赞扬性的评论到广告，从客户口头传播到公司标记，这些不同形式的信息沟通都透露出客户对服务的评价和感受，影响着公司的营销策略。

物流企业通过强调现有的服务展示并创造新的展示来进行有效的信息沟通管理，从而使服务和信息更具有形性。图 2－2－9 总结了服务企业通过信息沟通进行服务展示管理所能使用的各种方法。

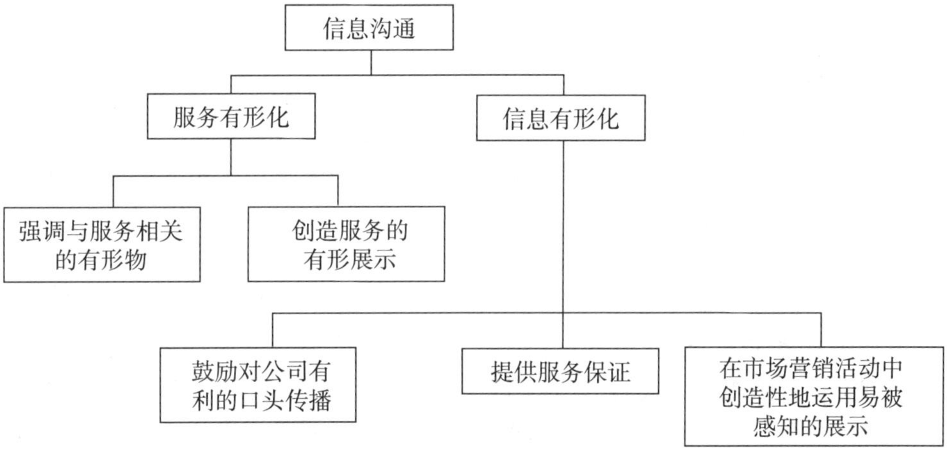

图 2－2－9 信息沟通与服务展示

①服务有形化。

服务有形化强调与服务相关的有形物，意在创造服务的有形展示。

②信息有形化。

信息有形化的一种方法是鼓励对公司有利的口头传播。因为客户特别容易接受其他客户提供的可靠的口头信息，并据此做出购买决定。例如，一般人们在选择保健医生、律师、汽车机械师或者大学生在选课之前，总要先询问他人的看法。

（3）价格。

价格是市场营销组合中唯一能产生收入的因素，而其他的因素都会引起成本增加。此外，价格之所以重要还有另一个原因：客户把价格看作有关产品的一个线索。价格能培养客户对产品的信任，同样也能降低这种信任；价格可以提高人们的期望（它这样昂贵，一定是好货），也能降低这些期望（付出这么多钱，得到了什么）。

在物流服务行业，正确的定价特别重要，因为物流服务是无形的，物流服务的不可见性使可见性因素对于客户做出购买决定起重要作用。价格是对服务水平和质量的可见性展示。价格成为消费者判断服务水平和质量的一个依据。

营销人员把服务价格定得过低就暗中贬低了他们提供给客户的价值。客户会怀疑，这样低廉的服务意味着什么样的专长和技术？而过高的价格则会让客户产生价值高估、不关心客户，甚至“宰客”的感觉。

与物质环境、信息沟通一样，价格也传递有关服务的线索。价格既能展示“空洞”的服务，也能展示“饱满”的服务；它能表达对客户利益的关心，也能让人觉得漠不关心；制定正确的价格不仅能获得稳定的收益，而且也能传送适当的信息。价格的高低直接影响着企业在消费者心目中的形象。

3）物流服务有形展示的效应

物流服务有形展示的首要作用是支持公司的市场营销战略。在制定市场营销战略时，应特别考虑对有形因素的操作，以及希望客户和员工产生什么样的感觉、做出什么样的反应。有形展示作为服务企业实现其产品有形化、具体化的一种手段，在物流服务营销过程中占有重要地位。但是，有形展示能被升华为物流服务市场营销组合的要素之一，具体来说主要包括以下几个方面。

（1）通过感官刺激，让客户感受到服务给自己带来的利益。

客户在购买无形的服务时，也希望得到感官刺激。因此，企业采用有形展示的实质是通过有形物体对顾客感官方面的刺激，让客户感受到无形的服务所能给自己带来的利益，进而影响其对服务的需求。

（2）引导客户对服务产品产生合理的期望。

客户对服务满意，取决于服务产品所带来的利益是否符合客户对其的期望。但是，由于服务的不可感知性，也使得客户在使用有关服务之前，很难对该服务做出正确的表述，客户对该服务的功能及利益的期望也是模糊的，甚至是过高的。过高的期望会使客户错误地评价服务，并做出不利的评语，而运用有形展示则可让客户在使用服务前能够具体地把握服务的特征和功能，较容易地对服务产品产生合理的期望，以避免因客户期望过高而难以满足所造成的负面影响。

（3）影响客户对服务产品的第一印象。

对于新客户而言，在购买和享用某项服务之前，他们往往会根据第一印象对服务产品做出判断。既然服务是抽象的、不可感知的，有形展示作为部分服务内涵的载体无疑是客户获得第一印象的基础，有形展示的好坏直接影响客户对企业服务的第一印象。

（4）促使客户对服务质量产生“优质”的感觉。

服务质量的高低并非由单一因素所决定。例如，服务设施、服务设备和服务人员的仪态仪表，都会影响客户感觉中的服务质量。通过有形因素提高质量意味着对微小的细节加以注意，可见性细节能向客户传递公司的服务能力以及对客户的关心。为客户创造良好的环境，提高客户感觉中的服务质量。

（5）帮助客户识别和改变服务企业及其产品的形象。

形象的改变不仅是在原来形象的基础上加入一些新东西，而且要打破现有的观念，所以它具有挑战性。要让客户识别和改变服务企业的市场形象，更需提供各种有形展示，使消费者相信本企业的各种变化。

（6）协助企业培训服务员工。

从内部营销的理论来分析，服务员工也是企业的客户。由于服务产品是“无形无质”的，从而客户难以了解服务产品的特征与优点，那么服务员工作为企业的内部客户也会遇到同样的难题。如果服务员工不能完全了解企业所提供的服务，那么企业的营销管理人员就不能保证他们所提供的服务符合企业所规定的标准。

4）物流服务有形展示的策略

物流企业之所以要采用有形展示策略是因为服务产品具有不可感知的特性，而对“不可感知性”则可以从两个方面理解：一是指服务产品不可触及，即看不见摸不着；二是指服务产品无法界定，难以从心理上进行把握。因此，物流企业要想克服营销方面的难题，采用有形展示策略，也就应以这两个方面为出发点。

（1）服务的有形化。

服务的有形化就是使服务的内涵尽可能地附着在某些实物上。例如，符合要求的运输车辆、高水平的信息处理平台等。

（2）使服务更容易为客户所把握。

要做到这一点，有两个原则要遵循：一是把服务同易于让客户接受的有形实物联系起来，这些实物必须是客户认为很重要的，而且要确保他们暗示的承诺能兑现；二是要把重点放在发展和维护物流企业同客户的长期关系上，因为客户之所以购买服务，是因为他们更倾向于从事服务的人员，而非服务本身。

2. 物流客户服务过程管理

1）物流客户服务过程

物流服务过程是指物流服务产品交付给客户的程序、任务、日程、结构、活动和日常工作。物流服务生产和交付给客户的过程是物流服务营销组合中的一个主要因素，因为客户通常把服务交付系统感知成服务本身的一个部分。物流客户所获得的利益和满足，不仅来自服务本身，同时也来自服务的递送过程。因此，物流服务过程管理策略对服务营销的成功十分重要。

理解服务过程的本质，实际上就是以客户对服务的消费过程为基础，设计一个与客户消费过程相适应的服务流程，主要方法有两种：编写服务剧本和绘制物流服务蓝图。

①编写服务剧本。

物流服务经历是由一系列先后有序的事件构成的，因此，可以把服务传递过程设计成服务剧本，并展示到前台。所谓服务剧本，是指从客户角度出发，以时间为顺序对物流服务过程构成详细的步骤描述。编写服务剧本，是物流企业从客户角度来看待物流服务提供过程、审视物流服务活动发生的必要性和非必要性。

②绘制物流服务蓝图

物流服务蓝图（Service Blueprint），也有人称之为物流服务流程图。所谓物流服务流程图，是指物流服务过程的关键构成要素的图形表现。它识别的内容包括：客户、服务人员（前台与后台）、客户与服务人员的接触点、员工与员工的接触点、前台有形证据和后台活动。物流服务流程图把这些要素当作一个整体来描述，展示它们共同创造服务的过程。物流服务流程图应该包括服务的全部步骤，不管是客户看得见的，还是客户看不见的。因此，主持绘制过程的人要对物流服务作业相当熟悉。

2）物流服务范围的绘制过程

物流服务蓝图直观上同时从以下几个方面展示物流服务：描绘物流服务实施的过程、接待客户的地点、客户雇员的角色以及物流服务中的可见要素。它提供了一种把物流服务合理分块的方法，再逐一描述过程的步骤或任务、执行任务的方法和客户能够感受到的有形展示。

（1）物流服务蓝图的主要构成。

物流服务蓝图包括客户行为、前台员工行为、后台员工行为和支持行为（如图2-2-10所示）。绘制物流服务蓝图的常规并非一成不变，因此所有的特殊符号、蓝图中分界线的数，以及蓝图中每一组成部分的名称都可以因其内容和复杂程度而有所不同。

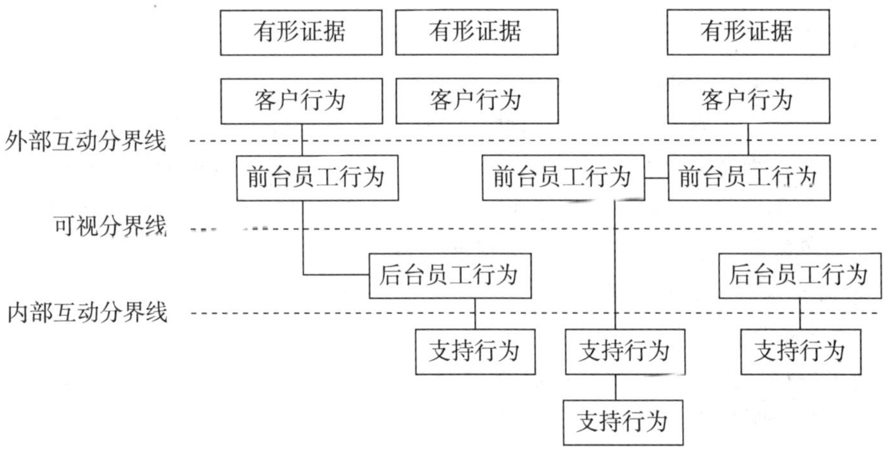

图2-2-10　物流服务蓝图的构成

客户行为部分包括客户在购买、消费和评价服务过程中的步骤、选择、行动和互动。这一部分紧紧围绕着客户在采购、消费和评价服务过程中所采用的技术和评价标准展开。

与客户行为平行的部分是服务人员行为。那些客户能看到的服务人员表现出的行为和步骤是前台员工行为。这部分则紧围绕前台员工与客户的相互关系展开。

那些发生在幕后、支持前台员工行为的雇员行为称作后台员工行为。它围绕支持前台员工的活动展开。

物流服务蓝图中的支持过程部分包括内部服务和支持服务人员履行的步骤和互动行为。这一部分覆盖了在传递服务过程中所发生的支持接触员工的各种内部服务、步骤和各种相互作用。

物流服务蓝图与其他流程图最为显著的区别是包括了客户及其看待服务过程的观点。实际上，在设计有效的物流服务蓝图时，值得借鉴的一点是从客户对过程的观点出发，逆向工作导入实施系统。每个行为部分中的方框图表示相应水平上执行服务的人员执行或经历服务的步骤。

四个主要的行为部分由三条分界线分开。

第一条是外部互动分界线，表示客户与物流企业间直接的互动。一旦有一条垂直线穿过互动分界线，即表明客户与物流企业间直接发生接触或一个服务接触产生。

第二条分界线是极关键的可视分界线，这条线把客户能看到的服务行为与看不到的服务行为分开。看蓝图时，从分析多少服务在可视分界线以上发生、多少在以下发生入手，可以很轻松地看出客户是否被提供了很多可视服务。这条线还把服务人员在前台与在后台所做的工作分开。比如，在医疗诊断时，医生既进行诊断和回答病人问题的可视或前台工作，也进行事先阅读病历、事后记录病情的不可视或后台工作。

第三条线是内部互动分界线，用以区分服务人员的工作和其他支持服务的工作和工作人员。垂直线穿过内部互动线代表发生内部服务接触。

物流服务蓝图的最上面是物流服务的有形展示。最典型的方法是在每一个接触点上方都列出服务的有形展示。

（2）物流服务蓝图的构成要素。

物流服务蓝图包括结构要素与管理要素两个部分。

①结构要素，实际上定义了服务传递系统的整体规划，包括服务台的设置、服务能力的规划。

②管理要素，则明确了服务接触的标准和要求，规定了合理的服务水平、绩效评估指标、服务品质要素等。以此构建符合客户导向的服务传递系统，首先要识别与理解客户需求，然后对这种需求做出快速响应。介入服务的每个人、每个环节，都必须把客户满意作为自己服务到位的标准。

（3）物流服务蓝图的作用。

物流服务蓝图具有直观性强、易于沟通、易于理解的优点，主要表现在以下几个方面。

①促使企业全面、深入、准确地了解所提供的服务，有针对性地设计服务过程，更好地满足客户的需要。

②有助于企业建立完善的服务操作程序，明确服务职责，有针对性地开展员工的培训工作。

③有助于企业理解各部门的角色和作用，增进提供服务过程中的协调性。

④有利于企业有效地引导客户参与服务过程并发挥积极作用，明确质量控制活动的重点，使服务提供过程更合理。

⑤有助于识别服务提供过程中的失败点和薄弱环节，改进服务质量。

（4）物流服务蓝图的绘制步骤。

①识别需要制订的蓝图的服务过程。

物流服务蓝图可以在不同水平上进行开发，识别需要绘制的蓝图的过程，首先要对建立服务蓝图的意图做出分析。如果发现“货物分拣”和“装货”部分出现了问题和瓶颈现象，并耽误了客户收件的时间，针对这两个步骤可以开发更为详细的子过程蓝图。

②识别客户（细分客户）对物流服务的经历。

物流服务过程因细分市场不同而变化，这时为某位特定的客户或某类细分客户开发物流服务蓝图将非常具有实用性。

③从客户角度描绘服务过程。

该步骤包括描绘客户在购买服务、消费和评价服务中执行或经历的选择和行为。描绘的过程是内部服务，那么客户就是参与服务的员工。从客户的角度识别服务可以避免把注意力集中在对客户没有影响的过程和步骤上。

④描绘前台与后台的行为。

首先画上互动分界线和可视分界线，然后从客户和服务人员的观点出发绘制过程、辨别出前台服务和后台服务。对于现有物流服务的描绘，可以向一线服务人员询问其行为，以及哪些行为客户可以看到，哪些行为在幕后发生。

⑤把客户行为、服务人员行为与支持功能相连。

接下来可以画出内部互动线，随后即可识别出服务人员行为与内部支持职能部门的联系。

⑥在每个客户行为步骤加上有形展示。

最后在蓝图上添加有形展示，说明客户看到的东西以及客户经历每个步骤所得到的有形物质，包括服务过程的照片、幻灯片或录像等有形证据，它可以保证服务过程和服务定位的一致性。

3. 物流客户服务销售管理

1）巩固物流老客户

物流业的利润客户来源主要有两部分：一是新客户，即利用传统的市场营销组合4Ps策略，进行大量的广告宣传和促销等，吸引潜在客户初次购买产品；二是原有企业的消费者，指那些已经购买过企业的产品，使用后感到满意，或者是存在一定不满，经企业加以维护愿意连续购买产品的消费者。

新客户开发时，首先要对其进行大规模的市场调查，了解客户各个方面的感受，然后对调查结果进行总结分析，根据分析结果制定相应的广告宣传策略，同时还要不定期地进行大规模促销活动来刺激消费者购买。但是这样会导致单位产品成本大幅度提高，企业盈利相对就会减少，而对原有老客户，让他们进行二次购买可以省略以上环节。企业只有引入关系营销中的老客户维护策略，真正认识到老客户是企业最重要的一部分财产，才能长久发展。

（1）老客户保留和维护的必要性。

在企业营销活动中，若企业只重视吸引新客户，而忽视保持现有客户，使企业的管理重心放在售前和售中环节，而忽视售后服务中出现的问题，会导致现有客户大量流失。企业可能在一周内失去100个客户，而同时又得到另外100个新客户，表面看来客户数量和销售业绩没有变化，但实际上争取这些新客户所花费的宣传、促销等成本要远远高于老客户保持成本，从企业投资回报率的角度考虑，这种行为是不经济的。物流市场向买方市场转变，导致物流产品和服务同质化严重。同时，由于科学技术的发展，产品本身的生命周期也越来越短，很多企业推出的营销策略和手段差异性不大，但消费者已变得越发理智，所以重视售后服务，对客户进行维护，保持客户忠诚非常必要。

（2）老客户保留和维护的作用。

首先，留住老客户可使企业的竞争优势长久。企业的服务已经由标准化细致入微服务阶段发展到个性化客户参与阶段。成功的企业和成功的营销员，都是把留住老客户作为企业与自己发展的头等大事来抓。老客户比新客户，甚至比市场占有率更重要。调查证明：相比只注重市场占有率和发展规模经济，留住老客户对企业效益奉献要大得多。

其次，留住老客户会使销售成本大幅度降低。据调查，发展一位新客户的投入是巩固一位老客户的 5 倍。因此，确保老客户的再次消费是降低销售成本和节省时间的最好方法。

再次，留住老客户有利于发展新客户。老客户的口碑推销作用显著。客户的口碑效应在于：一个满意的客户会引发 8 笔潜在的生意，其中至少有一笔成交；一个不满意的客户会影响 25 个人的购买意向。

最后，留住老客户，可获取更多的市场份额。忠诚的客户愿意更多地购买企业的产品和服务，忠诚客户消费，其支出是随意消费支出的 2 ~4 倍。而且随着忠诚客户年龄的增长、经济收入的提高或客户企业本身业务的增长，其需求量也将进一步增长。

（3）巩固老客户的流程。

第一步：收集老客户的资料，建立客户资料库。

客户资料是一个有效的销售工具，物流企业可以利用它创造出更好的销售业绩。建立客户资料库就是在了解客户情况的基础上，将客户的各项资料科学地加以记录、保存、分析、整理、应用，以此来巩固与老客户之间的关系。物流企业通常会接触到两类客户：个人性质的客户和企业性质的客户。对于个人性质的客户，主要调查其基本信息（姓名、家庭住址、电话等）、教育情况、事业情况、个性情况等。

企业根据所得信息建立客户数据库，进行客户关系管理，对巩固物流企业老客户的作用如下。

①可以对客户开展一对一的营销。

客户数据库是企业内部最容易收集的信息，对这些数据稍微加工，就可以使其成为营销决策最有价值的信息来源。

通过客户数据库对客户过去的购买和习惯进行分析，企业还可以了解到客户是否被服务所吸引，或是被价格所吸引，从而有根据、有针对性地向客户提供个性化的、一对一的营销。物流企业进行一对一的营销，可以不用借助大众宣传的方式，从而减少竞争对手的关注度，有效避免“促销战”“价格战”等行为，较容易达到预期的促销效果。运用数据库技术进行客户关系管理已成为企业获取竞争优势的重要手段和有效工具。

②为物流企业深入分析客户并指导客户关系的努力方向提供帮助。

运用客户数据库管理可以明确客户的数量和客户的基本情况，分析客户类型和客户行为分析，并提供相应的服务。

③可以实现对客户的动态管理。

客户的情况总是在不断变化，客户的资料也应随之不断地进行调整。物流企业应该对客户进行长期跟踪，不断调整、剔除陈旧的或已经变化的资料，及时补充新的资料，使物流企业对客户的管理保持动态性。

第二步：客户的分析和分类管理。

在客户的分析阶段，首先要对客户一般构成进行分析，例如，销售额或销售量指标基本分析、客户与本公司的交易业绩分析、不同商品的销售构成分析等。然后再进行各种基本比率分析，以此可以确定该客户对企业收益的贡献程度，具体包括销售毛利率分析、商品周转率的分析、交叉比率的分析、贡献比率的分析。

在客户管理中，对客户进行分类，是企业重要的工作之一。通过对客户的分类管理，可以有效地识别客户的需求，合理配置企业资源，有利于为客户提供个性化服务，使营销对策更专业，最终达到巩固核心客户的目的。

物流企业的客户分析、分类管理一般根据 ABC 分类法，详见项目五。

第三步：改善老客户满意度。

物流企业要赢得长期客户，就要使客户满意。客户只有满意了，才会成为企业的回头客。要想留住客户，企业应从提高企业产品或服务的质量、建设合理的营销渠道、选择合理的定价策略、选择受客户欢迎的促销形式、开展关系营销等方面实施客户满意策略，提高客户满意度，从而留住回头客。

第四步：跟进异议并积极回应或解决。

客户异议是发生在企业和客户建立关系的任何阶段，处理好客户异议不但可以明确物流企业服务的缺点，更好地改进服务，还可以加强客户管理，将其发展成为公司的长期客户。

2）争取流失客户

物流企业的客户流动的可能性越来越大，客户关系在任一阶段、任一时间点都可能出现倒退，不管是新客户还是老客户，都可能会流失。

根据客户流失产生的主导因素的不同，可以将客户流失分为主动流失和被动流失。

（1）主动流失。

主动流失是指客户由于自身原因自愿离开，也称为自愿流失。客户主动流失主要是由业务竞争造成的。可以说，随着新的服务和应用的增长，客户拥有了比以往更多的选择空间。这使现有企业不得不面临更大的挑战。

（2）被动流失。

被动流失是指物流企业由于某种原因而决定终止向客户提供服务。被动流失的发生其实是由于企业未能有效地监控到那些具有信用风险的客户，并且没有适时采取措施。

当客户关系出现倒退时，企业不应该轻易放弃流失客户，而应当重视并积极对待，尽力争取挽回流失客户，尽快恢复彼此的关系，促使其重新购买企业的产品或服务，并进行客户流失的管理。

要做好客户流失管理，就是要在明确客户流失的根本原因的基础上，有针对性地制定各种层面的应对措施，通过企业的销售、营销、服务等部门及其渠道分销商，运用商务、技术手段全方位进行客户流失管理。

客户流失管理将通过流程的标准化、有效地度量、及时地改进和控制，真正帮助企业达到挽留客户、提高收益的目标。

（3）挽回流失客户的策略。

①调查原因，缓解不满。

一方面，企业要积极与流失客户联系，访问流失客户，诚恳地表示歉意，赠送小礼品，缓解其不满；另一方面，要了解流失的原因，弄清问题究竟出在哪里，并虚心听取客户的意见、看法和要求，让其感受到企业的关心。公司不仅要和那些流失客户谈话，而且要让相关的营销人员针对每一位流失客户写一份详细报告，说明原因并提出改进意见，采取一切办法恢复客户关系，控制客户的流失率。

②采取策略预防和避免客户的主动流失行为。

面对激烈的市场竞争，企业一般可以采取三种策略预防和避免客户的主动流失。第一，进攻策略。集中力量，发挥自身优势，主动发起攻势，改进服务质量，提高产品声誉，加强品牌优势。第二，防守策略。如果企业自身能力有限，就应当努力提高服务水平和质量，实行优惠价格，尽量保持和巩固现有市场。第三，撤退策略。企业通过市场分析或前景预测，如果感到前景对自己不利，就干脆放弃这种服务品种，以节约资源。

③采取措施预防和避免客户的恶意被动流失行为。

第一，建立完善的客户资料库；第二，对客户信誉度进行评估；第三，运用法律手段解决客户的恶意欺诈行为。

④对不同级别客户的流失采取不同的态度。

在资源有限的情况下，企业应该根据客户的重要性来分配投入挽回客户的资源，以实现挽回收益的最大化。

4. 物流客户服务支持与改进

此部分内容将在项目六中详细阐述。

技能训练

请帮助业务团队新进人员唐甜收集辽沈地区潜在客户信息，并填写好客户资料卡，并就客户信息进行初步的归纳整理，为下一步进行客户分析和评估做好资料准备。

任务3 识别物流客户技巧

任务进程

经过一段时间的努力，××物流公司客服部业务团队在负责人江东的带领下，通过各种方法寻找到数量颇多的潜在客户。众所周知，并不是所有的潜在客户都能成为企业的真正客户，认真、细致地评估、审查和识别潜在物流客户，才能找准最有可能成为企业真正客户的人去拜访和销售，才能有效避免客户开发的盲目性，提高物流客户开发的效率。识别物流客户，有利于提升物流客户开发的业绩，有利于提高物流客户开发工作的效率，有利于减少物流客户开发的盲目性，有利于找到更适合的物流客户开发方法。那怎样才能有效地识别物流客户呢？

相关知识

一、识别客户的方法

（一）了解影响物流客户识别的因素

为了避免盲目地拜访和沟通，物流客服人员需要对可能成为客户的某个具体对象进行详尽的评估和识别，来确定该对象成为准客户的可能性大小。因此，必须综合考虑多种因素来准确无误地识别物流客户。

1. 客户需求度

客户需求度指的是客户对物流企业的产品或服务需求的程度。有需求才会有销售，而客户需求的程度便是销售能否成功的关键。识别物流客户的需求度，就是对客户的需求程度进行审查与评估。如果客户对自己的物流产品或服务有需求，客服人员还要进一步地探寻客户对产品或服务的具体期望，从而最大限度地满足客户需求；相反地，如果客户的某些需求不能满足，物流客服人员应该尽力去说服客户降低或放弃某些需求，或者向客户推荐其他的同类服务。

2. 客户需求量

客户需求量指的是物流潜在客户对物流产品或服务的需求数量。不仅要了解物流潜在客户的需求程度，还要判断其需求量的大小。如果物流客户的需求量很大，并且有长期购买的需求，那么客服人员应该首先进行拜访和沟通；如果客户的需求量不大，且购买是一次性的，应该权衡利弊，谨慎处理。

3. 客户购买力

客户购买力指的是客户能够以货币形式支付物流企业产品或服务的能力，实质就是指客户具有的现实购买力。分析研究物流客户的现实购买力，要注意以下三个方面。

（1）弄清物流客户购买力的现状。

（2）了解潜在客户以多大的成本才愿意做出购买决策。

（3）对于大客户的购买能力，也要经过认真评估，加以识别。

4. 客户决策者

客户决策者是指某企业实际控制物流产品或服务采购权的人。一般说来，企业或组织的购买行为，通常有多个成员参与或影响决策，他们各自在决策过程中发挥不同的作用。这些成员主要包括决定者、购买者、使用者、影响者和守门人。

（1）决定者。

决定者是指企业里有权批准购买物流产品或服务的人。在例行的物流采购中，采购者就是决定者；而在较复杂的物流采购中，决定者通常是企业的领导人。

（2）购买者。

购买者是指企业中具体执行物流采购的人。他们的主要任务是进行物流交易谈判和选择物流供应商。在较复杂的物流采购工作中，采购者还包括企业的高管人员。

（3）使用者。

使用者是指企业中具体使用所购物流产品或服务的人。他们往往是相应物流产品或服务购买的提议者，并在确定产品或服务规格上有较大的影响力。

（4）影响者。

影响者是指企业内部和外部直接或间接影响购买决策的人。他们通常协助企业的决策者确定物流产品或服务的品种、规格等。在众多的影响者中，企业外部的咨询机构和企业内部的相关专业人员影响最大。

（5）守门人。

守门人是指那些控制企业与外界进行相关信息沟通的人，如看大门的人、电话接线员、秘书或办公室其他人员等。如果说看大门的人连门都不让你进，你能继续进行自己的业务吗？所以，我们要首先取得守门人的信任，他们是顺利拓展客户工作的第一关。大多数握有企业决策大权的主管，每天都会接到无数电话，收到 E－mail、信函。凡是陌生电话，主管的秘书便会千篇一律地询问："请问您有什么事，可不可以先告诉我？"要突破秘书挡驾的关卡，千万别以"私事""秘密"等借口来蒙骗秘书。要记住，秘书的工作之一就是过滤不必要的电话以节省主管的时间。

5. 客户信用度

客户信用度指的是企业潜在客户在履行诺言、遵守交易合同方面的诚信程度，主要包括潜在客户在同行中的口碑效应，当地政府工商、税务、银行及媒体的评价等。信用度越低的客户，交易风险就越大。为了避免交易风险，客服人员要尽可能地对客户信用度做出自己独立而准确的判断，并通过谈判实现自我保护。

（二）物流企业客户的识别内容

即利用各种标准对客户进行各种分组，以期了解各类客户特性，以便实施差异化服务。

（1）了解谁是物流企业的客户，分辨关键客户、合适客户和一般客户。

（2）与合适客户，尤其是关键客户建立深入关系。

（3）根据客户信息制定客户服务方案，满足客户个性化需求，提高客户价值。

知识拓展

漏斗原理

1. 漏斗原理的含义

漏斗原理是指按照构成客户的标准对各种潜在客户进行过滤，从而寻找到合格的客户。漏斗原理能够说明并不是任何潜在客户都可以成为最后真正的客户，只有少数潜在客户能成为现实顾客，如图 2－3－1 所示。

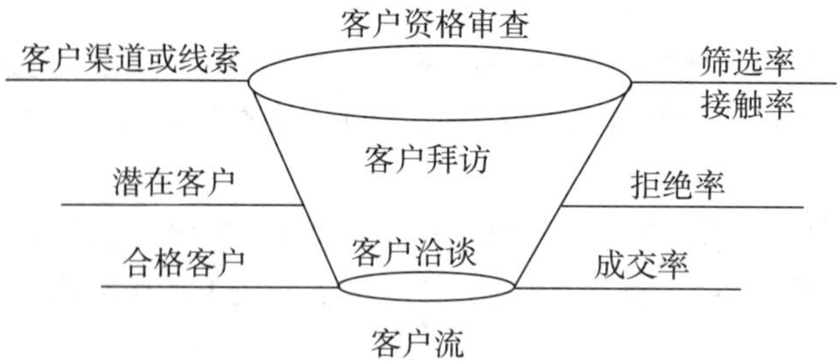

图2-3-1 客户拓展漏斗原理

第一层，从客户线索到潜在客户。由图可以看出，客户线索徘徊在漏斗的顶上，等待物流客服人员用客户标准将其一一过滤，然后将合格者推到下一层。在漏斗中第一层的客户线索经过客户资格审查，很大一部分客户线索被淘汰，达到一定的淘汰率之后，筛选出能从出售物流产品或服务中获利且具有购买能力的潜在客户，漏斗也变得越来越窄。通过第一次过滤，100%的目标客户到了潜在客户，一般就仅剩5%~10%。

第二层，客户初步拜访的淘汰。经过筛选后，物流客服人员开始初步拜访，这一阶段物流客服人员会遭到一些潜在客户的拒绝，达到一定的拒绝率，这样到漏斗下端的潜在客户越来越少，漏斗也越来越窄，潜在客户也越来越接近于合格客户，但还没有做出购买承诺，需要物流客服人员进行深入的业务洽谈。

第三层，客户成交前的淘汰。物流客服人员经过推销努力，与一些客户成交失败，将这些潜在客户分离出漏斗；与部分客户成交，这些潜在客户变成现实的合格客户，最后形成客户流。一般成为正式客户的仅占目标客户的2%~5%。

2. 漏斗原理的实际意义

漏斗原理对于物流客服人员的意义主要体现在以下三个方面。

（1）物流客服人员要有大量的客户线索或渠道，才能产生一定的成交率和客户流。

（2）物流客服人员在客户拓展过程的任何一个环节都要对潜在客户进行辨认和筛选。

（3）在物流客户的拓展过程中，一定的拒绝率是客观存在的，物流客服人员要坦然面对。

二、审查物流企业客户资格

（一）物流客户资格审查的原因

通过上述漏斗原理的分析，可以发现，物流客户资格审查是物流客服人员必经的业务环节。物流客服人员通过进行物流客户资格审查，淘汰不合格的物流客户线索或剔除寻找物流客户不必要的渠道，把合格的物流客户线索变成潜在客户。

从物流客户拓展的实际看，客户资格审查的必要性主要表现在以下几方面。

（1）物流客户资格审查可大量减少无效拜访，节省业务工作时间，提高拜访效率。

（2）物流客户资格审查可避免交易风险，减少有问题的债权。

（3）物流客户资格审查可加深对物流客户的了解和认识。

（4）物流客户资格审查可提高物流成交率和单笔交易量，从而从总体上提高销售业绩。

（二）物流客户资格审查的基本内容

物流客户资格审查的基本内容主要包括物流购买力（Money）审查、物流采购决策权（Authority）审查和物流购买需要（Need）审查，简称MAN法则。

1. 物流购买力审查

物流购买力审查就是对物流客户实际购买能力的分析和判断。

1）物流购买力审查分析

若物流客户没有相应货币支付能力，那么任何推销努力都是白费的。

物流客户一般不会透露自己真实的收支状况，真实的收支状况往往处于保密的状态，因此如何确切掌握物流客户的真实收支状况非常重要。

物流客服人员可能会获得的客户收支状况的有关信息往往会以财务报表等形式体现，这就要求物流客服人员具备一定的财务分析能力。

目前在我国企业资信状况普遍不太好的情况下，若购买力审查有误，物流企业会陷入非常被动的境地。

2）物流购买力审查的建议

（1）掌握物流客户的具体收支状况。

对物流客户购买力分析一般采取收支对比的分析方法，从个体型物流客户和组织型物流客户两个层面对收支状况进行透视。

①关于个体型物流客户的收支状况。收入来源分析包括薪水、奖金、福利、投资收入等；支出状况分析包括非商业性支出、基本生活支出、近期重大支出等。

②关于组织型物流客户的收支状况。组织型物流客户的收支状况分析要比个体型物流客户复杂得多。这里主要强调几点：第一，要学会看懂一般的财务报表，关注几个重要的财务指标，如资产负债率、销售利润增长率等；第二，重点关注企业经营管理状况，如企业销售状况、利润的稳定性、重大投资决策、企业员工的流动性、管理制度规范性等；第三，动态地跟踪客户财务状况的变化，特别要注意及时遏制使客户财务状况恶化的任何苗头。

（2）注意客户的物流预算。

客户的物流预算是指客户准备花多少钱来购买物流产品或服务。客户的物流预算取决于客户对物流产品或服务的需要程度和对物流外包价值的认识，它直接影响着客户实际的物流购买力。

（3）注重捕捉细微之处的重要信息。

物流客服人员要善于观察，不要错漏任何一个能捕捉到客户财务信息的细节，因为客户收支状况是无法直接获取的。第一，通过客户的竞争对手获取有用信息；第二，通过客户的用户获取信息；第三，通过客户有关的主管部门、经管机构、媒介获取信息；第四，通过与客户巧妙的询问获取信息。

知识拓展

潜在客户信用程度的审查和评估

由买方引起的交易陷阱大多来自客户的交易付款方面，物流客服人员被客户欺诈也往往体现为客户的“赖账”。因此，潜在客户信用程度的审查和评估应特别注意潜在客户的资金信用，要从各种途径调查了解客户以往交易付款的主动性、自觉性和及时性。

（1）在调查物流客户资金筹措状况时，应注意是否存在以下情况：

①手持资金不足，提前收回货款；

②将票据贴现；

③延期支付债务；

④为筹资而低价抛售；

⑤提前回收赊销款；

⑥开始躲债；

⑦与银行关系紧张；

⑧经常奔走于各类金融机构；

⑨其他债权者无法索回业务款；

⑩票据被银行拒付；

⑪银行账号被冻结。

（2）在调查物流客户支付情况时，应注意是否存在以下情况：

①不能如约付款；

②推迟现金支付日；

③要求票据延期；

④托词本公司的付款通知书未到；

⑤开始进行小额融资；

⑥对催付货款搪塞应付；

⑦小额货款都不能支付；

⑧票据被银行拒付；

⑨要求延长全部票据的支付期限。

调查完成后，应编写物流客户信用调查报告，然后根据具体情况确定物流客户信用额度，以此为依据对客户进行分类，并从中选择一个信用度高、风险性小的客户。

（3）在实际运作过程中，运用物流客户信用调查表格规范操作，简单实用，效果明显。物流客户信用调查总表和物流客户信用调查明细表如表2－3－1和表2－3－2所示。

表 2-3-1　　物流客户信用调查

填表日期：　　年　　月　　日

项目 公司名称	信用等级（ABCD）	总资产（万元）	净资产（万元）	评定等级（ABCD）	发展前景（ABCD）

表 2-3-2　　物流客户信用调查明细

填表日期：　　年　　月　　日

公司名称		地址		电话	
负责人		住所		传真	
创业日期		经营项目		经营方式	独资□　合伙□ 公司□
开始交易日期		营业区域		经营地点	市场□　住宅□ 郊外□

负责人	性格	温柔□　开朗□ 古怪□　自大□	气质	稳重□　寡言□ 急躁□　饶舌□
	兴趣		信誉	
	学历		出生地	
	经历		说话要领	
	思想		嗜好	
	长处		特长	
	短处		技术	

续　表

资信状况	银行往来	银行账号：	银行信用	很好□　好□　普通□　差□　很差□
	账簿组织	完备□ 不完备□	同行评价	很好□　好□　普通□　差□　很差□
	经营组织	股份公司□ 个人经营□ 有限公司□ 合资公司□	近邻评价	很好□　好□　普通□　差□　很差□
	资本额		付款态度	爽快□　普通□　尚可□　迟延□ 为难□　尚欠尾款□
	营业执照登记号码		备注	

总经理：　　　　经理：　　　　科长：　　　　主任：　　　　经办：

2. 物流采购决策权审查

物流采购决策权审查就是对客户物流采购决策权分布状况进行分析和判断。要注意以下两点。

（1）客户是否具有物流采购决策权。

若客户线索是没有能力自主做出购买决策权的单位或个人，这个客户线索就是不合格的潜在客户线索。

（2）客户物流采购决策权的分布。

关于这一点，我们在上一个任务中已做了分析，客户物流采购决策权是在企业决定者、购买者、使用者、影响者和守门人等的综合作用下形成的。决定者虽然拥有物流采购的最后决策权，但也受其他四种决策参与者的影响，在许多情况下，特别是企业型物流客户的大宗业务联系，仅仅影响决定者往往很难达成交易。

所以，在进行物流采购决策权分析研究时，除了要确认决定者之外，还要掌握购买者、使用者、影响者和守门人的归属及其具体情况。

3. 物流购买需要审查

客户需要是客户开发的前提。但如何判断客户是否需要物流产品或服务却不是简单的事情，必须注意以下两点。

（1）区分物流客户的客观需要与主观需要。

客观需要是以客户能否从物流产品或服务中受益为依据来判断的，主观需要是以客户主观上能否认知到需要物流产品或服务来判断的。客观需要是客户线索能否转化为潜在客户的前提。也就是说，物流客服人员只要认为自己推销的物流产品或服务能够满足对方的需要，能给他带来一定的利益和好处，他就具备了成为潜在客户的资格。

当然，在一些特殊情况下，也要兼顾客户的主观需要。如有的客户受传统“大而全”“小而全”“万事不求人”等观念的影响，认为物流外包不如物流自营来得方便，即使物流外包完全符合客户的客观需要，但由于某些客户的偏执或强烈反感，物流客服人员往往还是很难改变客户的看法，最终还是以失败告终。

在实际运作过程中，要把客户的客观需要与主观需要结合在一起加以分析，以客户的客观需要为主，主观需要为辅。

（2）及时发现物流客户的“问题”，并据此判断客户的需要。

我们在物流客户开发的过程中，发现某一企业出现了与物流有关的瓶颈问题，物流客服人员应当机立断，把这一企业设定为潜在客户，并把要推销的物流产品或服务与该企业的“问题”结合起来，以此为契机，抓紧做好登门拜访的准备。

知识拓展

物流客户需求度识别表

在实际操作过程中，我们可以借助一定的模型来进行物流客户需求度的分析。物流客户需求度识别表示例如表 2－3－3 所示。

表 2－3－3　　物流客户需求度识别表示例

需求程度 / 客户	非常强烈	比较强烈	一般	冷淡	厌恶
A			√		
B	√				
C					√
D				√	
…					

在物流客户需求度识别矩阵中，按照客户对企业提供的产品或服务项目的需求态度，将其分为非常强烈、比较强烈、一般、冷淡和厌恶五个层次。显然，在客户开发过程中，在仅考虑客户需求度的情况下，我们无疑应先将客户 B 和 A 视为自己的重点客户；而对需求态度比较冷淡的 D 客户，在时间允许的情况下，可有针对性地说服以改变潜在客户的态度，增强其购买信心；对于 C 客户，可以舍弃，从而调整客户开发的时间，提高工作效率。

以上模型同样适用于对客户需求量、客户购买力、客户信用度、客户市场力等的识别和评估。但值得注意的是，对客户综合情况的识别和评估往往涉及很多方面，它需要一个综合的指标来衡量。

技能训练

在业务团队负责人张经理的带领下，该业务团队已经积累了大量的潜在客户名单，接下来准备带领团队成员进行客户分析，请协助该团队新进人员唐甜同学对收集到的辽沈地区潜在客户进行需求分析，并对该潜在客户进行资格评估。

任务4　接近和拜访物流客户技巧

任务进程

××物流公司客服部江东带领整个业务团队寻找辽沈地区的物流客户，经过客户资格评审后，某大型医药公司成为该团队拜访和面谈的潜在客户。为了更好地达成接近和拜访客户的目的，江东及其团队应该做哪些准备工作呢？应该如何预约客户呢？

相关知识

一、接近物流客户

接近物流客户是物流客服人员顺利进入客户洽谈阶段的“桥头堡”，是物流客户开发的重要内容之一。在接近物流客户之前需要做哪些准备工作，接近物流客户的要点和具体方法都有哪些，这些都是项目活动要重点讨论的问题。

（一）接近物流客户的准备工作

物流客服人员对物流客户进行资格审查后，就可以接近潜在顾客了。为了更好地达到接近客户的目的，首先要进行一系列的准备活动，即接近物流客户的准备工作。

1. 客户资料的准备

潜在物流客户主要分为个体型物流客户和组织型物流客户。在接近不同类型的物流客户时，客服人员应该根据其类型做不同的准备。

（1）个体型物流客户。客服人员应掌握如下资料：客户的一般内容，如姓名、年龄、性别、民族、出生地、教育程度、职业职务等基本资料；家庭及成员情况，如家庭成员构成、价值观念、兴趣爱好等；需求内容，如购买动机、购买能力等。

（2）组织型物流客户。客服人员应掌握如下资料：客户组织的基本情况，如机构名称、品牌标志、注册资本、员工人数等；生产经营情况，如产品品种、产量与结构情况，产品的主要销售地点及市场反应，市场占有率等；购买行为情况，如购买对象的选择、购买途径与周期等；组织情况，如物流客户的近、远期目标，规章制度，组织结构等。

2. 营销工具的准备

（1）名片。名片是物流客服人员必备的一种常用交际工具，递上名片就等于在做自我介绍。同时，在名片的使用过程中必须遵守基本礼仪。

（2）公文包。作为一名优秀的物流客服人员，其公文包必须干净整齐，资料内容整齐并且摆放有序。

（3）记录本和笔。物流客服人员要将记录本和笔准备好，以便记录与客户相关的电话和资料等重要信息。

（4）投影仪和笔记本电脑。物流客服人员在与客户的交谈中运用笔记本电脑、投影仪等重要信息工具，可以更直观地展现产品或服务。

（5）沟通工具。这里的沟通工具可以是手机等通信工具，有了这些工具，物流客服人员可以更好地与客户保持联系。

（6）图片。运用图片可以起到很好的作用，如给客户留下深刻印象、增加客户的参与感、吸引客户的注意力等。

（7）老客户的信函。老客户赞美、引荐物流企业产品或服务的信函，可以起到很好的营销作用。

（8）权威机构的认证。中华人民共和国国家市场监督管理总局、中国物流与采购联合会等权威机构给物流企业颁发的物流产品或服务的等级证书，可以很好地打动和说服客户，促进其购买行为。

（9）报刊、杂志等的报道。国家具有主流性和权威性的有关报刊、杂志对物流企业的正面报道，无疑能起到很好的宣传作用。

3. 人员素质的准备

（1）客服人员要仪表得体、言谈举止大方自然，并且具有一定的交际、合作、营销等能力。

（2）客服人员要熟知自己营销的产品或者服务，只有这样才能树立专业的形象，赢得客户的信赖。

（二）接近物流客户的方法

接近物流客户的方法有很多，最常见的有：自我介绍接近法、他人介绍接近法、利益接近法、好奇接近法、表演接近法、问题接近法、赞美接近法、馈赠接近法、搭讪接近法，如图 2－4－1 所示。

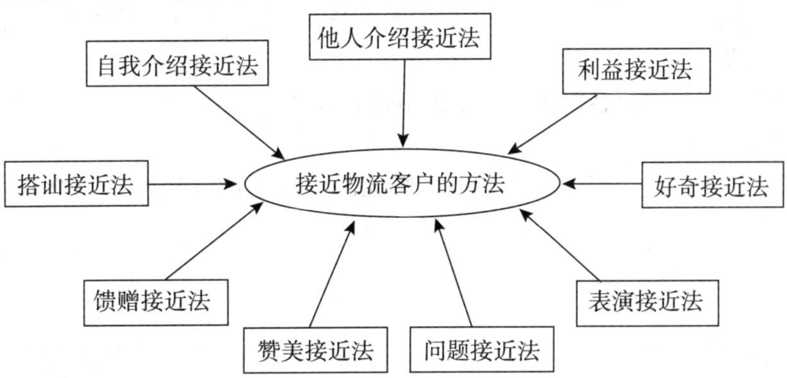

图 2－4－1　接近物流客户的方法

1. **自我介绍接近法**

自我介绍接近法是物流客服人员通过自己介绍而接近客户的方法，也是最常见的一种接近客户的方法。通常的结构是：称呼和问好；介绍自己的名字，展示在企业中的身份；阐明拜访的目的和理由，并提出拜访的要求。

2. **他人介绍接近法**

他人介绍接近法是利用引荐人打电话、写信函字条或当面介绍等方式来接近客户。在客服人员与所拜访客户不熟悉的情况下，这种方法是一种行之有效的方法。

3. **利益接近法**

利益接近法是指物流客服人员通过简要说明物流产品或服务能够给客户带来的利益，来引起客户的注意和兴趣，进而转入洽谈的接近方法。使用这种方法接近客户时，要告诉客户购买产品或服务能够带来什么好处，主要方式是直接陈述或提问，告诉客户产品或服务本身的价值。

4. **好奇接近法**

好奇接近法指的是利用物流客户的好奇心理而接近客户的方法。这种方法利用客户的好奇心理，引起客户的注意和兴趣，从而点明销售的产品或服务的价值，以顺利地进入洽谈。

5. **表演接近法**

表演接近法指的是利用各种戏剧性表演引起客户的注意和兴趣，进而转入洽谈的接近方法，也称为马戏接近法、戏剧化接近法。在物流客户开发中，这是一种善于引起别人注意和兴趣的方法。

6. **问题接近法**

问题接近法是指物流客服人员利用直接提问来引起客户的兴趣和注意，进而转入洽谈的接近方法。这种方法采用一问一答的形式，有利于拉近客户与客服人员的距离，消除客户的戒备心理，特别适合客服人员在第一次约见陌生客户时使用。

7. **赞美接近法**

赞美接近法是指利用客户喜欢被赞美的心理来引起客户的注意和兴趣，进而转入洽谈的接近方法。如果这种方法运用恰当，对大部分客户来说都是有用的。例如，物流公司的业务员："贵公司对客户的态度特别亲切，可见王总对员工的培训一定非常的用心，我也常常到其他公司，但像贵公司服务态度这么好的实在是少数，真令我万分钦佩。"

8. **馈赠接近法**

馈赠接近法就是物流客服人员利用馈赠物品来接近客户的方法。

9. **搭讪接近法**

搭讪接近法指的是物流客服人员利用聊天的机会来接近客户的一种方法，也称聊天接近法、闲谈接近法。

（三）物流客户类型与应对对策

不同的客户在文化程度、学识修养、消费习惯和性格等方面都会有所差异，从而在购买物流产品或服务时也会表现为不同的客户类型。身为物流客服人员，要对物流客户有一定的了解并且能够进行科学的分类，以便更好地应对。物流客户主要有以下几种类型。

1. 理智稳健型

特点：性格沉稳内敛，遇事深思熟虑；衣着保守大众；消费行为注重实际。

对策：物流客服人员应该加强对产品品质、公司性质及独特优点的说明，要用准确数据进行论证。

2. 干练随和型

特点：性格爽直积极；处事敏捷、决断力强；与他人容易相处。

对策：物流客服人员应该与其培养友谊，建立良好的关系。

3. 冷淡傲慢型

特点：性格高傲孤僻，主观性强；对他人态度冷淡且心胸狭窄。

对策：物流客服人员应该放低姿态介绍自己，博取对方好感，然后稳住立场，态度不卑不亢。

4. 优柔寡断型

特点：判断能力差；缺乏主见，做事犹豫，容易受他人左右。

对策：物流客服人员应该态度坚决自信，取得对方信赖，并试图引导客户进行决策。

5. 疑心较重型

特点：疑心重，对别人不信任。

对策：物流客服人员应该充满自信，同时对自己推销的产品或服务充满信心；通过运用专业数据进行阐述和保持端庄严肃的外表与谨慎的态度等方式获取客户的信任。

6. 讨价还价型

特点：喜欢精打细算；爱贪小便宜，但精明能干。

对策：物流客服人员应该强调产品优惠，可事先把物流产品或服务的价格定得稍高一些，这样可以留给客户讨价还价的余地。

7. 喋喋不休型

特点：谈话跑题，大事小情皆考虑。

对策：物流客服人员应该首先取得客户信任，强化其对产品或服务的信任程度，引导客户做出决定。

8. 默寡言型

特点：出言谨慎，外表冷静；只注意听别人说话，不表示意见。

对策：物流客服人员应该态度诚恳，激发客户对产品或服务的兴趣，了解客户内心的真实需求。

9. 过于自信型

特点：不时打断客服人员的谈话以显示自己的知识，对客服人员提出的意见常常提出异议。

对策：物流客服人员应该让客户尽量发表意见，并用可靠的资料和数据来说服对方。

二、拜访物流客户

（一）物流客户拜访前准备

客户拜访是开发大客户或特殊客户的一个必不可少的环节。成功的客户拜访可以为达成交易奠定基础，也可以拉近双方关系，让交易营销转化成关系营销，为企业创造更大的效益。

做好拜访前的准备工作是成功的客户拜访的前提条件。一般来说，拜访前的准备工作主要包括：与客户约好拜访的时间和地点；确定拜访目的；收集客户的信息（包括公司和个人）；了解客户的需求和问题；确定交流的策略；准备拜访时所需的资料及工具。

1. 电话拜访前的心理准备

心理状态决定了一个人做事的态度，好的态度可以给对方留下好的印象。如何做好心理调适是摆在业务人员面前的第一道难题。

只有认真做简单的事，才不会因为“轻敌”而“阴沟里翻船”。业务人员不要太重视每次接触的得失，这样才能做到“尽最大的努力，做最坏的打算”。只有保持积极良好的心理状态，同客户进行接触和电话交流时，才会给对方留下深刻印象。

业务人员遇到客户心绪不佳或其他异动时，应该采取如下方式应对。

（1）如果碰到受访者心情不好、语气不善，更应态度温和、语气和善，不要受客户情绪波动的影响，礼貌地与客户重新拟定下一次联系时间。

（2）如果遇到滔滔不绝讲个不停的受访者，不可与客户随意闲扯，应直接切入访谈重点，提示对方此次电话拜访的目的，并及时结束通话。

（3）如果遇到沉默寡言的受访者，就要耐心地引导客户说出我方企业想要获得的信息。

2. 客户拜访预约内容和技巧

要接近物流客户，物流客服人员一般要与客户预约。预约的内容主要包括5W，即预约对象（Who）、拜访事项（What）、拜访理由（Why）、拜访时间（When）和拜访地点（Where）。

（1）预约对象（Who）。

要想进行业务访问，首先要确定约见对象。约见对象指的是对购买行为具有决策权或对购买活动具有重大影响的人。应尽量设法直接约见客户的购买决策人或者是对购买决策有重大影响的人，避免浪费时间。

（2）拜访事项（What）。

拜访事项指的是物流客服人员要根据拜访的目标来确定访问的内容。对潜在客户来说，可能是销售产品或者服务，建立人际关系等；对老客户来说，可能是扩大服务范围或者获取反馈信息等。

（3）拜访理由（Why）。

任何人都不会接受没有理由的约见，尤其是面对陌生人，所以客服人员在约见访问对象时，一定要告诉对方访问的原因。常见的约见事由有销售产品、市场调查、提供服务、签订合同、联络感情、走访客户等。

（4）拜访时间（When）。

约见客户的时间安排是否恰当适宜，直接影响约见客户的效率。针对拜访时间，物流客服人员应该做到以下几点。

①根据客户的情况预约拜访时间。

②根据拜访的目的和要求选择时间。

③根据地点和路线选择拜访时间。

④尊重拜访客户的意愿，要留有充足的时间。

⑤讲究信用，准时赴约。

（5）拜访地点（Where）。

选择与确定约见地点，应该坚持“方便客户，有利于约见和销售”的原则，这样才有利于交易的达成。约见地点可以是办公室、居住地点、社交场合和公共场所等。

3. 面对面拜访前的准备

机会只留给准备好的人。想别人没有想到的，做别人不愿去做的，这是拜访成功的关键。

（1）设定拜访目标，对客户进行分析。

首先，要了解这个客户属于重点客户还是一般客户，从而制定拜访策略；其次，要充分掌握公司的销售政策、价格政策、促销政策，尤其是在公司推出新的销售政策、价格政策、促销政策时，更要了解新政策的详细内容。

（2）掌握社交礼仪常识。

社交礼仪主要包括自己的穿着打扮、言行举止是否得体。另外，从微笑、握手到就座，都有许多细节需要注意。

（二）物流客户拜访流程

1. 电话拜访流程

电话拜访流程大体分为三步，即拜访前的心理准备、拜访中的言语沟通及拜访后的客户资料总结。

具体的流程为：收到电话拜访资料—粗略整理—准备好工具及调适心情—开始电话拜访—每拜访完一个客户即填写一张客户资料卡。

2. 面对面拜访流程

面对面交流是拉近彼此距离的最好纽带。因此，面对面拜访对于从业人员来说既是一个很好的机会，也是一次挑战。

面对面拜访的大致流程如下：拜访前的准备—拜访中的谈话技巧—拜访后的工作总结。

技能训练

××物流公司客服部业务团队在负责人江东的带领下，分组拜访辽沈地区的潜在客户。为了加深与老客户的合作，增加业务量，唐甜与其业务指导主管被分为一组，准备拜访沈阳市内的一家企业，请帮助唐同学整理并归纳拜访前的准备工作，提前做好预约见面和拜访的准备。

任务5 投标和服务物流客户技巧

任务进程

经过对潜在客户资格审查后，××物流公司客服部江东带领整个业务团队分头对辽沈地区的潜在物流客户进行服务回访，以期寻找到新的合作机会。面对一家大型医药公司的招标公告，该团队应该做哪些准备工作呢？应该如何更好地服务客户呢？

相关知识

一、物流客户投标技巧

（一）物流招投标的概念

1. 物流招标

物流招标一般是指大型的生产企业为了使自身的产品在储运配送过程中得到更优质的服务，在一定范围内面向物流企业招商的一种手段，也可称之为物流外包。所谓物流外包，即制造企业或销售企业等为集中资源、节省管理费用，增强核心竞争能力，将其物流业务以合同的方式委托给专业的物流公司（第三方物流）运作。外包是一种长期的、战略的、相互渗透的、互利互惠的业务委托和合约执行方式。

2. 物流投标

物流投标是投标人（即物流企业法人）寻找并选取合适的投标信息，在同意并遵循招标方核定的招标文件的各项规定和要求的前提下，提出投标文件，以期通过竞争被招标方选中的交易过程。

（二）物流招投标活动当事人

在实际操作过程中物流业务招投标一般由招标单位作为招标主体，物流公司作为投标主体，也可由第三方物流机构将物流管理和业务一起分包或者转包，有时也涉及招标代理机构和投标代理机构。

（三）物流招投标的程序

物流服务的需求方通过物流服务项目的招标进行业务外包，以较低的成本得到较高质量的物流服务。随着物流市场的进一步规范与发展，进行物流项目招投标将成为物流服务交易的主要形式。物流招投标的流程一般分为招标、投标、开标、评标、中标五个步骤。

1. 招标方式

按邀请投标人的公开程度划分，招标方式可分为公开性招标和邀请性招标。公开性招标是不限定范围，通过发布招标信息向全社会的企业进行招标；邀请性招标是向特定的某些企业发出邀请进行招标。按照邀请投标人的地域划分，招标方式可分为国内招标和国际招标。

2. 招标程序

（1）招标准备。

企业进行物流项目招标，目的是以较低的成本得到其需要的物流服务。为了使招标成功，必须做好招标的每一个步骤，主要包括以下几个方面。

①需求表述。首先需要分析自身的物流服务需求，并明确地表达出来，如寻找终端配送商、第三方物流项目招投标、物流运输项目招投标等。

②招标前准备工作。如物流企业资格审查、研究招标方案、制定招标文件、确定招标形式及标的等。

③公开发布招标公告或书面邀请投标人。

④出售或派发招标文件。

⑤接受投标。

⑥进行开标和评标。

⑦根据评标结果，结合企业自身需要，选择中标人签订物流服务合同。

（2）招标文件。

招标文件的编制对于招标能否成功至关重要。一般情况下，招标文件主要涉及企业自身情况和产品生产现状，以及对物流服务各个环节的要求，如货物运输、仓储控制、配送时效等，有的还可能涉及产品包装和流通加工等环节。

大体上说，编制物流项目招标文件一般应包括如下几个部分。

①招标邀请书、投标人须知。

②招标方的企业介绍和发展历程。

③招标方具体的物流服务需求，越详细越好。

④物流服务的详细操作要求、操作流程等。

⑤物流服务费用的构成。

⑥对投标书的要求和招标组织情况。

⑦物流服务招标范围和不在招标范围的说明。

⑧计划的招标程序和时间安排。

3. 投标程序

（1）物流项目投标活动特征。

①投标人之间的竞争比较直接。招标方在一定的期限内接受各种投标人提出的各种服务方案和报价，并进行比较，势必使投标人之间面临相对直接的竞争。

②投标人之间的竞争在于综合优势。投标人要想被招标方选中，不仅要在物流技术、物流服务方案上具有竞争力，还要在企业资信、应对突发事件等方面具备优势。这样，投标人之间的竞争就体现出高度综合的竞争特点。

③投标人之间形成价格博弈之势。在招投标过程中，招标方处于主动地位，其目的是以较低的成本获得需要的物流服务。投标人若想在此过程中胜出，除了提供满意的物流服务外，必须充分考虑好定价策略。

（2）投标准备。

物流企业在达成投标意向后，随即着手投标的准备工作，主要包括如下步骤。

①组织物流项目投标小组。抽调有物流服务经验、有物流方案策划和设计能力的人员组成技术完备的投标小组，并给予充分的人、财、物、时间的方便，集全体员工智慧做好投标工作。

②收集招标企业的资料。深入了解招标企业的状况，包括成长经历、产品类型和特点、市场状况，掌握招标企业的组织结构和未来企业发展态势。

③认真研究招标文件。分析招标内容，提出招标文件中的质疑问题，并做好商标管理工作。分解招标内容，组成解决各个有关内容中的问题的工作小组，编制投标文件，确定项目实施的资源、人力以及费用并进行投资效益分析、可行性研究等。

④严格按照招标文件的时间要求，确定投标活动的时间表，并制订投标工作计划。

（3）投标文件。

物流项目投标文件（书）是在分析招标企业的概况和物流需求后，做出的向招标方应标的一种表示方法。同时，投标书也是物流企业介绍自身服务能力的机会，对投标的成功与否起着决定性作用。物流项目投标书主要由如下部分组成。

①总则。表示愿意投标，以本企业拥有的物流资源提供招标方所需的物流服务，以及与招标方共同发展的愿望。

②本物流企业介绍。将本物流企业发展历程、企业实力，尤其是取得的物流服务的历史业绩向招标方说明。

③提出本企业物流服务优势。如具有经验丰富的物流运作团队，能为客户高质量地完成各项物流服务；具有先进的 IT（互联网技术）、物流信息网络技术和高效而实用的物流运作平台；具有足够的物流服务资源，如先进的仓储设施和强大的运输网络等。

④提出物流服务措施。针对招标方的物流需求，提出实施物流服务的具体办法。

⑤根据提供物流服务的种类和数量，结合市场实际，对提供的物流服务给出报价。

（4）投标实施。

实施投标工作的关键步骤如下。

①在投标小组的领导和计划下，按照招标书的要求，有步骤、有节奏地参与投标活动。

投标小组可召开各种会议，明确目标，做好内部分工，制订详细的投标工作计划。

②详细分析研究招标书内容。对招标书中不清楚、不明白或有问题的地方，认真记录，然后有计划地与招标方进行讨论，结果由招标方确认，作为招标过程的支持文件。

③精心编写投标书。投标书是投标活动中最核心、最关键的文件，投标书不但是一个完整的物流服务方案，而且是投标方能否中标的依据。

④将投标书精心装订成册，在指定时间内送到招标方手中。

⑤精心准备投标答辩。就招标方可能提出的问题做好回答准备。在答辩会上，进一步展示投标方的合理化建议，以及提高服务质量、降低物流服务成本的措施。

4. 物流项目目标实现

招投标结束后，中标的物流企业将与招标方签订物流服务合同，提供招标方所需要的物流服务。为了使物流项目目标得以实现，需要招投标双方充分交换信息、相互信任、共同协作。在物流服务项目进行的过程中，应对服务的每一阶段进行监督，看物流项目每一阶段的目标是否实现、是否满足需求、是否存在有待改进之处。

双方应本着共赢的原则，积极理顺沟通渠道，妥善解决出现的问题，这样才能使物流项目的目标最终得以实现。

（四）实施物流项目招投标对企业的影响

（1）有助于招标企业构建核心竞争能力。企业通过招标将物流业务外包给第三方物流服务商，就能将相对有限的资源与管理能力集中于自身最优势的环节，从而能构建核心竞争能力。

（2）有助于招标企业提高作业和管理效率。企业只需要面对管理单一的第三方物流服务商，相对“自营物流”模式，企业可以精简相关物流职能部门，从而降低管理成本，提高管理效率。第三方物流服务商专业的物流管理方式与手段，也能大大提高物流效率，实现库存水平合理化，提高库存周转率，提高企业资金周转速度。

（3）有利于提高招标企业资产效益。企业通过招标将物流业务外包后，可以大大节省对物流设施与设备的投资。第三方物流服务商服务多家客户，客户之间的物流业务在淡旺季相互补偿，可以极大地提高社会资产利用率，降低管理成本，从而保证以低廉的物流成本为客户提供优质服务。

（4）有助于招标企业快速实现战略扩张。生产企业或商业企业采用第三方物流模式后，第三方物流服务商广泛的服务网络能助企业快速将物流体系延伸到此领域或区域。

（5）有利于提升企业形象。第三方物流服务商利用完备的设施和训练有素的员工对整个供应链实现完全的控制，帮助客户改进服务，树立自身的品牌形象。招标企业也可以借助于第三方物流服务商的品牌形象，提升自身的企业形象。

（6）有利于优化企业的物流，招标企业可以在众多投标物流服务公司里，找到最好的服务供应商。

（7）有利于投标的第三方物流服务商找到适合自身经营的项目。

（8）有利于优化产业链，使产业分工趋于合理，有利于节约能源。

二、物流客户服务技巧

（一）常规物流客户服务技巧

1. 微笑服务

服务于一线的员工是整个公司的形象和服务质量最重要的代言人。在行业竞争越来越激烈的情况下，良好、规范、人性化的“微笑服务”彰显着公司的管理水平。微笑是不用翻译的世界语言，它传递着亲切、友好、愉悦。苏格兰有一句谚语：“微笑比电便宜，比灯灿烂。”

但在以下几种情况下，微笑是不合适的。

（1）在进入气氛庄重的场合时。

（2）服务对象满面哀愁时。

（3）服务对象具有某种先天生理缺陷时。

（4）服务对象因出了洋相而感到尴尬时。

微笑并不是一件可以随便做的事情，它是有要求的。如果做得不好，微笑反而使人觉得不适，觉得虚假。微笑的要求是真诚、适度、合时宜。想要笑得好很容易，只要是发自内心，就可以展示出自然大方、亲切的微笑，而且微笑是可以练习的。

微笑是有标准的。国际标准微笑是别人在离你 3 米时就可以看到你的微笑，要面容祥和，嘴角微微上翘，露出上面的 6 ~ 8 颗牙齿，牙齿要保持干净以示尊重。

2. 文明服务

（1）用语文明。

用语文明是营销人员在工作岗位上使用语言时应遵守的基本规范之一，营销人员要在称呼恰当、口齿清晰、用词文雅三个方面下功夫。

称呼恰当要特别注意的是，当需要称呼许多位服务对象时，一般都讲究分清主次，由尊而卑、由近及远。口齿清晰要注意语言标准、语调柔和。用词文雅是指要力求谦恭、敬人、高雅、脱俗，努力回避不雅之语。

（2）态度文明。

营销人员应有的态度是主动、热情、耐心、周到。

①增强服务主动性，主要有以下三个方面的技巧。第一，营销人员在与客户接触时，要注意细心观察客户的肢体语言，应善于利用目光捕捉为客户服务的时机——在客户开口之前主动服务，会赢得客户心理上的满足，使其感受到贵宾的尊荣。第二，要主动了解客户的消费习惯，有针对性地推介产品或服务的类型、特点，突出某项产品或服务的优越性，供客户参考，引导客户做出合理的选择。第三，要积累关于企业、产品、服务的相关知识。有时客户的提问往往超出营销人员本身的职责和经验范围，如果平常不主动、不自觉积累，就无法给客户提供更广泛的服务。

②热情服务就是在为服务对象提供服务时，要做到真心实意、全心全意、充满善意。要注意个人仪容仪表，面带微笑，不要将个人情绪带到工作中来，保持平和心态，展现服务的亲和力。同时还要注意避免过度热情产生负面作用。

③耐心是服务的基础，是互通的基石。耐心表现为对本职工作的热爱，对客人提出的各种各样的合理要求能尽力满足，对一些不合理的要求要耐心解释，让其心悦诚服。

④周到是指“服务无小事”，注意细节，全方位为客户着想。

（3）动作文明。

动作和姿态是营销人员的身体语言，包括表情和举止。但是，要注意避免一些不良行为，否则，会给客户留下非常不好的印象，甚至影响整个公司的形象。表2-5-1列示了客户服务应避免的身体语言。

表2-5-1　　客户服务应避免的身体语言

应该避免的身体语言	可能会给客户造成的不良印象
站立时双手插兜或抱在胸前	进行客户服务的时候，很多客服（营销）人员喜欢做的动作也许是无意的，但在进行服务时，这是对客户不尊重、不耐烦、封闭的表示，一定要避免
说话时手指放在嘴上或搓脸、挠头发	说话时手放在嘴边，或者有一些托腮的举动，这表示营销人员缺乏解决问题的信心
背靠或斜靠在物体上	如背靠墙或背靠门，就表示对工作或对客户的说话内容不感兴趣
避开客户目光	若营销人员有意识地回避客户的目光，这表示否定客户，或者表示没有在听客户讲话，或者表示不希望和客户进行交流
说话、走路时低着头	表示客服（营销）人员精神状态不佳，或者对客户冷淡，给客户的感觉是该客服人员害羞、自卑、不专业
抠鼻子、擤鼻涕、挖耳朵	个人素质、修养不好
帮客户拿物品时漫不经心、碰来碰去	表示做事没有耐心，不够尊重客人

3. 及时服务

近几年，很多企业把“准时交货”看得比产品品质还重要。营销人员在为客户提供服务时，不只要考虑服务的内容，也要重视服务的时间，即能否及时有效地为客户提供服务。

要做到及时服务，需要从以下两个方面做起：第一，要设计有效率的服务过程。任何事情不要先着急研究结果，而要研究过程。只有好的过程，才有好的效率。第二，物流企业必须设置好服务系统，明确服务时间限制。如在接到客户要求服务的电话后，规定营销人员应在多长时间内给予答复。

4. 物流客户需求预测

要想找到满足客户需求的方法，就必须了解客户的真实需求，但是有时候许多客户不能清楚地表达他们的需求，或者有些客户即使对企业提供的服务感到不满也只是沉默不语。因此，在为客户提供服务之前，营销人员首先需要更准确地预测客户真实的需求。

在对客户真实需求进行预测的过程中，营销人员通常要在以下几个方面加以注意。

（1）物流客户对信息的需求。

客户对信息的需求实际就是客户在购买服务之前需要的信息帮助，比如价格、速度、服务流程、服务标准以及特殊问题的解决等。满足客户的这种信息需求，要求物流企业不断增强其内部员工的客户服务意识，培养员工的观察能力、分析能力，使其能及时准确预测出客户的信息需求；还要通过培训等手段不断充实内部员工的专业知识，提高专业度，为客户提供满足其信息需求的服务。

（2）物流客户对环境的需求。

客户的环境需求是指客户对于企业提供产品和服务品质之外的大环境要求，如营业大厅是否整洁，是否有空调、座位等一些基本设施。

（3）物流客户对情感的需求。

人都是有感情的动物，而客户在消费的过程中必不可少地带有或多或少的感情色彩。服务的本质就是一种与客户间的互动关系，服务质量的好坏，直接取决于客户的主观感受。所以，物流企业营销人员必须对客户内心深处的情感需求进行了解并想办法加以满足。

事实上，客户情感需求通常是想要被赞赏、被同情、被尊重。营销人员应当从言谈举止中预测客户在情感方面的真实需求，从而采取赞赏、安慰、支持等方式来满足客户的这些需求。

客户的需求往往不是单一的，而是随着主观因素的变化而变化。及时并准确地预测客户的种种需求是营销人员的工作范畴，是企业赢得客户满意和信赖的关键。

5. 接待物流客户

详见项目三任务 1 内容。

6. 拒绝客户

不管喜欢与否，营销人员有时必须对客户说“不”，例如，客户提出的要求违背法律、政策、规章，或是提出其他不合理要求。

拒绝客户要注重方式方法，不能生硬地拒绝，而要先想这样一个问题：“这个客户需要什么以及怎样才能尽我的能力为他办到?”可以试试这样的表达：“我要做的是……”将这句短语告诉客户，营销人员一定会想尽一切解决问题的办法来帮助他们。虽然提供的可选择的行动可能不是客户想要的，但是它会产生可行性的解决办法，从而有助于减少客户沮丧的心理。也应该对客户说“您能做的是……”这句话告诉客户自己已经控制了一些情况的结果，把客户看作参与解决问题的搭档，为客户提供可行的建议，暂时解决一些问题，或将来可以采取行动，防止这种情况再次发生。

拒绝客户必须注意以下事项：第一，要做到自己无过错、无责任。物流企业应该通过科学的服务管理，来提升自己的服务水平，完善自己的服务管理，事先做到自己无过错、无责任，才有资格去评价客户的优劣。第二，慎重选择拒绝标准。企业拒绝服务的对象不能是通常意义上抱怨的客户、情绪激动的客户、对公司不满的客户，而应是那些会对企业造成巨大威胁或巨大资源浪费的客户。第三，在尊重的基础上委婉地拒绝。拒绝客户应该采取足够尊重对方的方式，避免客户直接提出异议或情绪激动。

第四，不能对外宣布拒绝服务的客户名单。以前的服务经历是企业与客户之间的秘密，企业把这种事情宣传出去不仅侵权，而且违法。企业只是一个营利机构，没有必要也没有资格对客户做整体性的盖棺定论。

（二）典型物流客户服务技巧

我们将人的性格特征和行为方式按照行事的节奏与社交能力（与人打交道的能力）分为四种类型，并分别用四种动物来表示。

1. 老虎型客户

（1）行为特征。

老虎型客户说话很快，音量也会比较大，讲话时音调变化不大，可能面无表情。他们做事爽快，决策果断，以事实和任务为中心。通常给人的印象是不善于与人打交道，常常会被认为是强权派人物，喜欢支配人和下命令。他们的时间观念很强，讲求高效率，喜欢直入主题，不愿意花时间闲聊，讨厌自己的时间被浪费。

（2）需求特征。

老虎型客户追求的是高效地完成某个工作，再加上他们时间观念很强，所以他们考虑的是自己的时间要花得值；同时，权力、地位、威信和声望会都对他们产生极大的影响；他们需要掌控大局，往往是领袖级人物或想象自己是领袖级人物；对他们来讲，浪费时间和被别人指派做工作，都将是难以接受的。

（3）处理方法。

由于时间对他们来讲很重要，所以面对他们要直入主题。例如，开场白尽可能短，讲话的速度应稍快些（同客户差不多），以显示出营销人员尊重他的时间，同时也表明营销人员的时间也是宝贵的。一个有竞争力的、行业内的专家可以更吸引他。举例来讲，他会提出些问题，甚至是质问营销人员，如果营销人员不能很好地回答，那么营销人员对他的吸引力就大大降低了。

在与老虎型探讨需求的时候，要尽可能地使用可以刺激他们购买需求的话语和词汇，如高效、时间、领先、竞争优势、变革、权力、地位、威信、声望和掌握大局等。

对于老虎型客户，就要直截了当表明目的，少说废话。如果对方主动联系企业，可以通过电话初步解决客户疑虑。然后，做个简单明了的方案，预测客户可能会问到的问题并充分准备。

2. 孔雀型客户

（1）行为特征。

孔雀型客户基本上做事爽快，决策果断。他们与人沟通的能力特别强，通常以人为中心，而不是以任务为中心。如果一群人坐在一起，孔雀型的人很容易成为交谈的核心，他们很健谈，通常具有丰富的面部表情。他们喜欢在一种友好的环境下与人交流，社会关系对他们来讲很重要。他们会给人留下平易近人、朴实、容易交往的印象。孔雀型的人做决策时往往不关注细节，凭感觉做决策，做决策也很快。他们往往讲话很快，音量也会比较大；讲话时音调富有变化，抑扬顿挫；同时，他们也会表现得很热情，对营销人员很友好，经常会听到他们爽朗的笑声。

（2）需求特征。

孔雀型客户追求的是能被他人认可，希望不辜负他人的期望。他们渴望成为被关注的对象，希望能吸引他人。同时，对他们来讲，得到别人的喜欢是很重要的，与认识的每个人建立关系也是很重要的。他们期望能树立自己的影响力，而失去影响力对他们来讲是可怕的。由于他们往往不会关注细节，所以他们希望过程尽可能简单。同时他们也喜欢有新意的东西，排斥那些习以为常、没有创意、重复枯燥的事情。

（3）处理方法。

由于孔雀型客户注重关系，对人热情，所以作为营销人员，向他传递一种自己也很看重关系、也很热情的信息对吸引他们来讲就显得很重要。在沟通时，孔雀型客户不易直接进入主题，营销人员可以与他们先闲聊一会儿，这对建立融洽关系是有帮助的。

由于孔雀型客户乐于助人，也很健谈，所以通过有效的提问，营销人员可以从他们那里获取很多有价值的信息。营销人员可以用一种富于弹性、充满激情的语气说：“太感谢您了，我就知道您肯定可以帮到我。我想请教一下，您如何看待……”

在沟通中，要将注意力完全放在他们身上，让他们注意到这一点，并表示很看重他们，他们很重要。在与他们探讨时，尽可能地使用可以刺激他们购买需求的话语和词汇，如关系、影响力、容易、变化等。

3. 无尾熊型客户

（1）行为特征。

无尾熊型客户友好、镇静，属于特别好静的人。他们做起事情来不急不躁，属于肯支持人的那种人。他们做决策一般会较慢，需要五次左右的接触。无尾熊型客户往往讲话不快，音量也不大，音调会有些变化，但不像孔雀型客户那么明显。他们从容面对营销人员所提出来的问题，反应不是很快，是很好的倾听者。他们会配合营销人员的销售工作，只要能好好地引导他们。

（2）需求特征。

无尾熊型客户需要与人建立信任的关系。他们不喜欢冒险，喜欢按程序做事情。往往比较单纯，个人关系、感情、信任、合作对他们很重要。他们喜欢团体活动，希望能加入一些团体，而在这些团体中发挥作用将是他们的梦想。

无尾熊型客户做事情以稳妥为重，即使要改革，也是稳中求进，甚至有时会抵制变革。他们也往往会多疑，害怕失去现有的东西，安全感不强。他们不希望与别人发生冲突，在冲突面前可能会退步，所以在遇到压力时，会趋于附和。

（3）处理方法。

同无尾熊型客户沟通，营销人员要镇静，不可急躁，讲话速度要慢，音量不宜过高，要相对控制好声音，并尽可能地友好、平易近人，要表现得有礼貌。

由于无尾熊型客户平时行事速度较慢，建立关系也需要一定的时间，所以不可以在沟通中显得过于热情，以免引起对方怀疑。营销人员要尽可能地找到与对方相同的爱好，并通过这些爱好与客户建立起一定的关系。在涉及营销人员自己的事情时，要坦率、真诚，积极倾听，要表现出与对方建立起真诚关系的兴趣。要花时间来建立与客户的关系，不可强迫对方做他们不愿做的事情。

4. 猫头鹰型客户

（1）行为特征。

猫头鹰型客户很难看得懂，他们不太容易向对方表示友好，平时也不太爱讲话，做事动作也缓慢。对很多人来讲，猫头鹰型客户显得有些孤僻。他们做决策很慢，需要七次左右的接触。他们在沟通中往往讲话不快，音量不大，音调变化也不大。并不太配合营销人员的工作，不管营销人员说什么，可能经常会“嗯，嗯”，让人无从下手。讲起话来，一般面部毫无表情。如果营销人员表现得很热情的话，他们往往会觉得不适应。他们并不喜欢讲话，对事情也不主动表达看法，让人觉得难以理解。

（2）需求特征。

猫头鹰型客户需要在一种他们可以控制的环境中工作，对于那些习以为常、毫无创新的做事方法感到很自在。由于他们不太喜欢与人打交道，所以他们更喜欢通过大量的事实、数据来做判断，以确保他们做的是正确的事情。猫头鹰型客户最大的需求就是准确、有条理，做事有个圆满结果，避免出差错，从而避免他们的名声遭到损害。他们工作认真，讨厌不细致、马虎的工作态度。

（3）处理方法。

作为营销人员，对待他们要认真，不可马虎，凡事要仔细考虑，注意一些平时不太注意的细节。在沟通中，不可与他们谈论太多与目的无关的东西，不要显得太过热情，要直入主题。他们如果愿意与你沟通的话，营销人员要提供更多的事实和数据，以供他们做判断，而且提供的资料越详细越好，并经常问他们：“还有什么需要我提供的吗？”和与孔雀型客户打交道不同，营销人员不可以让对方感到有什么意外（孔雀型客户喜欢变化和刺激）。举例来讲，如果原先与他探讨的计划出现问题，你要改变计划，一定要与他先商量，让他有所准备。在沟通中，要表现得一丝不苟、有条不紊，给对方留下事事有计划的印象。

对于他们，营销人员经常要用的词汇是准确、绝对正确、不会出现意外、认真对待细节、详细计划、让数据和事实说话等。

（三）棘手物流客户服务技巧

在提供服务的过程中，营销人员经常会遇到一些棘手但却不得不面对的客户。例如，有抵触情绪的、粗鲁的、怒气冲冲的客户，也有满腹牢骚的和盛气凌人的客户，在应对时，营销人员一定要保持冷静并提供专业的服务。

1. 怀有敌意的客户

客户怀有敌意，或许是因为他觉得以前受了委屈，或许是听闻别人在该企业受到过不公平的待遇等。面对持负面观点的客户，不管他的看法是否正确，处理时可使用以下技巧。

（1）积极聆听。

积极聆听能向客户证明你很专心，以及你相信客户和他说的话。积极聆听的形式是这样的：先改变措辞来复述客户的说话重点，然后加以确认，例如：“嗯，你是说你很确定这件产品少了部分零件，而你想要全额退款是吗？”

（2）中立模式。

中立模式是认知客户所言，但既不同意，也不反对，由于这是个不常见的、新奇或出乎意料的反应，因此这个技巧会中断客户情绪的流动，让客户停下来思考。这让营销人员有空当使用其他技巧。其具体的形式是这样的：“的确有人认为……”注意要用直接、冷静、中立、没有情绪的方式来复述客户所言。

（3）保证尽力。

若客户觉得营销人员没有尽力，就会生气；若客户觉得营销人员已经竭尽所能，甚至做了超出职责范围的努力，就算他得不到想要的，也一般不会把营销人员当作箭靶。保证尽力的做法是告诉客户自己会尽全力达成其需求。例如：“我看得出来你赶时间，我会尽量在几分钟内帮你办好。”

要注意的是，保证尽力不同于保证结果。就算营销人员还不知道是否能满足客户所愿，也可以先向客户保证会尽力。

（4）重新聚焦。

让会谈重新聚焦到原本的问题或议题上。假设有位愤怒的客户抱怨产品，先谈论问题，没多久就开始批评公司或营销人员个人，这样继续下去营销人员无法帮助客户解决他的问题。此时营销人员需要重新聚焦，例如：“我明白您对此产品的问题非常生气，让我们回到我们能协助您的层面，我给您几个可能有用的建议。”重新聚焦的用意是让客户把注意力转移到有建设性的事情上。

2. 不信任营销人员的客户

不信任营销人员的客户将会是难缠的客户，面对这样的客户，营销人员需要使用技巧让客户信任自己的诚实。

（1）说明理由或行动。

我们很容易以为客户会了解营销人员为何这么做或这么说，这是错误的观念。客户并不熟悉公司的政策或流程，至少，他不会比营销人员更清楚。如果客户想要知道整个情况，但他们不了解，很可能会感到沮丧，甚至害怕。因此，营销人员要说明为客户所做的事情及其原因。例如：“我现在要（说明行动）把你的资料输入电脑，下次你再来的时候，事情会进行得比较快。”

（2）承认客户需求。

当客户眼见营销人员尽自己所能地去了解他的需求（就算营销人员做不到）时，他也很有可能对营销人员持正面观点。承认需求包括复述客户所言，例如：“我了解，你想让你的钱花得更值得。”或者回应对客户的观察，例如：“我看得出来你在赶时间……”

（3）正反意见。

若营销人员能描述某事物的正反两面，比如产品的优缺点等，便能让客户觉得很可靠或值得信赖。例如，在介绍某一产品时，与其只描述它的优点或它的缺点，还不如同时介绍其他所有相关产品的优缺点。为客户说明各项选择方案时也是如此。要记住，当营销人员只提出单方面观点时，客户会纳闷为什么要提出这个明显不平衡的看法，因此会质问营销人员或怀疑营销人员的动机。

（4）专业推荐。

客户不一定知道其自身的需求或需要，也可能对下一步该怎么做感到困惑。营销人员的作用之一，是在产品选择或达成需求的有效做法上提供专业建议或推荐。在提供专业建议或推荐之前，最好先询问客户是否想听取意见。重点是，当营销人员提供建议或推荐时，要说明为什么这个产品或行动是客户的最佳选择，要向客户提供正反意见兼具的平衡推荐。

3. 粗鲁的客户

大部分客户都把自己的行为控制在可接受的范围内，但也有个别客户在生气时会失态，甚至暴跳如雷。这时营销人员不能被客户的愤怒与粗暴搅乱思绪。我们可以通过同理心陈述、设限、提供选择、复述重点等方法来化解客户的愤怒情绪，以达到妥善解决问题的目的。

面对粗鲁的客户，营销人员应当尽量做到以下两点。

第一，营销人员要保持专业化。营销人员不能因为客户的不得体而采取同样的回应，要保持冷静、自信，控制好局面。

第二，营销人员不要诉诸报复行为。营销人员的报复行为只会惹恼这些客户，特别是营销人员当着别人的面使他们难堪时。营销人员要记住这类客户仍然是自己的客户，如果其他人觉察到营销人员的行为不得体，那失去的将不仅仅是这类客户。

4. 要求见上司的客户

沮丧的客户常有的要求就是与营销人员的上司说话。客户要求见上司，可能是想要让营销人员害怕或觉得层级较高的人能把事情处理得更好。有时候，不沮丧的客户也会要求见上司，因为他们相信职权较大的人能够更快速、更有效率地为他们办好事情。面对这类客户可以使用如下技巧。

（1）探索问题。

探索问题是指协助客户理清其需求、感受其所面临的现状。探索问题要足够简单，每次只涵盖一个层面，因此不会让客户不知所措。探索问题鼓励客户理清或补充他之前的回答。也可以循序渐进，根据客户对前一个问题的回答，一步步提问简单的问题。

（2）保证尽力（此内容同怀有敌意的客户的应对技巧）。

（3）转介给主管。

有时候，由于营销人员职权不够、资讯不足，无法进一步协助客户。当客户与主管或其他高层人士交谈时，其所表现的行为要比和低层员工交谈时文明得多。

此时，营销人员要使用如下技巧。首先，通过询问或对话确认客户是否想要和主管交谈。然后，与主管联络，向他说明情况。通常营销人员要向主管提供这名客户的姓名、问题以及客户的心态。这个步骤能确保主管有所准备，并让主管能够控制他与客户的互动。

有一点很重要，营销人员和主管对于转介客户的事一定要心态一致。有些主管不希望营销人员把客户转介给他们，有些主管在某些情况下愿意，也有些主管丝毫不在意。营销人员平时就需要知道主管对这件事的想法，千万不要等到有生气的客户在等待的时候，才询问主管是否介意把客户转介给他以及他希望如何处理整个过程。

技能训练

××物流公司客服部业务团队在负责人江东的带领下，准备针对辽沈地区的一家大型医药公司的招标公告进行投标，唐甜作为业务团队的新进成员也参与了投标工作，请帮助唐同学完成投标前的准备工作。

任务6　销售与沟通物流客户技巧

任务进程

在等待辽沈地区大型医药公司开标的同时，××物流公司客服部江东带领整个业务团队分头对经过客户资格审查后的辽沈地区的潜在客户进行服务回访，以期找到更多的合作业务订单。

相关知识

一、物流企业客户销售流程

物流企业客户销售流程如图2-6-1所示。

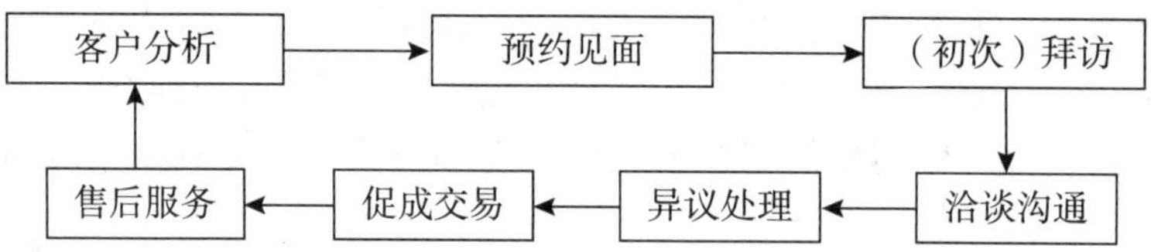

图2-6-1　物流企业客户销售流程

二、物流客户洽谈的方法

物流客户洽谈是指销售人员运用各种方式、方法和手段，向客户传递物流服务信息，并设法说服物流客户购买物流服务的协商过程。

现代营销洽谈可以利用所能利用的一切信息沟通工具，除面对面的直接洽谈外，还有电话、书信、电报、电子邮件等洽谈方式。但由于通过电话洽谈不能看到实物、感官性弱，而书信、电报、电子邮件等又存在耽误时间等不利因素，面谈依然是现代洽谈的重要手段。

（一）FABE销售法在物流领域的运用

FABE销售法是非常典型的利益推销法，它非常具体，可操作性很强，能通过四个关键环节极为巧妙地处理好客户关心的问题，从而顺利地实现物流服务的销售。

FABE销售法就是在找出客户最感兴趣的各种特征后，通过分析这些特征所产生的优点，找出能够带给客户的利益，最后提供证据来证实。其中，“F”代表特征，“A”

代表优点，“B”代表利益，“E”代表证据。

“F”表明物流服务的最基本特征及它是如何满足客户需要的。例如，分析物流企业的运输服务具有哪些服务特征，能满足客户的哪些需求，有无个性体现。

“A”是指物流公司要向物流客户说明选择其物流服务的理由。例如，物流公司的运输服务具有更保险、更快捷、更经济等优势。

“B”表示物流服务能给客户带来的利益，通过向客户强调既得利益激发客户的购买欲望。例如，通过货代公司的运输代理，可以帮助客户降低运输费用，加快通关速度。

“E”表明物流公司通过客户来函、报刊文章、照片、合同、现场文件等相关证明材料，证实该物流服务的功能与效用。例如，给客户看物流公司的仓库条件的照片、流通加工设备视频等证明该公司的仓储能力。

（二）物流公司运用 FABE 销售法的过程

（1）罗列物流服务的特征。将物流服务的特征详细地列出来，尤其要写出其优点，并将这些优点用表格形式呈现出来。

（2）透析物流服务的利益。物流公司根据所列物流服务的特征剖析自己的效用，如能为客户提供什么好处，在什么动机或背景下产生了这样的服务观念。

（3）诱发客户利益。要结合物流服务利益与客户所需要的利益来诱发客户。物流公司客户多种多样，可能是生产商，也可能是批发商、零售商，当然也可以是消费者，他们的利益有各种不同的形态。物流公司要从客户角度出发，分析物流能给客户带来的利益并引导客户接受。

（4）提供能够满足物流客户需要的证明。要了解客户心中的问题，运用 FABE 销售法，用图示、物流服务说明、视频影像、合同协议等直接证据向客户证实物流服务的可靠性，并进行简短专业的业务介绍。

（三）物流客户沟通技巧

1. 客户沟通基本技巧

（1）知己知彼，百战不殆。

不管是发展新客户还是回访老客户，事先要对拜访的对象有一个初步的了解，包括职务、性格、爱好、日程安排等方面，以便正确地安排约见时间和寻找共同话题，使沟通过程更加融洽，同时可以预防一些意外因素。

（2）礼貌先行，坦诚相待。

礼貌先行是交朋结友的先锋。人与人之间是平等的，只有先尊敬别人，才能得到别人的尊敬，才能获得与他人沟通、交流的机会，这也是他人以礼相待的基础。不管是首次拜访还是回访，要多听听别人的意见，要学会多用征求性的话语，如：“好吗?”“您看行吗?”“您觉得呢?”要让客户觉得你是一个非常有礼貌的人，这样他们才愿意与你交往，乐意与你合作。

做任何一笔生意或发展任何一个客户，坦诚相待是关键。客户为什么会与我们合作？为什么要接受我们的产品和服务？其实不外乎两个原因：其一，客户对我们完全信任；其二，客户一定能从合作中获得利益和好处，这也是相互合作的目的所在。任何一项业务，只要把握好这两个关键，成功的希望就很大。

（3）平时多联络，友谊更长久。

每一个客户都是我们的好友知己，应该保持联络、增进沟通，不要业务谈成之后，就把客户忘记了，等到有需要时再去找他们，那样客户肯定不愿意再合作了。我们应该定期或不定期地与客户联络和交流，如电话问候、一起喝喝茶或安排其他活动。具体活动视平时对客户的了解而定，包括客户的工作安排情况、爱好、兴趣等。

（4）主题突出，目的明确。

不管什么样的沟通交流活动，我们都必须事先明确目的。不要等活动结束了，还不知道自己究竟要做什么。在实践中多次发生过这样的事情：有些业务员花费大笔费用请客户吃饭，本来事先准备工作做得好好的，要达成什么目的也预计好了，可是几杯烈酒下肚，就什么都忘了，有的高谈阔论，有的与客户称兄道弟，结果饭一吃完，什么都没有办好，还得花一大笔钱。想要下次再宴请客户，还得看客户有没有时间。

2. 电话拜访中的语言沟通技巧

（1）展示亲和力。

人们常说："微笑是拉近人与人之间距离的最好桥梁。"那么在电话拜访中，在无法面对面的情况下，该如何向对方展示你的亲和力呢？

①切记电话拜访时，对方虽看不见你的表情，但可从声音中做出第一印象的判断。所以，只有保持愉快的心情才能有悦耳的音调，使对方降低排斥感，如此便能做到展示亲和力的第一步。

②适当的问候语能拉近彼此的距离，使对方认为我们是朋友，而不只是电话拜访员。

③为了展示亲和力，通常在电话拜访时应注意以下几点：一是通常每个公司在周一都会很忙，所以周一不要太早做电话拜访，以免花了许多时间却达不到理想的效果；二是在电话拜访时，应对客户所在行业有初步的认知，依不同行业调整电话拜访时间；三是若已知对方职称，应直接称呼对方职称，这会使对方有被重视的感觉；四是访问结束时，应表达感谢之意，并说一句："对不起，耽误您不少时间"。

（2）常见情形应对措施。

电话拜访常会遇到如下状况。

①总机人员不愿转接。应对措施：说声"谢谢"并挂掉电话，等所有拜访电话打过一次以后再重新打，有可能当时总机人员正在忙或心情不好。

②对方表示已有专人负责，故不愿转接。应对措施：委婉询问对方状况，并判断是否需要另找时间再度电话拜访。

③对方表示无专人负责。应对措施：将对方基本资料询问完整，以便于日后再度电话拜访。

④负责人不在时。应对措施：请对方告知负责人的全名、职称以及通常何时会在。

⑤拨不通或无人接听。应对措施：应通过查询台（如114）查询对方电话是否有误或出现故障。

⑥不愿多谈即将电话挂掉。应对措施：另找时间电话拜访，并检讨是表达方式不对还是时机不对。

3. 约访拜访中的谈话技巧

一切准备工作就绪，下面就看客服人员的交流能力了。要想与客户实现顺畅的交流，需要提升自身的谈话技巧，并把握好谈话的方式及特点。

（1）首次见面的技巧。

跟沟通对象首次见面时一般说些什么（开场白）？如何设计开场白呢？一是要投其所好，不必一下切入正题，可先与之聊一下他感兴趣的话题（如昨天的球赛、股市、新闻等）；二是恭维赞美。

如何切入正题？主要是表明身份，说明来意，察其言观其色，简明扼要地获取基本信息及需求，为第二次拜访制造机会。首先告知身份，礼貌性寒暄几句，问是否有空，第一次尽量不提产品、价格等相关字眼，基本了解客户是否有需求，留下名片和资料确定下次拜访的时间，给对方留下一个比较好的第一印象，方便日后跟进。技巧如下。

①开场白与要拜访的客户的性格相关，要根据不同人的不同性格采取不同的应对方法。

②见到客户，可以先观察一下他周围的环境，判断其个人喜好。先寒暄一下，但不要过多，缓和一下刚见面的气氛，使客户的戒备心降到最低，取得一定的信任后再切入正题。

③注意创造良好的沟通氛围，聊一些当前的热门话题，视具体情况切入正题。

总之，首次拜访客户时切记不可生搬硬套，应根据情况灵活发挥，缩短与客户的距离感。另外，拜访者一定要对自己充满信心、举止大方，特别是在拜访一些大型企业、政府机关重要领导人物时更要如此，忌自我感觉低人一等、唯唯诺诺、口齿不清，否则会前功尽弃。

（2）其他具体技巧。

①谈话内容要充实周到。这是谈话的先决条件，如果客户认为你泛泛而谈，没有实质性内容并且考虑问题不周到，那么他们就会不愿意与你多谈。

②谈话内容要真实具体。这是取信于人、树立自身形象的关键。首先，谈话不要吞吞吐吐，说一些似是而非的话，要一是一、二是二，把要表达的意思说清楚，尽量让客户明白你的意图；其次，不能弄虚作假，要讲求真实，无论做人还是做事，付出真诚才能换回真诚。

③谈话方式要幽默干脆。幽默干脆的谈话可以吸引客户，引出更多的话题。诙谐幽默的谈话可以使谈话的气氛更加轻松活跃。若偶有争执，一句幽默的话语也许胜过十句苍白的辩解。

④谈话方式要因人而异。对不同身份、不同性格的人采取不同的谈话方式和策略，这是实现谈话目的的关键。

⑤谈话结果要言行一致。不要轻易向客户许诺，但许下的诺言必须付诸行动。

总之，高质量的谈话是实现谈话目的的首要条件。掌握并熟练运用谈话技巧，肯定会取得事半功倍的效果。

技能训练

××物流公司客服部业务团队在负责人江东的带领下，在完成投标工作后，继续分组拜访潜在客户，寻找新的业务合作机会。唐甜作为业务团队的新进成员与其业务主管被分为一组，准备对沈阳市内的一家企业进行业务回访，请帮助唐同学做好业务服务的准备工作，熟悉各种销售和服务技巧，并协助其完成业务销售和沟通模拟过程。在模拟过程中，请注意提醒唐同学改正销售和服务技巧使用中出现的错误。

任务7　处理物流客户异议技巧

任务进程

经过××物流公司客服部业务团队负责人江东及业务团队成员的多番努力，辽沈地区一家生鲜食品公司对团队提出的新型储运服务非常感兴趣，要求业务团队派出专人上门洽谈。江东指派了一名业务主管专程负责该项业务。团队中新进员工的唐甜作为该主管的辅助人员也将一起前往企业拜访。在洽谈签约前，唐甜应了解哪些异议问题？应该掌握哪些处理技巧？

相关知识

一、物流客户异议产生的原因

成功的客户异议处理不仅有助于企业了解客户的需求，保持企业的持续改进，而且有助于与客户建立良好的关系，得到客户的理解与信任，从而保持客户的忠诚。要处理好客户的异议，首先要了解异议产生的原因，再针对产生的原因，有针对性地提出处理措施与办法。物流客户异议原因分类如表2-7-1所示。

表2-7-1　物流客户异议原因分类

序号	异议原因	异议原因描述
1	业务人员操作失误	计费重量确认有误，货物包装破损，单据制作不合格，报关、报检出现失误，运输时间延误，结关单据未及时返回，仓位无法保障，运输过程中货物丢失或损坏等情况
2	销售人员操作失误	结算价格与所报价格有差别；与承诺服务不符；对货物运输过程监控不利；与客户沟通不够、有意欺骗客户等

续 表

序号	异议原因	异议原因描述
3	工作态度差	物流企业一线工作人员工作态度恶劣，服务质量差，给客户带来不便
4	供方操作失误	运输过程中货物丢失或损坏，送（提）货时不能按客户要求操作；承运工具未按预定时间起飞（航）等
5	代理操作失误	对收货方的服务达不到对方要求，使收货方向发货方提出异议而影响公司与发货方的合作关系等
6	客户自身失误	客户方的业务员自身操作失误，但为免于处罚而将责任归于物流公司；客户方的业务员有自己的物流渠道，由于上司的压力而被迫合作，但在合作中有意刁难等
7	不可抗力因素	天气、战争、罢工、事故等所造成的延误、损失等

二、客户异议处理原则

1. 预防原则

客户异议往往是由企业的组织不健全、管理制度不完善或疏忽大意引发的，所以防患于未然是客户异议管理的最重要原则。即要求企业必须改善管理，建立健全各种规章制度，加强企业内外部的信息交流，提高全体员工的素质和业务能力，养成以客户为中心、全心全意为客户服务的工作习惯。

2. 及时处理原则

对于客户异议，物流企业各部门应通力合作，迅速做出反应，力争在最短的时间里全面解决问题，给客户一个圆满的结果。拖延或推卸责任，会进一步激怒异议者，使事情进一步恶化。

3. 记录原则

记录原则是指对每一起客户异议都进行详细的记录，包括异议内容、异议处理进程、异议处理结果、客户反应、惩罚结果等。这样做的目的是全面收集、统计和分析客户的意见，不断改进客户异议的处理办法，并将获得的信息整理后传达给其他部门，以便及时总结经验和教训，为将来更好地处理客户异议提供参考。

此外，要对异议的处理过程进行总结与综合评价，提出改进对策，不断完善企业的客户异议处理系统。

4. 责任原则

对客户异议处理过程中的每一个环节，都事先明确各部门、各类人员的具体责任与权限，保证异议能够被及时、妥善地解决。为此须制定详细的客户异议处理规定，建立必要的客户异议处理机构，制定严格的奖惩措施。

5. 提高一线员工处理异议水平原则

一线员工往往是客户异议的直接对象，而目前许多企业不注重这方面的训练，员工处理异议凭的是经验和临场发挥，缺乏平息客户怨气的技巧。企业应当利用各种形式对员工进行培训，使其掌握处理客户异议的技巧，成为及时处理客户异议的重要力量。要赋予一线员工一定的权力，使其在处理一些无法预见的问题时有相对大的自主权，以便对客户提出的意见和建议做出快速响应，保证及时、快捷、出色地为客户服务。

三、处理异议的基本方法

1. 让客户发泄

当客户有异议时，企业应该热情地招呼对方，真诚地对待每一位前来提出异议的客户，并且体谅对方的语气——客户异议时态度难免会过于激动。心理专家说，人在愤怒时，最需要的是情绪的宣泄，只要将心中怨气宣泄出来，情绪便会平静下来，所以，企业要让有异议的客户充分发泄心中的不满乃至愤怒。

2. 用心聆听

用心聆听即要做一个好的聆听者，认真聆听，不无礼或轻易打断客户讲话，不伤害客户的自尊心。聆听时要注意用眼神关注客户，使其感到自己、自己的话、自己的意见被重视，从而鼓励其说出心里话，并协助客户表达清楚。

聆听过程中，可以点头并使用“是的”“我明白”“我理解”等语句表示对异议问题的理解，可以复述客户说过的话以澄清一些复杂的细节，更准确地理解客户所表达的意思。聆听是一门艺术，从中可以发现客户的真正需求，从而获得处理异议的重要信息。

3. 表示道歉

面对客户异议，企业应不断反省，自己如果没有出错，就没有理由惊慌；如果真的出错，要勇于面对。要记住，客户之所以动气是因为出现问题，企业漠不关心、据理力争或找借口拒绝，只会使对方怨气更大，而适时地表示歉意却会起到意想不到的效果。

4. 认同客户

客户异议时，最希望自己能得到同情、尊重和理解，因此这时候要积极地回应客户。如果企业没有反应，客户就会觉得自己不被关注，并有可能被激怒。认同的常用语有：“您的心情我可以理解。”“您说的话有道理。”“是的，我也这么认为。”“碰到这种状况我也会像您那样。”

5. 仔细询问

引导客户说出问题的重点，有的放矢，表示同情。如果对方知道企业的确关心自己的问题，也了解自己的心情，那么怒气便会消减。

6. 记录问题

要记录的方面有：异议人、投诉对象、异议内容、何时异议、客户购买服务的时间、客户的使用方法、异议要求、客户希望以何种方式解决问题、客户的联系方式等。在记录的同时，要判断异议是否成立、异议的理由是否充分、异议的要求是否合理。如果异议不能成立，也要用婉转的方式使客户认清是非曲直，并耐心解释，消除误会；如果异议成立，企业的确应承担责任，并对客户表示感谢，可以说“谢谢您对我说这件事……”“非常感谢，您使我有机会为您弥补损失……”要让客户感到其异议是受欢迎的，其意见是很宝贵的。一旦客户受到鼓励，往往还会提出其他的意见和建议，从而给企业带来更多有益的信息。

7. 解决问题

要站在客户的立场来寻找解决问题的方案并迅速采取行动。

首先，马上纠正引起客户异议的错误。反应快表示企业在严肃、认真地处理这件事，客户一定会很欣赏，拖延时间只会使客户感到自己没有受到足够的重视，从而情绪会变得越来越激烈。

其次，根据实际情况，参照客户的处理要求，提出解决异议的具体方案。提出解决方案时，要注意用建议的口吻，然后向客户说明它的好处。如果客户对方案不满意，可以询问对方的意见。从根本上说，异议的客户不仅要企业处理问题，还要企业解决问题。所以，当客户觉得处理方案不是最好的解决办法时，一定要向客户讨教如何解决。

最后，抓紧实施客户认可的解决方案。探询客户希望解决问题的办法，一旦找到办法，便可征求客户的意见。如果客户不接受企业的办法，征询对方有什么提议，不论企业是否有权决定，都要让客户随时清楚地了解异议处理的进程。如果企业无法解决，可推荐其他合适的单位或机构，但要主动代为联络。

8. 礼貌地结束

企业将不愉快的事情解决之后，必须问："请问您觉得这样处理可以了吗？您还有别的问题吗？"如果没有，就多谢对方提出的问题。

四、客户异议处理的步骤

1. 受理异议阶段

（1）先处理客户的情绪，改变客户心态，然后处理异议内容。

（2）控制自己的情绪，保持冷静、平和。

（3）将客户的投诉行为看成是公事，实事求是地判断，不加入个人情绪和喜好。

（4）真正关心客户异议的问题。

2. 接受异议阶段

（1）认真倾听，保持冷静，同情、理解并安慰客户。

（2）给予客户足够的重视和关注。

（3）对事件全过程进行仔细询问，语速不宜过快，并做详细的异议记录。

（4）不让客户等待太久，当客户不知道等待多久时，告诉客户明确的等待时间。

（5）立即采取行动，协调有关部门解决。

3. 解释澄清阶段

（1）不得与客户争辩或一味寻找借口。

（2）注意解释时的语调，不得给客户有受轻视、冷漠或不耐烦的感觉。

（3）换位思维，易地而处，从客户的角度出发，做合理的解释或澄清。

（4）不得试图推卸责任，不得在客户面前评论公司、其他部门或同事。

（5）在没有彻底了解客户所异议的问题时，不得马上将问题转交其他同事或相关部门。

（6）如果确实是企业的原因，必须诚恳道歉，但是不能过分降低客户期望，应注意管理客户的期望价值。

（7）尽可能地提出解决问题的方法。

4. 提出解决方案阶段

（1）根据异议类别和情况，提出相应的解决问题的具体措施。

（2）向客户说明解决问题所需要的时间及其原因。

（3）如果客户不认可或拒绝接受解决方法，坦诚地向客户表明企业的限制。

（4）按时限及时将需要后台处理的异议记录传递给相关部门处理。

5. 总结与改进阶段

（1）根据处理时限的要求，注意跟进异议处理的进程。

（2）及时向异议的客户通告处理结果。

（3）关心、询问客户对处理结果的满意程度。

（4）对异议处理过程进行总结与综合评价，吸取教训，并提出改善对策。

（5）完善企业的经营管理和运作，提高客户服务质量和服务水平，降低异议率。

技能训练

请帮助唐同学做好处理异议问题的准备工作，帮助其熟悉各种异议的处理技巧，并协助其完成客户异议处理的模拟过程。在模拟过程中，请注意提醒唐同学改正使用技巧时出现的错误。

任务 8　促进物流客户成交和培养售后服务技巧

任务进程

××物流公司客户服务业务团队负责人江东带领团队分组进行辽沈地区潜在客户拜访，争取新的业务合作机会，为了保证各个业务团队成员业务拜访和签单的顺利，江东特别分享了一个公司真实业务案例。

小李是分公司储运部的业务员，平时表现勤奋，业务沟通能力超强。前不久，小李联系老客户推广公司新实施的物流储运业务计划，新的储运计划优势明显，在提供高水平服务的前提下，还可以帮助客户节省 7% 的成本。

他联系的一家企业对新的储运计划非常感兴趣，反复向小李咨询有关情况。小李详细、耐心地向该企业的业务部经理进行了解答，双方首次见面过程愉快，历时两个多小时。小李在结束首次拜访时没有急于促成交易，准备再多接触几次，强化一下双方的关系以后再成交。接下来几天之后，小李再次与对方联系，对上次遗漏的计划优点又做了补充，企业经理就价格问题和他进行了详细的讨论，并表示出购买意向。其后对方主动联系了小李几次，小李一直再强化客户好感，双方建立起良好的关系。一个星期后，对方发现了新储运计划中的几个小问题，就这样拖了 1 个多月后，对方选择了与其他物流公司合作。

江东给团队成员分析了小李犯下的错误并讲授了订单挽回方法。

相关知识

一、引导物流客户成交的方法

物流企业业务人员在努力说服客户购买产品或接受服务时，一定要针对客户心理，采取有效的方法进行说服。

物流客户需求种类繁多，客户选择新物流供应商时顾虑较多的是风险因素、价格因素，且旺季刚结束时需求最强烈，针对这些因素，业务人员应充分挖掘客户需求，尽可能选择在旺季之前与客户做好各项沟通，建立融洽的关系，完成各项需求的确认和解决，旺季结束后立刻推动合作事宜，争取在两个旺季之间的淡季完成合作事宜并进行充分磨合与沟通，以确保在下一个旺季前确立正式合作关系，保证旺季业务的顺畅运作。

在促成合作的具体方法上，应该重点就客户对风险的顾虑，采取如下几种具有针对性的方法。

1. 循序渐进法

为了减少客户对承担风险的顾虑，业务人员应建议客户先拿一些少量业务进行尝试，一旦客户同意，则与公司相关部门沟通，对其进行重点保障，确保不出现问题，增强客户信心；同时，在尝试初始阶段，业务人员定期上门拜访客户，沟通彼此合作中的特殊要求，及时解决遇到的问题，确保顺利度过磨合期。只要顺利地完成尝试合作，即可建议客户签订合同，进行正式合作；或者在试运作期间与客户确认尝试合作的时间范围，到时间即确认进入合作程序。要多次问候，表明对客户的关心。

2. 榜样示范法

可以邀请客户到目前合作良好的客户公司进行参观，或者邀请现有客户现身说法，增强客户对服务的信心，打消其对风险的顾虑。有些时候，业务人员还可以出示一些与知名客户合作的协议书或合同书文本给客户查看，请客户现场参观企业对其他知名客户的业务处理，加强客户对企业的信任度。

3. 雪中送炭法

当客户运作中遇到困难而其现有供应商无法解决时，业务人员应立刻介入，调用一切资源帮助其解决。这样既可以感动客户，也可以增强客户对业务人员服务能力的信任，降低其对风险的顾虑。

4. 利益诱导法

可以拿出部分产品或线路给予客户阶段性优惠，甚至有些时候可以实行免运费等诱惑性措施，促使其进行尝试，最终促成合作。

5. 既成事实法

可以尝试先帮助客户进行一笔业务，预先进入客户的选择行列，而后随时选择机会介入，促成与客户的长期合作。

现实中由于客户的需求复杂多样，选择新供应商的原因也千差万别，上述方法不一定适合所有的情况，但万变不离其宗，只要分析清楚客户选择合作商的具体原因及特点，投其所好，就能够促成最后的合作。无论采取什么方法，一定要保证让客户自己做决定，业务人员只是为客户决策提供支持和引导其决策的方向，而不要给客户以被迫决策的感觉。否则，即使能促成一时的合作，也不可能长久。

二、捕捉和识别物流客户的成交信号

在与客户交流的过程中，要正确识别客户发出的成交信号，提高成交的概率。

1. 表情信号

（1）当客户开始认真地观看介绍，表示对物流服务非常有兴趣，说明已经接受了。

（2）客户的表情从戒备、抵触变为放松，眼睛转动由慢变快，眼睛发光，腮部放松，这都表示客户已经从内心接受了服务。

（3）在客服人员讲话的时候，客户频频点头，表示客户内心赞同。

（4）客户的脸部表情从无所谓、不关注变得严肃或者沉思、沉默，说明客户在思考，可能由于其在犹豫，才会沉思和严肃。

（5）客户的态度由冷漠、怀疑变成自然、大方、亲切，也说明客户对业务人员及其服务的接受。

（6）当客户身体靠在椅子上，眼睛左右环顾后突然直视着业务人员时，说明客户开始决策。

2. 语言信号

（1）话题集中在某一问题上，客户反复询问，说明客户有兴趣。

（2）客户对物流服务给予真诚的肯定和称赞。

（3）征询同伴的意见，说明他想达成协议，正在求证。

（4）询价或讨价还价，这是一个最显著的信号，谈好价格后基本就可以成交。

（5）询问交易方式、购买手续、付款条件等。

（6）对物流服务的细节提出很具体的意见和要求。

（7）客户提出“假如我要购买”等试探性问题。

（8）对服务提出疑问，说明他关心达成协议后的后续服务，并为价格谈判做铺垫。

3. 行为信号

（1）坐姿发生改变，原来是坐在椅子上身体后仰，现在直起身来，甚至身体前倾，说明原来对业务人员的抗拒和戒备，变成了接受和迎合。

（2）动作变化，听业务人员介绍由静态变成动态，或者由动态变为静态，说明他的心境已经改变了。

（3）反复阅读相关文件，从单一角度了解服务到从多角度了解服务。

（4）查看和询问有关成交条件的合同文本或订单。

（5）打电话询问朋友或他心目中的专家。

（6）请关键人物出场或介绍相关人物。

（7）给业务人员倒水递烟，说明他很看重业务人员。

4. 过程信号

（1）转变洽谈环境，主动要求进入洽谈室，或在业务人员要求进入时，非常痛快地答应，或业务人员在要求签订协议时，客户没有明显的拒绝和异议。

（2）提出变更程序，如客户跟你说："明天公司有个高层会议，你也参加一下，顺便把这几项服务介绍给大家。"

知识拓展

成交后的注意事项

1. 交易达成后，保持冷静，不要得意忘形，谨防乐极生悲。
2. 交易达成后，要适时与客户握手告别。
3. 与客户保持联系，做好后续服务。

三、客户服务交易促成策略

应根据客户性格特征，采取不同的客户服务成交促成策略。

1. 无尾熊型客户

这类客户的特质是性格随和，对自己以外的人和事没有过高的要求，具备理解、宽容、真诚、信任等美德，通常是企业的忠诚客户。

可采取的策略：提供最好的服务，不因为对方的宽容和理解而放松对自己的要求。

2. 老虎型客户

这类客户的特质是异常自信，有很强的决断力，感情强烈，不善于理解别人；对自己的任何付出一定要求回报；不能容忍被欺骗、被怀疑、被怠慢或不被尊重等行为；对自己的想法和要求一定要被认可，不容易接受意见和建议；通常是投诉较多的客户。

可采取的策略：小心应对，尽可能满足其要求，让其有被尊重的感觉。

3. 猫头鹰型客户

这类客户的特质是情感细腻，容易被伤害，有很强的逻辑思维能力；懂道理，也讲道理；对公正的处理和合理的解释可以接受，但不愿意接受任何不公正的待遇；善于运用法律手段保护自己，但从不轻易威胁对方。

可采取的策略：真诚对待，做出合理解释，争取对方的理解。

4. 孔雀型客户

这类客户的特质是以自我为中心，缺乏同情心，从不习惯站在他人的立场上考虑问题；绝对不能容忍自己的利益受到任何伤害；有较强的报复心理；性格敏感多疑；时常"以小人之心度君子之腹"。

可采取的策略：学会控制自己的情绪，以礼相待，对自己的过失真诚道歉。

四、物流客户承诺跟进方法

1. 获得物流客户承诺的策略

获得物流客户承诺的策略主要包括业务人员不断提高自身谈判水平、采取合适的步骤、主动提出要求、善于给客户制造压力、采用适当的方式。

业务人员获取客户承诺的过程最能体现自身的素质、知识、能力和工作态度，没有两三年的锻炼和学习是不可能达到较高水平的，这就要求我们不断提高对自身的要求，从能力、技巧、态度和知识等诸多方面提高专业素质。而在获得物流客户承诺过程中，勇于向客户提出要求、充满自信等，都是必修课。

在与物流客户洽谈时，业务人员要善于采取合适的获取承诺的步骤，主动提出要求。例如，简单总结物流服务的特征与利益，特别强调对客户的好处，用证据打消客户疑虑；及时提出行动计划或要求，支持客户决定，并使客户感到决定是正确的；核实并认同客户的承诺。

获取物流客户承诺时，业务人员要善于给客户制造适当的压力，而且要压而不追，掌握好分寸。人与人之间有关系存在，同时也有压力存在。当压力慢慢增加时，关系也慢慢增长。当压力达到一定限度时，会产生负面的影响。不给客户一定的压力，他会不会选择你的产品呢？可能会。但是当有其他人给他压力时，他可能会选择其他人的产品而不与你签单。所以，为使客户有所承诺，在适当的时候提出适当的要求，是必要的。这时候，不要羞于开口，前期已经做了大量的工作，后面的承诺是水到渠成的。

业务人员在获得物流客户承诺时，有很多方式可以采用，主要有直接式、摘要式、特卖式、初步式、选择式、假设式等。直接式的风险较大，可在与客户关系很好、把握很大的洽谈中使用，通过结合判断口头和非口头的购买信号，确认客户要买的意向，否则就没有下次机会了；摘要式是将前面已探讨过的问题再讨论一遍，特别是客户感兴趣的部分，在新产品推荐中使用比较广泛；特卖式是指客户在价格或某些方面很敏感并且不满足，可以以本时期该产品正在做促销、搞特价来说服客户相信购买该产品对其有好处；初步式是指在大宗交易之前，由小批量的交易作为开始，一般适合于新客户开发、新产品推广；选择式是指在某些方面给客户以选择，如送货时间和回款方式，这是一种引导式的方法；假设式主要解答客户所想象的一些问题，让客户放心。

2. 兑现承诺，并与客户保持联系

成交之后继续与客户保持密切的联系和沟通，时刻牢记“永远不要忘记客户，也永远不要被客户忘记”这条颠扑不破的客服真理。与客户沟通的方式很多，打电话和写信是两种常用的跟进方式，业务人员在与客户达成交易后，还要用实际行动让客户真正感受到自己的真诚，即必须兑现曾经做出的承诺。古人云：“君子一言，驷马难追。”如果不兑现承诺，就会失信于客户。那么，接下来的客户跟进工作，不管做得多好，都将无济于事。

还有一些业务人员认为没有必要跟进那些没有成交的客户，认为跟进这些客户是一件既浪费时间又浪费感情的事。但是，中国有句古话说得好：“买卖不成情意在!”对于没有成交的客户，也不应“老死不相往来”。即便这次没有他需要的服务，可能下次他会有需求。因此，要有持之以恒的精神，精诚所至，金石为开。记住，客户跟进工作永远需要比别人“多一点努力”“多一点关怀”“多一点服务”“多一点称赞”“多一些电话”。

忠诚是客户关系建立中的最高级别，达到这一级别有以下几个标志：第一，客户与业务人员已经超越了纯粹的买卖关系，递进到像密友、兄弟姐妹一样的亲密关系；

第二，只要客户有合作项目，就会第一时间主动联系业务人员；第三，客户会主动介绍其他客户。

建立客户忠诚度可以从以下几方面努力：一是每一次合作之后，及时向客户表达感激之情；二是建立忠诚客户的奖励制度；三是与客户建立广泛的联系；四是不断开创新的客户服务方式；五是成交之后继续关注客户。

在成交之后，需要持续不断地关心客户，了解他们对公司产品的满意程度，虚心听取他们的意见，对客服过程中存在的问题要采取积极的弥补措施，防止失去老客户。

五、物流客户承诺完成方法

1. 转变性跟进

转变性跟进是根据客户的态度决定的。具体情况有以下几种。

（1）客户对产品比较感兴趣，也需要这种产品，只是对价格还有不同意见。针对这种客户的跟进，最好是收集同类产品的价格情况，从产品成本出发，算账给客户听，以取得客户对产品价格的认可。为了达成协议，可在原报价的基础上有所下调。

（2）客户对产品很感兴趣，也想购买产品，但由于暂时的资金问题无法购买。针对这种客户的跟进，应和客户协调，共同制定一个时间表，让客户把购买产品的费用做进预算。当然这类客户不会直接说自己没钱，业务人员要学会自己判断。有许多业务人员不会跟进这类客户，想起跟进时，客户已经购买了别家的产品。建议的做法是：只要客户靠谱，可以先提供产品，再约时间收钱。

（3）客户对产品还没有很深的了解，态度暧昧，可买可不买。对这类客户，要尽量把自己的产品介绍得浅显易懂，客户往往最关心产品能给他带来什么实惠，要把产品给客户带来的好处量化，激起客户的购买欲。

2. 长远性跟进

对根本不想用你的产品或者已经购买了同类产品的客户，宜采用长远性跟进。这类客户不会由于你积极跟进就购买你的产品或者和你合作。对这类客户是不是就放弃不跟了呢？实践证明，往往在这类客户中会出现大买家，但跟得太紧反而易引起反感。最好的做法是和他真心实意做朋友，周末一条温情的短信，逢年过节一张祝福的明信片，生日一份小小的生日礼物，都是拉近彼此关系的好办法。只要坚持不懈，这类客户会给你带来惊喜的。

3. 服务性跟进

转变性跟进和长远性跟进是非常重要的。因为要开发客户，拿到订单，必须通过跟进使潜在客户转变为现实客户。可当业务人员已经开发了一定数量的客户后，往往会忽略一个问题，就是对已开发客户的跟进。有些业务人员有一个错误的认识，认为已开发的客户已经和自己在做生意了，并不需要跟进，要跟进也是售后部门的事情，和自己的关系不大，或者认为客户下一次订货时再跟进也不迟。事实上，业务人员对已开发的客户跟进不及时会大大影响客户的忠诚度，在激烈的竞争中出现过很多不断开发客户也不断失去客户的危险情况。销售实践证明，稳定一个客户所需的费用只是开发一个新客户费用的1/10，所要投入的精力也只有开发新客户的1/10，通过服务性跟进不但能稳定客户，而且能通过客户的口碑宣传和介绍带来更多的新客户。这也就是许多人越做销量越大、客户越多的成功所在。

具体可采取以下两种实用的做法。

（1）写好销售日志和建立客户档案。

许多业务人员联系客户、拜访客户都非常努力，但就是没有把客户的情况了解清楚，也没有搞清楚客户为什么购买自己的产品。许多情况下，业务人员在朦朦胧胧中销售出了产品，为跟进客户留下了疑问。因此，业务人员在写销售日志时，必须写清楚一天所拜访过客户的具体情况和情况分析，并对所有客户进行评定。客户档案必须写清楚客户的公司名称、负责人的名字和职务、固定电话、传真、手机号码、地址、网址、购货日期、购货数量、诚信度、购货的用途（是自己用还是替其他客户代购等）。最好还能在客户档案中附上客户的营业执照和企业法人代码证书复印件。总之，对客户了解得越清楚，跟进时就会越到位。

（2）积极回访。

在客户购进产品的一周内进行回访，积极帮助客户解决出现的问题，一丝不苟地兑现售后服务承诺。这里要强调的是，即使公司有专门的售后服务部门，业务人员也要进行服务性跟进，为下一单打下感情基础。

知识拓展

客户关怀管理

客户关怀是从市场营销中的售后服务发展而来的。在以客户为中心的商业模式中，客户关怀是客户保持的重要方面。随着竞争的日益激烈，企业依靠基本的售后服务已经不能满足客户的需要，必须提供主动的、超值的、让客户感动的服务才能赢得客户信任，这就是客户关怀的理念。

1. 客户关怀的概念

客户关怀（Customer Care）就是通过对客户行为的深入了解，主动把握客户的需求，通过持续的、差异化的服务手段，为客户提供合适的服务或产品，最终实现客户忠诚度的提升。这其中有多个关键点需要把握。

（1）通过客户行为了解客户需求。客户的需求不是仅靠简单地询问客户就可以得到的，企业必须在日常工作中注意观察客户行为，主动了解客户，并识别客户的真实需求。

（2）客户关怀不是市场活动，不是一段时间内的短期行为。一旦企业明确了客户差异化的体验标准，客户关怀就必须成为企业日常组织习惯的一部分，而不是仅仅停留在规则里。

（3）客户关怀不是营销。客户关怀并不是追求客户买一件产品或一种服务，而是首先追求客户尽可能长时间留下来，实现较高的客户忠诚度。在此基础上，通过客户的整个生命周期价值来提升获益。

客户关怀有操作的内涵，更重要的是具有友情或感受的内涵，正确的客户关怀应体现尊重和诚信。真正良好的客户关怀能使企业与客户建立起亲密的情感关系，让客户对企业产生“归属感”，对企业拥有很强的责任感及对于企业价值和目标的共同使命感。

2. 客户关怀的内容

客户关怀发展的领域开始只是服务领域。目前，客户关怀不断地向实体产品销售领域扩展，贯穿了市场营销的所有环节，主要包括如下几部分：售前服务（向客户提供产品信息和服务建议等）；产品质量（应符合有关标准、适合客户使用、保证安全可靠）；服务质量（指在与企业接触的过程中客户的体验）；售中服务（产品销售过程中客户所享受到的服务）；售后服务（包括售后的查询和投诉，以及维护和修理）。

客户关怀活动包含在客户从购买前、购买中到购买后的客户体验的全过程中。售前服务就是卖之前让人看，其主要形式包括产品推广、展示会、广告宣传和知识讲座等。比如上海交大昂立股份有限公司在售前服务方面做得就很有特色，它们走的是一条知识营销的道路，在产品销售之前主要是在市场上向客户传授知识，在产品科普知识的推广上投入大量的人力和财力，这为它们的产品打开销路奠定了良好的基础。

客户购买期间的客户关怀则与企业提供的产品或服务紧紧地联系在一起，包括订单的处理以及各种有关的细节，都要与客户的期望相吻合，满足客户的需求。好的售中服务可以为客户提供各种便利，如与客户洽谈的环境和效率，手续的简化，以及尽可能地满足客户的要求，等等。售中服务体现为过程性，在客户购买产品的整个过程中，让客户去感受。优秀的售中服务容易促成购买行为。

购买后的客户关怀活动则集中于高效地跟进和圆满地完成产品的维护和修理等相关步骤。售后的跟进和提供有效的关怀，其目的是促使客户产生重复购买行为，这一环节集中体现为售后服务。向客户提供更优质、更全面周到的售后服务是企业争夺客户资源的重要手段，售后服务实行跟踪服务，要记住客户，及时解除客户的后顾之忧，经常走访客户、征求意见，并提供必要的特别服务。要把售后服务视为下一次销售工作的开始，积极促成再次购买，使产品销售在服务中得以延续。

3. 客户关怀的手段

客户关怀手段是指企业与客户交流的手段，主要有主动电话营销、网站服务、呼叫中心等。

（1）主动电话营销。主动电话营销是指企业充分利用数据库信息，挖掘潜在客户。企业通过电话主动拜访客户和推荐满足客户要求的产品，做到充分了解客户、充分为客户着想，同时也增加销售机会。

（2）网站服务。通过网站和电子商务平台，企业可以提供及时且多样化的服务。网站应该智能化，企业可以根据客户点击的网页、在网页上停留的时间等信息，实时捕捉网页上客户要求服务的信息。企业将客户浏览网页的记录提供给服务人员，服务人员可通过不同的方式服务客户，包括电话、影像交谈、与客户共享服务软件等方式。同时企业应利用文字、语音、影像等多媒体的实时功能与客户进行互动和网上交易。

（3）呼叫中心。呼叫中心通过公开一个电话特服号码提供对客户的电话服务。呼叫中心可以帮助企业了解客户、服务客户和维系客户。

4. 客户关怀的目的

客户关怀的目的是提高客户满意度与忠诚度。国际上一些权威的研究机构，经过深入的调查研究以后得出了这样一些结论："把客户的满意度提高五个百分点，其结果是企业的利润增加一倍"；"一个非常满意的客户其购买意愿比一个满意客户高出六倍"；"2/3 的客户离开企业是因为企业对他们的关怀不够"，等等。由此可见，为了提高客户满意度和忠诚度，企业必须完整掌握客户信息，准确把握客户需求，快速响应个性化需求，提供便捷的购买渠道、良好的售后服务与经常性的客户关怀。

5. 客户关怀的评价

不论从客户角度还是从公司角度来看，客户关怀的程度都是很难衡量与评价的，不同企业对客户关怀效果的评价也存在差异，一般来说，我们可以从三个角度来评价客户关怀的程度。

（1）寻求特征。寻求特征是指客户在购买产品之前就能够决定的属性，如产品的包装、外形、规格、型号和价格等。客户关怀首先应该满足客户的寻求特征。

（2）体验特征。体验特征是指客户在购买产品后或消费过程中才能够觉察到的属性，如口味合适、礼貌待人、安排周到和值得信赖等。联想集团在其中央研究院和工业设计中心专门设立了客户体验中心，如果客户在购买前要了解产品，可以先到联想的体验中心来，通过切身的体验，提出相应的要求。同时联想会根据客户的使用习惯和反应来定制联想产品的功能、特色及系统方案设计，这样把客户的需求准确及时地反馈到产品端，并把产品第一时间送到客户端，使客户体验到联想为他们量身定做的技术和服务，给客户耳目一新的感觉。

（3）信用特征。信用特征是指客户在购买了产品或者是消费了产品和服务后仍然无法评价的某些特征和属性（原因在于客户难以具备这方面的专业知识和技巧），因此必须要依赖提供该产品或服务的公司的职业信用和品牌影响力。

技能训练

请帮助团队新进人员唐同学做好促成的准备工作，帮助其熟练掌握售后服务过程，请协助其模拟完成促成交易和售后服务过程。在模拟过程中，请注意提醒唐同学改正使用技巧时出现的错误。

项目小结

进入客户服务部业务团队负责人江东团队的唐甜同学，在随团队进行业务开发时，切身体验了物流企业客户开发的全过程，其间不仅参与了企业客户的招投标，更跟随业务主管（企业指导教师）进行客户拜访、洽谈和促成，不仅学会了异议的处理方法，更是学会了潜在客户的信息收集和评估方法，并掌握了客户分析和识别技巧；不仅可以应用销售和沟通技巧与客户进行业务洽谈，还学会了售后服务技巧。通过此次任务，唐同学一方面深刻理解了客户开发的相关专业理论的精髓；另一方面，也做到了理论联系实际，实现了自身客户开发技能的提升。

扫描右侧二维码，阅读并学习收派件全流程，了解收件、派件标准流程，以及异常处理流程的相关知识。

项目考核与评价

1. 自我评价

自我评价

<table>
<tr><th>评价说明</th><th>考核项目</th><th>考核点</th><th>考核总结</th></tr>
<tr><td rowspan="4">□及格
□不及格</td><td>理论知识</td><td>详细列明学会的知识点</td><td rowspan="3"></td></tr>
<tr><td>企业操作</td><td>详细阐述掌握的操作能力</td></tr>
<tr><td>素质技能</td><td>详细列明培养的素质和技能</td></tr>
<tr><td colspan="2">学生自评成绩</td><td></td></tr>
</table>

2. 理论考核

理论考核

<table>
<tr><th>评价说明</th><th>考核项目</th><th>考核点</th><th>学院评语</th></tr>
<tr><td rowspan="4">□及格
□不及格</td><td>操行表现</td><td>有无违法/违纪、不诚信表现</td><td rowspan="3"></td></tr>
<tr><td>学习状况</td><td>出勤率、课堂表现、作业完成率</td></tr>
<tr><td>理论水平</td><td>作业、测试、项目报告成绩</td></tr>
<tr><td colspan="2">理论成绩</td><td></td></tr>
</table>

3. 实操考核

实操考核

<table>
<tr><th>评价说明</th><th>考核项目</th><th>考核点</th><th>企业评语</th></tr>
<tr><td rowspan="4">□称职
□不称职</td><td>职业道德</td><td>有无违反职业道德或不诚信表现</td><td rowspan="3"></td></tr>
<tr><td>职业表现</td><td>到岗率、岗位表现、任务达成率</td></tr>
<tr><td>技能水平</td><td>绩效考核结果</td></tr>
<tr><td colspan="2">实操评价</td><td></td></tr>
</table>

项目三　掌握物流企业客户接待能力

项目介绍

某职业技术学院物流管理专业的李忠伟及其同学通过岗前培训考核后，被安排进入客户服务部进行轮岗。轮岗阶段，李忠伟与其他同学被安排到不同岗位，需要他们在不同岗位上分别完成各自的岗位任务。

其中王晓佳同学进入企业的客户服务中心，从事前台接待工作。李恬恬及其他5名女同学进入客户服务部的物流客户服务中心（即呼叫中心）工作，她们6人分成三组，分别被安排至呼叫中心的座席岗位、查询岗位和投诉受理岗位。

在客户服务部，她们将面临如何解决下列任务的困境。

任务分解

任务1　认识物流企业客户接待

任务2　处理物流客户来访、来电、来函

任务3　处理线下和线上业务

任务4　处理查询业务

任务5　回收业务款项

任务目标

➢ 知识目标

（1）了解物流企业客户接待基础知识。

（2）熟悉物流客户来访、来电、来函的处理。

（3）掌握线下订单处理。

（4）熟悉查询业务的处理。

（5）掌握业务款项回收。

➢ 技能目标

（1）能掌握物流企业客户接待基础知识。

（2）能处理物流客户的来访、来电、来函。

（3）能处理线下和线上业务。

（4）能处理查询业务。

（5）能回收业务款项。

任务1　认识物流企业客户接待

任务进程

王晓佳同学经岗前培训后，在具备基本从业素质后进入企业的客户服务中心，从事前台接待工作。岗位职责要求其完成如下日常任务。

（1）能按照服务礼仪要求接待物流客户。

（2）会使用标准业务用语并做好记录。

（3）会向物流客户介绍企业情况。

同时恰逢××物流公司辽宁分公司将在下月举办“周年庆典”，为答谢新老客户长久以来的支持与鼓励，届时将邀请一些老顾客出席庆典。由于近期客户服务部新进员工较多，为了更好地服务客户，物流客户服务部特别进行了客户接待能力提升培训。

相关知识

客服接待人员代表着公司的形象，更是公司的“门面”，接待客户水平的高低，在很大程度上影响了客户对企业的印象，对公司后续业务的开展有促进或阻碍影响。

一、接待物流企业客户

物流客户服务对企业营销人员来说是完成一个接触的过程，这个过程一般分为四个主要步骤：迎接客户、理解客户、帮助客户、处理客户异议。

1. 迎接客户

初次接触客户时要真诚，还要注意展示自己专业而友善的形象。不要问客户一些压力过大的问题，如问客户买不买、要不要等这些容易导致客户保持沉默或选择否定性回答的问题；不要只顾自己喋喋不休地说个不停，不考虑客户的反应，只顾自己机械式地介绍产品。要观察客户以找出线索展开话题，说话的内容和方式应该配合客户的个性和情绪，让客户知道你会以他喜欢的方式去帮助他。

2. 理解客户

理解客户的需求与愿望是很困难的，营销人员要全身心地注意客户在说什么，通过倾听、提问、复述来理解客户的需求与期望。

倾听首先要保持平和的心态，不仅要听赞同的、感兴趣的部分，还要乐于倾听别人的观点，获取新信息。倾听的过程中要注意少说多听、既要听事实又要听情感、不要随意打断客户的话、不要急着下结论；需要通过现实接触、点头表示理解、身体前倾等方式对客户的讲话做出反应；如果客户不说话，可以通过提问等方式引导和鼓励客户说话；最后通过复述的形式明确谈话内容。复述包括两个方面的内容，一是复述事实；二是复述情感。复述事实能起到分清责任和提醒的作用，还能体现营销人员的职业素质。

3. 帮助客户

客户服务最终归结到要帮助客户解决问题，因此帮助客户这个阶段是整个客户服务过程中最重要的阶段，也是最难的一个阶段。

客户只有清楚地了解服务的功能、特性后，才有可能购买它，客户对服务的认知程度跟营销人员的介绍水平有很大关系。营销人员首先要熟悉服务项目并发自内心的喜欢它，然后将服务的特征转化为给客户带来的某种利益；也可以利用一些相关资料恰当地展示公司服务特色、以往的业绩、客户反馈等，从而引导客户购买。最后营销人员可以给客户提供多个解决方案，并分别客观地说出其利弊，供客户选择。

4. 处理客户异议

效果有时比对错更重要。把客户的异议作为成交的前奏，在收到客户的异议时，营销人员要做的就是迅速处理客户异议，争取最后的成功。

二、物流企业客户接待礼仪

（一）客户来访接待基本要求

接待是客服人员的日常工作。在接待中的礼仪表现，不仅关系自己的形象，还关系企业形象。所以，接待来访的礼仪历来都受到重视。客服人员在接待中要做到以下几点。

（1）有客户来访，应起身握手相迎，主动、热情、大方，微笑问候："您好，有什么可以帮到您的?"来客多时按排序接待，不能先接待熟悉客户。

（2）将客户引导到客用椅上，并将客户的位置安排在上座（右侧为上座；门的正对面为上座）。

（3）对每一位来访的客户都应让座并倒水（茶），每杯茶水量以水杯容量的2/3为宜，敬茶应双手奉上，放在客户的右手上方，先敬女士、长者。

（4）尽量在最初6秒时间给客户创造良好的第一印象。在这6秒里，要学会用眼睛说话。在商务活动中，讲话时目光应停留在对方双眼至前额的三角区域，使对方感到被关注，觉得有诚意。

（5）不能冷落了客户。如果自己有事暂不能接待客户，要安排相关人员接待。

（6）认真倾听客户的叙述。客户都是有事而来，因此要耐心聆听让客户把话说完。

（7）对客户的意见和观点不要轻率表态，应思考后再作答；对一时不能作答的，要约定一个时间后再联系。

（8）对能够马上答复的或立即可办理的事，应当场答复；不要让客户等待，或再次来访。

（9）正在接待客户时，有电话打来或有新的客户，应尽量让其他人接待，以避免中断正在进行的接待。

（10）对客户的无理要求或错误意见，应礼貌地拒绝，不要刺激客户，使其尴尬。

（11）要结束接待，可以委婉提出借口，也可用起身的体态语言告诉对方本次接待就此结束。

（12）离开时应轻轻行注目礼，即使客户没有看到。

（13）接待客户时，手机应静音。

（二）来访接待标准业务用语

来访接待标准业务用语如表 3－1－1 所示。

表 3－1－1 来访接待标准业务用语

接待情景	标准业务用语
迎客	“欢迎”“欢迎光临”“您好”
感谢	“谢谢”“谢谢您”“感谢您的帮助”
听取客户意见	“听明白了”“清楚了，请您放心”
不能立即接待客户	“请您稍等”“麻烦您等一下，我马上就来”
对于在等待的客户	“让您久等了”“对不起，让您等候多时了”
打扰或给客户带来麻烦	“对不起”“实在对不起，给您添麻烦了”
表示歉意	“很抱歉”“实在很抱歉”
客户致谢	“请别客气”“不用客气”“很高兴为您服务”
客户道歉	“没有什么”“不用客气”“很高兴为您服务”
听不清客户问话	“很对不起，我没听清，请重复一遍好吗”
当要打断客户的谈话时	“对不起，我可以占用一下你的时间吗”
送客	“再见，欢迎下次再来”

知识拓展

物流企业基本情况介绍

介绍企业基本情况时可从以下要点入手。

1. 企业名称。
2. 企业主营业务（仓储、运输、配送、流通加工、综合服务等）。
3. 企业特色（价格优势和服务特点）。
4. 企业经营业务市场覆盖面。
5. 简短介绍企业全貌。通过事例体现公司对行业、产业“热点”“难点”问题的认识态度和处理方法、技巧，体现公司在行业内的实力，在介绍公司具有行业、产业先进性特点的基础上，还要重点介绍和体现公司发展的潜力和势头，表明我们同客户的合作是长期性、稳定性的。

知识拓展

物流企业客户接待记录表模板（见表3－1－2）

表3－1－2　　客户接待记录

编号：　　　　日期：　　年　　月　　日

客户姓名		所在单位		接待时间		接待人员	
联系方式							
来访目的							
来访要求							
来访记录							
客户要求解决情况	□已解决　　□承诺在　天内解决 □需同销售部门沟通后解决　　□无法解决 说明：若无法解决，请在备注中说明原因						
备注							

（三）物流企业客户接待日常礼仪

在客户日常接待中，应该遵守以下礼仪规范。

1. 客户日常接待礼仪

1）个人仪表规定

个人是接待活动的基本参加者，离开了个人的参与，接待活动难以进行，更无从谈起。每个人在以礼待客的同时，也有必要对个人形象加以关注，以免非礼失仪。在客户接待的过程中，接待人员的形象直接影响客户对企业的评价，它不仅体现出个人素质，还体现了企业的形象，因此，在个人仪表方面，要做到如下几点。

（1）保持面部干净清爽，口腔无异味。男士注意不蓄须，鼻毛不外露。

（2）头发干净整洁，以短发为宜。女士头发过肩时宜挽束起来。

（3）手部清洁，指甲长不过指尖，腋毛不外露。女士不染醒目甲彩，不做甲绘。

（4）女士化淡妆，切忌浓妆艳抹和当众化妆。

（5）戴眼镜的人员要随时保持镜片与镜架的清洁。

（6）站有站相，坐有坐相，行有行姿，蹲姿规范，手势运用得体。

（7）面带微笑，表情大方、自然、专注、友善。

（8）着装应正统，不准穿过于杂乱、鲜艳、暴露、透视、短小和紧身的衣服。

（9）宜穿套装、套裙和制服。

（10）男士西装、套装一定要平整，注意全身不要超过三种颜色。

（11）男士西装最佳颜色是蓝色，其次是灰色，再次是黑色；质地以纯毛为最佳；款式以单排扣为最佳。

（12）女士套裙的颜色可丰富一些，而且上下衣的颜色可以不同，但最多不要超过两种颜色。

（13）女士穿裙装时忌穿黑色皮裙；注意裙、鞋、袜子相搭配；不要光脚、光腿。

（14）女士丝袜以单色为宜，在穿着时注意不要有勾丝、破洞，不要将袜口露在裙外。

（15）佩戴的饰物以少为佳，最多不超过三件。若佩戴两件以上的首饰，其基本原则是“同质同色”。

（16）不宜佩戴名贵珠宝以及其他过长或过重的首饰。

2）迎接礼仪规定

迎来送往，是社会交往接待活动中最基本的形式和重要环节，是表达情谊、体现礼貌素养的重要方面。尤其是迎接，是给客户良好第一印象的最重要工作。若给对方留下好的第一印象，就为下一步深入接触打下了基础。迎接客户要有周密的部署，应注意以下事项。

（1）对前来访问、洽谈业务、参加会议的客户，尤其是外国、外地客户，应首先了解对方到达的时间、方式（车次、航班等），要安排与客户身份、职务相当的人员前去迎接。若因某种原因，相应身份的工作人员不能前往，前去迎接的人应向客户做出礼貌的解释。

（2）到车站、机场去迎接客户，应提前到达，恭候客户的到来，决不能迟到，让客户久等。客户看到有人来迎接，内心必定感到非常高兴，若迎接来迟，事后无论怎样解释，都很难消除这种失职和不守信誉的印象。

（3）接到客户后，应首先问候“一路辛苦了”“欢迎您来到我们这个美丽的城市”“欢迎您来到我们公司”等。然后向对方进行自我介绍，如果有名片，可送予对方。

名片是一个人身份的象征，当前已成为人们社交活动的重要工具。因此，名片的递送、接受和存放也要讲究礼仪。

①名片的递送。

在社交场合，名片是自我介绍的简便方式。交换名片的顺序一般是：先客后主，先低后高。当与多人交换名片时，应依照职位高低的顺序，或是由近及远依次进行，切勿跳跃式地进行，以免给对方造成厚此薄彼之感。递送时应将名片正面面向对方，双手奉上。眼睛应注视对方，面带微笑，并大方地说：“这是我的名片，请多多关照。”你想得到对方名片时，可以用请求的口吻说：“如果您方便的话，能否留张名片给我？”名片的递送应在介绍之后，在尚未弄清对方身份时不应急于递送名片，更不要把名片视同传单随便散发。

②名片的接受。

接受名片时应起身，双手接名片，面带微笑注视对方。接过名片时应说：“谢谢。”

随后要有一个微笑阅读名片的过程。阅读时可将对方的姓名直接念出声来，并抬头看看对方的脸，使对方产生一种受重视的满足感。然后，回敬一张本人的名片，如身上未带名片，应向对方表示歉意。在对方离去之前，或话题尚未结束，不必急于将对方的名片收藏起来。

③名片的存放。

接过别人的名片切不可随意摆弄或扔在桌子上，也不要随便地塞在口袋里或丢在包里。应放在西服左胸的内衣袋或名片夹里，以示尊重。

（4）在汽车站、火车站、机场接客户时举的牌子应该有公司名和人名，最好有欢迎词。客户来了要主动接行李，而且要挑最重的，就算推辞也要接过来。

（5）迎接客户应提前为客人准备好交通工具，不要等客户到了才匆匆忙忙去准备，那样会因让客户久等而误事。

（6）应提前为客户准备好住宿，帮客户办理好一切手续并将客户领进房间，同时向客户介绍住处的服务、设施，将活动的计划、日程安排交给客户，并把准备好的地图或旅游图、名胜古迹等介绍材料送给客户。

（7）将客户送到住处后，工作人员不要立即离去，应陪客户稍做停留，热情交谈，谈话内容要让客户感到满意，比如客户参与活动的背景材料、当地风土人情、有特点的自然景观、特产、物价等。考虑到客户一路旅途劳累，工作人员不宜久留，让客户早些休息。分手时将下次联系的时间、地点、方式等告诉客户。

2. 客户来访时的接待礼仪的注意事项

（1）主动热情地接待客户。

在客户到达时，参与接待的相关领导和工作人员，应前往门口迎接。当客户进入办公室或会客室时，接待人员要起身上前，握手相迎。客户要找的负责人不在时，应明确告诉对方负责人到何处去了，以及何时可以到达。可以请客户留下电话、地址，明确是客户再次来单位，还是我方负责人到对方单位去。若时间不长，客户愿意等待，应该向客户提供饮品、杂志，并及时为客户更换饮品。

（2）客户到达时，我方负责人不能马上接见。

客户到达时，若我方负责人不能马上接见，应由秘书或其他工作人员接待客户，向客户说明等待理由与等待时间，不能冷落客户。正在接待客户时，有电话打来或有新的客户，应尽量安排秘书或其他工作人员接待，以免中断正在进行的接待。

（3）在接待过程中要保持亲切灿烂的笑容。

访客接待的第一秘诀就是展现亲切笑容。当客户来访时，接待人员应当面带笑容询问客户："您找谁?""您有什么事吗?""您请先等一下。""您好，请问您有什么需要吗? 我可以为您服务吗?"在这里要注意的一点是，称呼客户时能用"您"就不要用"你"，这样的接待用语会令客户感到被尊重，会提升客户体验感受。

（4）接待人员带领客户到达目的地，应该有正确的引导方法和引导姿势。

接待人员在为访客引路时，引导的手势要优雅。在这里，需要提醒的是用（手）掌，不用（手）指。前台接待人员在做引导时，需要行礼、鞠躬，手伸出的时候，眼睛要随着手动，手的位置在哪里，眼睛就跟着去哪里。避免手眼方向不一致。

①在走廊的引导方法。在走廊，接待人员应在客户的左斜前方，距离两三步远，配合步调，若左侧是走廊的内侧，让客户走在内侧。

②在楼梯的引导方法。当引导客户上楼时，如接待者是女性，应该让客户走在前面，客户在楼梯里侧向上行，引导者走在中央，配合客户的步伐速度引领；若是下楼时，引导者走在客户前面，客户走在里侧，引导者走在中间，边注意客户动静边下楼。接待人员应该注意客户的安全。

③在电梯的引导方法。引导客户乘坐电梯时，接待人员先进入电梯，等客户进入后关闭电梯门，到达时，接待人员按“开”的钮，让客户先走出电梯。在电梯内不要背对客户，也不要背对电梯门。

④会客室或客厅里的引导方法。当客户走进客厅，接待人员用手指示，请客户坐下，看到客户坐下后，才能行点头礼后离开。一般会客室里，离门最远的位置为主宾的位置，旁边是随主宾到来的人员位置，门口的位置是年龄辈分较低的员工的座位。如客户错坐下座，应请客户改坐上座，但不要勉强。

⑤会客室座位安排除了遵照一般情况，也要兼顾特殊。有些人位居高职，却不喜欢坐主位，如果他坚持一定要坐在靠近门口的位置时，就顺着他的意思，让客户自己去挑他喜欢的位置，接下来只要做好其他位子的顺应调整即可。

⑥诚心诚意的奉茶。人们通常习惯以茶水招待客户，在招待尊贵客户时，茶具要特别讲究，倒茶有许多规矩，递茶也有许多讲究。

⑦与客户交谈时，对客户的问题不要立刻回答，应思考后再做出答复，对一时不能作答的，要约定一个时间再联系；对能够马上答复的或立即可以办理的事，应当场答复，迅速办理，不要让客户无谓地等待或再次来访。若客户有无理或错误的要求，应有礼貌地拒绝并做一定的解释，不要让客户尴尬。

（5）选择适当的时机结束接待。

要结束接待时，可以婉言提出借口，如：“对不起，要参加一个会，今天先谈到这里，我们下次继续，可以吗?”等，也可用起身的体态语言告诉对方就此结束谈话。

（四）物流客户接待服务规范

1. 穿着礼仪

客户接待人员应穿着统一制服，并随时注意自己的着装是否整洁。

2. 引见礼仪

（1）首先将职位低的人介绍给职位高的人，然后将职位高的人介绍给职位低的人。

（2）首先将年少的人介绍给年长的人，然后将年长的人介绍给年少的人。

（3）首先将本企业工作人员介绍给来访人员，然后向工作人员说明来访人员身份。

（4）一般来说，首先将男性介绍给女性，但如果男性的年龄较长或职位较高，则相反。

（5）首先将与自己较熟悉的一方介绍给不太熟悉的对方。

（6）如果客户人数众多，则按照职位高低依次介绍。

3. 交换名片礼仪

（1）事前准备。前往会客厅接见客户时，客户接待人员应携带足够的、干净的新名片，并把名片存放在名片夹内，不能直接将名片放在衣服口袋中。

（2）交换名片。客户人数较多时，应该从领导开始交换名片。双手食指和拇指执名片的两角，以文字正面朝上，一边做自我介绍，一边递名片。对方递过来的名片，应该用双手接过来，以示尊重。

（3）事后整理。当会客完毕送走客户后，客户接待人员返回自己的座位，整理并保存刚才收到的名片。

4. 倾听礼仪

客户接待人员要认真倾听客户讲话，在与客户交谈时，不可随意打断客户，要了解客户表达的意思，找出谈话的重点并进行反馈。

5. 记录礼仪

随时记录客户谈话的要点，体现对客户意见的重视和尊重，并鼓励客户继续谈话。

6. 馈赠礼仪

懂得送礼技巧，不仅能达到大方得体的效果，还可增进彼此感情。但是赠礼也要遵循一定的规则，在挑选礼物时要根据受赠者不同的身份、职业、职务来挑选礼物。

（1）礼品的选择。

在选择礼品时，无论是单位还是个人都希望选择的礼物既能表达自己的心意，又能使对方满意，可要做到这一点绝非易事。依照礼仪规范，选择礼品时要注意以下几个问题。

①选择的礼物，自己首先要喜欢。

②为避免连续几年选同样的礼物送给同一个人的尴尬情况发生，最好每年送礼时做一下记录。

③要明确与受赠者关系的性质、类型和状态。要区分是公务交往还是私人应酬，是旧友还是新识，是同性还是异性，是中国人还是外国人等，不同的关系选择不同礼品。

④站在受赠者的角度来选择礼物。只有站在受赠者的角度，考虑到受赠者的爱好、需求及使用习惯，才能挑选出能让受赠者感受到你尊重他、在乎他的礼物。

⑤根据不同的目的选择礼品。在接待客户的过程中，选择一些可以表现出热情、欢迎的意思的礼品，如鲜花；也可以从客户使用的角度出发选择礼品，表示关心客户，如茶杯或小电子产品等。好的礼品不是用价格去衡量的，而是要将送礼人的心意融入礼品之中。

⑥重视礼品的纪念意义。礼品可以选择具有纪念意义或有历史意义的纪念品，或为某城市特色的纪念品，或为民族特色纪念品等。例如：若在云南，可以选择民族手工织绣的物品作为礼物。这类礼品，可制造美好回忆，令人睹物思人。

⑦选择具有独特性的礼品。礼品最忌讳“千篇一律”，如果选择的礼品具有新、奇、特等特点，让人耳目一新，会让对方更深切地体会到送礼者的一番心意。

⑧要考虑到风俗习惯、民族差异和宗教信仰等送礼禁忌。在礼品的选择上不能凭自己“想当然”，要主动了解受赠者的禁忌。例如：在我国香港，送红木制的小型棺材摆件，有“升官发财”的意思，但在内地此为不吉利的东西。

⑨遵守国家的相关规定。不能选择违反国家法律法规的物品作为礼物，比如涉黄、涉毒一类的物品。国家对国家机关公务员收受的礼品做了明确的规定，若礼品价值过于贵重则有行贿之嫌。

⑩不选择不利于健康的物品，用过的旧物以及容易引起误会的物品均不能作为礼品。

（2）礼品的赠送。

赠送礼品的方式很有讲究，如果赠送的方式不合适，不仅有损于礼物的价值，而且还会影响对方对自己的印象。因此，能否把礼品合乎规范地赠送给对方，是整个馈赠行为能否取得成功的关键。礼品的赠送要注意以下几点。

①礼物要精心包装。送给他人的礼品，尤其在正式场合送人的礼品，一般都用专门的纸张包裹，或是把礼品装入特制的盒子、瓶子中，不要进行华而不实的包装。

②选择适当的时机。在国内，一般要选择节假良辰、婚丧喜庆之时，向对方表示祝贺、感谢、慰问之情。在接待过程中，可根据地方风俗和具体的情况选择送礼时机，一般是在迎接客户、客户落座或欢送客户时送。

③送礼时举止要大方得体。礼品最好当面赠送。当面赠送时，赠送人要神情自然，举止大方得体。赠送礼品时，要有适当、认真的说明，语言要得体。

7. 送别礼仪

送别时，客户接待人员应该主动安排交通工具，必要时可陪同客户前往车站、码头或机场。临别时，客户接待人员应真诚感谢客户来访，与客户握手道别后应挥手示意，直至客户离开。

无论在日常客户来访接待还是活动邀请客户接待，都要遵守礼仪规范，尊重客户，为客户着想，力求让客户满意而归。

三、物流客户接待流程

物流客户接待是物流企业将自己展现给客户的第一次机会，也是最重要的机会，高水平的客户接待可以给公司客户或者潜在客户留下一个好的印象，增加客户对公司的好感度和信任度。

1. 物流客户接待流程的定义

当物流客户来访、来电、来函以及受邀参加活动时，物流公司的工作人员抱着尊重客户、服务客户的原则来接待客户，为客户解决问题，加深客户与公司之间的了解，以达到与客户形成长期稳定合作的目的。物流客户接待流程就是为这个目的而制订的规范的接待项目及顺序。

2. 物流客户接待流程的实质

客户接待的内容包括从接触客户到欢送客户的整个过程。一个公司有完善的接待流程，可对客户接待形成规范和标准。

（1）使客户接待规范化。在客户接待的过程中，因客户性格和需求不同，所涉及的接待内容也会有所不同，客户接待流程的制作可以使所有接待人员在遇到任何情况时都知道将如何进行下一步，能马上为客户解决问题；不能解决时可以快速将问题转移到相关部门，尽量避免出现混乱或不知所措、让客户做无谓等待的情况。

（2）使客户接待标准化。由于每个物流客户的个性和要求不同以及与企业合作的时间和合同量不同，导致在接待这些客户时的标准也不同。一个物流企业可根据与客户合作的时间长短及合同量来决定客户的等级，一般分为重要客户（VIP）和一般客户。不同客户的接待有不同的标准。重要客户的接待人员等级、接待规格要比一般客户高。

（3）规范物流企业接待过程，可以提升企业形象，维护客户关系，提高客户满意度。

3. 物流客户接待流程的内容

不同的接待活动有不同的接待流程，一般分为日常接待流程和活动、会议接待流程。物流客户接待流程的内容、步骤如下。

（1）确定接待事宜，包括向将要接待的客户方确认客户的身份、职位、数量以及到达时间等。

（2）提出接待申请，包括向公司相关部门申请接待客户所需车辆、食宿安排、参观要求等。

（3）制订接待计划。在提出的相关申请审批后根据申请到的物资安排接待计划，包括车的数量、陪同人员安排、宴请情况、会议召开等内容。

（4）实施接待工作。根据计划实施接待，遵守公司接待的相关规定，做好客户接待记录及客户资料完善。也适用于日常客户来访接待，主要内容包括确认来访客户信息、客户来访的目的，根据客户不同的等级、要求安排相关工作人员出面接待，以满足客户需求。

（5）赠送礼品，欢送客户。在日常客户接待中，礼品可酌情安排。

（6）接待结束，报销接待费用，适用于日常接待。

（7）做接待工作总结，包括工作总结、客户接待记录表、会议记录及接待单据复印件，适用于日常接待。

除在企业邀请客户参加活动的某些特殊情况下需要特别制订计划外，都可按照企业客户接待的规定及流程进行接待。客户接待服务不只局限于客户服务部，而是企业各个部门通力合作的结果；客户接待流程也不只是针对客户服务人员，也适用于公司全体员工。

4. 日常物流客户接待流程制定

（1）日常物流客户接待流程的含义及作用。

日常物流客户接待流程是指在物流公司正常营业的情况下，客户自由来访时客户服务人员对客户进行接待服务的规范操作准则。日常物流客户接待流程的制定及使用能规范客户日常接待管理工作，提高公司客户接待水平，加大客户满意度。它适用于客户服务人员（部门）日常接待来访客户的情况。

（2）日常物流客户接待的原则。

①平等。对于来访客户，无论职位高低，都要平等相待。一般情况下，客户级别

与接待规格相等，特殊情况高规格接待。

②周到。接待方式应完善，以礼相待，使客人感觉热情、周到。

③注重效率。力求在较短的时间内解决客户提出的问题。

④节约。接待客户时提倡节约，反对铺张浪费。

⑤保密。向客户介绍情况时，注意保守公司规定，重要谈话要有记录，巧妙回答客户提问。

（3）物流日常客户接待流程制定应考虑的问题。

在制定日常客户接待流程时，要考虑到接待客户的时间顺序、行走路线、在不同时间段客户会有的不同需求以及出现不同的状况。

①客户来访，进入公司，先由前台人员进行接待。前台人员在这一步骤应做好客户来访登记，并将客户引至会客室。

②向客户询问来意，并根据客户的需求让相关部门的客户服务人员进行接待。

③部门人员继续在会客厅接待顾客，详细了解客户来访的目的和要求。

④客户服务人员对客户的来访目的和要求进行详细记录，并根据客户要求给予答复，尽量满足客户的需求（客户要求参观货仓或运输工具时，尽量满足，消除客户对公司的疑虑）。对于不能马上给予答复的，要向客户解释清楚并告知客户解决的时限。

⑤客服人员将访客送出门并表示感谢。

5. 会议（活动）接待流程制定

1）目的。

（1）规范客户接待工作，做好客户关系维护。

（2）通过接待工作了解客户想法，促进合作关系的发展。

（3）提高公司在客户心中的形象，增加信任感。

2）要注意时间顺序的安排。

（1）做好客户接待的前期安排。

①在活动前一个月到半个月要联系客户，进行邀请，并明确参加客户的数量、姓名、职务、单位等信息。

②制订完整的会议（活动）计划，并及时通知客户，包括会议（活动）主题，受邀人员情况，会议（活动）进行的流程，参观安排，宴请住宿安排等。

③根据会议（活动）计划及客户级别安排接待事宜。不同级别的客户，接待人员级别、食宿标准、座次安排都有所不同。

④根据以上安排申请经费，确认客户行程。

前期工作计划是客户接待的基础，完善的前期工作可以使接待工作顺利进行，在编写时可以稍微详细一些，如列出工作顺序。

（2）按照计划接待客户。

①根据客户的行程，安排车辆和接待人员前往机场、车站迎接客户，安排客户食宿。

②认真进行客户信息登记。

③介绍公司近况，带领客户到公司设施、设备、仓库等地进行参观。

④引导客户进入会议室进行会议（活动），实施公司与客户的商务会谈，了解客户想法，与客户进行感情交流，甚至可以向客户提出一些合作意见。

（3）宴请客户，加强双方感情交流。

接待过程基本是根据前期计划来进行，注意协调各客户和领导的会晤，编写工作计划时，可以将领导会晤的时间段、地点等在流程中详细备注出来。

（4）结束接待。

①礼貌欢送客户，并赠送纪念礼品。

②如有需要，派车辆及接待人员送客户至机场、车站。

③做接待工作总结，整理客户资料及意见。接待工作结束后，要进行客户接待总结，包括客户信息意见整理汇总等。在流程中可以备注出总结所需的所有资料，如总结报告、客户信息登记表、客户建议表等。

知识拓展

处理物流客户服务压力技巧

客户服务工作给服务人员带来压力。但对一名优秀的客户服务人员来说，应该能够正确看待自己所面临的工作压力，并分析压力的成因，进而找出正确的应对方法。

1. 不要回敬客户

当客户发怒时，客户服务人员的正确反应是让客户发泄出他的不满，始终保持微笑（尽管客户可能看不见），尽可能放缓呼吸，保持语调平稳，选用合适的语句，让自己关注于解决问题的方法。

2. 适当控制

控制客户，不要让客户无休止地说下去，也可用积极话题来转换话题。

3. 认真做笔记

在倾听客户抱怨或投诉时，认真记录，让客户知道你的重视。并及时回答“知道了”“我理解”“我了解”等。

4. 不要试图让客户道歉

因为这样做无助于控制对话过程从而解决问题。当客户服务人员被客户刺激得过于激动时，应先将电话机置静音状态几秒钟，喝一口水，做一下深呼吸，把自己调整到正常状态，然后开始主动对话。应当注意以下几点。

（1）保持声音的优美与吐字的清晰。

（2）尽可能将对话朝积极性、建设性上引导。

（3）在保持足够的冷静又不失热情下，仔细运用公司业务流程规范来尽最大可能为客户解决实际问题。

（4）无论有无怀疑，永远假设客户在说真话。

技能训练

请帮助刚刚进入客户服务部前台工作的王晓佳同学，设计或整理××物流公司日常物流客户的来访接待规范，请同时绘制出该公司的日常客户接待流程。

同时针对下月举办的答谢老客户的“周年庆典”活动，拟定一份活动接待流程。

任务2　处理物流客户来访、来电、来函

任务进程

王晓佳和李恬恬及其他5名女同学任职于客户服务部前台和物流客户服务中心（即呼叫中心），分别被安排任职于部门前台接待和呼叫中心坐席岗位、呼叫中心的查询岗位以及投诉受理岗。

物流客户服务部的日常工作职责要求他们要及时处理客户的来访、来电和来函业务。

相关知识

一、物流客户来访接待

在物流企业业务人员与客户进行日常业务往来的过程中，客户很可能提到希望来企业访问。同时，物流企业也会在适当的时候邀请客户来实地考察访问，以加深双方的沟通和了解，促进双方合作。

（一）物流客户来访的目的

一是考察企业，以便了解企业的规模、业务能力、业务类型等基本情况，同时了解企业的运输生产体系、质量效率控制体系和创新信息等。二是进行项目洽谈，这样的客户往往与相关业务人员已经有过几次沟通，来访目的就是讨论现有项目的合作，包括相关技术问题、价格问题、付款方式、完成期限等内容的实质性讨论。三是以了解货物情况为主，顺便了解企业最新发展情况。四是以投诉为主，顺便对企业进行深入考察。五是客户与已合作沟通过的业务人员或某类业务的负责人进行基本的人际沟通，这类客户来访往往是顺道而来，来之前或许没有预约。

（二）客户来访接待工作归属部门

客户来访接待是企业客户服务部经常发生的业务。客户来访首先由前台工作人员接待，待明确客户需求后，由前台工作人员引导客户到相关部门。不同岗位工作人员接待工作的职责分工如表3－2－1所示。

表 3-2-1　　不同岗位工作人员接待工作的职责分工

岗位	职　责
前台工作人员	负责到访客户登记工作
客户关系专员	负责实施具体的接待工作
客户关系主管	负责组织和安排客户接待工作，处理接待过程中的突发情况
客户服务经理	负责制定客户接待工作标准和礼仪要求，并监督执行

（三）物流客户接待流程

物流客户接待流程如图 3-2-1 所示。

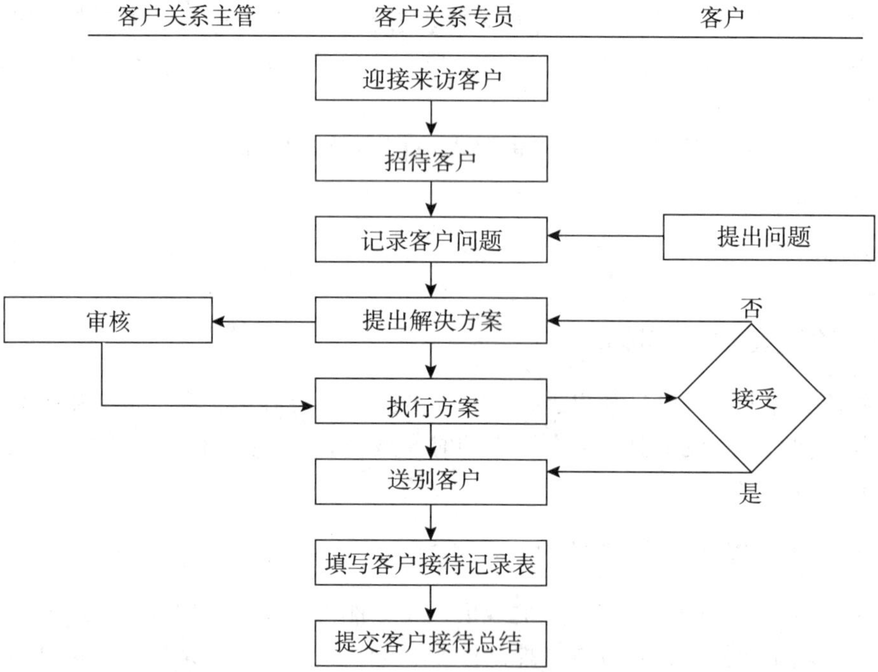

图 3-2-1　物流客户接待流程

（1）将来访客户迎入安排好的会场后，提供待客服务，并登记客户的基本情况。

（2）询问来访的目的，记录客户的意见和要求。

（3）解决客户问题，能答复的要立即答复，不能立即答复的，告知客户具体解决期限，并上报主管。

（4）填写客户接待记录表（见表 3-2-2），详细记录客户来访的事由、时间、谈话过程、解决问题的方法和遗留问题的解决期限，并与客户核对、确认联系方式。

（5）客户结束拜访后，接待人员应遵照相关礼仪规范送别客户。

（6）送别来访客户后，接待人员需要根据客户接待记录表及实际状况写出接待工作总结并提交给客户关系主管。

表 3-2-2　　客户接待记录

客户姓名		联系电话		接待时间	
所在单位及职务		单位性质		E-mail	
来访事由					
主要合作业务					
来访详细情况					
备注					

（四）物流客户来访接待注意事项

客户来访时，客户关系专员必须认真、细致地做好相关准备工作。必须针对客户来访的目的，根据企业相关流程和制度，有针对性地做好安排。

1. 了解企业和客户

客户关系专员在接待客户过程中直接面对客户的需求，担负着解答客户疑问的职责，因此必须熟悉企业的相关服务信息。对于老客户来访，客户关系专员不需要对客户进行深层次的了解；对于新客户来访，客户关系专员必须慎重，详细了解清楚客户的实际状况和来访的真正用意。因此，物流企业客户接待人员应掌握以下业务知识。

（1）本企业物流服务项目的特点和功能，以及企业业务范围。

（2）本企业物流服务项目的价格、折扣、付款条件、售后服务，以及签订合同的手续。

（3）本企业基本状况，如创立年份、行业地位、规模、资金实力、市场口碑等。

（4）竞争对手的服务特点，本企业与竞争对手对比的优、劣势。

（5）本企业客户接待制度，以及不同等级来访客户的接待标准。

2. 做好客户来访登记

当客户亲自上门拜访时，接待人员应在与客户沟通的同时，填写客户接待记录表，以方便企业进行客户管理及业务管理，准确记录客户需求，并保证尽量满足每个客户的需求。接待人员要详细记录客户情况，包括客户有什么需求、是否需要交给其他部门处理、解决方法及最终结果。

3. 安排客户行程

客户在拜访过程中，如果有意愿了解企业的现状和发展情况，可能会提出参观企业相关业务工作场地的要求，如了解货物包装、装卸地点和设备情况、货物保管情况、运输工具情况及货物信息追踪情况等。在遇到此类要求时，接待人员要根据客户的要求和时间来安排参观行程及参观时间，使客户能在较短的时间内最大限度地了解企业情况，在不影响客户后续安排的情况下尽量满足客户的需求。

4. 安排所有参与接待人员的对接

若是接待预约前来进行商务洽谈的客户，接待人员应根据客户前来洽谈的主要内容，提前与相关技术人员及领导做好沟通，并请相关技术人员在接待时给予协助和支持。同时，应提前将客户来访信息汇报给部门负责人及分管该部门的企业负责人，以便准确把握客户意图，保证洽谈进程顺利进行，并对可能出现的相关问题加以分析和判断。更为重要的是，客户来访前，接待人员应根据客户级别知会企业负责人和相应部门的负责人、总经理或副总经理，以确定参与接待的人员。如果需要企业负责人参加，必须提前两天书面请示，以便确认企业负责人是否可以参加。

5. 准备资料

客户来访前，业务人员应事先认真整理好与该客户沟通的相关资料，如洽谈合作的项目情况、价格情况、技术改进情况等，以及与该客户往来的重要传真、电子邮件、相关合同、报价和其他重要资料。应事先将与合作项目有关的技术参数、操作流程和标准等与技术部门相关人员沟通确认，确保无误，并就这些信息与部门负责人及分管该部门的企业负责人进行事先沟通，促进洽谈的顺利进行。更重要的是，在洽谈前业务人员应充分了解拟洽谈合作的项目情况，以便在洽谈现场能够迅速做出反应，并随时回答客户的有关提问。企业历史及现状介绍也是让客户了解企业的重要途径，在向客户介绍本企业时，一套思路清晰、简明流畅的介绍词将会大大提升客户对企业的好感度，促进洽谈合作的顺利进行。

6. 做好会谈准备及明确会谈流程

客户来访的前一天，业务人员必须事先告知所有相关部门来访人数，以便后勤部门做好会议准备工作。

客户来访的整个会谈进程一般分为观看录像了解公司的发展历程、参观公司主要业务部门、企业情况 PPT 介绍、项目合作讨论等部分。这几个部分可以相互交错或同时进行，但需要注意以下几点。

（1）人员情况介绍。客户及所有参与接待人员坐定后，主接待业务员（该客户对应的业务人员，同时也是会议的主持人）应起身先做自我介绍，然后按照职级依次向客户介绍公司参与接待人员，介绍完毕后再依次向公司领导介绍客户方代表，如果客户方只有一人，则不需要介绍。

（2）会谈主题介绍。介绍完毕后，主接待业务员应介绍并说明整个会谈的主题。在主接待业务员介绍和讲解期间，若有外籍人士，配合接待的业务员（次接待业务员）应随时做好翻译协助，以便相关人员能够理解。

（3）公司介绍。如果没有录像资料介绍，则由主接待业务员统一按照已经审核确认的 PPT 资料向客户演示并讲解；讲解过程中要认真听取客户随时提出的疑问并给予正确解答，没有把握的应请相关在场领导给予解答。若有外籍人士需同时做好翻译协助。

（4）项目洽谈可以在会议室进行，也可以在引领客户参观期间同时进行交流与沟通。项目洽谈过程中，应建议公司相关高层领导以适当方式回避，以保证公司领导的最终决定不受谈判内容的影响。即使在参观过程中有过项目洽谈，最终的项目确认仍必须在会议室进行。

（5）会谈进程中，接待业务员应随时做好会议洽谈全部内容的详细记录和整理工作。会谈结束后，次接待业务员应立即做好会谈纪要，并请客户和主接待业务员审核确认，双方签字各保留一份正本。

（6）客户接待的全过程中，接待人员应随时协助提供茶水、咖啡等饮料，以及资料、辅助设备、辅助人员等的补充工作，同时进行现场图片的拍摄及录像工作。

（7）会谈后续工作。会谈结束后，次接待业务员应清理好会议室并将相关资料设备交还给相关部门。主接待业务员应陪同客户共进午餐或晚餐。通常情况下，客户如果在公司吃晚饭，应以简单的工作餐作为午餐进行招待。在和客户共进晚餐的情况下，应有相应部门经理或副总参与，重要客户应事先邀请公司高层参与，并在晚餐前赠送礼品给客户。如果客户需要在午餐后离开，午餐应视为正餐，按照相应标准招待。主接待业务员应随时保持和后勤部的沟通，以保证顺利用车，并及时将客户送至相应的车站或机场，不可因公司人员疏忽导致客户久等或不能正常用车。

7. 访问后期工作

客户访问结束的第二天，主接待业务员应及时将双方确认的会谈纪要整理成册，并于当日和相关部门就相关技术问题、交货期等信息进行确认，需要下达加工、改进等任务通知的应在两个工作日内下达完毕。

客户访问结束后的第二天，应立即整理出一份内容详细并包含会谈纪要附件的答谢信给客户，并抄送客户方所有来访人员及公司参与接待的相关领导。同时将公司技术人员提供的有关改进的最新信息告知客户，以便客户及时掌握和了解公司的反馈信息，同时明确洽谈中未解决事宜的完成时间表及重要事项。

邮件中可以将客户来访时的相关照片一并发送给客户。注意：为防止邮件过大堵塞客户邮箱，所有照片应进行压缩处理以压缩邮件容量。

8. 其他注意事项

客户接待从最初的联系准备到接待结束再到后续工作推进的整个过程中，主接待业务员应完成各相关表格的填写，并于后续工作正式推进的第二天备案留存。另外，要不断学习和更新有关客户接待礼仪要求、用餐礼仪要求、业务谈判礼仪要求等知识。

二、物流客户来电接待

（一）电话语言要规范

语言是人际交往的主要工具。礼貌的语言既是对对方的尊重，又是一种自我谦让。恭敬有礼的话语温暖人心，能提高语言的交际效能。“语为心声，语为人镜”，优雅、礼貌的用语，是一个人的知识、修养、文明程度的体现，也代表着一个企业的服务形象。规范的电话接待语言可以让企业在社会中赢得更多的朋友、客户以及声誉。

（二）电话订单业务处理流程

电话订单业务处理流程如图 3－2－2 所示。

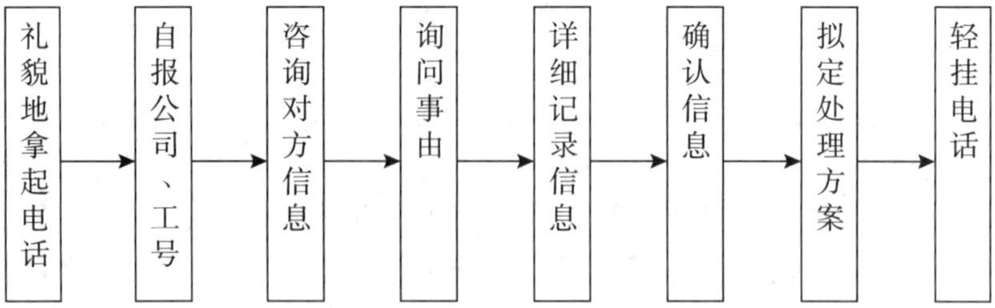

图 3-2-2　电话订单业务处理流程

（三）接听客户来电的技巧

1. 注意重要的第一声

当客户打电话给企业时，若一接通，就能听到亲切、优美的招呼声，心里一定会很愉快，并对企业有了较好的印象，那么双方对话就能顺利展开。在电话中只要稍微注意一下自己的言语就会给对方留下完全不同的印象。同样的一句问候，声音清晰、悦耳、吐字清脆，会给对方留下更好的印象。因此要记住，接听电话时，应有“代表公司形象”的意识。

2. 要保持喜悦的心情

接听电话时要保持良好的心情，这样即使对方看不见你，也会被你欢快的语调感染，由于面部表情会影响声音的变化，所以即使在电话中，也要抱着“对方看着”的心态去应对。

3. 用清晰明朗的声音与客户交谈

打电话过程中绝对不能吸烟、喝茶、吃零食，即使是懒散的姿势对方也能够“听”得出。如果打电话的时候，弯着腰躺在椅子上，对方听到的声音就是懒散的，无精打采的；若坐姿端正，所发出的声音也会亲切悦耳，充满活力。因此，打电话时，即使看不见对方，也要当作对方就在眼前，尽可能注意自己的姿势。

4. 要迅速准确地接听电话

现代物流企业工作人员业务繁忙，桌上往往会有两三部电话，听到电话铃声，应准确迅速地拿起听筒，最好在三声之内接听。电话铃声响一声大约 3 秒钟，若长时间无人接电话，或让对方久等是很不礼貌的，对方在等待时心里会十分急躁，从而会给客户留下不好的印象。即便不是自己负责的电话，听到电话铃声后，若附近没有其他人，也应该用最快的速度拿起听筒，这种态度是每个人都应该拥有的，这样的习惯是企业每个工作人员都应该养成的。如果电话铃响了 5 声才拿起话筒，应该先向对方道歉，例如，对客户说：“对不起，让您久等了。这里是 × × 公司，请问有什么能为您服务的?”若电话响了许久，接起电话只是“喂”了一声，对方会十分不满，并会给对方留下恶劣的印象。

5. 认真聆听顾客的话

与客户电话交谈的过程中，不但要善于表达自己的意思，而且应善于聆听对方的谈话，这样才能使双方进行有效的交流。在聆听对方谈话时，应注意做到以下几点要求。

（1）兴趣。要对对方的意见和建议表示出极大的兴趣，并且积极努力去听，了解对方的意图。有不解的地方应该及时发问。

（2）耐心。要耐心地让客户先说完，并不时以“嗯”“哦”“是吗”等做回应。即使对方做了短暂的停顿，也不要打断对方的话，以免影响对方的思路。

（3）感受。要去体察对方的感觉，将对方的谈话大意或者背后要表达的意思总结复述出来，表示接受及了解，有时这样也会产生很好的效果。

（4）不匆忙下结论。一个善于交谈的人，应该努力弄懂对方的谈话内容，完全把握对方的意思。

（5）站在对方角度考虑问题。要关怀、了解和接受对方，以真诚的态度鼓励或帮助客户寻求解决问题的途径。

（6）倾听。要全神贯注地听，要将全部精力放在对方的谈话内容上，全神贯注地回复客户的问题及要求，让客户对自己和企业产生好感。

（7）反馈。聆听客户的谈话要注意进行信息的反馈，及时验证自己是否已经了解对方的意思。可以简要复述一下对方的谈话内容，并请对方纠正。

（8）保持冷静。在进行电话交谈时，碰到意见不一致的时候，表现要冷静。不好回答的问题可以微笑应对或转换话题，避免直接回答话题。一个善于聆听的人，总能控制自己的感情。过于激动，无论对讲的人来说还是对听的人来说，都会影响表达或听取的效果。

（9）接听客户电话的注意事项。与客户对话的过程中，要抓住客户的主要意思，不要被个别细枝末节所吸引。要注意分析哪些内容是主要的，哪些是次要的，以便抓住问题的实质，避免造成误解。

（10）把握节奏和内容。要使思考的速度与谈话相适应。在聆听客户的谈话时，要勤于思考分析，把握谈话内容，避免耽误时间，影响工作效率。

（11）多听少说。不要主导谈话，不要过于表现自己。客户向企业来电，目的在于增进双方的了解，促进更好的合作。而善于听别人说话，就是深入细致地了解对方最好的手段。

6. 认真清楚的记录

接听电话时，要将对方叙述的主要信息进行记录，最好对重要的内容做必要的重复，以免出现信息的误差。

要牢记 5W1H 技巧：When（何时）；Who（何人）；Where（何地）；What（何事）；Why（为什么）；How（如何进行）。电话记录既要简洁又要完备。

在进行客户留言记录时，注意以下五要素。

（1）致：即给谁的留言。

（2）发自：留言者是谁。

（3）日期：最好也包括具体时间。

（4）记录者签名：有助于寻找线索或弄清不明白的地方。

（5）内容：写明客户来电的目的及要求。记录要中心明确、有条理。

7. 请对方先挂电话

通话结束时，应该尽量让对方结束通话，若确实需要自己来结束的，应予以解释并致歉；通话完毕后，应等对方放下话筒后，再轻轻地放下电话，以示尊重。

8. 在转接电话时，拿着话筒和放下话筒的状态要一致

很多人在拿着话筒时，通常会比较注意自己的言行，会说：“您好，这里是××公司，请问您有什么事情吗?”在对方说出要找人的姓名后回答客户：“请您稍等!”而等放下电话时，往往忽略了对方也能听见，变得随心所欲，例如会大声说：“××，你的电话，是个女的。”或者“一个四川口音的人。”“一个声音挺嗲的姑娘。”等。当对方在电话里听见这样的形容时，会感到不愉快。因此，在转接电话时做到拿着话筒和放下话筒一个样，或者用手捂着话筒，注意隔音。

9. 未经同意不要轻易将他人的手机号码告诉来电者

转接电话时，如果对方是不熟悉的人或者不在客户名单内的人且要找的人不在，对方又询问其手机号码时，转接者一定要经过接电话者同意才能把手机号码告诉对方。自作主张将号码告诉对方，可能会严重干扰到接电话者的工作或生活。

10. 在转接电话之后，不要将电话内容当有趣的谈资传播给他人

在接听客户来电或转接他人电话之后，千万不要捕风捉影，不要去转告第三人“谁给谁来电话了”，更不能在一旁偷听对方的电话内容。

（四）认真填写客户来电记录

在接听客户电话时，无论客户来电是询问合作、提出建议还是进行投诉，接待人员都应该做好客户来电记录。

填写客户来电记录表（见表3－2－3）时，应详细记录客户来电的日期、时间、联系电话、客户所在单位、来电事由以及解决情况，最后一定要有记录署名，以方便日后进行归档查询。

表3－2－3　　客户来电记录

<table>
<tr><td>日　期</td><td colspan="2"></td><td>时　间</td><td colspan="2"></td></tr>
<tr><td>姓　名</td><td></td><td>单　位</td><td></td><td>联系电话</td><td></td></tr>
<tr><td colspan="6">来电事由：</td></tr>
<tr><td colspan="6">解决情况：</td></tr>
<tr><td colspan="4">记录人：</td><td colspan="2">年　　月　　日</td></tr>
</table>

（五）主动联系客户时的注意事项

1. 拨打客户电话时的注意事项

有些时候，客户来访来电会有一些当时无法解决的问题，当时的接待人员应该承诺客户一个予以答复的期限，并立即着手解决。当问题解决后，当时的接待人员应主动联系客户，将结果告知客户。

拨打客户电话也有需要注意的事项。在拨打客户电话时，要选择恰当的时间，尽量不要选在用餐、休息及临近下班的时间。有关公事的电话最好打到对方的单位，应该尽量避免拨打私人电话。若有特殊情况必须要拨打对方的私人电话时，应该避开以上时间，并将情况予以说明。

（1）询问对方是否方便。拨打办公地点的电话时应该先自报家门，告知对方自己的姓名、身份，并礼貌询问对方是否方便接听电话，得到对方允许后才切入主题。

（2）谈话应该简明扼要，使用文明用语。拨打者应该言简意赅地将打电话的目的说明，谈话过程中，要使用“您好”“请”等文明用语。

（3）通话完毕。应该礼貌地表示对对方的打扰感到抱歉并向对方告别，待对方放下话筒后，再轻轻地放下电话。

2. 向客户发送短信息时的注意事项

不方便打电话的时候可以借助短信息（简称短信）来传递信息。短信（Short Message Service，SMS），是用户通过手机或其他电信终端直接发送或接收的文字或数字信息，用户每次能接收和发送短信的字符数有限，一般是160个英文或数字字符，或者70个中文字符。

短信的使用大大增加了公司企业与客户的沟通机会与时间。它能让信息传递准确可靠、迅速及时，但在运用短信与客户联系的时候，也要注意发送时间、编写内容等。

（1）在给客户发送短信时一定要署名。为了避免出现客户不知道发送者的手机号码，以为收到发错的信息从而贻误合作时机的情况，接待人员在给客户发送信息时一定要在信息的最后进行署名，这既是对对方的尊重，也是达到目的重要手段。

（2）在拨打某些重要电话前可以用短信进行预约。需要给身份高或者重要的合作客户打电话时，若知道对方很忙，可以先给对方发短信询问，如“现在是否方便给您打电话？”如果对方没有回信，一定不太方便，可以稍等一下再拨打电话。

（3）发短信的时间不能太晚。有些时候时间晚了，又想和客户联系，觉得打电话不大礼貌就采用了短信的联系方式。短信虽然简便，但太晚还是会影响对方休息，是一种不礼貌、不恰当的行为。

（4）在编写短信时注意语气要委婉，不可生硬。

三、物流客户来函接待

（一）客户来函的形式

1. 利用邮政系统进行函件的传递

一般来说，客户来函是以书面的形式，依靠邮件的传送来实现与其他地区的联系。邮件是指经传递方式处理的文件。这种邮件的传递方式在我国甚至全世界都有着非常悠久的历史，它不仅可以寄送信件，还可以寄送包裹。现阶段，我国的邮政主要是以航空、铁路为主，以汽车运输为辅。但这种函件的邮寄方式耗时长，出现事故的概率较高，除非有特殊需求，现在已经很少有人运用传统邮寄的方式进行商务交流了。

2. 利用电脑网络进行函件的传送

互联网时代的到来，电子邮件在网络生活中扮演着不可缺少的角色。电子邮件收发频率远大于现在的邮递员送信，节约了很多成本，有很大的优越性。

电子邮件（简称 E－mail，标志@，也被大家昵称为“伊妹儿”）又称电子信箱、电子邮政。它是一种用电子手段提供信息交换的通信方式，是互联网应用最广的服务。通过网络的电子邮件系统，用户可以用非常低廉的价格（不管发送到哪里，都只需负担电话费和网费即可）、以非常快速的方式（几秒钟之内可以发送到世界上任何指定的邮箱），与世界上任何一个角落的网络用户联系，这些电子邮件可以是文字、图像、声音等各种形式。同时，用户可以得到大量免费的新闻、专题邮件，并实现轻松的信息搜索。

电子邮件是整个网络中直接面向人与人之间信息交流的系统，它的数据发送方和接收方都是人，因此极大地满足了人与人之间的通信需求。

（二）客户来函处理

在物流企业中，客户来函一般都由前台接待人员或者专门的收发信件部门收取，并分发给各负责部门。在处理客户来函时，要注意以下几点。

（1）在收取信件之后，要做好信件的分类，无论是纸质信件还是电子信件，需要分发给其他部门的，要做好信件交接的记录或通知收件者本人。

（2）接收客户来函后，要仔细阅读客户来函中的内容。若是有关物流业务等商业洽谈的信件，应根据客户的具体要求制定好方案，尽快回复客户，并注意跟单处理；若是询问合作过程中的具体问题，应立即着手确定，并尽快回复客户。

（3）若客户来函是向公司祝贺或者表扬的，要将信件进行具体登记，上报领导，并按照领导安排在公司进行张贴公示。

在处理客户来函的过程中，一定要对客户来函加以重视，对客户提出的问题、要求要尽快处理并予以回复。

（三）回函书信写作

回复客户的来函，不同的信件要用不同的格式进行回复。运用正确的回信格式，不仅体现了公司的素质，也表示了对对方公司及寄信人的重视与尊重。

1. 商务函件

1）函件的构成

函件是平行文，在写作时，一般包括四大部分：标题、行文对象、正文、落款。

（1）标题一般采用公文规范标题法，即标题由发函机关、事由、受函机关和文种组成，也有的只有事由和文种。

（2）行文对象是指公函受文者，顶格写在事由之下的第一行左边，后面加冒号。

（3）正文是公函的内容（事由），是发函者要告诉对方的具体事情，由三部分组成，即发函缘由、发函事项以及结语。事项部分基本上是采用叙述和说明的方法，如有要求部分则要根据行文内容来安排，不可过多。结语多使用“特此复函”。

（4）落款包括发函单位的名称和主要负责人的签名以及日期。

2）函件的写作格式

函件的写作格式一般包括标题、发文字号、主送机关和正文。

（1）标题。作为正式公文的函件，函件标题和一般公文的写法一样，由发函机关名称、主要内容（事由）、文种组成。较完全的写法如《国务院办公厅对国家工商行政管理局（现为国家市场监督管理总局）关于贯彻〈食用盐加碘消除碘缺乏危害管理条例〉有关问题请示的复函》，《国务院办公厅关于羊毛产销和质量等问题的函》等。也可以采用省略发文机关名称的写法，如《关于请求批准××市节约能源中心编制的函》。

（2）发文字号。公函要有正规的发文字号，写法与一般公文相同，由机关代字、年号、顺序号组成。正规机关部门的函，可以在发文字号中显示“函”字，如《国务院公报》2000年第10号同时发表了国务院办公厅以“国办函（2000）××号”为发文字号的七篇复函。

（3）主送机关。函的行文对象一般情况下是明确的、单一的，所以多数函的主送机关只有一个。但有时内容涉及部门多，也有排列多个主送机关的情况。

（4）正文。

①发函缘由。这是函的开头部分，主要说明发函的根据、目的、原因等。如果是复函，则先引用对方来函的标题、发文字号，然后再交代根据，说明缘由。这部分结束时，常用一些习用的套语转入下一部分，如“现将有关情况说明如下”“现就有关问题函复如下”等。

②事项。这是函的主体部分，有关某项工作展开商洽、有关某一事件提出询问或做出答复、有关事项提请批准等内容，都在这部分予以表达。

③希望请求。这是结尾部分，向对方提出希望或请求，或希望对方给予支持和帮助，希望对方给予合作，或请求对方提供情况，或请求对方给予批准等。最后，另起一行以“特此函商”“特此函询”“请即复函”“特此函告”“特此函复”等惯用结语收尾。

函的写作要注意用语的分寸，因是平行文，语言要平和礼貌，要注意针对性和时效性。

2. 贺信

（1）贺信的概念。

贺信是表示庆祝的书信的总称，是指社会团体、企业单位或个人向其他单位集体或者个人取得的成就、纪念活动等表示祝贺的一种书信，具有表示慰问和赞扬的作用。

（2）贺信的结构和写法。

贺信一般由标题、称谓、正文、结尾和落款五个部分组成。

①标题。贺信的标题通常由文种名构成。有的在第一行正中书写“贺信”二字，有的还在“贺信”或“贺电”的前面加上谁写给谁的内容，或者写明祝贺事由等。个人之间的贺信、贺电也可以不写标题。

②称谓。顶格写明被祝贺单位或个人的名称或姓名。写给个人的，要在姓名后加上相应的礼仪名称，如“同志”等，称呼之后要用冒号。

③正文。贺信的正文要交代清楚以下几项内容。

第一，结合当前的形势状况，说明对方取得成绩的大背景，或者某个重要会议召开的历史条件。

第二，概括说明对方都在哪些方面取得了成绩，分析其成功的主客观原因。若是贺寿用的贺信，要概括说明对方的贡献及他的宝贵品质。这一部分是贺信的中心部分，一定要交代清楚祝贺的原因。

第三，表示热烈的祝贺。要写出自己祝贺的心情，由衷地表达自己真诚的慰问和祝福。要写些鼓励的话，提出希望和共同理想。

④结尾。结尾要写上祝愿的话，如“此致敬礼”“祝争取更大的胜利”“祝您健康长寿”等。

⑤落款。写明发文的单位名称或个人的姓名，并署上成文的时间。

3. 感谢信

（1）感谢信的概念。

感谢信是一种礼仪文书，用于商务活动中的许多非协议的合同中，一方受惠于另一方，应及时地表达谢忱，使对方在付出劳动后得到心理上的收获与安慰。感谢信是集体单位或个人对关心、帮助、支持本单位或个人表示衷心感谢的函件，是一种必不可少的公关手段。从文体来说，它属于应用文体。它与表扬信有许多相似之处，所不同的是感谢信也有表扬信的意思，但是重点在感谢。

（2）感谢信的结构与写法。

第一行正中用较大的字体写上“感谢信”三个字。如果写给个人，这三个字可以不写。有的还在“感谢信”的前边加上一个定语，说明是因为什么事情、写给谁的感谢信。

第二行顶格写对方单位名称或个人姓名，姓名后面可以加适当的称呼，如“同志”“师傅”“先生”等，称呼后用冒号。如果感谢对象比较多，可以把感谢对象放在正文中提出。

第三行空两格起写正文。这一部分要写清楚对方在什么时间、什么地点、由于什么原因、做了什么好事，对自己或单位有什么支持和帮助，事情有什么好的结果和影响。还要写清楚从中表现了对方哪些好思想、好品德、好风格。最后表示自己或所在单位向对方学习的态度和决心。

正文另起一行空两格（也可以紧接正文）写上“此致”，换一行顶格写上“敬礼”。

最后再换一行，在右半行署上单位名称或者个人姓名，在署名的下边写上发信的日期。

（3）写感谢信的注意事项。

①叙述对方对自己或本单位的帮助，一定要把人物、时间、地点、原因、结果以及事情经过叙述清楚，便于组织了解和群众学习。

②信中要洋溢着感激之情。在叙述事实的过程中，除了要突出对方的好思想和表示谢意外，行文要始终饱含着感情。感情要真挚、热烈，使所有看到信的人都受到感染。

③表示谢意的话要得体，既要符合被感谢者的身份，也要符合感谢者的身份。

④感谢信以说明事实为主，切勿不着边际地大发议论。

4. 请柬

（1）请柬的概念。

请柬，又称为请帖、柬帖，为了邀请客人参加某项活动而发的礼仪性书信。

（2）请柬的格式与写法。

根据撰写方法，不论哪种样式的请柬，都有标题、称谓、正文、敬语、落款和日期等。

①标题。双面请柬封面印上或写明“请柬”二字，一般应做些艺术加工，即采用名家书法、字面烫金或加以图案装饰等。有些单面柬帖，“请柬”二字写在顶端第一行，字体较正文稍大。

②称谓。顶格写清楚被邀请单位名称或个人姓名，其后加冒号。个人姓名后要注明职务或职称。

③正文。另起一行，前空两格，写明活动的内容、时间、地点及其他应知或注意事项。

④敬语。一般以“敬请（恭请）光临”“此致敬礼”等结尾。“此致”需另起一行，前空两格，再另起一行，写“敬礼”等词，需顶格。

⑤落款和日期。写明邀请单位名称或个人姓名，下边写日期。

知识拓展

物流客户服务人员的情绪管理及方法

1. 学会体察自身情绪。
2. 学会适当表达自己的情绪。
3. 选择适合的方式纾解不良情绪。
4. 学会控制和管理情绪。
5. 常用的方法有：不将个人情绪带进工作；保持身心的健康；多角度柔性思考，不被客户的情绪所左右；勤与同事、领导沟通。

技能训练

请协助刚刚进入客户服务部前台和物流客户服务中心（即呼叫中心）工作的王晓佳和李恬恬及其他5名女同学，根据各自岗位，模拟物流客户来访、来电和来函处理流程，并将模拟全过程和环节记录汇总。

任务3 处理线下和线上业务

任务进程

王晓佳和李恬恬及其他5名女同学任职于客户服务部前台和物流客户服务中心

（即呼叫中心），随着通信技术的发展，客户服务部的业务要求员工不仅能应用传统的线下工具处理业务，还需掌握线上工具处理业务。

相关知识

客户服务的内容详见项目一，客户服务业务按处理工具可以分为线上和线下两部分。

一、线下业务处理工具

物流企业的业务主要通过物流客户服务中心（也叫呼叫中心）的职能来实现，呼叫中心的职能在项目一中有介绍，使用的工具有服务电话和其他即时通信工具。

为了充分运用网络资源，提供更为人性化的服务，落实“以客户为中心”的经营理念，物流企业通常会提供网上业务。

（一）电话的接听流程（参阅本项目任务2中物流客户来电接待部分）

（二）即时通信工具

1. 即时通信的定义

即时通信（Instant Messenger，IM），是指能够即时发送和接收互联网消息等的业务。自面世以来，即时通信的功能日益丰富，逐渐集成了电子邮件、博客、音乐、电视、游戏和搜索等多种功能。即时通信不再是一种单纯的聊天工具，它已经发展成集交流、资讯、娱乐、搜索、电子商务、办公协作和企业客户服务等为一体的综合化信息平台。

即时通信是一种终端服务，允许两人或多人使用网络即时地传递文字信息、文档、语音与视频。主要分为手机即时通信和网站即时通信，手机即时通信的代表是短信，网站即时通信包括YY语音、QQ、MSN Messenger（信使）、百度Hi、新浪UC、阿里旺旺、网易泡泡、网易CC、盛大ET、中国移动飞信、企业飞信等应用形式。

2. 即时通信在客户服务中的应用

即时通信系统的互动性高于BBS（Bulletin Board System，电子公告板系统）和E-mail。E-mail的致命弱点是发送者很难知道收信人是否及时上线接收邮件，而即时通信系统可以使信息的收发双方在线上进行互动交流，利用它可以实时传送文字信息、语音信息和发送文件。另外，它还可以作为单位内部联络的一种方式，如用来召开网络会议，比起实地会议，不仅快捷，而且节约成本。

即时通信在客户服务中的作用主要表现为实时交流增进客户关系、在线客户服务、在线销售中的导购服务、充当网络广告媒体，以及作为病毒性营销信息传播工具等。

（1）实时交流增进客户关系。

快速、高效是即时通信的特点，即时通信已经成为继电子邮件和搜索引擎之后的又一常用的互联网服务。即时通信的实时交流功能在建立和改善客户关系方面具有明显效果，尤其是一个网站内部的即时通信应用，已成为企业与客户之间增强交流的有效方式。

（2）在线客户服务。

随着对在线咨询要求的提高，客户希望客服人员能即时回复，即时通信工具正好具有这种实时客户服务的功能。由于实时客户服务对客户服务人员提出了很高的要求，因此在一些企业中专门配备了网络客服岗位。

（3）在线（网上）销售中的导购服务。

在线销售流程需要多个环节，首先查询信息、比价、了解交货时间和退货政策，然后选择商品并加入购物车，最终要完成确认订单、在线支付等环节才能完成购物过程。在网上购物过程中只要有一个环节出现问题，购物活动就无法完成。美国电子商务门户网站 BizRate 研究发现，客户放弃购物车的比例高达75%。如果采用合适的在线服务手段，如即时通信等，购物车被放弃的比例可以降低，可见即时通信在网上销售咨询服务中具有重要价值。

（4）充当网络广告媒体。

由于拥有众多的用户群体，即时通信工具已经成为主要的网络广告媒体之一，并且与一般基于网页发布的网络广告相比有其独到的优势，如便于实现用户定位，可以同时向大量在线用户传递信息等。例如，国内用户所熟知的在线聊天工具 QQ 就有多种广告形式，最有特色的系统广播功能就比一般网站上的横幅广告、文字广告等更能吸引用户注意。

（5）病毒性营销信息传播工具。

与电子书等网络营销工具一样，即时通信也可以作为一种病毒性营销信息传播工具。例如，一些有趣的笑话、经典的情感故事、节日祝福、动画等都可以成为病毒性营销的载体，而即时通信则成为这些信息的传播工具。当一个用户在网上看到一个网页中有自己喜欢的内容时，往往会将该网页的 URL（统一资源定位系统，是一种指定信息位置的表示方法）通过即时通信方式转发给自己的在线好友，通过用户之间的相互转发，即时通信工具在病毒性营销传播中也发挥了积极作用。

3. 即时通信工具的基本功能

即时通信除了可以实时交谈和互传信息，还集成了数据交换、语音聊天、网络会议、电子邮件的功能。

（1）文字聊天。

聊天功能是即时通信软件最基本也是最重要的功能，基本上每一种即时通信软件在这个功能上的操作都差不多：如果用户想与联系人进行聊天，可以双击即时通信软件中联系人的头像，在弹出的对话框中敲入文字信息发送即可。当然还有一些即时通信工具有自己的独特的文字聊天特点，比如 QQ 就可以发送离线信息和离线文件。

（2）语音聊天。

QQ 和 MSN Messenger 等都提供了实时语音聊天功能，通信后双方不仅可以用文字聊天，还可以直接通话。此外，QQ 还有传送语音功能，利用此功能可以传送语音信息。

（3）传送文件。

即时通信软件能点对点地传送文件，有时候利用此功能要比使用 E－mail 更方便。在 QQ 的对话框中选择“发送文件”，选定要传送的文件，点击发送。此外，QQ 的文件传送功能还支持类似断点续传的功能，不必担心文件传送过程中发生突然中断的情况。

（4）拨打电话。

MSN Messenger 中提供了拨打电话功能，用户可以在 MSN Messenger 软件主窗口中，单击操作窗口“我想”下面的“拨打电话”，或者用鼠标右键单击要呼叫的人的名字，点击“拨打电话”，就可以开启拨叫电话功能。但在进行电话呼叫之前必须注册语音服务提供商。MSN Messenger 在国内暂时还没有开通这项业务。

（5）远程协助。

远程协助可以将计算机的控制权分享给对方以便对寻求协助者提供帮助，通过远程协助，对方可以很容易地控制寻求协助者的桌面。它的功能主要体现在应用程序共享、远程协助、白板共享等方面。由于这一功能非常强大，在寻求协助的过程中系统会多次提醒并给出选择，请用户在使用这一功能时多加小心，确认对方是否可靠。

（6）视频聊天。

如果网速够快，又有摄像头的话，在聊天的同时，不仅可以通话，还可以与对方视频，看到对方本人及表情，视频聊天功能的设置和使用也非常简单。

（7）邮件辅助。

即时通信工具和 E－mail 是我们在网上最常用的两种工具，如今不少即时通信软件已经将两者完美地结合。在 QQ 中可以直接给自己的好友发邮件，而无须再输入 E－mail 地址，此外，QQ 邮箱还有自动检查新邮件功能。MSN Messenger 的邮件功能同样十分强大，使用 MSN Messenger 必须有一个邮件账号，每次在使用过程中如果用户邮箱中有了新邮件，马上会弹出一个提示窗。

（8）发送短信。

目前即时通信工具与各种移动终端设备的结合也越来越多。使用 QQ 向手机发送短信需要手机开通移动 QQ 服务，单击对方头像图标，在打开的快捷菜单中选择“手机短信”命令，在打开的对话框中输入信息，然后点击发送即可完成，这时对方的手机就可以收到一个消息。MSN Messenger 在境外提供此功能，目前由于运营商的原因，我国国内还不能使用此功能。

（9）浏览资讯。

QQ 不仅可以聊天，也可以很方便地看到每日最新的新闻。QQ 定制推送相关资讯信息。MSN Messenger 也具备新闻之类的功能。

4. 即时通信工具的使用技巧

网络沟通总是给人比较虚幻的感觉，为了加强企业和客户之间的信任程度，客户服务人员扮演着重要角色，因此沟通交谈技巧的运用对客户服务至关重要。

（1）即时通信沟通的语气和表情的活用。

在网络上和客户对话，应该尽量使用活泼生动的语气，不要让客户感觉到你在怠慢他。尽量使用完整客气的语句来表达，比如说告诉顾客不讲价，应该尽量避免直截了当地说“不讲价”，而应婉转且礼貌地表达这个意思，如“对不起，我们店商品不讲价哦。”

如果我们遇到没有合适的语言来回复客户留言的时候，与其用“呵呵”“哈哈”等语气词，不妨使用一下软件内置的表情。一个生动的表情能让客户直接体会到你的心情。

（2）即时通信沟通快速回复的使用技巧。

可以通过设置快速回复来提前把常用的句子保存起来。这样可以快速回复客户，节约大量的时间。在日常回复中，总结哪些问题是客户问得比较多的，把回答内容保存起来，方便下次迅速回复。

通过聊天工具的状态设置，可以给网站做宣传，如在状态设置中写一些优惠措施、节假日提醒、推荐商品等。

如果暂时不在座位上，可以设置“自动回复”，避免让客户感觉自己没人搭理。

（3）向客户发送短消息。

现在部分聊天软件可以免费给好友发送短消息，一般输入短信内容和接受手机的号码就可以进行发送了。免费发送短信，使客户通过移动工具，即时接收到网站的相应提醒，给客户更加贴心的感觉。

二、线上业务处理工具

（一）电子邮件

信息时代企业提供客户服务的渠道是多元化的，它包括面对面、传真、电话、电子邮件以及其他方式等，电子邮件渠道以其低廉的价格、全天候有效的方式，受到企业的重视。

电子邮件是企业提供客户服务的一个非常重要的办公工具。尤其是企业的客户服务人员，可通过电子邮件向客户发送调查问卷及广告，甚至通过电子邮件进行市场开发。现在很多市场促销活动的信息是通过网络传递的，不少人已经将电子邮件作为与企业沟通的首选。不同于电话，电子邮件不需要实时回答，一些常用的内容也可以采用剪贴的方法而不用逐字输入。但是随着电子邮件应用的推广，客户受到各类垃圾邮件的困扰，因此在使用电子邮件时，应该遵守基本的通信礼仪和规范。

1. 电子邮件撰写和回复规范

1）撰写邮件规范

在职场中，通过电子邮件就能看出撰写人为人处世的态度。作为发件人，撰写电子邮件时，要站在对方立场考虑。电子邮件与电话、面对面交流不同，发件人只能预测收件人阅读邮件时的反应。单击“发送”按钮之后，邮件就无法调整，因此需要在发送邮件前仔细确认邮件内容，否则可能会流失客户或损失业务。一封完整的电子邮件需要撰写人注意以下几个方面（见图3－3－1）。

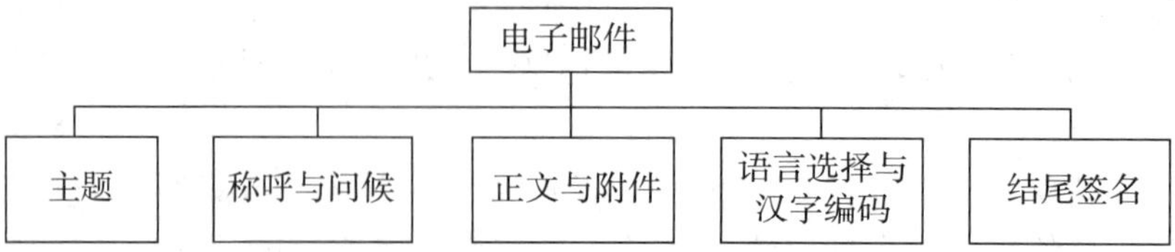

图 3－3－1　电子邮件的主要内容

（1）主题。

使用简单易懂的主题（见图 3－3－2）准确传达该电子邮件的要点。主题是收件人了解邮件的第一信息，因此要精炼，这样可以让收件人迅速了解邮件内容并判断其重要性。

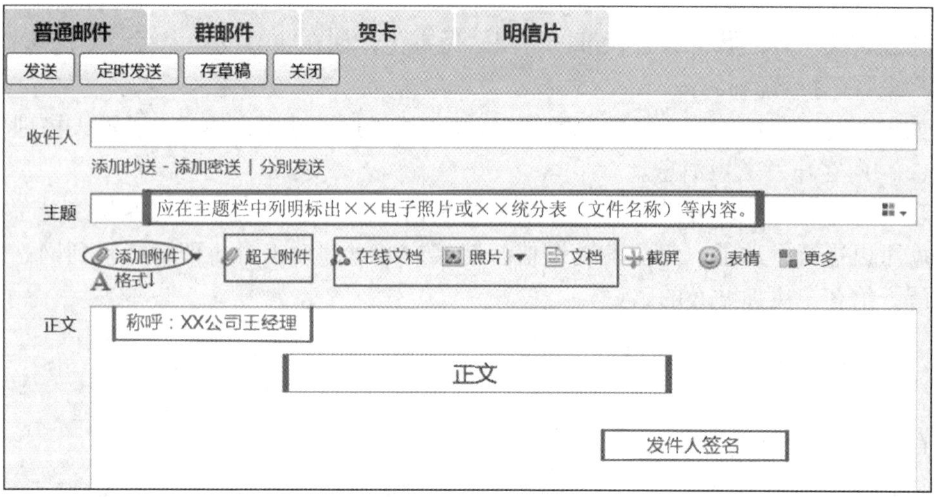

图 3－3－2　邮件主题

①主题一定不要空白，这是最失礼的。

②主题要简短，不宜过长，要显示完全标题，最好限制在 10 个字节内。

③主题要能真正反映邮件的内容和重要性，如“××企业报价单”。

④一封信尽可能只针对一个主题，不在一封信内谈及多件事情，以便日后整理。

⑤可适当使用大写字母或特殊字符（如“＊！”等）来突出标题，引起收件人注意，但要适度，特别注意不要随便用“紧急”之类的字眼。

（2）称呼与问候。

与不认识或不熟悉的人通信时，应使用正式的语气，使用适当的称呼和敬语。

①恰当地称呼收件人。这既显得礼貌，也明确提醒收件人，此邮件是面向他的，要求其给出必要的回应。在多个收件人的情况下，可以称呼“大家”。如果对方有职务，应按职务尊称对方，如“×经理”；如果不清楚职务，则应按通常的“×先生”“×小姐”称呼。

②不熟悉的人不宜直接称呼英文名，对级别高的人也不宜称呼英文名。称呼全名也是不礼貌的，也不要逢人就用“亲爱的×××”。

③电子邮件开头结尾最好要有问候语。英文最简单的开头是写“Hi”，中文可写

"你好"；常见的英文结尾写"Best Regards"，中文结尾写"祝您顺利"等。

（3）正文。

①电子邮件正文要简明扼要、行文通顺。电子邮件正文应简明扼要地说清楚事情。如果具体内容确实很多，正文应只做摘要介绍，然后单独写个文件作为附件进行详细描述。正文行文应通顺，多用简单词汇和短句，准确清晰地表达，不要出现让人晦涩难懂的语句。注意控制正文长度，最好不要让收件人拉滚动条才能看完。

②注意电子邮件的论述语气。根据收件人与自己的熟络程度、等级关系，邮件是对内还是对外等情况，选择恰当的语气进行论述，以免引起对方不适。尊重对方，"请""谢谢"之类的语句要经常出现。电子邮件可轻易地转给他人，因此对别人意见的评论必须谨慎且客观。

③电子邮件正文多用"1、2、3、4"之类的序列表述，以示清晰、明确。如果事情复杂，最好列几个段落进行清晰、明确的说明，保证每个段落简短、精练、不冗长。

④邮件要交代完整信息。最好在一封邮件中把相关信息全部说清楚、说准确。不要过两分钟之后再发一封"补充"或者"更正"之类的邮件，这会让人很反感。

⑤尽可能避免拼写错误和错别字，注意使用拼写检查。这是对别人的尊重，也是自己严谨态度的体现。如果是英文电子邮件，则最好把拼写检查功能打开；如果是中文电子邮件，则注意拼音输入法带来的同音别字。在邮件发送之前，务必仔细阅读一遍，检查是否通顺、文字有无错误。

⑥合理提示。用大写字母、粗体、斜体等手段对一些信息进行提示。合理的提示是必要的，但过多的提示则会让人抓不住重点，影响阅读。

⑦合理利用图片、表格等形式来辅助阐述。对于很多带有技术介绍或讨论性质的邮件，单纯以文字很难描述清楚，如果配合图表加以阐述，可以让收件人一目了然。

⑧在商务信函里面，不要过多使用表情符。在某些确实需要强调出一定的轻松气氛的场合可以应用。

（4）附件。

①如果邮件带有附件，则应在正文里面提示收件人查看附件。

②附件文件应用有意义的名字命名，不可用晦涩难懂的文件名。

③正文中应对附件内容做简要说明，特别是带有多个附件时。

④附件数目不宜超过 4 个，数目较多时应打包压缩成一个文件。

⑤附件过大时，不超过 20M 的可以压缩；20 ~ 50M 的可以使用超大附件。

⑥附件文件的形式可以是文档、表格、截图、图片或在线文档。

⑦如果附件是特殊格式文件，则应在正文中说明打开方式，以免影响使用。

⑧超大附件上传最大不超过 50M，经文件中转站可以达到 1G，超过的应分割成几个压缩包文件分别发送。

（5）语言选择与汉字编码。

①只在必要的时候使用英文邮件，如收件人是外籍客户。

②尊重对方的习惯，不主动发起英文邮件。使用和邮件发起方相一致的语言类型回复邮件。

③对于一些信息量丰富或重要的邮件，建议使用中文。毕竟很难保证发件人的英文表达水平或收件人的英文理解水平不存在问题，因此应使用中文以免影响邮件所涉及问题的解决。

④使用易于辨认的字体和字号。中文用宋体或新宋体，英文就用 Verdana 或 Arial 字体，字号用五号或 10 磅。这是经研究证明最适合在线阅读的字体和字号。

（6）结尾签名。

①每封邮件在结尾都应签名，这样对方可以清楚地知道发件人信息。

②签名信息不宜过多。基本的签名文件要包括发件人或回复者的名字、电话号码和公司名。同时可以尝试着用签名做不同的市场和销售宣传，如签名内包含一条免费参加市场活动的推广信息。

③不要只用一个签名档。对内、对外、对私、对公等不同群体的邮件往来，应使用不同的签名档。

④签名档文字应与正文文字匹配，以免出现乱码。字号一般应比正文字体小一些。

（7）正确使用发送、抄送、密送。

①要区分 To、CC 和 BCC（即区分收件人、抄送人、密送人）。

②To（收件）的人是要受理这封邮件所涉及的主要问题的人，理应对邮件予以回复响应。

③CC（抄送）的人则只是需要知道这回事的人。CC 的人没有义务对邮件予以回应，当然如果有建议，也可以回邮件。

④BCC 是密送，即收件人不知道密送的人。这个可能用在非常规场合。

⑤To、CC 中的各收件人的排列应遵循一定的规则。比如，按客户来信时间的先后顺序、按客户的级别等都可以。适当的规则有助于提升企业的形象。

⑥只给需要信息的人发送邮件，不要占用他人的资源。

最后，为降低传播病毒的风险，最好发送纯文本电子邮件，并且事先未经许可，不要发送电子邮件附件。此外，还要保持计算机防病毒软件及时更新。

2）回复邮件的规范

企业希望客户服务人员节约服务成本，提高客服水平，采取各种措施鼓励客户采用电子邮件渠道进行咨询。在回复电子邮件时，可以采用专门软件，对接收的电子邮件自动进行分类，根据不同类别的问题采用相应的自动回复，以节约人力。但许多电子邮件提出的问题还需要人工进行解释，进行个性化处理。这就要求企业对电子邮件客户服务人员进行专职培训，及时回复客户的邮件，以展示企业良好的服务形象，树立企业品牌形象。

①回复对方邮件时，可以根据回复内容需要更改标题。将同一主题的所有后续意见阅读完毕，再回复自己的意见。

②回复他人建议与意见时，必须紧扣主题，并提出相关的实证予以说明，转发邮件要突出信息。在转发信息之前，首先确保所有收件人需要此信息。

③切勿在未经同意前，将他人信函转送给第三者。对发件人而言，邮件内容是针对收件人所撰写的私人信函，不见得适合他人阅读。

④当他人误送邮件时，尽可能代为传递或通知发件人。

2. 电子邮件使用技巧

1）回复技巧

电话服务和电子邮件通常是公司和客户习惯使用的沟通工具。作为电话服务的有效补充，电子邮件只能通过文字本身表达意思，无法通过语气、声调等表达情感，所以要注意邮件服务可以按类别分级，并确定相应的响应时限以满足客户需要。

（1）及时回复电子邮件。

回复邮件时应该根据邮件优先级回复。对于紧急、重要的邮件需要在 2 小时内回复；对于优先级低的邮件，收到合法发件人（而非垃圾邮件发送者）的电子邮件时，即使无法立即提供一个完整的答复，也务必在 24 小时内向发件人确认收到邮件；如果收件人正在出差或休假，则应该设定自动回复功能。

自动回复是一种简单而成本低的为客户提供所需信息的方法。

①进行针对性回复。当回件答复问题时，最好把相关的问题抄在回件中，然后再附上答案，以便让对方一次性理解，避免反复讨论沟通，浪费资源。

②回复不少于 10 个字。对方给你发来一封感情丰富的信函，你却只回复“收到”“谢谢”“已知道”等简单字眼，这是非常不礼貌的表现，显得对对方不够尊重，回复语应不低于 10 个字。

③同一问题的交流回复最好不超过 3 次。如果收发双方就同一个问题多次回复讨论，则只能说明交流不畅，可能电子邮件并不是最合适的沟通工具，此时应改用电话沟通交流后再做判断。

（2）主动控制邮件的来往。

为避免无谓的回复，浪费资源，可在文中指定部分收件人给出回复，或在文末添上“全部办妥”“无须行动”“仅供参考，无须回复”等语句。

另外，对于客户服务中出现的客户投诉邮件，要视情况快速反应。对客户的不合理要求要妥善处理。一些客户可能通过信函来提出要求，甚至有诉诸法律的意向。处理此类情况的方式为尽快回复；感谢其来函；赞扬某些优点，如来信的文笔等；就客户反映的问题进行解释并提出解决方案，而不要纠缠在客户的不合理要求上。多数客户主要是为引起企业的重视而提出过分要求，一旦企业表现出诚意，他们并不会坚持一定要满足自己的全部要求。

对于情况比较严重或比较复杂的投诉邮件，最好致电回复。当处理一个非常不高兴的客户的投诉邮件时，不要轻易用电子邮件回复。常常可以见到双方频繁用电子邮件讨论问题，但可能邮件往来次数越多，情绪越大。比较合适的做法是立即用电话解释、致歉，此时语音、语调的合理运用能更好地帮助表达，缓解客户的不满。在此之后，可用电子邮件再追踪回复。同样，如果是普通信函来的投诉，也最好先用电话沟通，如果来函者没有列上电话号码，则先回一信，写明：“您能尽快给我您的电话号码吗？我希望与您打电话讨论。”取得电话信息后马上致电。

2）群发技巧

邮件群发是网络客户服务中非常有效的服务手段。做过网络客服的都知道，邮件群发的效果好不好，不仅和工具有关，而且和软件的设置、技巧有关。

（1）群发邮件的显示方式。

群发邮件的显示方式，最好采用邮件群发单显的方式进行发送（网易邮箱有一个群发单显的选项），当客户看到你的邮件的时候，看到这是一封专门发给他的邮件，无形中他就会关注起来。而如果是一看就是发给几十个人的那种邮件，那么客户的关注度也会下降。

（2）怎样填写群发邮件主题及内容。

群发邮件时，一定要注意邮件主题和邮件内容的书写。很多网站的邮件服务器为过滤垃圾邮件设置了常用垃圾字词，如果邮件主题和邮件内容中包含“大量”“宣传”“钱”等字词，服务器就会过滤掉该邮件，使得邮件无法成功发送。因此在书写邮件主题和内容时应尽量避开有垃圾字词嫌疑的文字和词语，这样才能顺利群发出邮件。

（3）图文并茂的邮件群发效果好。

让专业的网页设计师做一个简洁明了、图文并茂的主题内容，邮件群发效果会更好，或者可以下载邮件模板进行简单替换，效果也不错。不过邮件群发的内容，一定要坚持简洁明了的原则，要让收件人一眼看过去就知道邮件要表达的内容。如果用图文邮件，需要注意控制邮件大小，如果邮件文件太大，就会严重影响服务器的投递成功率和发送速度。

（4）邮件群发的频率。

邮件群发的频率不宜太高，否则会招致客户的反感而把客服人员拉入黑名单。电子期刊性质的邮件最好能实现定期发送，基本上以一周或者半月一次为宜，定期的优质内容推送能给客户带来帮助，同时能建立客户的品牌认知。

（二）虚拟网络社区

虚拟网络社区（简称网络社区）是指包括 BBS、贴吧、公告栏、群组讨论、在线聊天、交友、个人空间、无线增值服务等形式在内的网上交流空间，同一主题的网络社区集中了具有共同兴趣的访问者。网络社区就是社区网络化、信息化，简而言之就是一个以成熟社区为内容的大型网络，涉及各类综合信息服务，同时与所在地的信息平台在电子商务领域进行全面合作。

1. BBS

BBS，全称为 Bulletin Board System（电子公告板系统）或者 Bulletin Board Service（公告板服务）。它提供一块公共电子白板，每个用户都可以在上面书写，可发布信息或提出看法。它是一种交互性强、内容丰富且即时的互联网电子信息服务系统。用户在 BBS 上可以获得各种信息服务，如发布信息、进行讨论和聊天等。

（1）论坛的分类。

综合性门户网站或者功能性专题网站开设各具特色的论坛，以促进有共同兴趣的网友之间的交流，增加互动性，丰富网站的内容。论坛根据其专业性可分为以下两类。

①综合类论坛。综合类论坛包含的信息比较丰富和广泛，能够吸引几乎全部的网民来到论坛，但这类论坛存在弊端，虽然大，但不全不精。通常大型的门户网站有足够的人气和凝聚力以及强大的后盾支持，能够把门户网站论坛做到很大，但是对于小型规模

的网络公司，或个人建立的论坛，就倾向于选择专题类论坛，做到“专”和“精”。

②专题类论坛。专题类论坛是相对于综合类论坛而言的，它能够吸引有共同兴趣的人进行深入交流，有利于信息的分类整合和收集。专题类论坛可对学术、科研、教学起到重要的促进作用，专题类论坛如客户服务类论坛、呼叫中心类论坛、网上购物分享类论坛、动漫论坛等能够在单独的一个领域里进行板块的划分设置。还有一些论坛，把专题直接做到最细化，这样往往能够取得更好的效果，如返利论坛、吉他论坛、90 后创业论坛等。

（2）论坛的特点。

利用论坛的超高人气和论坛话题的开放性，企业所有营销诉求都可以通过论坛传播得到有效实现，论坛可以有效地为企业提供营销传播服务。

论坛活动具有强大的聚众能力，可利用论坛作为平台举办各类踩楼、灌水、贴图、视频等活动，促进网友与品牌之间的互动。

事件营销是指通过炮制网民感兴趣的活动，将品牌、产品、活动内容植入传播内容，并展开持续的传播效应，引发新闻事件导致传播的连锁反应。

运用搜索引擎内容编辑技术，不仅能使内容在论坛上有好的表现，在主流搜索引擎上也能够快速寻找到发布的帖子。

（3）论坛的应用。

在线社区、论坛等社会化媒体让世界变小了，客户间联系更加容易。客户在社会化媒体上近乎透明的表达，让客户能够接触到更多的信息、名人和产品，同时给企业提供了更多服务客户的机会。

①熟知需要服务的客户。企业可以利用社会化媒体来更主动地向客户提供服务，通过在线社区、论坛分享与网络社区中的客户进行互动，普及基本的服务常识，传递企业服务理念。企业通过社会化媒体零距离地接触客户，可以了解自己客户的个性特征、消费习惯和真实需求。企业能够通过对社会化媒体中的社区客户进行关注和研究，来了解客户的社会化分布，而这些知识会让企业更加主动地改进客户服务策略。

②主动发现客户关心的问题。传统的企业客户服务中心都在依靠知识库来提供服务支持。社会化媒体真正变革了客户服务的模式，也对客户服务知识管理提出了创新思路。在社会化媒体时代，客户知识库的内容和组织方式正在发生巨大的变化。企业完善客户知识库的方式不再只是接听客户的电话，然后记录、总结、提炼，再加入知识库，企业可以通过“监听”社区里的客户在讨论什么、如何评价企业的产品和企业的服务，发现客户的疑虑和关心的话题。

③在线回答客户提出的问题。传统的客户服务请求，由企业客户联络中心的坐席代表向来电客户提供一对一的客户服务。社会化媒体可以与客户直接沟通，容易得到客户的信任，企业可以整合自身的优质服务资源如专家等为客户提供专业的在线服务，了解客户对产品或服务的意见。

2. 微博

微博，是一个基于用户关系的信息分享、传播以及获取平台，用户可以通过 Web（全球广域网）、WAP（无线应用通讯协议）以及各种客户端组件，以一般不超过 140 字的文字更新信息，并实现即时分享。

（1）微博的定义。

微博是一种通过关注机制分享简短实时信息的广播式社交网络平台。其中有五方面的含义。

①关注机制：可单向、可双向。

②简短内容：通常在140字以内。

③实时信息：最新实时信息。

④广播式：公开的信息，谁都可以浏览。

⑤社交网络平台：把微博归为社交网络。

（2）微博的特点。

微博草根性很强，且广泛分布在桌面、浏览器、移动终端等多个平台上，与多种商业模式并存。微博具有以下几个特点。

①快速传播。用户间有单向的“跟随”与“被跟随”关系；基于用户社会关系实现信息快速传播；大多数用户扮演着“粉丝”“倾听者”的角色，“明星”“事件”对信息传播有关键作用。

②操作方便。通过手机、计算机即时发布140字以内的短小博文，实时性、便捷性和现场感极强；微博平台提供开放的API（应用程序编程接口）接口，极大地方便用户通过手机、计算机、IM客户端等方式接入平台发布微博等。

③内容原创。140字以内的要求，更利于用户原创内容；原创的内容有助于用户之间产生联系，以达到增加黏性的目的。

④随时随地。微博有简单的传播方式、方便快捷的操作模式，用户可随时随地通过手持终端发布微博。

（3）微博的应用。

与其他社会化媒体相比，微博用户的忠诚度较高，多数用户趋向于每天固定多时段、多场合使用微博。

微博的传播方式简单，操作方便、快捷。由于微博的传播速度极快，对于企业来说，可以通过微博后台进行用户洞察、数据分析与营销管理。企业版微博实现了舆情监控、数据分析、后台支持等商务功能。企业目前主要应用微博处理客户的投诉咨询、在线营销、粉丝评论互动和意见调研等。

3. 微信公众号

随着物流行业信息化程度的提高，物流企业的业务场景主要集中在收派员与客户之间的面对面服务。微信公众号提供的智慧解决方案可以提升企业的数据挖掘营销能力和综合服务能力，如表3－3－1所示。

表3－3－1　微信公众号在物流行业中的应用

传统方式	微信公众号方式
客户手填单据，费时费力	客户通过微信公众号下单，微信公众号自动记录收件人及发件人信息，方便快捷
客户不能及时获知派送进度	派送过程中的每一步分发均会通过微信公众号消息告知客户

续　表

传统方式	微信公众号方式
使用现金支付运费，找零麻烦	使用微信钱包支付运费，不再担心忘带钱包，不再遇到找零麻烦的情况
不同物流企业缺少差异化优势	通过线上数据积累及便捷服务等，有效培养客户习惯，增加客户黏性

（1）微信公众号快捷寄件。

通过微信扫描二维码或直接搜索物流企业微信公众号，关注微信公众号，进入服务界面一键下单，即可完成寄件流程。

（2）微信支付运费。

微信支付运费流程如图 3－3－3 所示。

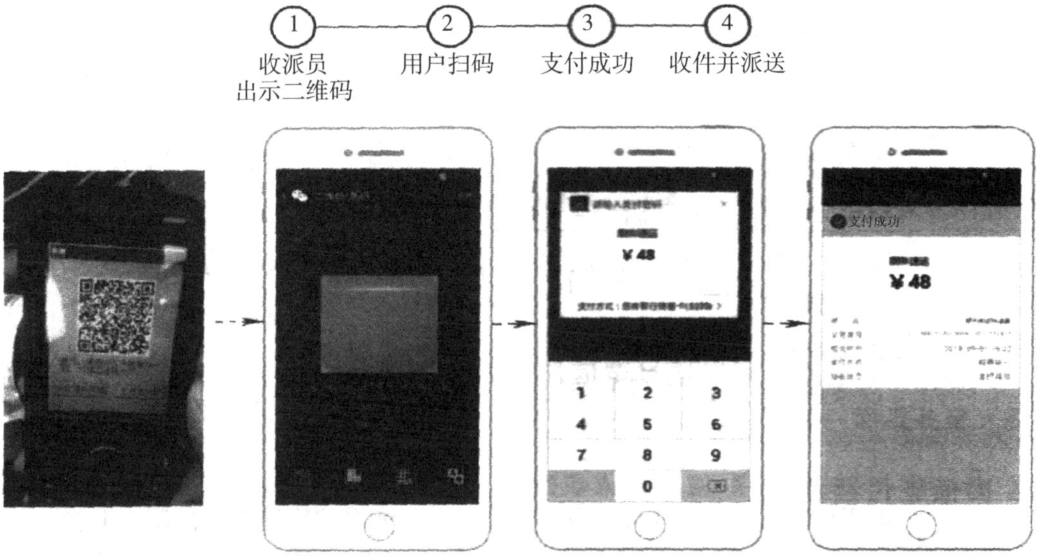

图 3－3－3　微信支付运费流程

（三）网上业务处理

1. 物流公司的网上业务内容

为充分运用网络资源，提供更人性化的服务，落实“以客户为中心”的经营理念，目前多数物流公司都开展了网上业务，图 3－3－4 展示了某物流公司的网上业务界面。

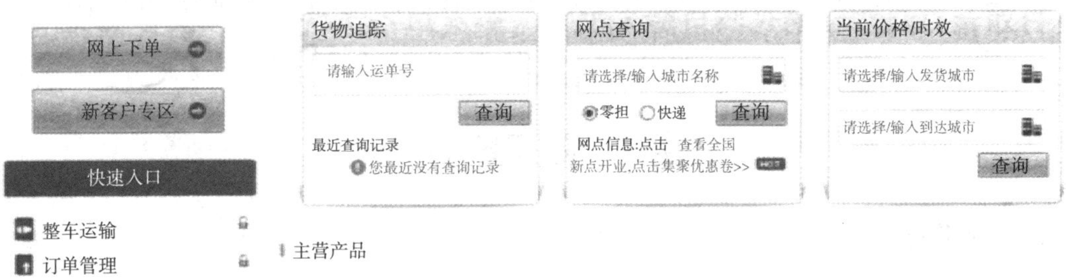

图 3－3－4　网上业务界面

一般网上业务处理内容包括以下几项：网上订单查询；网上在线留言处理；信息发布（见图3－3－5）；客户信息反馈处理；邮件处理及回复；网上订单处理。

图3－3－5　信息发布

2. 一般网上业务受理流程

（1）客户在物流公司所属页面上找到相应业务受理栏，点击要申请的业务。

（2）客户填写相应的信息，确保填写的资料真实、无误、齐全，并提交。

（3）物流公司客服人员接到客户的请求，进行审核后转入内部处理流程。

（4）客服人员对客户请求进行回复及处理。

3. 网上在线客服业务受理流程

在物流公司官网上找到“在线客服”，点击进入，出现相应的对话界面，根据需要和在线客服人员进行对话即可。

4. 网上客户信息回复

（1）网上客户信息回复的含义。为了方便客户，大多数物流公司的网上业务都开通了客户信息反馈一栏。客服人员每天要负责及时回复用户发过来的信息，这一业务即为网上客户信息回复业务。

（2）网上客户信息回复注意事项。判断客户的问题类别，根据公司所要求的样板信息回复；信息回复要及时；重要客户及突发问题要及时上报上级领导；汇总客户信息。

技能训练

请协助刚刚进入客户服务部物流客户服务中心（即呼叫中心）工作的王晓佳和李恬恬及其他5名女同学，根据各自岗位，模拟物流客户线上和线下业务处理流程，模拟全过程中需要特别注意各种工具的使用规范和技巧。

任务4　处理查询业务

任务进程

李恬恬及其他5名女同学被分成三组，进入客户服务部的物流客户服务中心（即呼叫中心）工作，分别被安排至呼叫中心坐席岗位、呼叫中心的查询岗位和投诉受理岗，进行轮岗工作。

客户服务部的业务分工决定了几位同学应该在熟悉物流客户服务工具的前提下，继续熟悉查询业务。查询工作主要是客户通过电话来进行的，网络查询也是一个便捷的办法。客户的查询业务主要包括售前咨询业务和售后订单的跟踪业务。

相关知识

一、通过电话查询业务

（一）呼叫中心的工作范围（400 电话业务）

呼叫中心的工作主要包括业务咨询、业务受理、业务查询、投诉处理等，客户通过 400 电话进入呼叫中心系统，系统相关客服人员帮助、指导客户完成所需的业务。具体的业务内容图 3－4－1 所示。

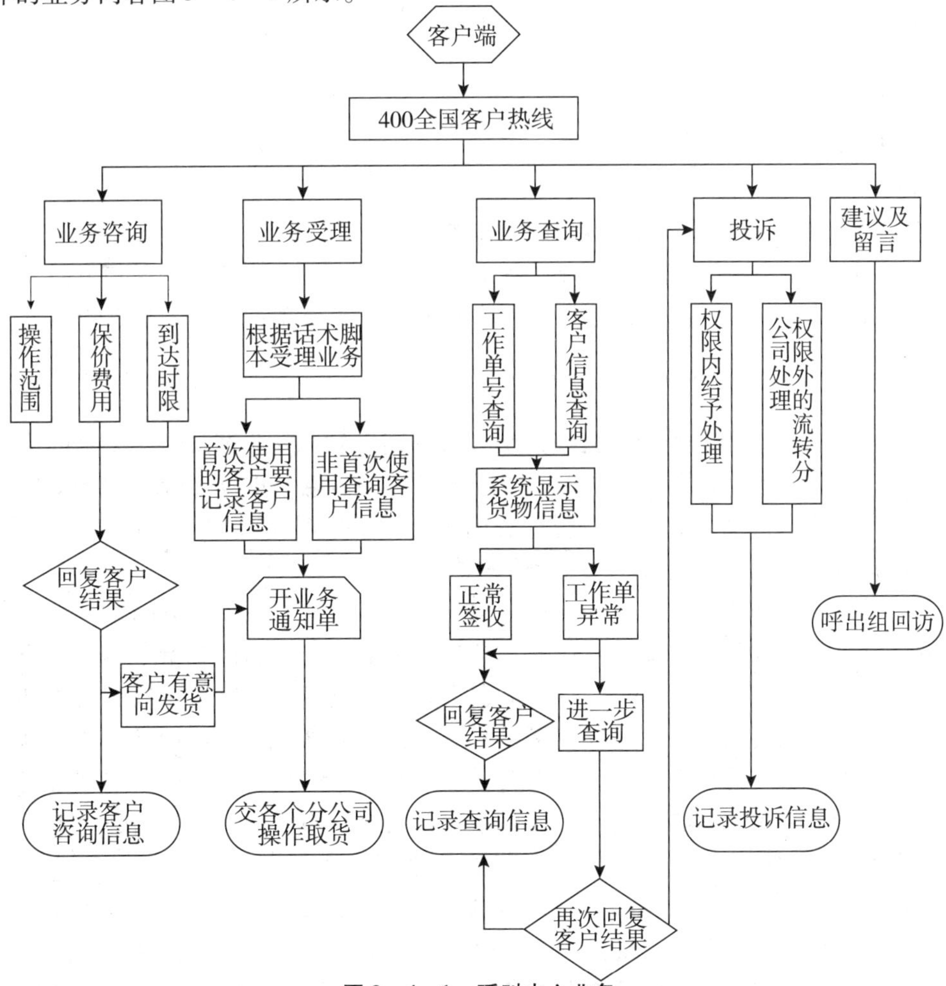

图 3－4－1　呼叫中心业务

（二）查询专员岗位职责和操作规范

1. 查询专员岗位职责

（1）及时处理客户的查询业务，包括客户拨打400查询电话及受理人员转交的查询业务等。

（2）一票负责到底制：对客户的查询工作要独立处理完毕，不允许出现相互推诿的情况。

（3）及时对客户的查询业务进行回复，并告知查询结果。

（4）准确并准时地将客户的查询业务录入CRM（客户关系管理）系统。

（5）对查询出现的典型案例，包括分公司违规业务操作的典型案例进行汇总，并于每周一上交查询班长。

（6）对公司的各项业务知识了如指掌，并应用到实际工作当中。

（7）完成公司领导转交的各项临时工作。

（8）有较强的协调能力和沟通能力。

（9）有较强的工作责任感和事业心，工作认真负责。

（10）遵守公司各项规章制度，积极履行员工应尽的义务。

2. 查询专员工作的操作规范

1）工作准则

（1）实行一票到底原则。

（2）严格执行半小时内回复客户的操作要求。

（3）同一个工作单号只允许记录一次查询信息，如果需要变更记录信息只能在原有基础上进行修改，不允许重复记录，更严禁虚假信息出现，如有发现，当月此项绩效全部扣除。

2）查询专员交接情况

（1）由于同一个工作单号只允许记录一次查询信息，因此客户再次来电时，其他查询专员记录方式均为咨询，严禁再次重复记录查询信息。重复记录者扣除本次记录提成，并且扣除当月绩效和相关分值。查询信息记录情况由查询领班负责抽查监督，每周定时抽查一次或是每周内进行不定时的抽查。

（2）客户再次来电时，在第一查询信息记录人当班情况下，接电的人员需记录咨询信息，并结合出入库信息及先前查询专员在系统中已记录的信息给予客户回复，客户执意要求回复时，可转给第一个查询信息记录人回复客户，实行一票到底原则，严禁查询专员不看任何记录信息直接将客户咨询的货物信息转给第一记录人的行为。此种行为会导致客服人员重复工作或客户投诉等。如因查询专员推脱责任或是回复不及时导致客户投诉，扣除本次提成，并且扣除当月绩效和相关分值；如果因为查询专员处理不及时导致货物价值损失，按公司规定直接追究到责任人。

（3）客户再次来电时，在第一查询信息记录人未上班的情况下，再接到客户来电的查询专员记录咨询信息，严格实行半小时回复制，按实际情况给予客户回复并及时处理；如果客户多次来电，系统除有记录查询信息外，还有其他查询专员记录咨询信息，那要将此查询业务交由第一记录咨询信息的工作人员跟踪处理，严禁相互推脱责任。如果因为咨询信息记录人员处理不当或是未给客户处理或未按承诺的时限给予回复导致客户投诉，直接追究到责任人。

（4）值班人员处理当天休息组的对应查询业务，并且处理系统先前有记录情况的，但是当首次记录人休息时，假如客户再次来电查询一票货物，且电话是由受理座席接起，此货物先前只有一位查询专员在系统中记录查询业务，此时货物信息交由当天值班人员处理。

（5）和投诉的客户对接，要严格按照规定执行，前期要积极处理货物查询业务，在将货物后期投诉交由投诉专员处理后要在系统详细记录，并且告知客户。需要查询专员继续跟进的货物，要继续协调处理。

查询专员在以下几种情况下可以把查询中的货物信息转交投诉专员处理。

①货物在系统异常备注中已经注明破损的。

②和分公司确认丢失的。

③涉及一些需要处理费用方面的问题。

④货物已经签收后，出现了一系列问题。

⑤发生错货需要调货的情况。

（6）查询专员信息记录需完整、准确、及时、真实。要求录入客户名称、客户姓名、客户来电联系方式、工作单号、咨询内容（客户来电目的及要求）、咨询结果（查询专员查询结果及回复客户意见）、咨询类型（需明确）、其他个人备注等信息。

（7）同一客户一个电话查询多票货物，查询专员需为客户提供专业查询服务，及时处理问题，根据电话中客户提供的单号一票一票记录信息：没有记录信息的单号可记录查询信息，已有人记录过查询信息的单号可记录咨询信息，严禁服务态度差、推脱责任等现象出现，严禁出现因客户多票同时查询，组内出现重复记录查询信息的问题。

3. 查询专员工作要点

（1）查询专员基本要求如下。

①为客户提供专业的查询服务。

②熟悉掌握和运用公司业务知识。

③具备良好的心理素质和较为平和的心态。

④积极的工作心态及较强的责任心、事业心。

（2）查询专员工作时间内应该保持心态平和，热情服务客户，做到微笑服务。

（3）各查询专员需不断提升处理问题的能力，不断学习新的业务知识，不断提升查询专业水平。需要提供培训的，可将要求培训内容上报至查询领班处，待汇总后结合各查询专员的要求安排合理、有效的培训课程。

（4）查询出现的典型案例由查询班长进行汇总，月报中体现，具体汇总内容由查询班长制作表格并下发各组员，由查询班长监督并且每周收集一次各组员的信息。

二、通过网络查询业务

网络查询是指客户在公司的网站或微信公众号上通过订单号来查询。

具体流程是：客户打开公司的网站，进入“网上服务”栏目，打开货物查询子栏目，按照页面要求输入订单号和验证码后，点击“确定”，接着网页上会出现这一单业务的货物跟踪信息。或者进入微信公众号后在寄件和收件中查询货物寄出和送达信息。

技能训练

请协助刚刚进入客户服务部物流客户服务中心（即呼叫中心）工作的李恬恬及其他5名女同学，根据她们在呼叫中心的岗位分工，分别模拟物流客户电话查询和网络查询过程，并注意提醒参与模拟演练的同学特别注意不同工具的使用规范和技巧。

任务5 回收业务款项

任务进程

客户服务部业务团队负责人江东带领团队成员，经过多方努力，终于通过拜访老客户取得了新的订单，作为新进成员的唐甜将负责签约后的收尾工作，即业务款项的回收。唐同学不了解业务款项回收的过程与步骤以及注意事项，特向其业务主管请教催款技巧。

相关知识

物流客户开发的最终目的是收回物流业务款项。只有把物流业务款收回才表示物流销售工作的真正完成，物流客服人员必须永远记住：要成为一个优秀的物流客服人员不仅要会签单，更要会回收物流业务款。

一、防范物流业务款回收风险

为了降低物流应收款项在企业资产中所占比率，物流企业必须构建预防机制，采取措施对客户加强管理、严格控制，从而最大限度地避免物流业务款的拖欠，减少物流应收款项的呆坏账以及挽回呆坏账的损失。

（一）防范风险从源头抓起

防患于未然，在物流业务款回收风险还未发生之前就开始防范才是最有效的。以下介绍一些从源头杜绝物流业务款回收风险产生的措施。

1. 调查客户资信状况

为了尽量降低交易风险，物流客服人员有必要先对客户的资信状况进行调查评估。这个工作在开发客户阶段就应该完成。主要了解客户的资信、业绩、财务状况、个人品性等。物流客服人员可以向银行打听、查询客户的“资信记录”，也可向同行打探客户的“付款记录”是否良好，据此直接剔除信用情况特别差的客户。

对客户实施资信评估，一方面能自觉回避一些信用不佳的客户；另一方面也便于为一些客户设定一个信用限度。确定客户的信用限度后，物流客服人员可以据此制定对每个客户的交易政策、收款方式，从而确保物流业务款的安全回收。

2. 规范合同

在合作之初，物流客服人员就应在《物流服务协议》《买卖合同》等具有法律效力的文书中，清楚明确地规定物流业务款结算情况，如物流服务结算价格、结款方式及具体的结算时间等。

若业务往来较频繁，则对结款方式要注明是现款现货、送二结一，还是固定的周期性结款，如每个月结一次等。

若是一次性买卖，则应对结款日期作出具体到几月几日的规定。使开展物流业务款的催收工作变得有据可依。

物流服务条款书写要严谨。交易条件必须使用书面形式（合同、契约、收据等），加盖客户单位的合同专用章，若涉及的合同额较大，最好经过公证。若是赊销，更要小心谨慎，签订协议时要清楚表明付款条件、付款方式等，最好能够找到一个具有付款能力的人做保证人或收下确实能够换成现金的货物作为担保。

3. 最大限度现款支付

先付款、后服务的交易方式可以杜绝物流业务款回收风险，物流客服人员可以通过以下方式达到目的。

（1）让客户特别中意企业提供的物流产品或服务，并认为该产品或服务供不应求。

（2）提供价格折让，付现折扣。

在企业物流销售政策允许的范围内，可以利用价格折让、付现折扣、免费送货等措施让利促销，利用客户贪小便宜的心理促成现金交易，减少潜在的呆账、坏账损失。

若物流客服人员与客户建立了良好的关系，甚至可以要求客户接受“先打款后服务”，先打一部分业务款。若客户回款信用差，可以要求现款现货，否则就放弃交易。

4. 谨慎采用商业信用

根据客户的信用等级，物流客服人员可以考虑对信誉好的客户先服务后付款，甚至分期付款。但要让客户出具具有法律效力的欠款收据，并督促客户及时回款。

（二）步步为营处处提防

防范心存不良的客户诈取企业财物，最有效的方法就是物流客服人员时刻保持谨慎的态度。对于初次交易的客户，一定要先看其营业执照，再谈交易。交易中，一旦发现客户有严重的问题，就应中止交易。

1. 及时发现蛛丝马迹

蛛丝马迹的表现包括以下几个方面。

（1）先期预谋取信，后期消失无踪。交易初期客户为了取信于物流客服人员，常常拿出大笔的现金，现款现付。

（2）使用诈术。利用“货到付运费”等名义引诱物流客服人员签单。

（3）过于爽快。在买方市场的情况下，客户过于爽快，物流客服人员就得考虑这是不是引诱入局的陷阱。若自己所在物流企业并没有品牌优势时，物流客服人员更要提防这一类型的客户。

2. 采取措施谨慎防被骗

为避免被客户设计诈取物流企业业务款项，首先要在开发客户的过程中判断出客户的意图，才能采取相应的措施应对。

对于新交往的客户，建立良好关系，获取有用的信用信息，进行资信调查。

3. 控制物流服务的数量

对于物流采购量大的客户，物流客服人员要根据客户信用情况，合理控制物流服务数量。合同条款“送二结一”的回款政策是指第一批物流业务款不到账就不要急着提供第二批物流服务。一来方便企业清楚客户动态；二来利于企业应变，减少应收账款量上的潜在损失。

对于新开发的客户或没有把握的老客户，第二次交易的金额不宜过大，这是杜绝呆、坏账的前提。

新客户开口就谈物流业务量，而不问物流服务质量和价格，不提任何附加条件，对物流供应商提出的所有要求都满口答应，这样的客户风险最大，是防范的重点。

4. 建立客户的信用额度

根据客户付款的情况，来决定提供物流服务的最高额度。当客户要求提供超额物流服务时，必须要求客户以现金交易或提供担保物，以增加信用额度。

二、物流业务款收款流程

从某种程度上说，收款比开发客户还难，是对物流客服人员能力和素质的一个重要考验。不过，收款也是有规可循的，其流程如下。

只有前期准备到位，才能使收款工作有条不紊地展开，准备内容如下。

1. 应收账款管理

为了让收款更加顺利，物流客服人员一定要先做好应收账款的对账单和余额的确认。物流客服人员可以在约定的收款时间前，编制应收账款管理表，以提醒自己及时收账。

除了编制好应收账款管理表之外，物流客服人员还要针对客户编制账目清单明细表，表内逐笔记载物流服务（交易）日期、数量、单价、总金额、发票号等明细资料。用传真或电邮的方式寄达客户，对方收到后可以先行核对。

2. 了解客户付款习惯

客户会以各种借口拒绝付款，例如，负责人不在、账上无钱、未到公司付款时间（有的公司有固定的付款日期）等。这就要求物流客服人员平时与客户打交道时，多观察、多留意，掌握客户与结款相关的一切信息动态。

（1）结款时间。物流客服人员亲自上门收款，必须提前掌握客户公司结款安排，是每天均可以结款，还是每月只有固定的几天才办理结款手续。

（2）结款方式。结款方式是现金付款，还是转账支付。如果是转账支付，物流客服人员应注意其填写的业务款到账日期。

（3）结款签字负责人时间安排。要掌握客户方结款签字负责人的坐班时间，以便及时得到他的亲自确认。这是物流客服人员顺利收款的前提，物流客服人员应掌握其行踪。

（4）有无对账程序。有对账程序的，要先与客户对账。物流客服人员到客户营业所在地，出示有关的物流业务款往来凭证供客户逐笔核对，等客户确认与其拥有的“副联”核实无误之后，物流客服人员收账才能正式开始。

3. 了解常见的收款方式

常见的物流业务款收款方式有银行汇款、现金付款、现金支票、转账支票等。其中，对物流供应商最有利的是银行托收、银行承兑汇票、信用贷款和信用卡收款四种结算方式。

（1）银行托收。

银行托收是销售方委托银行向客户收取业务款的一种结算方式。

①优点：银行承担信息管理功能。

②缺点：物流供应商需向银行支付1%以下的托收费用，而且银行对托收的数量和范围也有限制。

（2）银行承兑汇票。

银行承兑汇票是以银行为承兑人，保证商业汇票的到期付款，并承担无条件支付义务的票据。

①优点：这种结算方式对物流供应商非常有利，可以百分之百保证收回物流业务款。

②缺点：物流供应商必须与银行签订银行承兑汇票协议，并按照相关的操作程序和要求办理，操作不便。

（3）信用贷款。

信用贷款多用于物流供应商与代理商之间，其是指物流供应商要求代理商以个人名义在银行开设信用卡，在交易完成后，由物流供应商提供担保，代理商向银行贷款支付业务款的收款方式。

①优点：对物流供应商而言，可以将危机转嫁给银行，由银行负责监督代理商还款；而对代理商来说，自己在物流供应商提供担保后，能获得更多的资源。

②缺点：耗时，代理商在物流业务完成后才能归还银行贷款。

（4）信用卡收款。

信用卡收款指客户在物流供应商指定银行开设信用卡，在物流供应商提供的服务到位后，电话通知银行立即划账。若客户的信誉比较差或交易额比较小时，物流客服人员可以考虑这种非常安全、方便的结款方式。

4. 售后服务好才容易收款

物流客服人员在与客户签署订单后，生意并没有结束，真正的客户开发工作永无终点。提升收款成绩、创造再交易业绩的最直接的方法就是做好售后服务，落实客户满意度管理。因此，物流客服人员一定要在收款前化解客户的不满、抱怨，以免客户以此为借口拒绝付款。

5. 事前约定

在去收款之前，还要去信函或打电话，与客户约好要去拜访及收款的时间，使客户有所准备。若没有约好时间贸然前去，不但很难收到款，而且还会引起客户的反感，破坏彼此的关系。

三、物流业务款催款方式

物流业务款回收，一般采用上门催款和电话催款两种方式。

（一）物流客服人员上门催款

1. 摆正心态，约定时间

上门催款，经常会遭遇客户的“冷面孔”和“冷板凳”。物流客服人员要知难而上，用智慧、技巧和诚意达到目的。

（1）摆正心态。物流客服人员要成功地收款，首先必须保持正确和积极的心态。物流客服人员说话的口气和意志、感觉、行为，都是心态的反映。为拥有一个积极收款的心态，物流客服人员要具备以下两种信念：收款是营销的关键，没有收款，就没有再推销的机会；收款是富有成就感的工作，收款工作的完成，可以直接增强销售勇气，强化营销能力，大幅度提升业绩。

物流客服人员在催收物流业务款时，若遇事有主见，往往能出奇制胜，把本来已经没有希望的欠款追回。

有的物流客服人员认为催收太紧会使对方不愉快，影响以后的交易。然而客户所欠业务款越多，支付越困难，越容易转向他方（第三方）购买，所以直截了当地向客户说明来意，加紧催收款项才是上策。

（2）按约定时间到达。一是可以抢在别的业务人员之前，让客户将有限的资金先支付给自己；二是不给客户留下话柄，如：“叫你某时某刻来，你不来，现在好了，钱都被其他公司结走了。”“不巧，老板刚走，没人签字，我不敢付款。”

2. 找到关键人

找到结款负责人非常关键。关键人通常为客户公司财务负责人、项目总管，甚至老总。向做不了主的人提结款要求，会“打草惊蛇”。

3. 选择时机

由于是当面沟通，物流客服人员要避免在客户心情不好、情绪不稳定时提出结款要求。

有些客户忌讳一个工作周期的头一天或头几天往外支付资金，认为这样预示着生意的亏本。物流客服人员若在一个星期的第一天、一个月的头两天或每天的上午找他结款，客户会感到不愉快。因此前往收款时，要选择双方都认为最方便的时间。

4. 不同客户类型的有效应对方法

收款过程中常见的客户类型有爱占便宜型、诉苦型、爱面子型，针对其不同的付款心理，予以各个击破，物流客服人员才会收回业务款。

（1）爱占便宜型。这类客户在付款时，不是对零头尾数拒绝给付，就是对事先谈好的折让比率提高要求。对这类客户要外柔内刚，以和蔼的语气、坚决的态度，向其解释遵照付款条件可以得到长期利益。

如：“今天您按约定当场结清物流业务款，可以得到3%的现金折让，这可比您把钱放在银行里划算。而且，在您将来业务量增大时，可以享受比同行更为优惠的折让，在旺季时，还可以优先得到服务……”

（2）诉苦型。回收物流业务款时，这类客户会对你说些“利润微薄，销路不佳”等大吐苦水的话，这是为了让你重视他的存在，寻求心理的平衡。这时，物流客服人员要耐心地倾听，以解除其心理的压抑，并多给他面子，激发其虚荣心，使他了解按时依约付款是一流客户的品质。

如：“以您的经营规模、社会声望以及财务能力，付这点小钱还能有什么问题？况且，同行都说您的资金调度能力是本地区数一数二的，您一直就是让人放心的客户……”

（3）爱面子型。这类客户有时付款不爽快，却十分要面子，你可以在办公场所当着其员工和客户的面，要求他付款，此时他会顾及公司的形象而结清业务款，甚至可以在下班时间到他家里去，他不愿意家庭生活受到干扰而会立即结款。

如：“张总，这笔款子的时间拖得太长了，我们公司给我下了死命令，如果结不到款，我就不用回去了。所以从今天开始，您走到哪儿，我跟到哪儿，等会儿您下班，我就跟着到您家蹭饭。我知道您是非常注重名誉的人，我也十分尊重您，但我也是没有办法，希望您体谅我的难处。”

5. 动之以情

有时客户会说：“你看，我公司生意现在这么差，资金周转确实困难，能不能缓几天再结？”在对这种借口表示理解的同时，物流客服人员也应借机向他诉说自己的为难之处。在诉说时，要神情严肃，力争动之以情。

如：“李总，咱们合同约定的结款时间是今天，我出来之前老板让我立了军令状，如果今天收不回款，老板会炒我鱿鱼的。还请您多帮忙！十分感谢！”

如：“李总，您不知道，我们公司的业绩考核重点在回款情况，我已经连着几个月没拿到工资了，如果今天收不回款，我这个月的工资就又泡汤了，恐怕我就得露宿街头了。还请您无论如何帮我这个忙！”

6. 妙对借口

当客户以某某人不在为借口不付款时，可以联合其他企业的业务人员一起，以众人的力量给其施加压力。而当其资金确实紧张时，则应避开其他企业的业务人员单独行动。

当拒付原因涉及自己的产品或企业时，如果确实是事实，物流客服人员应及时反省，并及时整改，让客户满意。

7. 有礼有节

在表明“非结不可”的坚决态度的同时，做到有礼有节。在填单、签字、销账、登记、领款等每一个结款的细节上都要向其具体的经办人真诚地表示谢意，以免其下一次故意找借口刁难自己。

（二）物流客服人员电话催款

针对异地客户，如果物流客服人员亲身前往去收款，会浪费时间和成本，所以通过电话催款成了异地回收物流业务款最为重要的方式之一。

电话催款因操作方便、节约成本，所以应用比较普遍，但这种催款方式也有两个明显的缺点。

（1）物流客服人员不能看到客户方的真实情况，不能当场施加压力。

（2）只要挂断电话，客户就能摆脱你的“纠缠”。

电话催款虽然是常用的方法，但并不是很容易的事情，物流客服人员要注意以下几点。

（1）尊重客户。

尊重客户是一个物流客服人员的基本素养，物流客服人员要保持正面的心态，尝试用以下的方法控制自己的情绪，保持好心情。

①提出你的要求。

②在每说完一句话之后，称呼客户的名字。

③带着微笑的声调说话。

客户若在电话的另一端感受到你的热情，心情也会变得开朗，会愿意与你积极沟通。“人情留一线，日后好相见”。若对方是物流客服人员的老客户，说话更要慎重，免得伤了和气，赢了面子，却丢了银子。

（2）事先确认金额。

在打电话之前，核对给客户提供物流服务的历史记录，弄清每笔应收账款的金额，并放在手边，以便与客户交谈时可以随时查阅。

（3）选对时间。

催收业务款要讲究“吉时”，选择在债务人心情好的时候提出要求。没有谁接到要账的电话会高兴，特别是当客户心情本来就不好时。

下午在下班前一个小时也是收款的好时机，大部分公司会在这个时间段开碰头会，但不要太晚，以免客户以银行下班为借口拖延。一般来说，每周的周五是人感觉比较轻松的一天，其次是周四、周二，最不宜的是周一、周三。若物流客服人员对客户很了解，知道客户公司哪天有款进，那么前三天则是电话催收的“黄道吉日”。

（4）找对人。

物流客服人员必须找对有权解决问题的人，电话催款的局限也体现在这点上，若对方为了躲债，故意说负责人不在，物流客服人员也只能在电话这边干着急。

即便如此，物流客服人员也要和接电话的人客气地说清自己的意图，让对方将自己的意思转达给真正想找的人。

（5）说对话。

若物流客服人员的态度通情达理，处处为对方考虑，客户也会将心比心。对于态度极其不友好的客户，物流客服人员可以告诉对方，要么跟我们企业的律师谈，要么跟我们企业的老板谈。

适时保持沉默，特别是让客户说话时，若客户觉得自己猜不透你的想法，他就有可能自乱阵脚。

（6）永不言弃。

物流客服人员要不断对客户进行“电话轰炸”，不达目的，誓不罢休。当客户接电话接得手软，听到别人提物流客服人员的名字就产生条件反射时，他会明白，要想摆脱纠缠，别无选择，只有结款这一条出路。

四、物流业务款催款策略

物流客服人员如果遇到狡猾的拒绝付款的客户，应采取如下策略。

（一）巧妙化解客户的“诡计”

有些客户会找种种借口，使用各种伎俩，拒绝按时结款。下面就客户常用的几种招数进行分析，希望物流客服人员仔细甄别、小心防范，并运用一定的技巧化解客户的“诡计”。

1. 推

客户常以“支票用完了，还没来得及买”“负责签发支票的会计请假，不在”等借口，推卸付款责任。

若客户说“今天不方便”，你要继续询问客户是否可以在这两天内付款，如客户说“没问题”，则重复客户的话：“今天是×月×日，那我×日×时来收款。”同时在客户的欠条上注明“已答应×月×日清款”，并向客户展示。

2. 拖

客户常以“账面上无钱”“手头紧”等借口，要求物流客服人员下次再来。面对这种情况，你可以这样说：“您这么大的公司，还在乎这么点儿小钱？这笔款时间拖得太久，今天再收不回去，我就没法跟领导交代了。”

3. 拉

客户在付款时与物流客服人员谈交情，称兄道弟，希望物流客服人员答应给予业务款折让或减收业务款，这时物流客服人员要与客户保持距离，表明自己的立场：“您提的要求是我们公司的制度不允许的。若我答应了您，差额部分就必须由我自己补上。”要表现出严肃的神情，不可以有笑容，也不要有示好的表情。

4. 骗

客户可能会佯称物流服务质量有问题等，拒绝付款。

物流客服人员可以说：“真的吗？我们以前从没出现过这样的情况，到今天才听您说，是什么问题，我回去后一定向领导反映，给您满意答复。”听了这话，客户要是心里有鬼，肯定就会岔开话题，或找借口拒绝你的要求。

若客户是代理商，他们会称外头的赊欠尚未收回，手头没钱支付业务款。对于这类情况，只要刨根问底，问话时注意技巧，肯定能识破客户的谎言，避免上当。

（二）物流客服人员有效催款方略

具体的催款方略主要有以下三种。

1. 上策：以柔克刚

以柔克刚就是若觉得客户是讲理之人，物流客服人员可“晓之以理，动之以情”，让客户体谅难处，从而达到收款的目的。

在向客户“示弱”的同时，物流客服人员可以对客户诱之以利：“如果现在付款，在咱们以后的生意往来中，我不会让您吃亏的。业务量大时，可以享受比其他客户更大的折扣；若遇紧急情况时，能获得优先服务的特权。”

这种循序渐进的催收方式，既能让客户从内心接受，又不伤和气，方便以后继续合作，这也是物流客服人员最愿意采取的方法。

2. 中策：以刚克柔

以刚克柔就是与客户死缠烂打，进行持久战，不达目的，绝不收兵。这招主要有以下效果。

（1）将客户所在公司的会计人员、物流采购人员、秘书等牵扯进去，分化客户内部人员，若他们觉得脸上无光，肯定会产生抱怨，以引起客户关注。

（2）疲劳轰炸式的催款，使客户不堪其扰，无心做事，主动协商解决。

在与客户过招时，物流客服人员还应注意以下情况。

（1）对于多次拒付业务款的客户，可以在大庭广众下催讨，但不要让客户无法下台。

（2）一定要显示专程收款的态势。

（3）物流客服人员在任何情况下都不要讲出自己的薪酬待遇，以免客户认为你在赚他的钱，心里不痛快，更加不肯付款。

（4）若自己所在企业确有失误或不周到的地方，要向客户礼貌道歉；若需要自己企业处理，物流客服人员应立即与本企业相关人员联系，研究出解决问题的方法和时限，并当场向客户说明解决的办法，不给客户留口实。

（5）若客户发牢骚，也可把自己收款的烦恼向客户倾诉。

（6）反复强调客户有付款能力。

3. 下策：以恶制恶

物流客服人员可以通过“善意的恐吓”施以高压，促请对方遵照事先的约定清偿物流业务款。但是“高压催款”，不仅对双方以后的关系会有消极影响，而且若被其他客户得知，会遭到他们的反感和非议，因此不可轻易使用。

（1）认定相应对象。

若物流客服人员三次拜访，客户都设法逃避付款责任，而且根据过去交往的经验和其他人提供的信息，确定该客户具有“欺软怕硬”的倾向时，物流客服人员就可以考虑使用“以恶制恶”的策略。

（2）征得上司同意。

在准备采取强硬措施之前，物流客服人员最好与上司和企业内的相关人员商量，当大家都同意放弃这位客户时，物流客服人员再实施其计划。这样可以防止得罪那些平时信用良好，但目前流动资金拮据的客户。

（3）先礼后兵。

物流客服人员先给足客户面子，好言相商，若客户仍然“执迷不悟”，物流客服人员可以直陈自己将采取的措施，提请客户注意：一是相应减少服务，甚至停止服务。二是取消优惠价格。如：“您这么大的公司，我不担心您会跑掉。不过，我们公司规定，若逾期未付清，将不再享受我们的优惠价格。对贵公司来说，这其中的差额虽然不算什么，但我还是觉得您及时付款比较划算，您觉得呢?” 三是断绝来往。如：“我们是很看重贵公司的，双方以往的合作也比较愉快，最好不要让这笔对贵公司不值一提的业务款影响了我们以后的长期合作，您说呢?”

若客户对你的口头威胁无动于衷，物流客服人员可以改用“物流业务款逾期通知书”“律师催收函”等书面方式继续催讨。

在寄挂号信函时，物流客服人员可以直接要求客户在指定期限内结清业务款，语气要坚决、强硬，甚至可以讲明，若客户仍不理会物流企业的正当要求，物流企业不排除通过法律手段解决的可能。

在信函中，物流客服人员可以将“请”“欠款金额”“逾期付款”等字眼，以红色字体标出，以强调物流企业的不满和全数收款的决心。至于信中的语气究竟应该严厉到什么程度，可以根据以下八个要素灵活掌握：对该笔账款需要的急迫性；逾期的时间长短；客户的重要性；该笔账款的总金额；自己与该客户是否还有生意往来；客户前期是否已部分清偿；客户对该催收信函的反应；增加的风险性。

（4）以退为进。

上门催款时，若客户态度恶劣，物流客服人员应及时撤退，以求他日再战，以免将局面弄僵，失去回旋余地。但离开前，物流客服人员要表明继续催讨的决心。

（5）求助。

当对欠款的客户实在无能为力时，物流客服人员可采取以下方法。

①同上司或律师一同前往，既给足了客户面子，也让客户感受到物流企业对这笔业务款的重视。

②若企业设有专门负责滞延账款回收的部门，物流客服人员可以将无法收回业务款的事由书写成文，让该部门代为处理。

③与企业商量，花钱请专门的“讨债”公司帮忙催款。

五、不良物流业务款催讨

不良物流业务款是指客户由于经营不善，出现财务危机，甚至破产，不能按时足额支付的业务款项。为了减少损失，最大限度保证企业的利益，物流客服人员必须采取非常手段讨要不良业务款。催讨不良物流业务款的手段主要有非法律手段和法律手段两种。

（一）采取非法律手段

客户还有还债的诚意和能力，最好利用非法律手段解决问题。当客户经营恶化、难以为继的时候，物流客服人员要速战速决，争取在短期内回收业务款。否则，将颗粒无收。短期催收的方式主要有以下三种。

1. 私下和解

陷于经营困境的客户主动和物流客服人员协商私下解决之道时，物流客服人员应该有所让步，同意“折成一次清偿”或“分期全数付清”，尽可能减小损失。这种留有人情的做法虽看似债权人有吃亏之处，但是留人余地，就是给自己有回旋的空间。私下和解，是避免劳民伤财、成功收回业务款的最佳途径之一。

当客户倒闭时，物流客服人员最好先了解对方能否偿还业务款，并私下查明客户有无可供清偿的资产或可回收的账款。若客户有还款诚意，并积极配合，物流客服人员就没有将客户告上法庭的必要。

在与客户私下和解时，物流客服人员需要注意以下几点。

（1）先下手为强，先到先得。

（2）协商时，态度要冷静，让步不能太快、太大。

（3）可以邀请企业律师或法律顾问或上司一同前往，以壮声势，并能及时得到他们的帮助。

（4）将和解的内容，如清偿物流业务款的期限、金额等，用“白纸黑字”写下来，以免口说无凭。稳妥起见，物流客服人员可以与客户一同前往公证机关办理公证手续，必要时可直接申请强制执行。

2. 实物抵扣

实物抵扣就是物流供应商以债权人身份将债务人的某些资产如货物、设备等用来抵扣物流应付业务款。当客户经营不善时，物流客服人员要马上行动，若物流客服人员比其竞争对手早到一分钟，就赢得了主动，可顺利找到抵扣的实物，晚到一分钟就有可能错失良机，徒劳无功。

在与客户进行债务实物抵扣时，物流客服人员需要注意以下两点。

（1）抵扣的实物要有一定价值，且容易变现。

（2）抵扣的实物最好请专业评估机构对其价值进行评估，并进行公证。

3. 接受债权

设法说服客户将其对于第三方的“业务款（货款）请求权或其他债权”予以转让抵账，由第三方向物流供应商清偿。只要第三方有雄厚的资金实力或清偿债务的能力，物流供应商就很有可能实现曲线回款，挽回损失。

要求客户将证明债权的文件一并交出，同时制作成书面的“债权转让契约”，并以“挂号信函”的方式通知第三债务人。最好进行公证，以免日后与客户的其他债权人产生纠纷。

在受让客户的债权时，要注意以下两点。

（1）该债权必须正常且有担保，没有收回困难。

（2）若债权依其性质不可转让或有特约不得转让，接受债权就没有意义。

（二）采取法律手段

当非法律手段对欠款客户无效时，物流客服人员就要考虑诉诸法律。不过，物流客服人员要有心理准备，有足够的耐心，这可能是一个非常漫长的过程。

1. 申请“支付令”

客户恶意拖欠物流业务款，物流客服人员无计可施时，可以向有管辖权的基层法院申请“支付令”。申请“支付令”的条件很简单：债权人与债务人没有其他债务纠纷；“支付令”能送达债务人。

在“支付令”申请书上，物流客服人员需要写明请求给付金额的数量和所根据的事实、证据，并同时提交以下材料。

（1）证明债权合法存在的证据，如与客户签订的物流服务合同等。

（2）证明双方债权债务关系明确的证据，如结算单、客户出具的欠款确认书。

（3）客户名称、详细地址、联系电话等。

根据这些材料，法院可以进行书面审理，不需询问债务人（客户）就可以对债务人发出“支付令”。若客户未清偿，且未在一定的期间内提出异议，该“支付令”就具有与确定判决相同的法律效力，物流客服人员就可以向法院申请执行。

对物流客服人员来说，这种方式程序简单，是最简便的法律催收方法。但若客户在收到“支付令”之日起 15 日内对债权债务关系提出书面异议，该“支付令”就自行失效，物流客服人员需要另行起诉。

2. 起诉客户

业务往来，纷争在所难免，若不能由当事人私下和解，或不能由第三人调解纷争，最后的途径就是通过民事诉讼的方式来实现债权——起诉客户。若物流客服人员无暇与客户长期纠缠，可以委托律师代为处理。

（1）申请“财产保全”。

为了防止狡诈的客户在诉讼进行中，随意处理或隐匿财产，物流客服人员在起诉前可以向法院申请“财产保全”，对客户的财产实施扣押，以保障自己的利益。

在审理的过程中，客户慑于法律的威力，提出和解时，如果条件合适，可以考虑接受。与客户走到这一步，说明对方“绝不是什么省油的灯”，要小心提防，以免上当。

（2）运用简易程序。

若款项金额不大，对方也希望快速解决问题，物流客服人员可以运用简易程序，以节省时间和费用。

（3）强制执行。

打赢官司也不一定能拿到物流业务款，因此，物流客服人员事先调查、了解客户的信用和财产状况是非常重要的。若客户拒不履行法院的判决结果，物流客服人员可以向法院申请强制执行，以确保企业的利益。

技能训练

请协助刚刚进入业务团队的唐甜同学，根据她从业务主管所学的回收业务款项的程序和策略完成催收业务款的任务，并协助她完成催款过程模拟，请注意提醒唐同学多应用相应的策略和技巧。

项目小结

物流客户服务，除了进行物流客服中心前台业务处理外，有时还需要面对面接待客户。客户接待包括客户来访接待和投诉接待，这里主要介绍客户接待能力的培养过程和内容，投诉接待将在项目四中介绍。

通过项目的执行，客户服务部新进员工学习了客户接待礼仪并应用在企业客户接待过程中，掌握了来电、来人、来函的处理技巧；掌握了线上和线下业务处理流程和步骤；学会了多种业务查询的方法；实践了业务款项的收回和催收。通过各自岗位的顶岗工作，同学们在实践当中完成了项目任务，基本实现了项目目标，实现了个人客户接待能力的提升。

扫描右侧二维码，阅读顺丰仓库操作流程的介绍，了解收仓、派仓环节作业流程，以及滞留件处理的作业流程。

项目考核与评价

1. 自我评价

自我评价

评价说明	考核项目	考核点	考核总结
□及格 □不及格	理论知识	详细列明学会的知识点	
	企业操作	详细阐述掌握的操作能力	
	素质技能	详细列明培养的素质和技能	
	学生自评成绩		

2. 理论考核

理论考核

评价说明	考核项目	考核点	学院评语
□及格 □不及格	操行表现	有无违法/违纪或不诚信表现	
	学习状况	出勤率、课堂表现、作业完成率	
	理论水平	作业、测试、项目报告成绩	
	理论成绩		

3. 实操考核

实操考核

评价说明	考核项目	考核点	企业评语
□称职 □不称职	职业道德	有无违反职业道德或不诚信表现	
	职业表现	到岗率、岗位表现、任务达成率	
	技能水平	绩效考核结果	
	实操评价		

项目四　掌握物流企业客户投诉处理能力

项目介绍

李恬恬及其他5名女同学进入客户服务部的物流客户服务中心（即呼叫中心）工作，她们6人分成三组，分别被安排到呼叫中心坐席岗位、呼叫中心的查询岗位和投诉受理岗，进行轮岗工作。在她们掌握了物流客户接待能力后，下一步要继续提升学习客户投诉处理能力。

任务分解

任务1　掌握投诉的原因
任务2　受理物流客户投诉
任务3　处理物流客户投诉
任务4　实施投诉处理后服务跟进

任务目标

➢ 知识目标

（1）了解物流企业客户投诉的原因。
（2）熟悉物流企业客户投诉的受理流程。
（3）了解物流企业客户投诉的处理流程。
（4）熟悉物流企业客户投诉处理后的服务跟进。

➢ 技能目标

（1）能理解物流企业客户投诉的原因。
（2）能正确受理物流企业客户投诉。
（3）能正确处理物流企业客户投诉。
（4）能完成物流企业客户投诉处理后的服务跟进。

任务1　掌握投诉的原因

任务进程

李恬恬及其他5名女同学进入企业的客户服务中心后，分别轮岗负责投诉处理工作。岗位职责要求其完成的日常工作是：了解客户投诉的理由，根据不同的原因进行分类处理。

相关知识

一、正确处理客户投诉的目的

对客户服务工作来讲，投诉的处理是一项非常具有挑战性的工作，而对服务代表来讲，有效地处理客户投诉也是一个必须完成的任务。

正确处理投诉对于企业和服务代表来讲有以下影响。

1. 投诉能体现客户的忠诚度

客户投诉，说明客户有问题急需得到解决，客户希望得到企业的关注和重视。有时客户不投诉，是因为他不相信问题可以得到解决或者说他觉得他的投入和产出会不成比例；而投诉的客户往往是忠诚度很高的客户。总之，有效地处理客户投诉，能有效地为企业赢得客户的高度忠诚。

投诉既是向企业提出中肯意见，也是对企业有所期望。投诉客户是期望企业的服务能够得以改善，他们能够无偿地提供很多改进服务的有效信息。

对服务不满意的客户的投诉比例研究表明：4% 的不满意客户会投诉，而 96% 的不满意客户通常不会投诉，但是会把这种不满意告诉他周围的其他人，导致在这 96% 的人背后会有 10 倍的人对企业不满，而仅有 4% 的人会向你反映问题。因此，要感谢这些愿意帮助企业改进服务的客户，而有效地处理客户的投诉，就能有效地为企业赢得客户的满意和高度忠诚。

2. 满意度的检测指标

客户满意度的检测指标是客户的期望值和服务感知之间的差距。客户满意度的另外一个检测指标是服务质量的五大要素：有形度、同理度、专业度、反映度、信赖度。对客户投诉进行分类，很多投诉都可以归入这“五度”中。

3. 投诉对企业的好处

（1）有效地维护企业自身的形象。

研究表明不投诉的客户只有 9% 会回来，投诉没有解决的客户有 19% 会回来。投诉没有得到解决，但还会回来的原因，是因为客户感受到了企业对他们的重视与尊重。所以，投诉没有得到解决的人比不投诉的人被挽回的比率会高出 10 个百分点。

投诉得到解决的，有 54% 的客户会回来，有 46% 人不会再回来；而投诉迅速得到解决的，有 82% 的客户愿意继续在这家企业消费，而有 18% 的人无法挽救。这个研究表明，企业需要积极处理客户投诉，把客户投诉所带来的不良影响降到最低点，从而维护企业自身的良好形象。

（2）挽回客户对企业的信任。

企业的产品或服务有问题会引发投诉，但如果有很好的处理方法，最终会挽回客户对企业的信任。

（3）及时发现问题并留住客户。

有一些客户投诉，实际上并不是抱怨产品或者服务的缺点，而只是向你讲述对产品和服务的一种期望或是提出了他们真正的需要，这样的投诉，会给企业提供新的发展机遇。像美国的戴尔，在笔记本电脑市场竞争这么激烈的情况下，依然能做得那么出色，正是因为它有一种绝妙的营销手段——客户定制。

二、客户投诉的原因及分析

（一）客户投诉的原因

客户投诉原因占比统计如表4－1－1所示。

表4－1－1　　客户投诉原因占比统计

投诉原因	所占百分比（%）
不明原因	30
没原因	20.5
价格太贵	4.75
产品质量差	4.75
服务跟不上	40

经过统计发现客户离开的原因是：一部分客户觉得产品太贵所以离开；一部分客户觉得产品质量太差所以离开；而大多数客户是因为觉得企业服务太差所以离开。

常见的客户投诉产生的原因如下。

（1）商品质量问题。

（2）售后服务。

（3）维修质量。

（4）呼叫服务网络缺陷。

（5）客户服务人员工作的失误。

（6）工作人员的服务质量问题。

（7）客户对企业经营方式及策略的不认同，如交费时间。

（8）客户对企业的要求超出企业预期。

（9）客户对企业服务的衡量尺度与企业自身的衡量尺度不同。

（10）客户由于自身原因，对企业提出过高要求而无法得到满足。

目前，我国某些企业存在的最大问题依然是服务态度的问题，而且很多客户投诉也都是由于这个原因。因此，企业需要重点解决的依然是服务技巧问题，服务技巧在项目三中有详细的介绍。

（二）客户投诉的产生过程

客户投诉的产生过程如图4－1－1所示。

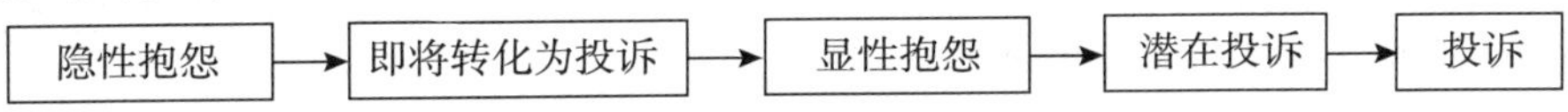

图4－1－1　客户投诉的产生过程

投诉只是最后结果的表现，实际上投诉之前就已经产生了隐性抱怨，即对产品或者服务存在某种缺陷的不满。隐性抱怨随着时间推移就会逐渐地变成显性抱怨，而显性抱怨在一定的刺激下将转化为投诉行为。

三、客户投诉的内容

因为销售的各个环节均有可能出现问题，所以客户投诉也包括产品及服务的各个方面。总的来说，可以归纳为以下几个方面。

（1）商品质量投诉主要包括产品在质量上的缺陷、产品规格不符、产品技术规格超出允许误差、产品出现故障等。

（2）购销合同投诉主要包括产品数量、等级、规格、交货时间、交货地点、结算方式、交易条件等与原购销合同的规定不符。

（3）货物运输投诉主要包括货物在运输途中发生损坏、丢失、变质或因包装、装卸不当造成的损失等。

（4）服务投诉主要包括对企业各类人员的服务质量、服务态度、服务方式、服务技巧等提出的批评和抱怨。

四、正确处理客户投诉的策略

1. 重视客户的投诉

当客户投诉或抱怨时，不要忽略任何一个问题，这里可能有一些深层的原因。对于客户投诉的重视，不仅可以增进企业与客户之间的沟通，而且可以诊断企业内部经营与管理所存在的问题，可利用客户的投诉与抱怨来发现企业需要改进的地方。

2. 分析客户投诉的原因

客户因为不同的原因而投诉，处理客户投诉时，首先应仔细分析客户产生抱怨或投诉的原因。比如，一个客户在某商场购物，他对购买的产品基本满意，只对外包装上有小瑕疵不满意，提出要更换，可是销售人员不礼貌的态度会刺激他，于是他开始抱怨，投诉产品质量。而事实上，他的抱怨更多针对的是销售人员服务态度问题，而不是产品质量问题。

3. 正确及时处理问题

对于客户的抱怨应该及时处理，拖延时间只会使客户的抱怨变得越来越强烈，使客户感到自己没有受到足够的重视。例如，客户抱怨产品质量不好，企业通过调查，如果发现主要原因在于客户的使用方法不当，就应及时告诉客户正确的使用方法，而不能简单地认为与企业无关，不予理睬，虽然企业没有责任，但这样也会失去客户。

4. 记录客户抱怨与解决的情况

对于客户的投诉与解决情况，要做好记录，并定期总结，发现的问题要及时解决。

5. 追踪调查客户对于抱怨或投诉处理的态度

处理完客户的抱怨或投诉后，应与客户积极地沟通，了解客户对于企业处理的态度和看法，加强客户对企业的忠诚度。

五、有效处理客户投诉的技巧

企业的员工在处理客户的抱怨时，除了依据客户投诉处理的一般程序之外，还要注意与客户的沟通。

拉近与客户之间的距离，赢得客户的谅解与支持的技巧如下。

1. 平常心态

对于客户的抱怨要有平常的心态。客户抱怨时通常都比较情绪化，作为企业的员工应该体谅客户的心情，以平常心对待客户的过激行为，不要把个人情绪带到投诉的处理过程中。

2. 保持微笑

俗话说："伸手不打笑脸人，"员工真诚的微笑能化解客户的坏情绪，满怀怨气的客户在面对春风般温暖的微笑时会不自觉地减少怨气，进而与企业友好合作，达到双方满意的结果。

3. 从客户的角度思考

在处理客户的抱怨时，应站在客户的立场思考问题，如"假设自己遇到客户这样的情况，将会怎样做"这样就能体会到客户的感受，进而找到有效的解决方法。

4. 做个好的倾听者

大部分情况下，抱怨的客户需要忠实的听者，但喋喋不休地解释只会使客户的情绪更差。面对客户的抱怨，员工应掌握好聆听的技巧，从客户的抱怨中找出客户抱怨的真正原因以及客户对投诉结果的期望。

5. 积极运用非语言沟通

在聆听客户的抱怨的同时，积极地运用非语言进行沟通，促进对客户的了解。比如，注意用眼神关注客户，使他感受到重视；在他讲述的过程中，不时点头，表示肯定与支持。这些都能鼓励客户表达自己真实的意念。

六、处理客户抱怨或投诉的管理程序

要处理好客户抱怨或投诉一般要遵循以下程序。

（一）洞察客户的不满意

当客户对企业的产品或服务感到不满意时，通常会有两种表现：一是显性不满，即客户直接将不满表达出来，告诉厂家；二是隐性不满，即客户不说，但从此以后可能再也不来消费了，企业无形之中失去了一个客户，甚至是一个客户群。对显性不满企业往往注重处理，对隐性不满却疏于防范。而据调查显示，隐性不满的客户往往占到不满意客户数量的70%，因此，企业应对这种隐性不满多加注意，这就对企业终端销售人员感知客户表情、神态、行为举止的能力提出了更高的要求。国外很多大型的超市、商场对这种不满都比较注重，他们一旦发现商场收银台排队过长，客户有左顾右盼、自言自语、发牢骚等行为，就会立即做出反应，增设收银台，疏导客户，将客户的不满化解掉。

（二）正视客户的不满意

客户是企业的生存之本，利润之源，他们表现出的不满给予了企业与客户深入沟通、建立客户忠诚的机会。同时，一切新产品的开发、新服务的开展，无一不是对消费者需求的一种满足，而这些潜在的需求往往表现在客户的购买意愿和消费感觉上，商家要通过对客户的牢骚、投诉、退货等不满意举动的分析，来发现新的需求，并提升企业自身服务水平。

1. 客户不满意是创新的源泉

创新营销是发现和解决那些客户并没有提出明确要求，但实际上密切关注的需要。例如，索尼公司成功导入客户咨询系统，随身听、录像机、摄影机等很多新产品就是在该系统的支持下迅速面市的，这已成为一个创新营销的范例。另外，海尔的洗马铃薯机、诺基亚的运动型手机，这些新产品的开发也都与客户的不满紧密相连。客户的不满是企业创新的源泉。

2. 客户的不满使企业的服务更完善

有人说客户越来越难“伺候”，看报纸要送到门口，买袋米要送到家，买个空调要安装妥当，买斤肉要剁成馅儿，买台计算机教他上网，一步没做到都会引起客户的不满。但回头来看，这种看似“无理”的要求，往往正是企业服务的“漏洞”，企业要想完善服务，就必须依靠客户的“无理取闹”来打破现实。

（三）倾听、安抚客户的不满意

当客户表现出不满意时，企业人员应该迅速去了解客户不满的原因，这就要求企业人员学会倾听、安抚客户和平息客户怒火的技巧。

1. 学会倾听

企业工作人员要以诚恳、专注的态度来听取客户对产品、服务的意见，听取他们的不满和牢骚。倾听过程中要用真诚的眼神注视客户，使其感到企业对他们的意见非常重视；必要时企业工作人员还应该在倾听时用笔记下客户说话的重点。这些虽不能彻底安抚客户，却可以平息客户的怒火，防止事态进一步恶化。绝大多数客户的不满都是由企业工作人员的失误造成的。因此，即使部分客户无理取闹，也不可与之争执。

2. 安抚客户，平息客户怒火

客户在开始陈述其不满时，往往都是一腔怒火，企业工作人员应在倾听过程中适时地、不断地表达歉意，同时承诺将在最短时间内解决事情，从而使客户逐渐冷静下来，平息怒火。

有许多客户往往因自己的不良动机而故意夸大自己的不满意，以求“同情”，实现自己的“目的”。如一客户家中冰箱出现问题，他在陈述中就说冰箱是多么耗电、保鲜箱与冷藏箱设计是多么不合理、容易出现异味、容量太小等，这就需要企业工作人员在倾听过程中准确判断客户的“真正”不满之处，有针对性地进行处理，从而防止事态扩大。

（四）妥善处理客户的不满意

对于客户提出的不满，如果处理不当，就有可能小事变大，甚至导致严重后果；

相反，处理得当，客户的不满则会变为满意，客户的忠诚度也会进一步得到提升。

1. 真心真意为客户

只有真心真意为客户服务，想客户所想，急客户所急，才能把客户的不满意转化为满意，实现企业与客户的双赢。

2. 选择处理不满的最佳时机

把握处理客户不满意的时机非常关键：处理过快，客户正在生气，难以进行良好沟通；处理过慢，事态扩大，造成客户流失。

（五）客户不满处理效果评估

处理客户不满意不能光是解决问题，企业还应该对实际的处理效果进行必要的评估，了解每一次处理的效果是否达到了预想的目标，是否加深了与客户之间的联系和沟通，是否能提高客户的忠诚度。

企业应加强同客户的联系，派人同客户进行沟通。通过向客户赠送小礼物、纪念品，提供企业产品的后续服务来维持与客户之间的关系。与客户的良好服务和沟通是提升品牌美誉度的主要途径。

评估客户对处理结果是否满意，使企业明白处理的得与失。可从以下几个方面进行：客户是否满意企业处理的效率；处理的方法是否令客户满意；处理结果是否使客户满意；客户有无其他要求未被满足；引发客户抱怨之处是否得到改善。

技能训练

请帮助刚刚进入客户服务部投诉受理岗位工作的李恬恬及其同学，整理客户投诉理由，并设计和模拟完成客户投诉处理的应对策略。在模拟过程中，请注意提醒新进人员处理和应对时的方法和技巧。

任务2 受理物流客户投诉

任务进程

李恬恬及其他5名女同学进入企业的客户服务中心后，分别轮岗负责投诉处理工作。岗位职责要求其完成的日常工作是：受理物流客户投诉。

在老员工的带领下，同学们掌握了客户服务部客户投诉受理流程。

相关知识

一、确定投诉有效性

（一）投诉的概念

投诉是指消费者为生活消费需要购买、使用商品或者接受服务，与经营者之间发生消费者权益争议后，请求消费者权益保护组织调解，要求保护其合法权益的行为。

（二）客户投诉途径

（1）当面口头投诉（包括向公司的任何一个职员）。
（2）书面投诉（包括意见箱、邮局信件、网上电子邮件等）。
（3）电话投诉。

（三）物流客户投诉的原因和有效性

1. 投诉的原因

客户投诉的原因可以归纳为两种：结果不满和过程不满。

（1）结果不满。

结果不满是指企业提供的最终产品和服务不符合客户的要求，如产品性能未达到要求、产品使用出现故障、产品数量短缺、服务质量未满足规定的要求等，是客户认为产品和服务没有达到他们预期的要求，未能产生应有的利益或价值。结果不合格通常会给客户带来精神和物质上的双重损失。

结果不满的关键特征是客户遭受了经济损失。

（2）过程不满。

过程不满是指在生产和服务过程中出现的不合格，常用于服务类产品，如服务态度差、送货不及时、等候时间过长等。过程不合格通常没有影响过程的结果，没有给客户带来物质上的损失，但是由于员工不按服务承诺和规范操作，给客户带来不愉快的感知，使客户在接受产品和服务的过程中感受到不满意。

过程不满的关键特征是最终的结果虽然符合要求，但客户在过程中感觉受到了精神伤害。

2. 投诉的有效性

（1）恶意投诉。

个别消费者提出过分要求，明显无理取闹，行为、语言粗鲁，虽经合理而耐心的解释，但仍发生投诉。对待这样的投诉一定不能发火，要耐心解释，事后把该客户列入特殊对待名单，如果该客户屡次采取这样的行动，可以诉诸法律来保障企业权益。

（2）有效投诉。

投诉无论采取哪种形式，都要讲清楚以下内容：一是投诉人基本情况，即投诉人的姓名、性别、联系地址、联系电话、邮政编码等；二是被投诉方的基本情况，即被投诉方名称、地址、电话等；三是购买服务的时间、要求、价格等；四是受损害的具体情况、发现问题的时间及与经营者交涉的经过等；五是购物凭证、保修卡、约定书复印件等。经过查实确有此事的才能接受，然后进入投诉处理环节。

（四）客户投诉记录单的填写

1）客户基本信息

（1）客户的名称：记录客户名称方便进行客户类别查询和后续跟进。

（2）客户的地址：记录客户地址方便货物重新配送和回访。

（3）客户的联系方式：记录客户联系方式方便投诉处理过程中与客户及时沟通。

（4）客户的投诉时间：记录客户投诉时间方便确定投诉处理时限。

2）客户的投诉内容和要求

（1）客户的投诉内容：包括客户对服务存在问题的描述以及因为服务不周而造成其损失的情况。

（2）客户的要求：包括客户所要求的精神上的抚慰和物质上的补偿，以及其自身在企业地位的提升等。

3）投诉的处理情况

（1）投诉正常处理流程。

当客户提出的要求在客服人员的权限内，并且客服人员能立即给予答复时，最好及时处理，这样能让客户感到自己被重视，投诉的处理效果较好。

①需要采用投诉正常处理流程的情况如下。

a. 投诉的事项有明确的文件规定或工作指南。

b. 投诉的信息清楚无误，足以做出判断时。

c. 受理员有足够的权限可以进行处理时。

d. 客户接受组织预定的解决方案时。

②需要采用投诉正常处理流程的原因如下。

a. 保证对一般性的例行投诉处理有事先的策划。

b. 给受理员工明确的程序指引，让其可以快速处理客户的问题。

c. 保证每个员工都按统一规范的程序公平对待客户。

（2）投诉升级处理流程。

①需要采用投诉升级处理流程的情况如下。

a. 处理投诉所需采取的行动超出了受理员工规定的权限，如美国某酒店规定大堂经理在处理投诉时有不超过 1000 美元的权限。

b. 可能对组织的声誉或经济造成重大影响的投诉，如某电信企业规定惊动新闻媒体的投诉必须上报总经理。

c. 关系复杂，涉及多个单位或部门的投诉。

d. 客户不接受企业方员工提出的解决方案。

②需要采用投诉升级处理流程的原因如下。

a. 快速的行动对于投诉处理非常重要，升级处理流程可以避免投诉处理因为某些人为因素而停滞不前。

b. 当投诉处理和客户发生分歧时，升级处理流程可以缓解对立的情况，避免小的投诉演变成大问题。

c. 升级处理流程使组织有足够的资源来处理严重或复杂的投诉。

（3）投诉外部评审流程。

①需要采用投诉外部评审流程的情况如下。

a. 当客户不接受组织提出的解决方案，且无法继续协商时。

b. 当客户准备采取法律行动时。

②需要采用投诉外部评审流程的原因如下。

a. 内部解决是最好的办法，但最好的投诉管理体系也不能满足所有客户的预期。

b. 进入法律程序对于组织和客户双方来说都是不希望发生的事，双方都要耗费大量的时间和金钱，因此选择独立的外部评审流程符合双方的利益。

c. 可以节省大量的法律和管理成本。

d. 可以使投诉在未向外界公开之前得到解决，避免了客户采取进一步行动向媒体、其他协会施加压力，使事件陷入无法收拾的境地。

e. 对于客户来说，更容易接受外部评审程序做出的处理结果。

f. 有利于维持良好的客户关系，增强客户的信心。

③可以成为外部评审的机构如下。

a. 物流行业管理部门。

b. 物流行业协会。

c. 消费者组织。

d. 仲裁委员会等。

4）客户的评价

投诉处理完之后，要对客户进行回访，询问其对处理过程和结果的满意程度，以不断改进企业自身的服务水平。

5）事后反思总结

客服人员在投诉受理完毕后，要把投诉作为案例，完整地整理归档，对投诉时间、地点、当事人、投诉的原因和处理结果进行详细记录。典型的案例，要在工作例会上提出，共同寻找管理和服务的漏洞，从中吸取教训，改进服务，避免类似事件的再次发生，使营销管理和客户关系管理日臻完善。

6）领导审批

最后，将表格拿给领导审批并存档。

某家企业的客户投诉登记及客户投诉处理如表4－2－1和表4－2－2所示。

表4－2－1　　客户投诉登记

受理编号：		
投诉人名称：	接到投诉时间：	投诉来源：
首问责任人：	投诉事项：	

续　表

<table>
<tr><td colspan="3">投诉人要求：</td></tr>
<tr><td colspan="2">投诉人地址：</td><td>投诉人联系电话：</td></tr>
<tr><td colspan="2">投诉人要求答复解决时间：</td><td>客服代表承诺答复时间：</td></tr>
<tr><td colspan="2">被投诉责任人名称：</td><td>被投诉人联系电话：</td></tr>
<tr><td colspan="3">处理情况：（1）立即答复并已解决问题；（2）登记并交主管。
主管协调结果：</td></tr>
<tr><td colspan="3">被投诉责任人理由：</td></tr>
<tr><td colspan="3">被投诉人解决方案：</td></tr>
<tr><td colspan="3">被投诉人解决问题的进展：</td></tr>
<tr><td colspan="3">最终处理结果并采取的措施：</td></tr>
<tr><td colspan="3">最终处理结果答复投诉人时间：
投诉人对解决措施的满意情况：（1）非常满意；（2）满意；（3）一般；（4）不满意；（5）非常不满意</td></tr>
<tr><td colspan="3">投诉事件分析后的启示、建议：</td></tr>
<tr><td>未回访</td><td>已回访</td><td>回访时间：</td></tr>
<tr><td colspan="2">被投诉的相关责任人的处理意见：</td><td>客服代表处理意见：</td></tr>
<tr><td colspan="2">客服主管处理意见：</td><td>总经理意见：</td></tr>
</table>

注：处理意见相关栏目需签名并注明日期。

表 4－2－2　　客户投诉处理

日期

客户名称				联系人	
投诉时间				出货日期	
服务名称	规　格		数量	金　额	
投诉事项					
要　求	赔偿（元）	折让（%）	退货数量	金额（元）	其　他
业务部意见					主　管 经　办
QC 意见					
调查记录及异常说明	类似投诉：	□经常	□初次发生		
	客户投诉处理事项是否存在：□是　□否				
	说明：				
责任部门对策	暂定：				
	永久：				
资　料	□现场调查报告　□QC 反馈表				
处理结果	赔偿　元	折让　%	退货数量	金额　元	
	接受理由： 不良品处理：				
	责任单位：				
	对策落实事件：				
总经理批示		主　管		制　表	

知识拓展

与投诉客户沟通的技巧

与投诉客户沟通的技巧，如表4-2-3所示。

表4-2-3　与投诉客户沟通的技巧

技巧	目　的	所用语言
一般性引导	让对方讨论他想谈的问题	“您说一下这件事的经过好吗？”
重复	检验你听清并已理解了对方的意思	“您的意思是不是……”
针对性地提问	掌握更多容易被忽视和不明确的重要信息	“受理人员有没有承诺说……”
探讨	探知对方真正的需求	“您有什么要求呢？”
归纳	深入讨论所谈话题并做总结归纳	“这件事是不是这样的……”

二、受理物流客户投诉的技巧

投诉是客户因产品或服务质量没有达到期望值而提出不满意的表示。而受理投诉，则是企业对过失或瑕疵的一种弥补措施，也是提高客户满意率的一项重要途径。客户的素质和期望不同，投诉的原因也不尽相同，但投诉的目的不外乎两种：精神上得到补偿，如希望受到重视和尊敬，发泄心中的不满；物质上得到补偿，如希望得到更多的高效服务。

要想成功地处理客户投诉，先要找到最合适的方式与客户进行交流。很多客服人员都会有这样的感受，客户在投诉时会表现出情绪激动、愤怒，甚至出现破口大骂的情况。此时，客服人员要明白，这实际上是客户的一种发泄，把怨气、不满发泄出来，使客户忧郁或不快的心情得到缓和与释放，从而维持了心理平衡。此时，客户最希望得到的是同情、尊重和重视，因此，应立即向其表示歉意，并采取相应的措施。

（一）认真倾听，弄清原委

保持谦虚的态度认真听取客户的叙述，全面了解客户所投诉的事情或问题，听明白客户在投诉什么、为什么要投诉。听者要注视客户，不时地点头示意，让对方明白你在认真听取和对待他的意见。边听边做好记录，以示对客户的尊重和所反映问题的重视。

1. 快速反应

客户认为商品有问题，一般会比较着急，怕不能得到解决，而且也会不太高兴。这个时候要快速反应，记下他的问题，马上查询问题发生的原因，及时帮助客户解决问题。若有些问题不是能够马上解决的，也要告诉客户“会马上给您解决”“现在就给您处理”等。

2. 热情接待

如果客户收到产品后过来反映有什么问题的话，要热情地对待，要比交易的时候更热情，这样客户就会觉得这个卖家好，不是那种虚伪的，刚开始的时候很热情，等钱收到之后就爱理不理的卖家。否则，客户就会很失望，即使东西再好，他们也不会再来了。

3. 表示愿意提供帮助

“让我看一下该如何帮助您，我很愿意为您解决问题。”正如前面所说，当客户正在关注如何解决问题时，客服人员应主动表示乐于提供帮助，这自然会让客户感到安全、有保障，从而进一步消除对立情绪，形成依赖感。

4. 引导客户思绪

我们有时候会在道歉时感到不舒服，因为这似乎是在承认自己有错。其实，“对不起”或“很抱歉”并不一定意味着自己或公司犯了错，这主要表明自己对客户不愉快经历的遗憾与同情。不用担心客户因得到自己的认同而越发强硬，认同只会将客户的思绪引向解决方案。

同时，也可以运用一些方法来引导客户的思绪，化解客户的愤怒。

（1）“何时”法提问。

一个在气头上的发怒者无法进入“解决问题”的状态，客服人员首先要做的是逐渐使对方的火气减下来。对于那些非常难听的抱怨，应当用一些“何时”问题来冲淡其中的负面成分。

客户：“你们根本是瞎胡搞，不负责任才导致了今天的烂摊子！”

客服人员：“您什么时候开始感到我们的服务没能及时替您解决这个问题？”

而司空见惯地说：“我们怎么瞎胡搞了？这个烂摊子跟我们有什么关系？”这是不当的反应。

（2）转移话题。

当对方按照他的思路在不断地发火、指责时，可以抓住一些其中略为有关的内容扭转方向，缓和气氛。

客户：“你们这么搞彻底把我的日子搅乱了，你们的日子当然好过，可我还上有老下有小啊！”

客服人员：“我理解您，您的孩子多大啦？”

客户：“嗯……6 岁半。”

（3）间隙转折。

暂时停止对话，特别是自己也需要找有决定权的人做一些决定或变通：“稍候，让我来和上级领导请示一下，我们还可以怎样来解决这个问题。”

（4）给定限制。

有时虽然做了很多尝试，对方依然出言不逊，甚至不尊重客服人员的人格，这时可以转而采用较为坚定的态度给对方一定限制：“汪先生，我非常想帮助您。但您如果一直这样情绪激动，我只能和您另外约时间了。您看呢？”

5. 认真倾听

客户投诉商品有问题，不要着急去辩解，而是要耐心听清楚问题的所在，然后记录下客户的名字，购买的商品，这样便于我们去回忆当时的情形，和客户一起分析问题出在哪里，才能有针对性地找到解决问题的办法。

在倾听客户投诉的时候，不但要听他表达的内容，还要注意他的语调与音量，这有助于了解客户语言背后的内在情绪。同时，要通过解释与澄清，确保真正了解客户的问题。

“王先生，来看一下我的理解是否正确。您是说，您一个月前买了我们的手机，但发现有时会无故死机。您已经到我们的手机维修中心检测过，但测试结果没有任何问题。今天，此现象再次发生，您很不满意，要求我们给您更换产品。”要向客户澄清：“我理解了您的意思吗？”

认真倾听客户，向客户解释他所表达的意思并请教客户自己的理解是否正确，这都是在向客户表明自己的真诚和对他的尊重。同时，这也给客户一个重申他没有表达清晰的意图的机会。

（二）表示理解，不与争辩

倾听完毕，可以对客户说：“我理解您现在的心情，我们一定会认真核实并处理这件事情。”当客户情绪激动时，更要保持平和的心态和语气，绝不能与客户争辩对错。当客户的认识和理解有误时，不宜当场纠正，更不能责怪客户。应站在为什么客户会产生误会的角度，从自身工作上找原因。

1. 认同客户的感受

客户在投诉时会表现出烦恼、失望、泄气、愤怒等各种情绪，客服人员不应当把这些表现理解成是对个人的不满。特别是当客户发怒时，你可能会想：“我的态度这么好，凭什么对我发火？”要知道，愤怒的情感通常都会潜意识中通过一个载体来发泄。就像你一脚踩在石头上，会对石头发火，飞起一脚踢远它，尽管这不是石头的错。因此，客户仅仅是把你当成了发泄对象而已。

客户产生这种情绪是完全有理由的，理应得到极大的重视和最迅速、最合理的解决。所以要让客户知道你非常理解他的心情、关心他的问题：“王先生，对不起，让您感到不愉快了，我非常理解您此时的感受。”

无论客户是否永远是对的，至少在客户的世界里，他的情绪与要求是真实的，客服人员只有与客户的世界同步，才有可能真正了解他的问题，找到最合适的方式与他交流，从而为成功的投诉处理奠定基础。

2. 安抚和解释

首先要站在客户的角度想问题，客户一般不会总无理取闹的，他来反映一个问题，要先想一下，如果是自己遇到这个问题会怎么做、怎么解决，所以要跟客户说：“我同意您的看法。”或“我也是这么想的。”这样客户会感觉到你是在为他处理问题，同时也会让客户对你产生更多信任。要和客户站在同一个角度看待问题，比如说一些：“是不是这样子的呢？”“您觉得呢？”还有在沟通的时候称呼也是很重要的，一个客服肯定是有一个团队的，团队不是只有一个人，所以对自己这边的称呼要以“我们”来称呼，和客户也可以用“我们”来说：“我们分析一下这个问题。”“我们看看……”这样会更亲近一些，对客户也要以“您”来称呼，不要一口一个“你”，这样既不专业，也没礼貌。

（三）理解客户

从思想上认识到客户向你投诉不是找你的麻烦，而是对你信任的表现。要把客户的投诉当作促进个人业务素质提高、促进企业服务和管理水平提高的一种载体，发自内心地欢迎和感谢客户的批评和抱怨。受理投诉后，应向客户表示：“这确实是我们工作的疏忽，给您带来的损失，我们一定会想办法弥补。非常感谢您给我们提出的宝贵意见。您指出了我们服务中的差错和不足，帮助我们及时发现并纠正。”

1. 诚恳道歉

不管是什么样的原因造成客户的不满，都要诚恳地向客户致歉，对因此给客户造成的不愉快和损失道歉。如果已经非常诚恳地认识到自己的不足，客户一般也不好意思继续不依不饶。

2. 提出补救措施

对于客户的不满，要能及时提出补救的方式，并且明确地告诉客户，让客户感觉到你在为他考虑、为他弥补，并且你很重视他的感觉。一个及时有效的补救措施，往往能让客户的不满变成感谢和满意。

针对客户投诉，每个公司都应有各种预案或解决方案。客服人员在提供解决方案时要注意以下几点。

（1）为客户提供选择。通常一个问题的解决方案不是唯一的，给客户提供选择会让客户感到受尊重；同时，客户选择的解决方案在实施的时候也会得到来自客户更多的认可和配合。

（2）诚实地向客户承诺。因为有些问题比较复杂或特殊，客服人员不确信该如何为客户解决。如果不确信，不要向客户做任何承诺，诚实地告诉客户，会尽力寻找解决的方法，但需要一点时间，然后约定给客户回话的时间。一定要确保准时给客户回话，即使到时仍不能解决问题，也要向客户解释进展，并再次约定答复时间。诚实会更容易得到客户的尊重。

（3）适当地给客户一些补偿。为弥补公司操作中的一些失误，可以在解决问题之外，给客户一些补偿。很多企业都会给客服人员一定授权，以灵活处理此类问题。但要注意的是，将问题解决后，一定要改进工作，以避免今后发生类似的问题。有些处理投诉的部门，一有投诉首先想到用小恩小惠息事宁人，或一定要靠投诉才给客户应得的利益，这样不能从根本上减少此类问题的发生。

3. 通知客户并及时跟进

采取了什么样的补救措施、现在进行到了哪一步，都应该告诉给客户，让客户了解我们的工作，了解我们为客户付出的努力。当客户发现商品出现问题后，首先担心能不能得到解决，其次担心需要多长时间才能解决，当客户发现补救措施及时有效，而且商家也很重视的时候，就会感到放心。

知识拓展

受理答复的方法

在受理环节答复，快速处理时应该有对本次客户投诉的一些预估，包括：①客户的类型？②这个投诉是否涉及理赔、通融赔付、法律问题？③是否还有什么信息被忽略了，情况是否还需要进一步明确？④客户的要求是什么？公司能做到什么程度？⑤我的权力有多大，在权限范围内我能做什么？谁有权解决这件事？受理答复的方法如表4－2－4所示。

表4－2－4　受理答复的方法

序号	当场能解决客户投诉的受理答复	当场不能解决客户投诉的受理答复
1	感谢客户的投诉	感谢客户的投诉
2	询问客户还有什么不满意及需要改进的意见	讲明投诉处理的原则
3	讲明处理投诉的方针和服务宗旨	向客户说明需要处理的时间及流程，但一定不要忘记说声“对不起”

三、物流公司受理客户投诉的主要方式

1. 公司投诉中心受理客户投诉

客户直接去物流公司客服部设置的投诉中心投诉，工作人员按照程序受理和处理客户的投诉。还有一些物流公司设立流动巡查状态的投诉办公室，当接到客户投诉时，随时出动处理纠纷，这种投诉方式能够有效地处理突发客服投诉问题，体现“特事特办”的原则。

2. 网络受理客户投诉

客户通过物流公司的网站直接向物流公司投诉，这是一种便捷的投诉方式，也是物流公司受理客户投诉的方向和趋势。

3. 电话热线受理客户投诉

客户拨打物流公司呼叫中心的投诉热线投诉，呼叫中心的投诉受理人员进行现场解答或事后处理客户的投诉。这也是一种便捷、高效、经济的投诉受理方式。

4. 专业投诉站受理客户投诉

对一些专业性强、技术含量较高的投诉，现有客服人员可能由于受主客观条件的限制无法现场解答，这时可通过成立专业投诉站的方式来解决专业投诉问题。

技能训练

请帮助刚刚进入客户服务部投诉受理岗位工作的李恬恬及其同学，熟悉客户投诉受理流程，请协助其模拟完成客户投诉受理过程。在模拟过程中，请注意提醒新进人

员投诉受理的应对方法和技巧。

任务3　处理物流客户投诉

任务进程

作为客户服务中心的新进员工，李恬恬与其同学在部门主管的指导下，掌握了客户投诉处理的流程和步骤，学会了按照公司客户投诉处理规则进行客户投诉处理。

相关知识

一、物流客户投诉处理程序和方法

（一）物流客户投诉的分类处理

客户投诉主要分为产品质量类投诉和非产品质量类投诉两个方面。

1. 产品质量类投诉

质量是企业的生命线，关系企业在激烈竞争中的生死存亡。涉及与物流企业有关的产品或服务质量的投诉，物流企业应该特别重视。

2. 非产品质量类投诉

非产品质量类投诉是由内部管理和外部服务的漏洞引发的，如物品数量不足、送货期限延迟、单价不同、物品的编号和颜色不对、员工服务态度不当等原因造成的客户投诉。

（二）物流客户投诉的级别评定

物流客户投诉可以根据质量和非质量标准进行级别划分，具体如表4－3－1所示。

表4－3－1　物流客户投诉的分类级别

级别	与产品质量有关的投诉	与产品质量无关的投诉
一般投诉	1. 发生小故障； 2. 造成一定的经济损失	1. 给客户带来不便； 2. 引发一定的经济损失
特别投诉	1. 由于产品性能发生大的故障，给客户带来巨大的经济损失； 2. 出现危及人身安全的情况； 3. 存在发生大量故障的隐患	1. 与法律法规相冲突； 2. 引发巨大经济损失； 3. 造成客户的强烈不满
其他投诉	由客户的过度期望或错误认识引发	超出企业的承诺范围

（三）处理客户投诉的程序

（1）建立客户意见表（或投诉登记表）等。接到客户投诉或抱怨的信息，在表格上记录下来，如公司名称、地址、电话号码和原因等；并及时将表格传递到客户服务人员手中，记录的人要签名确认，如办公室文员、接待员或业务员等。

（2）客户服务人员接到信息后即通过电话、传真或到客户所在地进行面对面交流沟通，详细了解客户投诉或抱怨的内容。

（3）分析这些问题信息，并向客户做好说明及解释工作，规定与客户沟通协商的时间。

（4）将处理情况向领导汇报，客户服务人员提出自己的处理意见，申请领导批准后，要及时答复客户。

（5）客户确认处理方案后，签下处理协议。

（6）将协议反馈回企业有关部门实施，如需补偿相关物品，通知仓库出货；如需另送小礼物，通知客服管理人员发出等。

（7）落实跟踪处理结果，直到客户满意为止。

（四）处理客户投诉的方法

1. 确认问题

认真仔细、耐心地倾听客户说话，并边听边记录，在对方陈述过程中判断问题的起因，抓住关键因素。

尽量了解投诉问题发生的全过程，听不清楚的，要用委婉的语气进行详细询问，注意不要用攻击性言辞，把你所了解的问题向客户复述一次，让客户予以确认。了解完问题之后征求客户的意见，如他们认为如何处理才合适、他们有什么要求等。

2. 分析问题

在自己没有把握的情况下，现场不要做判断、下结论，也不要轻易承诺。最好将问题与同行服务人员协商一下，或者向企业领导汇报一下，共同分析问题。

问题严重到何种程度？问题掌握到何种程度？是否有必要再到其他地方做进一步了解？如果客户所提问题不合理，或无事实依据，如何让客户认识到这点？解决问题时，客户除要求经济补偿外，还有什么要求？

3. 互相协商

在与同行服务人员或与公司领导协商并得到明确意见之后，由现场的服务人员负责与客户交涉协商。协商之前，要考虑以下问题。

（1）公司与投诉者之间是否有长期的交易关系？

（2）当你努力把问题解决之后，客户今后有无再度购买的意愿？

（3）争执的结果可能会对口碑造成怎样善意或非善意的影响？

（4）客户的要求是什么？是不是无理要求或过分要求？

（5）公司方面有无过失？过失程度多大？

作为公司意见的代理人，在决定给投诉者提供某种补偿时，一定要考虑以上条件。

如果属于公司过失造成的，对受害者的补偿应丰厚一些，如果是客户提出的要求不合理，且日后不可能有业务来往，可以大方明确地向对方说“不”。

与客户协商时同样要注意言词表达清楚明确，尽可能听取客户的意见和观察其反应，抓住要点，妥善解决。

4. 处理及落实处理方案

协商有了结论后，接下来就要做适当的处置。将结论汇报给公司领导并征得领导同意后，要明确、直接地通知客户，并且在以后的工作中要跟踪落实结果。处理方案中涉及公司内部其他部门的，要将相关信息传达到执行的部门中，并进行监督和追踪，直到客户满意为止。

（五）处理客户投诉的注意事项

1. 耐心多一点

在实际处理中，要耐心地倾听客户的抱怨，不要轻易打断客户的叙述，不要批评客户的不足，而要鼓励客户倾诉下去，让他们尽情宣泄心中的不满。当客户的不满情绪得到发泄之后，就能够比较自然地听进服务人员的解释和道歉了。

2. 态度好一点

客户有抱怨或投诉，表现出对企业的产品及服务的不满意，从心理上来说，他们会觉得企业亏待了他们。因此，如果在处理过程中客服人员态度不友好，会让他们的心理感受及情绪更差，从而恶化与客户之间的关系。若服务人员态度诚恳，礼貌热情，则会降低客户的抵触情绪。俗话说：“怒者不打笑脸人。”态度谦和友好，会促使客户平解心绪，理智地与服务人员协商解决问题。

3. 动作快一点

处理客户投诉和抱怨的动作要快，一来可让客户感觉受到尊重；二来表示企业解决问题的诚意；三来可以及时防止客户的负面情绪对企业造成更大的伤害；四来可以将损失减至最少。一般接到客户投诉或抱怨的信息，应当立即通过电话或传真等方式向客户了解具体内容，然后在企业内部协商好处理方案，最好当天给客户答复。

4. 语言得体一点

客户对企业不满，在发泄时难免言语过激。因此在解释问题的过程中，客服人员措辞应十分注意，要合情合理、得体大方，不要说伤人自尊的话，尽量用婉转的语言与客户沟通，即使客户有不合理的地方，也不要过于冲动，否则，只会使客户失望并流失。

5. 补偿多一点

客户抱怨或投诉，很大程度是因为他们购买企业的产品后导致利益受损，因此，客户往往会希望得到补偿。这种补偿有可能是物质上的，如更换产品、退货或赠送礼品等；也可能是精神上的，如道歉等；或者是物质及精神补偿同时进行。在补偿时，企业认为进行补偿才能弥补客户的，应该尽量补偿多一点，客户得到额外的收获，会理解企业的诚意从而对企业重新建立信心。

6. 层次高一点

客户提出投诉和抱怨之后，都希望自己的问题受到重视，往往处理这些问题的人员的层次会影响客户期待解决问题的情绪。如果高层次的领导能够亲自到客户处处理或亲自致电慰问，会化解客户的许多怨气和不满，客户会比较容易配合服务人员进行问题处理。因此处理投诉和抱怨时，如果条件许可，应尽可能提高处理问题的服务人员的级别，如本企业领导出面（或服务人员任职为某部门领导）或聘请知名人士协助等。

7. 办法多一点

很多企业处理客户投诉和抱怨的手段，就是慰问、道歉或补偿、赠小礼品等。除上述手段外，可以将成功经营或无此问题出现的其他客户作为案例，向客户讲述或邀请客户实地参观，还可以邀请他们参加企业内部讨论会，或者给他们奖励等。

二、物流客户投诉的处理技巧

学会认同客户的投诉，在客户可能会做出的投诉中，误解、怀疑、产品（服务）缺陷都可能有销售机会，甚至拒绝都可能带来销售机会。

（一）针对物流客户误解的处理

物流客户误解源于客户对产品（服务）的不正确理解或者对公司不正确、不合理的推测性了解。误解是相对容易处理的投诉，处理客户的误解首先要确认其产生误解的原因。这就要求业务人员评估好形势，只要澄清了误解，达成协议的可能性还是很大的。客户犯了错，我们很严肃地去纠正他的错误，会令他面子上过不去；如果把责任揽在自己身上，就能以轻松的方式一带而过。此外，还要重新陈述产品（服务）的特性和益处，这是因为误解消除之后客户心理会有阴影，会不舒服，通过重新阐述利益作为过渡，可以稳定客户情绪，使客户慢慢接受你，再次强化产品（服务）的特性和益处，就能使客户对产品（服务）重新产生好感。

（二）针对物流客户怀疑的处理

物流客户怀疑是一个很好的机会，这说明客户很关注公司产品（服务）的卖点，也说明业务人员陈述的利益可能不是很清晰。

处理物流客户怀疑，通常要遵循以下步骤。

（1）认同客户，必要时探询并确认疑虑。

（2）分析客户产生怀疑的原因，是对公司产品（服务）不了解，还是对业务人员不信任，还是对提供的产品（服务）证明资料不信任。

（3）根据分析结果提供证明资料，陈述相关利益。公司内部印制的资料，如果内容客观、印刷精美、减少商业性内容而增加技术性、功能性信息，可信度就会比较高。另外，国内专业机构的证书、媒体的报道等也是可信度很高的证明资料。

（4）拉近与客户的关系，取得进一步的信任。如果销售人员和客户已经成为老朋友，做过很多次交易，所说的已经得到多次的证明，可信度很高，就容易达成协议。相比而言，业务人员面对新的客户时，如果客户拒绝了你的证据资料则需要提供另一种合适的证据。通常要先询问客户希望的证据，当客户不信任你提供的资料时，你就提供另一种，若客户仍不信任，就直接询问："到底我做什么您才可以信任我呢?"或者"您希望我提供什么样的资料来证明呢?"如果客户是有意刁难你，他就会无话可说；如果他心目中有一个标准，就会告诉你，比如你的产品（服务）是否有国家某机构的证书。这样，你就有了一个目标。

善于和竞争对手做比较。当你的客户已受到了竞争对手的影响时，他通常已经被灌输了关于产品（服务）的所有的特性和益处，如果你一再提及共同的特性和益处，他就会想："你提到的这些你的对手也提供，没有什么特别。"此时他会失去耐心或对你的产品（服务）产生怀疑。

但如果你介绍的产品（服务）的独特之处使他产生了兴趣，他就会问："你们的产品（服务）还有没有其他的特性和益处呢?"这时你就可以说："其实××产品（服务）所具有的某些功能我们也有。"这时，给客户的感觉是，你们已超越了竞争对手，你的产品（服务）不但有独特之处，同时具备了竞争对手所拥有的特性和益处。所以，当我们推荐一种产品（服务）给客户，而他们正在使用竞争对手的产品（服务）时，这是一种技巧：先介绍产品（服务）独特的益处，再介绍共同的益处。

（三）物流客户拒绝的处理

物流业务往往是从拒绝开始的，拒绝的出现同样代表了机会，拒绝有时会带来更多成功的可能性。无论客户直接拒绝还是婉转拒绝，我们要按照规定的处理客户拒绝的步骤来应对。

首先，要询问客户拒绝的原因，知道客户的回答是否是推托的借口。业务人员面前的严峻任务就是找到客户拒绝的真实原因。要降低客户的不满，当客户不同意你的观点或不认同你提供的信息时，需要与客户协调，等客户没那么不满了，再发表自己的观点。

其次，要从以下几个方面说服客户，比如客户感兴趣或已接受的特性和益处，不要批评对手的好坏，只强调本企业的长处就可以了。如果迫不得已，客户主动要求你比较你的产品（服务）和竞争对手的产品（服务），你可以这样回答：首先说一点竞争对手的优势，然后陈述自己产品（服务）的更多优点，特别是符合客户其他需求的特性和益处。这样做体现了你是一个公正的、值得信赖的人。

最后，建议客户从全局出发，充分考虑物流产品（服务）价格、服务或回款等各个方面，并引导客户思考我方具有的其他方面的特性和益处，是否可以补足某一方面的不足。

（四）物流客户产品（服务）缺陷的处理

全部满足客户需求的十分完美的物流产品（服务）很少见，大多数物流产品（服务）是有缺陷或存在不足的，物流公司的产品（服务）很难满足所有客户的所有需求。这时需要业务人员告诉客户任何产品（服务）都不可能是完美无缺的，面对现实，全方面地向客户解释，使用"拼图观念"引导客户通盘考虑。要知道，产品（服务）的缺陷只是拼图中的小小的瑕疵，而选择我方服务或产品会带来更大的利益。

其实，在客户的心中是存在一个天平的：一边是物流产品（服务）的特性和益处；一边是物流产品（服务）的缺陷。一般客户会在两者之间按照自身标准找寻平衡。

技能训练

请帮助刚刚进入客户服务部投诉受理岗位工作的李恬恬及其同学，按照业务主管的指导，进行客户投诉处理，请协助他们按照投诉处理流程和步骤对客户投诉处理进行模拟，在模拟过程中，请注意提醒新进人员处理方法和应对技巧。

任务4 实施投诉处理后服务跟进

任务进程

客户服务部新进员工李恬恬及其同学，完成客户投诉受理和处理工作后，业务主管提醒他们进行投诉处理后的服务跟进。说通过服务跟进可以让客户感受到企业对他的重视，能够提高客户的满意度和忠诚度。同学们就服务跟进的方法和内容进行了询问和学习，并完成了下列任务。

（1）会填写客户回访报告表。

（2）会分析物流客户回访信息。

（3）撰写物流客户回访报告。

相关知识

一、回访投诉客户的步骤

客户回访是企业用来进行产品或服务满意度调查、客户消费行为调查、客户关系维系的常用方法。由于客户回访往往会与客户进行比较多的互动沟通，便于企业完善客户数据库、为进一步的交叉销售做准备，因此认真的策划就显得尤为重要。

（一）客户回访目的

（1）通过客户回访能够准确掌握每个客户的基本情况和动态。

（2）在对客户翔实了解的基础上，有针对性地对不同客户进行不同方法的维系与跟踪回访。

（3）了解客户需求，便于为客户提供更多、更优质的增值服务。

（4）发现自身存在的不足，及时改进提高。

（5）提高客户满意度。

（二）客户回访工作流程

1. 调取客户资料

（1）销售人员或客户服务人员根据公司客户资料库和客户回访的相关规定，对所保存的客户信息进行分析。

（2）销售人员或客户服务人员根据客户资料确定要拜访的客户名单。

（3）销售人员或客户服务人员根据客户资料确定拜访每个客户的具体目的。

2. 客户拜访准备

（1）制订回访计划。

销售人员或客户服务人员根据客户资料制订客户回访计划，包括回访时间、回访目的、回访内容等。应根据公司业务情况结合客户特点选择合适的回访方式。

回访的目的要明确。一般地，回访有以下三大目的。

①了解客户对产品的使用情况，通过回访要帮助、引导或培训客户使用产品，在回访中要指导客户掌握产品使用及产品保养保修注意事项。

②建立客户档案、延伸服务项目、增强客户对公司的记忆、提高公司的认知度和美誉度。

③与客户建立文化情感关系。特别是在社会中有一定影响力的客户是重点回访对象。

（2）预约回访时间或地点。

①销售人员或客户服务人员应事先同客户联系，与客户预约回访的时间或地点。

②时间或地点的预约要充分考虑客户的时间安排，不打扰客户。

（3）准备回访资料。

①销售人员或客户服务人员根据客户回访计划准备客户回访的相关资料，包括客户基本情况（姓名、职务、联系方式等）、客户服务的相关记录和客户特殊需求等。

②确定回访主体内容。回访工作人员在与客户沟通的过程中，扮演的是公司“发言人”角色，所讲的内容代表公司。因此，回访的内容，必须要事先确定统一的用语，特别是技术性比较强的产品，其技术术语的解释非常重要。

3. 实施回访

（1）回访的方法。可以采用电话、书信、电子邮件、QQ 等各种通信方式进行回访。对于重要客户可以上门回访。特别是对产品提出中肯意见或良好建议的客户，一定要上门回访。

（2）公司规定必须进行客户回访的情况有以下几种。

①首次电话回访。

回访时机：产品安装或上线使用一个月后，对客户进行第一次电话回访。

回访内容：了解产品使用情况，注重了解客户对产品基本功能是否掌握。

回访对象：设备负责人或技术人员、行业行政管理人员、使用人员。以上人员最好都能回访到，尤其是使用人员，了解其是否会使用。

措施：回访结果填入客户回访记录表相应栏目中，在客户档案里存档；对于使用中的问题要及时解决；不能解决的问题或技术建议按照公司正规流程向公司研发技术部门反馈；不能通过电话回访解决的问题必要时进行现场回访。

②常规电话回访。

回访时机：首次电话回访后，每半年对客户进行一次电话回访。

回访内容：了解产品使用情况，重点了解客户对产品使用的反馈问题或提出的需求。

回访对象：设备负责人或技术人员、行业行政管理人员、使用人员。以上人员最好都能回访到，尤其是设备负责人或技术人员，了解设备使用以来反馈的故障或问题。

常规电话回访措施与首次电话回访措施相同。

③现场回访。

回访时机：对于大客户每年至少进行一次现场回访，对于特大或重要客户每半年进行一次现场回访。每次回访后客户经理或技术服务人员需请受访客户在客户回访记录表上签字。

回访内容：详细了解产品使用情况，了解用户新的需求与建议，寻求新的商务机会，沟通客户关系。

回访对象：业务负责人或技术人员、行业行政管理人员、使用人员。以上人员最好都能回访到，尤其是业务负责人和技术人员，了解客户对设备的使用要求和新需求，仔细听取客户的意见与建议，必要时将其作为下一步市场开拓的方向。

措施：回访结果填入客户回访记录表相应栏目中，在客户档案里存档；对于使用中的问题要及时解决；不能解决的问题或技术建议按照公司正规流程向公司研发技术部门反馈，必要时提交总裁办的质量与技术管理专员，由总裁办专门组织立项。

（3）回访行为要求。对于现场回访，回访工作人员必须准时到达回访地点。回访工作人员的语言行为、形体行为都必须体现企业文化。在回访中，要认真处理顾客的投诉、不满、疑惑等，应诚实、可信，并且对公司和客户负责。

（4）回访信息记录。回访工作人员要热情，全面了解客户的需求和对服务的意见，并认真填写客户回访记录表，回访工作人员必须要日清日结，对所回访的客户基本信息、产品需求、使用要求以及服务评价要有书面记录，对于回访客户所提出的问题、建议要有原始记录。

4. 整理回访记录和处理

（1）销售人员或客户服务人员编制回访报告。

①在结束回访的第二天应根据客户回访记录表记录的回访过程和结果，对客户的回访过程和回访结果进行汇总和评价，形成客户回访报告。

②回访结束后，回访人员应在三天内将回访的相关资料提交部门主管审核，如果由于客观原因确实无法提交的，应报部门主管同意后于一周内提交。

（2）部门主管领导审阅。

主管领导对下属人员提交的客户回访记录表、客户回访报告进行审查，并提出指导意见，及时对回访结果提供处理意见。

①对于发现的问题及时处理。原则上谁的问题谁负责任处理。如果由公司安排他人处理，则从当事人销售或服务费用中扣除相关的差旅和服务费用。

②对于回访效果好的员工和技术服务人员向公司总裁办提出申请给予表扬，并作为每年度表彰或晋级的依据。

③对于回访效果不好的员工和技术服务人员进行批评，对问题严重者提交公司总裁办审批后进行罚款处罚。每年度的定级、评薪将参考技术服务人员的服务质量。

5. 资料保存和使用

（1）销售人员或客服人员对客户回访计划、客户回访记录表、客户回访报告进行汇总，对客户分类后建立客户档案，以备参考。

（2）相关市场开拓和运营管理部门参考客户回访的相关资料制订客户开发计划和客户销售策略。

客户信息登记和客户回访记录如表4-4-1、表4-4-2所示。

表4-4-1　客户信息登记

客户类别（　　）公司名称		经营性质	
地　址		联系人及电话	
企业负责人电话			
部门主管、电话			
企业规模			
沟通情况			
回访时间、对象			
回访记录			
回访时间、对象			
回访记录			
备　注			

职员：

表4-4-2　客户回访记录

客户名称		地　址			邮　编	
被访人		电　话		传　真		
职务		E-mail		类　别	□使用人员 □管理人员	
回访方式	□首次电话回访　□常规电话回访　□现场回访　□其他________					
回访时间		产品购买时间				

续　表

<table>
<tr><td>回访内容</td><td colspan="6">□1. 产品使用情况　□2. 产品问题反馈　□3. 公司服务响应情况
□4. 人员变动情况　□5. 其他需求</td></tr>
<tr><td>客户回访内容记录</td><td colspan="6">您好，打扰了，请问是×先生/女士吗？我是×××公司的客户回访人员，感谢您购买我们的产品，可以打扰您几分钟问您几个问题吗？
1. 产品质量评价（以下问题可根据客户或产品特点自行添加）
（1）请您对我公司××产品使用情况进行评价：
A. 很稳定，几乎没有报修　B. 较稳定，没有较大的系统、产品事故　C. 一般，不够稳定
（2）您对我公司产品系统功能操作方面的评价是：
A. 好　B. 一般　C. 功能不够完善　D. 操作烦琐
（3）您对我公司整体质量评价是：
A. 好　B. 一般　C. 较差
2. 公司服务响应情况和评价
（1）请您对我公司客服工程师的服务态度评价：
A. 很好，热情、周到、耐心　B. 较好，较耐心　C. 差，没有耐心，态度恶劣
（2）请您对我公司客户服务的响应速度满意度评价：
A. 满意　B. 较满意　C. 不满意
（3）请您对我公司客服工程师技术水平程度评价：
A. 好　B. 较好　C. 一般　D. 差
（4）请您对我公司客服人员服务承诺方面的实现情况评价：
A. 很好，都实现了　B. 较好，尽力而为之　C. 差，基本实现不了
（5）客服过程中是否存在乱收费现象：
A. 有　B. 没有
（6）您对我们服务的整体满意度：
A. 满意　B. 较满意　C. 不满意
3. 意见和建议
（您认为我公司在产品、服务哪些方面需改进或者有什么要求，请提出您的宝贵意见）
非常感谢您的合作，如果您在使用中有什么问题，请随时和我们联系，我们将为您提供最好的服务</td></tr>
<tr><td>处理方式及结果</td><td colspan="6">电话或现场答复记录：</td></tr>
<tr><td>遗留问题处理跟踪</td><td colspan="6">遗留问题：　　提交日期：
解决结果跟踪：</td></tr>
<tr><td>客户意见</td><td colspan="6">（现场回访需填写）</td></tr>
<tr><td>回访记录人</td><td></td><td>填写日期</td><td></td><td>主管审批</td><td></td><td>年　月　日</td></tr>
</table>

注：1. 此单用于回访服务时填写。

2. 此单由回访人员填写，回访结束后提交部门主管领导审批，然后交由公司本部门文员归档。

3. 服务人员现场回访完毕后，请客户签名盖章确认。

4. 表单编号由各部门文员统一赋予，不必填写。

（三）回访工作中遇到问题的解决方法

回访客户的过程有时并不是很顺利，有的客户态度不是很好，会不耐烦，有的甚至出言不逊；也有一些客户对专业知识并不是十分了解，会产生质疑，造成了对回访工作的不理解。但作为回访人员仍要耐心地倾听，要做最好的听众。既要站在客户的角度考虑问题，又要维护自己的合法权益。

要接收客户提出的意见、投诉及合理化建议，并将信息及时向相关部门反馈，加强内部合作意识，加强对客户重视程度。

对客户进行回访时，要注意以下方面。

（1）首先要调整好情绪，声音听上去应该尽可能友好、自然，以便能很快取得客户的信任，使其能坦率地说话。

（2）客户一般不会觉得自己的认识有什么大问题，因此应向客户进行推荐，进行正面引导、提醒，让他们感受到公司的专业性。

（3）要给那些没有准备的客户时间，以便他们能记起细节。说话不应太快，不应给客户留下“匆匆忙忙”的印象。

（4）一定要让客户把要说的话说完，不要打断他；不说批评的话语，对他说的话进行简要而又清楚的记录。对客户的评述与表扬也要进行记录。

（5）如果客户抱怨的话，不要找借口，只需对客户解释说已经记下了他的话；如果客户乐意的话，要确保公司的顾问会再打电话给他。客户的问题解决后要在第一时间回访客户，告知处理结果，表示对问题的重视。

二、客户回访谈话技巧

（一）规范性用语

（1）对方接听电话后先问好。

（2）回访结束后要与客户道别并表示感谢。

结束语：您的问题我会及时反馈到相关部门，今天非常谢谢您，祝您工作愉快，生意兴隆。

（二）注意事项

（1）说话语速尽量放慢，语气温和。

（2）多听少说，多让客户说话。

（3）注意自己的音质，语音要清晰优美，悦耳动听。

（4）传递给客户的情绪要饱满热情，充满关切。

（5）打电话前要充分调动积极的情绪，不要在情绪低落时打电话。

（三）以车辆销售客户回访为例

1. 回访标准用语一

（1）您好！我是××的客服话务员××号，请问您是××先生/小姐吗？

（2）您于××月××日在本服务店进行了汽车维修/保养，我想针对这次情况做个回访。请问您现在方便接电话吗？

①若客户方便——好的，耽搁您两分钟时间！

②若客户不方便——好的，那请问什么时候最适合打给您呢？（记下时间）不好意思打扰了，谢谢您，祝您用车愉快！再见！

（3）对于接待人员所掌握的车辆方面的知识，您的满意程度如何？

（4）经过您的描述后，接待人员对您需求的了解程度如何？

（5）在车辆诊断方面，对于您相信工作人员可以正确诊断车辆故障，您的同意程度如何？

（6）在维修前，接待人员对于将要进行服务内容的解释，您的满意程度如何？

（7）在维修前，接待人员对于将要收取费用的解释（说明），您的满意程度如何？

（8）维修保养后，接待人员对已进行服务项目的解释（说明），您的满意度如何？

（9）维修保养后，接待人员对最终收取费用的解释，您的满意度如何？

（10）谢谢您的回访！祝您用车愉快！再见！

2. 回访标准用语二

（1）您好！我是××的客服话务员××号，请问您是××先生/小姐吗？

（2）您于××月××日在本服务店进行了汽车维修/保养，我想针对这次情况做个回访。请问您现在方便接电话吗？

①若客户方便——好的，耽搁您两分钟时间！

②若客户不方便——好的，那请问什么时候最适合打给您呢？（记下时间）不好意思打扰了，谢谢您，祝您用车愉快！再见！

（3）您对这次维修/保养质量的满意度如何？

（4）请问您对车辆操控性能的满意度如何？

（5）请问您对车辆没有异响的满意度如何？

（6）维修保养后，接待人员对已进行服务项目的解释和最终收取费用的解释，您的满意度如何？

（7）谢谢您的回访！祝您用车愉快！再见！

3. 回访标准用语三

（1）您好！我是××的客服话务员××号，请问您是××先生/小姐吗？

（2）您于××月××日在本服务店进行了汽车维修/保养，我想针对这次情况做个回访。请问您现在方便接电话吗？

①若客户方便——好的，耽搁您两分钟时间！

②若客户不方便——好的，那请问什么时候最适合打给您呢？（记下时间）不好意思打扰了，谢谢您，祝您用车愉快！再见！

（3）对于接待人员微笑服务，您的满意度如何？

（4）维修保养后，接待人员对已进行服务项目的解释和最终收取费用的解释，您的满意度如何？

（5）希望您给予我们最好的评价！谢谢您的支持！再见！

技能训练

需要通过电话和面谈两种方式对客户进行回访，主要回访内容就是客户对处理过程和结果的满意程度，以及对企业的意见等。请协助新进员工进行客户回访的模拟，模拟过程中注意提醒其按照作业流程完成各个步骤，并运用规定方法和技巧。

项目小结

为提升客户服务部新进员工的客户投诉处理能力，业务主管针对李同学等几人进行了岗位作业指导，其间同学们学会了分析客户投诉原因，并按照作业流程分级处理，完成投诉受理、处理和后期服务跟进等作业环节。

项目进行期间，同学们圆满地完成了各个执行任务，实现了项目目标。项目执行过程中，同学们通过模拟操作和跟随操作的方式，实现了客户投诉处理能力提升。

扫描右侧二维码，阅读营运质量管理内容，了解质量问题件的基本类型及处理方式。

项目考核与评价

1. 自我评价

自我评价

评价说明	考核项目	考核点	考核总结
□及格 □不及格	理论知识	详细列明学会的知识点	
	企业操作	详细阐述掌握的操作能力	
	素质技能	详细列明培养的素质和技能	
	学生自评成绩		

2. 理论考核

理论考核

评价说明	考核项目	考核点	学院评语
□及格 □不及格	操行表现	有无违法/违纪，不诚信表现	
	学习状况	出勤率、课堂表现、作业完成率	
	理论水平	作业、测试、项目报告成绩	
	理论成绩		

3. 实操考核

实操考核

<table>
<tr><th>评价说明</th><th>考核项目</th><th>考核点</th><th>企业评语</th></tr>
<tr><td rowspan="4">□称职
□不称职</td><td>职业道德</td><td>有无违反职业道德或不诚信表现</td><td rowspan="3"></td></tr>
<tr><td>职业表现</td><td>到岗率、岗位表现、任务达成率</td></tr>
<tr><td>技能水平</td><td>绩效考核结果</td></tr>
<tr><td colspan="2">实操评价</td><td></td></tr>
</table>

项目五　掌握物流企业客户营销和维护能力

项目介绍

新进客户服务部的唐甜和李恬恬连同其他在呼叫中心工作的同学们面临新的工作难题。为此，她们向各自的业务主管请教，学习运用物流客户营销和维护能力。

任务分解

任务 1　调查与预测物流企业客户
任务 2　实行物流企业营销市场细分和客户定位
任务 3　实施物流企业客户分级管理
任务 4　进行物流企业大客户管理
任务 5　执行物流企业客户流失管理

任务目标

➢ 知识目标

(1) 掌握物流企业客户的调查和预测。
(2) 掌握物流企业客户的细分和定位。
(3) 理解物流企业客户分级管理。
(4) 理解物流企业客户流失管理。
(5) 掌握物流客户企业的大客户管理。

➢ 技能目标

(1) 能进行物流市场调查和预测。
(2) 能进行物流市场细分和定位。
(3) 能进行物流企业分级管理。
(4) 能进行物流企业客户流失管理。
(5) 能进行物流企业大客户管理。

任务 1　调查与预测物流企业客户

任务进程

新进入客户服务部业务团队的唐甜在随团队拜访潜在客户、开发新业务的过程中，发现一些老客户不时发生联系不上和避而不见的情况，对此唐同学找不到原因，感到非常困惑。并就此向业务主管请教，请主管帮助她找到应对之道。

相关知识

一、掌握物流企业市场营销调查

（一）认识物流企业市场营销调查的基础知识

1. 物流营销市场调查的含义

物流营销市场调查是物流企业营销活动的起点，它贯穿于整个营销活动的始终，是物流企业为了提高决策质量和执行力度，发现营销中的问题和机遇，从而系统、客观地收集、识别、分析和传递信息的工作。物流企业通过市场调查活动可以及时掌握市场的发展现状与变化趋势，准确预测市场前景。简而言之，物流营销市场调查就是对物流市场的调查研究。

2. 物流营销市场调查的内容

（1）市场需求调查。

①调查物流市场的消费量、消费结构、消费层次与竞争者的差异和潜在用户的情况。

②调查市场供求变化，了解需求者的变化趋势，分析不同销售战略引起的变化趋势，推测竞争者的反应并及时做出战略调整。

③调查物流客户需求特点，重点了解物流客户的需求和购买偏好。

（2）物流服务与定价调查。

①调查企业所提供的物流服务成本及变动趋势。

②调查市场中同类物流服务的价格、定位、需求、数量以及客户对其服务的评价和反馈等。

③调查消费者熟悉和信任的物流信息传播渠道、竞争企业的促销方式、费用、广告宣传的效益等促销信息。

④找到影响市场价格的因素，分析同类物流服务的定价和供求状况，类比可替代物流服务的供需情况，确定不同物流方案的定价和服务群体。

（3）客户资源调查。

①调查主要服务客户的数量、行业分布、结构分布，客户的信任度与知名度，主要服务客户的行业层次和地位等。

②了解主要客户的物流需求状况和市场特征、结构，为分析并拟定目标市场战略奠定基础。

（4）物流流量和流向调查。

①调查企业选择的仓储方式以及库存货物的出入库情况，了解服务客户主要的运输方式。

②调查商品资源的离散程度，以及物流的具体流向、流量，掌握商品流通的覆盖区域。

（5）竞争者信息调查。

了解竞争者的现有客户资源和物流资源，掌握其今后的物流服务发展规划，系统地收集、整理和分析现有及潜在竞争者的信息，从中汲取经验和教训，以便做出战略调整和准确定位未来的发展规划。

（二）认识物流企业市场营销的步骤

物流营销市场调研是一项有目的、有组织、复杂而艰巨的工作，调查人员必须在大量杂乱而繁复的信息中提取、整理和加工所需要的有价值的信息，因此调查工作必须遵循科学的程序，按照一定的步骤才可以达到既定的目标。物流营销市场调查一般按照图 5－1－1 所示的五个步骤进行。

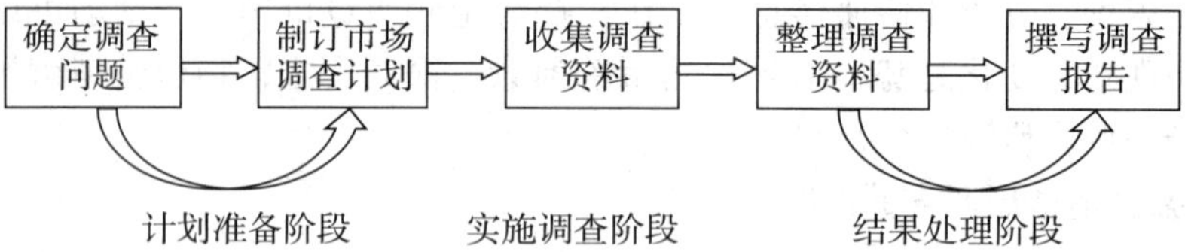

图 5－1－1 物流营销市场调查的阶段和步骤

1. 确定调查问题

市场调查的主要目的在于通过收集和整理资料，分析、解决企业在市场营销中的种种问题，并制定出切实可行的解决方案，因此，物流营销人员必须明确所要调研的问题和调查范围。调查问题一般分为以下四大类，如表 5－1－1 所示。

表 5－1－1 调查问题的类型

类型	含义	标志	举例
探索性问题	适用于当企业对市场状况知之甚少时，通过收集资料进行分析、为使问题更加明确而进行的小规模调查活动	可以做什么	服务投诉率上升是因为物流企业的服务质量下降、消费者需求的变化还是因为市场竞争
描述性问题	说明某些具体情况，针对专门问题进行调查，并收集说明该问题的佐证材料	是什么	物流公司的业务范围是什么、市场份额是多少
因果性问题	检验某种假设或者某一问题和现象之间的因果关系	为什么	企业销售额减少的主要原因是什么
预测性问题	利用各种资料和计算方法对未来的市场需求、变化趋势进行估计和预算	将来如何	物流企业未来一年的生鲜产品配送量预计是多少

2. 制订市场调查计划

调查人员需要确定的问题有：收集资料；调查方法；调查对象；调查时间；调查地点；调查次数。

资料的主要来源有：文案资料和现场实地调查。

文案资料主要指现有的市场信息资料，如报纸、行业杂志、期刊、企业的统计报表、行业年鉴等。

现场实地调查是指调查人员直接通过生产企业、客户、中间商等途径进行实地调查，收集第一手资料。现场实地调查结果的正确性很大程度依赖于调查人员的素质、能力和水平，因此必须重视现场调查人员的选择与培训工作。

调查人员应填写市场调查申请表（见表5－1－2）与市场调查计划书，上报相关部门领导审批，并制定合适的调查方案。

表5－1－2　　市场调查申请

类别：　　　　日期：　　年　　月　　日

申请部门		申请人		期望时间	
调研主题					
调研目的					
调研内容					
调研对象					
调研所需					
申请批示	申请部门负责人： 日期：		调研部门负责人： 日期：		经理： 日期：

注：本表一式两份，申请部门一份，调研部门一份。

二、掌握物流企业营销市场分析与预测

（一）物流企业营销市场分析

1. 物流企业营销环境分析

（1）物流营销环境SWOT分析法。

目前，SWOT分析法（即态势分析法，也叫企业战略分析方法）是最常见的物流营销环境分析方法，它主要是基于内外部竞争环境和竞争条件下的态势分析，就是将与研究对象密切相关的各种主要内部优势、劣势和外部的机会及威胁等，通过调查列举出来，并依照矩阵形式排列，然后用系统分析的思想，把各种因素相互匹配起来加以分析，从中得出一系列相应的结论。SWOT分析法所得结论通常带有一定的决策性。

（2）物流营销环境SWOT分析的步骤。

①分析环境因素。SWOT分析的前提是正确识别出优势、劣势、机会与威胁因素（见表5－1－3）。评价某种因素优劣与否，该因素预示着机会还是威胁，取决于企业的生存环境，而企业的生存环境主要由行业背景与主要竞争对手构成。

表 5－1－3　　SWOT 分析的含义和内容

SWOT	含义	内容
优势 S	一个企业超越其竞争对手的能力，或者指公司所特有的、能提高公司竞争力的东西，是物流企业的内部因素	企业的技术水平；有利的竞争态势；规模经济；充足的财政来源；产品质量；良好的企业形象；广告攻势；市场份额；人力资源优势等
劣势 W	企业缺少或做得不好的方面，或指某种会使企业处于劣势的条件，也是物流企业的内部因素	资金短缺；市场竞争力低；管理混乱；运输效率低下；客户投诉率高；物流服务水平低；经营不善等
机会 O	管理者应当确认每一个机会，评价其成长和利润前景，选取那些可与公司财务、组织资源匹配、获得竞争优势潜力最大的机会，机会是影响公司战略的重大因素	客户群的扩大趋势或产品细分市场；竞争对手失误；市场需求增长强劲，可快速扩张；市场进入壁垒的降低；获得并购竞争对手的能力等
威胁 T	某些对公司的盈利能力和市场地位构成威胁的因素，公司管理者应当及时确认危及公司未来利益的威胁，做出评价并采取措施来抵消或减轻其产生的影响	出现将进入市场的强大的新竞争对手；市场需求减少；行业政策变化；经济衰退；客户偏好改变；突发事件；受到经济萧条和业务周期的冲击等

②构造 SWOT 矩阵。将调查得到的因素按照影响程度等进行排序，将优势、劣势与机会、威胁相组合，形成 SO、ST、WO、WT 矩阵，如图 5－1－2 所示。

	优势（S）	劣势（W）
机会（O）	SO分析（增长型战略）	WO分析（扭转型战略）
威胁（T）	ST分析（多种经营战略）	WT分析（防御型战略）

图 5－1－2　SWOT 矩阵

③制订行动计划。在完成环境因素分析和 SWOT 矩阵的构造后，便可以制订出相应的行动计划。制订计划的基本思路是：发挥优势因素，克服弱点因素，利用机会因素，化解威胁因素；立足当前，考虑过去，着眼未来。运用系统分析的综合分析方法，将排列与考虑的各种环境因素相互匹配起来加以组合，得出一系列公司未来发展的可选择对策。

④对策分析。

首先，优势与机会对策（SO 分析）：可以利用企业内部优势结合外部机会，采取开发新市场等增长型战略。

其次，劣势与机会对策（WO 分析）：物流企业采用扭转型战略，积极进行内部调整，加强内部实力，借外部机会克服企业弱点。

再次，优势与威胁对策（ST 分析）：物流企业采用多种经营战略，利用多元化的优势回避或者减轻外部威胁的影响，拓展长远发展的机会。

最后，劣势与威胁对策（WT 分析）：利用业务流程重组、企业兼并等防御型战略，设法消除劣势，避开威胁。

申通物流的 SWOT 分析如表 5－1－4 所示。

表 5－1－4　　　　申通物流的 SWOT 分析

优势	劣势
√品牌资深 √硬件专业 √服务良好 √政府肯定 √规模强大及人力资源充足	√人力资源虽然很充足，但员工各方面的素质还有待提高，公司的人力资源部门的要求也有待提高
机会	**威胁**
√科技的创新和发展，网络越来越普遍地应用于生活 √网上购物逐渐成为消费习惯 √网络销售成为销售的一个重要手段和环节	√国内外市场竞争都非常激烈，国内有中通、圆通、天天、韵达、EMS、顺丰等，国外有 UPS 等 √物流价格趋同，市场服务趋于完善

2. 物流企业营销客户分析

1）物流企业客户的范围

客户是企业服务的对象，是物流企业的目标市场。按照物流企业客户的需求和目的的不同，可以将市场细分为消费者市场、生产者市场、中间商市场、政府市场和国际市场。按照对物流企业的依赖程度，客户可以分为完全物流客户、拥有部分物流系统的客户、接受外部物流业务的客户和需要联合开展业务的客户。

按照客户为物流企业创造的效益和价值，客户可以分成三种：一是一般客户，所占比例较高，约占客户比重的 80%，但是利润贡献率仅为 5%；二是潜力客户，希望从与企业的关系中提高和增值，约占客户比重的 15%，实际贡献利润率约为 15%；三是关键客户，即 VIP 客户，总体数量不多，仅占客户比重的 5%，但是创造的经济效益高达 80%。

物流服务的内容广泛，物流业务内容的变动带动客户群也相应变动，因此只有准确了解和把握客户的需要、购买心理和基本的决策过程，才能取得良好的营销效果，达到预期收益。

2）企业客户购买行为分析及决策

（1）影响企业客户购买行为的主要因素。

①个人因素。这是最直接的影响因素，生产者市场购买行为是组织行为，最终要依靠个人做出决策方能实施。例如，客户所处的年龄与人生阶段、职业、收入、生活方式、个性、偏好不同，购买行为也不尽相同。

②心理因素。不同客户的购买动机、学习、知觉、购买态度、消费信念等都影响客户的最终选择。

③文化因素。文化是人类从生活实践中建立起来的价值观念、道德、理想和其他有意义的象征的综合体。个人是在一定的社会文化环境中成长，通过家庭和其他主要机构的社会化过程学到和形成了基本的文化观念。文化是决定个人欲望和行为的基本要素，风俗、习惯、宗教、道德等文化的差异引起消费行为的差异。

④社会因素。个人所处的生活群体、家庭成员、社会阶层、社会角色、地位等参照群体可以影响个体的消费和态度。

（2）企业客户购买的决策过程。在物流购买活动中，客户购买的决策过程由引起需要、收集信息、评价方案、决定购买和购后行为五个阶段构成，如图 5－1－3 所示。

图 5－1－3　企业客户购买的决策过程

客户信息来源主要有个人来源（如家庭、朋友、邻居、熟人）、商业来源（如广告、推销员、经销商、包装、展览）、公共来源（如大众传播媒体、消费者评审组织等）、经验来源（如物流服务的亲身体验、使用相关产品）等。

3. 物流企业营销竞争者分析

竞争者分析是指企业通过某种分析方法识别出竞争对手，并对他们的目标、资源、市场力量和当前战略等要素进行评价。其目的是准确判断竞争对手的战略定位和发展方向，并在此基础上预测竞争对手未来的战略；准确评价竞争对手对本组织的战略行为的反应，估计竞争对手在实现可持续竞争优势方面的能力。对竞争对手进行分析是确定组织在行业中战略地位的重要方法。

（1）影响物流企业竞争的因素。

波特五力模型是迈克尔·波特（Michael E. Porter）于 20 世纪 80 年代初提出的，波特认为行业中存在决定竞争规模和程度的五种力量，这五种力量综合起来影响产业的吸引力以及现有企业的竞争战略决策。这五种因素分别为同行业内现有竞争者的竞争能力、新的潜在进入者的能力、替代品的替代能力、供应商的讨价还价能力、购买者的讨价还价能力。五种因素相互作用、彼此联系，如图 5－1－4 所示。

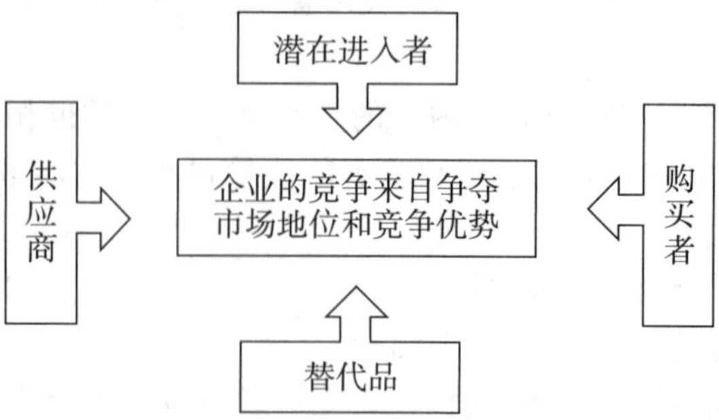

图 5－1－4　波特五力模型

（2）企业竞争者分析的内容。

①从市场和行业两个角度识别企业的竞争者。

②识别企业竞争者的策略。
③判断竞争者的目标。
④评估竞争者的优势和劣势。
⑤确定竞争者的战略。
⑥判断竞争者的反应模式。竞争者的反应模式通常有四种，如表 5－1－5 所示。

表 5－1－5　　竞争者的反应模式

类型	表现	原因
从容型竞争者	对某一特定竞争者的行动没有迅速反应或反应不强烈	对竞争者主动行动的反应迟钝，缺少做出反应的资金，对客户忠诚度有信心
选择型竞争者	可能只对某些类型的攻击做出反应，而对其他类型的攻击则无动于衷	证明企业自身的强大竞争力和抵御压力的能力，阻止竞争对手的策略实施
凶狠型竞争者	对向其所拥有的领域所发动的任何进攻都会做出迅速而强烈的反应	显示企业在市场中的实力和控制力，阻止对手进入该市场
随机型竞争者	在任何特定情况下可能会也可能不会做出反击	能承受竞争时站在前沿，不能承受竞争时退后静观其变

（二）物流企业营销市场预测

物流市场供需瞬息万变，科学的营销决策离不开市场营销调查的准确定位，并且要对市场需求进行积极预测，以此来保证企业的领先地位和战略眼光。

物流市场预测就是为制定企业经营战略、选择目标市场提供参考和依据的，运用科学的预测手段和模型，根据物流企业营销部门获取的信息资料，预测影响物流企业市场营销活动各种因素的未来发展趋势和变化状况。主要侧重点在于物流市场的未来。

预测活动可以指明企业物流服务产品的生命周期所处的具体阶段，为新产品的研发提供市场分析，可以作为引进新工艺、新流水线、新技术的依据，还可作为扩大企业战略投资、完善人力资源计划的参考，以此积极调整产品和服务的定价。

1. 物流企业营销市场预测概述

物流企业营销市场预测是在对影响物流市场变化的诸多因素进行研究的基础上，利用科学的方法，研究未来市场物流需求变化发展的趋势和相关因素的变化，最后进行统计、分析和判断的过程。

物流企业营销市场预测可以分为市场需求预测、市场商品价格预测、市场供应预测、市场竞争形势预测、市场经营战略预测等，其中市场需求预测最为重要。

2. 物流企业营销市场预测的步骤

物流企业营销市场预测主要包括八个基本的步骤，如图 5－1－5 所示。物流企业营销市场预测步骤的基本内容如表 5－1－6 所示。

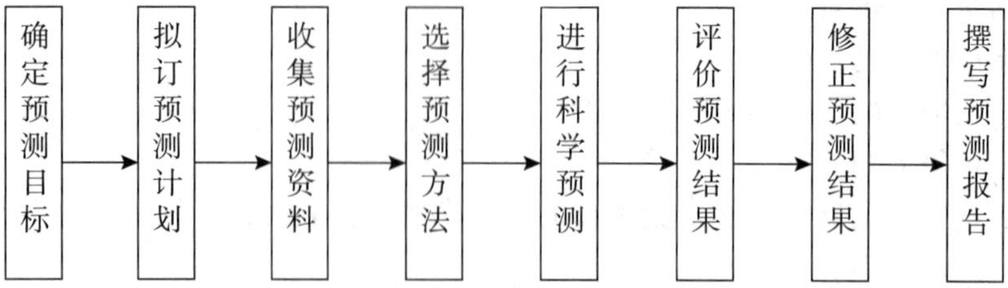

图 5-1-5 物流企业营销市场预测的步骤

表 5-1-6 物流企业营销市场预测步骤的基本内容

预测步骤	基本内容
确定预测目标	确定营销预测要解决的问题，便于把握整个营销工作的中心
拟订预测计划	根据预测的目标确定实施的方案，比如收集材料的要求、收集资料的方法、采用的预测方法、编制预测预算、制定预测流程等
收集预测资料	对根据预测目标收集回来的材料进行认真审核，对不完整的资料进行补充与调整，确保资料真实性、完整性、系统性和可靠性
选择预测方法	综合考虑企业的财力、预测目标，选择科学的预测方法，常常采用定性和定量分析的方法进行预测，或多种方法相互印证
进行科学预测	对于定量预测法，要将收集的数据输入数学模型，通过运算得出结果；对于定性预测法，要建立逻辑推理模型
评价预测结果	若通过模型得出的结论与实际有较大出入，要将定量和定性预测的结果进行比较，分析其可信度，找出造成误差的原因
修正预测结果	对预测值的误差进行调整，如误差较大，可以更换预测方法
撰写预测报告	预测报告是对营销预测工作的总结，报告中要如实记录预测步骤和结论，提出建议，确保预测报告的严谨与可行

技能训练

请帮助唐甜同学根据物流企业营销调查和预测的流程及步骤，对拜访的潜在客户进行策略分析，掌握潜在客户策略制定的影响因素。

请根据所学知识，对照不同潜在客户的营销策略设计，掌握根据调查和分析结果自行设计营销策略的能力。请试着帮助唐同学针对辽沈地区特定客户进行营销策略设计。

任务 2 实行物流企业营销市场细分和客户定位

任务进程

新进入客户服务部业务团队的唐甜在随团队拜访潜在客户、开发新业务的过程中，遇到了一些困难，就此向业务主管进行了请教，请主管帮助她找到应对之道。在掌握了物流企业市场分析和营销预测能力之后，唐同学还需要了解市场细分和客户定位的方法。

相关知识

一、认识物流企业营销市场细分

（一）物流市场细分的概念

物流市场细分是指企业根据客户需求的不同特征将整个市场划分成若干客户群的过程。每个客户群是一个具有相同特征的细分市场或子市场。企业针对不同的细分市场，采取相应的市场营销组合策略。

值得注意的是：第一，物流市场细分是对客户的需求进行细分，不是对产品（服务）进行细分；第二，物流市场细分是将具有相似需求特征的客户划分在同一个市场，并不意味着在这个细分市场内其他的需求差异不存在；第三，这些需求的差异性是客观存在的。

（二）物流市场细分的作用和条件

1. 物流市场细分的作用

物流市场的需求复杂多样，这些需求都有待于企业去满足。但是，任何企业都没有能力一一满足这些需求。企业只有通过市场细分，才能选择最合适的市场来服务，这有利于企业发掘市场机会。物流市场细分的具体作用如下。

（1）有利于企业更加准确地认识客户的需要。企业通过对市场进行细分，不仅可以了解整个市场的状况，而且还可以具体了解不同细分市场的不同需要，包括客户的满足程度、现实需要和潜在需要，使企业能从客户的角度出发，提供客户所需要的服务，满足客户需求。

（2）有利于企业合理地利用资源。任何企业的资源都是有限的，企业要想利用有限的资源在市场竞争中取得竞争优势，只有通过市场细分，对客户的需求有较深入的了解，发现目标客户的需求特征，集中有限的人力、物力和财力，采取有针对性的营销策略，这样才可能在目标市场上取得更大的市场份额。

2. 物流市场细分的条件

企业要使细分市场真正具有实用价值，保证细分市场能为企业制定有效的营销战略和策略服务，则企业细分市场要具备以下条件。

（1）可衡量性。可衡量性是指企业用以细分市场的标准是可以衡量的。主要包括以下三个方面：第一，客户对服务有不同的偏好，对企业的营销策略具有明显的不同反应；第二，企业必须能够获取客户的准确情报；第三，企业对于各细分市场能进行定量分析且便于对市场进行可行性研究，使企业能选择较好的目标市场。

（2）盈利性。盈利性是指企业进入目标市场后能够获得预期的利润。如果物流市场的规模很小，不能为企业获取足够的盈利，就不值得进行细分。

（3）可行性。可行性是指企业通过合理控制营销组合的成本进而实现企业盈利的细分市场的可行性分析。

（4）稳定性。稳定性是指在一定时期内，细分市场的标志及细分市场保持相对不变。

3. 物流企业市场细分的依据

市场细分的依据如表 5－2－1 所示。

表 5－2－1　　市场细分的依据

细分依据	具体变量
地理环境	国别、城乡、气候、交通、地理位置等
人口因素	年龄、性别、职业、收入、教育程度等
心理因素	个性、兴趣、爱好、生活方式等
购买行为	购买动机、使用频率、品牌与商标的信赖程度等

4. 物流企业市场细分的步骤

为了确保市场细分的有效性，企业的市场营销人员应该了解和掌握细分市场的程序。一般的市场细分的步骤，如图 5－2－1 所示。

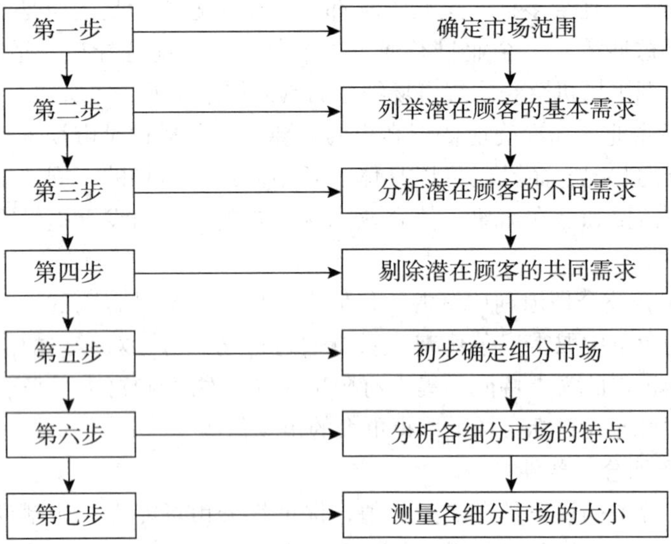

图 5－2－1　市场细分步骤

（1）确定市场范围：任何一个企业都有其自身的任务和目标，并以此作为企业制定生产经营和市场开拓战略的依据。

（2）列举潜在顾客的基本需求：产品的市场范围确定后，企业的市场营销人员可以将市场范围内的潜在顾客分为若干个专题小组，了解他们的动机、态度、行为等，从而比较全面地列出影响产品市场需求和顾客购买行为的各项因素，作为以后进行深入分析研究的基本资料和依据。

（3）分析潜在顾客的不同需求：顾客的不同需求是细分市场的基础。

（4）剔除潜在顾客的共同需求：企业无论选择哪种细分市场作为日标市场，都必须满足潜在顾客的共同需求。

（5）初步确定细分市场：对细分市场的初步确定是指为细分市场暂时命名，即在分析潜在顾客的不同需求、进行市场细分并剔除各细分市场上潜在顾客的共同需求后，各细分市场上剩下的需求各不相同，这时为了便于对各细分市场的特点做进一步的分析，根据各细分市场上顾客的特点暂时为各细分市场确定一个名字。

（6）分析各细分市场的特点：上述工作完成后，企业还需进一步对各细分市场顾客的需求及行为特点做深入的分析与考察，确定已掌握了各细分市场的哪些特点，还需要对哪些特点进一步分析研究，从而决定是否需要再分或重新合并。

（7）测量各细分市场的大小：细分出来的市场必须大到足以使企业实现它的利润目标，这时细分市场对企业来说才是有用的。

二、理解物流企业营销的目标市场选择

（一）物流目标市场的含义及条件

1. 物流目标市场的含义

物流目标市场是企业所选定的作为客户营销服务对象的一个、几个或全部细分市场。

2. 物流目标市场应具备的条件

（1）有适当的规模和发展潜力。即目标市场应具备一定的规模，使企业能赢得长期稳定的利润。

（2）有足够的吸引力。

（3）符合企业的目标和资源。选择目标市场时，企业要结合自身的目标和资源进行综合考虑。

（二）物流目标市场的选择模式

企业通过对不同的细分市场进行评估，会发现一个或几个细节市场可以作为其目标市场。企业应该进入哪几个细分市场，通常有下述五种模式可供选择。

1. 密集单一市场

密集单一市场是最简单的方式，即企业只选择一个细分市场作为目标市场，进行集中营销，也就是物流企业只提供单一形式的物流服务满足单一客户群的需要。

选择这种模式的优点是：企业能更好地了解客户目标市场的需求，服务目标市场，在市场上树立良好信誉。一旦公司在细分市场上处于领导地位，将获得很高的投资收益，但由于投资过于集中，这种策略的风险较大。

2. 有选择的专门化

物流企业选择几个细分市场作为自身的目标市场，针对各种不同的客户群提供不

同的物流服务。企业采用这种策略时通常属于以下情况：被企业选中的每一个细分市场都具有吸引力，并且符合企业的经营目标和资源状况，但各细分市场之间联系很少或者根本没有联系，然而在每个细分市场上企业都可能获利。

采用这种策略的最大优点是：可以分散企业的经营风险，即使某个细分市场失去吸引力，企业仍可在其他细分市场上获利。但采用这种策略企业投入的成本较高。

3. 产品专门化

产品专门化是指物流企业针对各类客户的需要只提供一种形式的物流服务。企业可以通过这种策略，摆脱对个别市场的依赖，降低经营风险，在某个服务方面树立起良好的声誉。

4. 市场专门化

市场专门化是指企业专门为满足某个客户群体的各种需要服务，即物流企业向同一客户群提供不同种类的物流服务。这种策略有利于物流企业巩固与客户的关系，降低交易成本，获得良好声誉。

5. 完全市场覆盖

完全市场覆盖策略是指企业利用各种服务产品满足不同客户群体的需要的策略，即物流企业选择全面进入各个细分市场，为所有客户群提供所需要的各种物流服务。这种策略往往为大型企业采用。

（三）物流目标市场营销策略

企业选择的目标市场模式不同，提供的物流服务就不同，占领目标市场的营销策略也就不一样。概括起来，企业进入目标市场的主要营销策略有下述几种。

1. 无差异市场营销策略

无差异市场营销策略就是企业忽略各细分市场之间的差异，把它们看作是一个同质性的市场，企业针对这个市场只提供一种服务、制订一个营销计划，去满足所有客户的需求。

采用无差异市场营销的理由是规模效益。这样做可以降低经营成本，获得较高的利润；但它难以长期满足客户的多种需求，应变能力较差。另外由于成本低，高额的利润会导致竞争者加入，风险较大。这种策略适用于那些适应性强、差异小且有广泛需求的物流服务。

2. 差异市场营销策略

差异市场营销策略是指企业经过市场细分，选择两个或两个以上的细分市场作为自身的目标市场，企业针对不同的细分市场设计不同的物流服务形式、推出不同的营销方案。

企业采用这种策略往往比采用无差异营销策略能赢得更大的总销售额；但也会增加成本，主要是增加服务改进成本、管理成本和促销成本。当成本增加的速度超过利润增长的速度时，企业应减少服务类型，使每种服务适应更多的客户群的需要。该策略适用于实力雄厚的大中型物流企业。

（1）产品实体差异化包括产品特色、产品质量、产品式样等方面，如表5-2-2所示。

表 5－2－2　　　　产品实体差异化

	内容	举例
产品特色	产品功能、技术含量、包装、服务	牙膏能防蛀、增白 IBM 就是服务
产品质量	使用效果、耐用性能、可靠程度	A 牌汽车更平稳、操作更容易、速度更快 永不磨损的××手表
产品式样	产品特有的样式、风格，对产品的展示方法	多面剃须刀 平面电视

（2）服务差异化。当实体产品不易与竞争产品相区别时，制胜的关键往往取决于服务。服务差异化包括送货、安装、用户培训、咨询、维修等方面。送货必须准时、安全，这已成为一个常识，但在实际活动中真正坚持做到这一点的企业并不多，而购买者往往选择那些能准时送货的供应商，设备买主常常希望获得良好的安装服务。随着产品本身在技术方面越来越复杂，其销售也越来越依赖于质量和附带的服务，正是出于这些考虑，许多公司对服务的重视程度并不亚于对产品质量的重视。

不同行业的服务有不同的内容，也有不同的重点。因而企业应首先对服务事项进行排列，确定重点选择。以零售业为例，典型零售服务事项有以下内容，如表 5－2－3 所示。

表 5－2－3　　　　零售服务事项

售前服务	售后服务	附加服务
承接电话订货	送货	支票付款
接受邮购订单	常规包装	一般性解答
广告	礼品包装	免费停车
橱窗展览	调试	餐厅
内部展览	退货	修理
试衣间	换货	内部装潢
营业时间	整修	赊购
时装展览	安装	休息室
折价以旧换新	货到付款	代客照顾小孩

在确定了服务事项后，根据顾客的需求、企业自身特点以及竞争对手策略，来确定服务差异化定位。

（3）形象差异化。即使产品实体和服务都与竞争企业十分相似，顾客依然可能接受企业产品形象的差异化。

在实施差异化定位过程中，应掌握如下要点。

（1）从顾客价值提升角度来定位。产品差异化的基础是消费需求的差异化，顾客也因此为各种产品或服务所吸引。消费需求是产品差异化的前提，没有前者也就没有后者，企业不能为了差异化而差异化，每一个差异化定位首先要考虑消费者是否认可，使用本企业产品所获得的价值是否高于其他产品。

（2）从同类企业特点的差异性来定位。同类企业中每个企业都有它的特殊性，当一个企业的特点是其他企业所不具备的，这一差异性即可成为定位的依据，如轿车很多，但为什么市场占有率有这样大的反差？上汽为什么能独占鳌头？关键是上汽有全国性的销售网络和服务网络。因而，“便利”就成为上汽产品定位的要点之一。

（3）差异化应该是可以沟通的，是顾客能够感受到的、有能力购买的。否则，任何差异性都是没有意义的。

（4）差异性不能太多，当某一产品强调特色过多，反而失去特色，也不易引起顾客认同。

3. 集中营销策略

集中营销策略是指企业只选择一个或少数几个细分市场作为自身的目标市场，集中力量搞好专业化开发和经营，占领一个或少数几个细分市场的策略。

采用这种策略，企业的营销对象比较集中，有利于在物流服务方面提高专业化程度，提高对客户及其需求的了解程度，在客户中树立良好形象；有利于集中使用资源，节约营销费用，在市场上获取较高的市场占有率，确立企业在市场上的优势地位。但由于目标市场狭窄，应变能力差，因此风险较大。该策略适用于资源有限、实力较小的中小型物流企业，或新进入的物流企业。

4. “一对一”营销

“一对一”营销是营销者通过与每一位客户进行一对一的沟通，明确并把握每一位客户的需求，采用不同的方式去满足，以更好地实现企业利润的活动过程。

三、掌握物流企业营销市场定位

（一）物流企业营销定位的内涵

1. 物流市场定位的含义

物流市场定位是指物流企业根据市场竞争状况和自身资源条件，建立和发展差异化优势，以使自身的服务在消费者心中形成区别并优越于竞争者服务的独特形象。物流市场定位为物流服务差异化提供了机会，使每家企业及其服务在客户心目中都占有一席之地，形成特定的形象从而影响其购买决定。

2. 物流市场定位的步骤

物流市场定位的基本步骤和其他服务市场定位相似，一般包括以下几个步骤。

（1）分析市场和竞争对手。

企业进行市场定位，首先要进行市场分析，分析市场构成、潜在客户的需求，明确哪些是自己的竞争对手，研究它们的策略，评价自己的强弱之处，制定以与众不同为基础的战略。主要弄清以下问题：都有什么企业在市场上竞争？它们都针对哪些细分市场？

（2）了解潜在客户如何评价竞争对手。

主要了解客户对物流服务的感受：哪些是重要的决定性因素？什么动机使他们选择一种或者另一种服务？他们认为自己所找的企业比其他对手有什么优势？

（3）确定竞争对手的定位。

了解哪些服务因素是与竞争对手的对比中要优先被感受到的，是如何被感受到的。

（4）分析客户的构成

了解客户的预期要求，特别要确定物流服务在客户的经营中所起的作用和占有的地位。

（5）选择定位设计。

如果客户的感受与企业所希望的不同，就需要决定是否需要干预和怎样干预。企业在这个阶段要做各种量化分析，如各种方案的成本与收入的估算，利润的估计等。同时，弄清达到这种定位需要什么样的人力和财力资源，竞争对手会做出何种反应。最后企业选择定位设计，要让自身的服务与其他的竞争对手不同，按照潜在客户的要求提供特色服务，并向潜在客户宣传自身的服务。

（二）物流服务市场定位方法

物流企业的市场定位是物流企业为了将自身的物流服务有针对性地进行推广或销售的一种客户定位，是企业将服务推出市场的最佳切入点。企业可以从以下几个方面进行市场定位。

1. 按经营层面定位，实际上是物流公司的“产品”定位

在品牌树立阶段，物流企业应该明确定位自身的核心经营层面。有了核心经营层面，才有可能形成核心优势，树立品牌形象。物流公司可选择以下几个经营层面。

（1）运作层。企业只提供比较初级的物流管理服务，物流企业本身不涉及客户内部的物流管理和控制，只是根据客户的要求，整合社会物流资源，完成特定的物流服务。

（2）管理层。管理层的服务包括销售预测、库存管理和控制等专业的物流环节，对物流公司的管理水平要求很高。因此能够提供专业化的物流管理的物流企业往往可以获得较大的利润空间。但由于要深入企业的销售、市场、生产、财务等环节，因此市场对此类服务的接受有一定的障碍。例如，华润物流在与同一个客户的合作中，除了进行运作层面的整合外，还为客户提供内仓的库存管理；华润物流根据客户的生产计划，确定内仓的原材料库存，为客户提供原材料库存分析。

（3）规划层。服务内容包括物流设施、物流体系和物流网络的规划，这是物流领域中最富技术含量的一块领域，由于其专业性太强，因此主要由咨询公司完成这一任务。

（4）混合型。混合型的经营模式是企业不断拓展自身的经营层面，在核心能力得到加强的基础上，往其他经营层面延伸。

2. 按主导区域定位

主导区域的定位是企业设定自身的核心业务的覆盖范围，在主导区域内，企业依靠自身的物流网络能够完成相关的物流服务。确定主导区域要考虑以下几个因素。

（1）自身的投入能力。主导区域覆盖面的区域越大，投入的资金越多。

（2）管理水平。主导区域覆盖面越广，管理难度越大。如果管理能力不强，过快地扩展覆盖网络可能造成管理的失控和客户服务质量的降低。

（3）客户的需求分析。对现有的客户群进行分析，将业务比较多的区域设为主导区域。

（4）营运成本分析。一般来讲，主要区域覆盖面越广，表明提供服务的能力越强，同时有利于企业品牌的宣传，但需要的成本也越高。如果企业投入能力不足，对于主导区域不能覆盖的地方业务，可以通过联盟等协作办法解决。

3. 按主导行业定位

物流企业为了建立自身的竞争优势，一般将主营业务定位在一个或几个行业。因为不同的行业，其物流的运作模式是不同的。专注于特定行业可以形成行业优势，增强自身的竞争能力。物流企业在我国现阶段可以重点考虑的行业有：家电、通信、电子、汽车、化工、食品、服装、医药、家具等。

4. 按客户关系定位

物流企业与客户的关系可分为普通合作伙伴关系和战略合作伙伴关系。普通合作伙伴关系是合作双方根据双方签订的合作文件进行业务往来，在合作过程中双方的职责有比较明确的界限；战略合作伙伴关系是双方职责不再有明确的界限，合作双方为了共同的利益，在很大程度上参与对方的经营决策。

5. 按服务水平定位

服务水平分为基本服务、标准服务、增值服务三种。服务水平与客户满意度和运营成本紧密相连，服务水平越高，客户满意度越高，同时营运成本也越高。确定服务水平的一般原则如下。

（1）对于重点客户，一般要提供增值服务。

（2）对于可替代性强的业务，也要提供增值服务。如一般的运输、仓储等业务，如果只是提供基本服务，往往很难将自身与竞争对手区分开来，因此，要开发增值服务项目。

（3）服务水平的确定是动态的过程，必须适时调整。

（三）物流企业营销定位的策略

企业作为一个整体，在客户的心目中是有一定的位置的。企业定位可根据自身的资源优势和在市场上的竞争地位做出如下选择。

1. 市场领先者定位策略

市场领先者是指在行业中处于领先地位的企业，其相关服务在市场上的占有率最高。采用领先者定位策略的企业必须具备以下优势：客户对品牌的忠诚度高；建立营销渠道并高效运行；迅速积累营销经验等。

2. 市场挑战者定位策略

在相同的行业中，当居次位的企业势力很强时，其往往以挑战者的姿态出现，攻击市场领导者和其他的竞争者，以获得更大的市场占有率，这就是市场挑战者定位策略。

挑战者的挑战目标可以是以下三种：攻击市场主导者、攻击实力相当者和攻击地方性小型企业。

3. 市场跟随者定位策略

市场跟随者定位策略是指企业跟随市场领导企业开拓市场，模仿领导者的服务项目开发营销模式的定位策略。但“跟随”并不是被动地、单纯地跟随，而是设法将独特的利益带给目标市场，保持低成本和高服务水平。采用这种定位策略有以下三种战略可供选择：紧密跟随、距离跟随和选择跟随。

（1）紧密跟随：指企业在各个细分市场和营销组合方面，尽可能模仿主导者，不与主导者发生直接冲突。

（2）距离跟随：指跟随者在主要方面，如目标市场、产品创新、价格水平和分销渠道等，追随主导者，但仍与主导者保持若干差异。

（3）选择跟随：指企业在某些方面紧跟主导者，在一些方面又发挥自身的独创性。

4. 市场补缺者定位策略

市场补缺者定位策略是指企业专心关注市场上被大企业忽略的某些细小部分，在这些小市场上通过专业化经营来获取最大限度的收益，在大企业的夹缝中生存和发展的定位策略。

采用这种策略的企业主要战略是专业化市场营销，就是在市场、客户、渠道等方面实行专业化。通常选择两个或两个以上的补缺基点，以减少市场风险。

四、关系营销中的物流企业客户关系

物流企业客户关系有五种，如表 5 –2 –4 所示。

表 5 –2 –4　　五种不同的物流企业客户关系

关系类型	说明
基本关系	物流企业销售人员销售产品和服务后，不再与物流客户接触
被动式关系	物流企业销售人员在销售产品和服务的同时，还鼓励消费者购买产品和服务，如果发现产品和服务有问题或不满，及时向物流企业反映
负责式关系	物流企业销售人员销售产品和服务后不久，就通过各种方式了解产品和服务是否达到消费者的预期，并且收集物流客户有关改进产品和服务的建议，以及对产品和服务的特殊要求，把得到的信息及时反馈给物流企业，以便不断地改进产品
主动式关系	物流企业销售人员经常与物流客户沟通，不时打电话与消费者联系，请他们提出改进产品和服务使用的建议，或者向他们提供有关新产品的信息，以促进新产品的销售
伙伴式关系	物流企业与物流客户持续合作，使物流客户能更有效地使用其资金或帮助物流客户更好地使用产品，并按照物流客户的要求来设计新产品

五、客户细分的方法及其管理

企业通过客户分类、分级管理，使组织客户系列化。

（一）客户细分的依据

1. 按照客户对待企业和产品态度实施分类管理

按照客户对待企业和产品态度不同，可将客户分为对企业和产品都忠诚的客户（包括新产品的率先使用者）、对企业和产品采取品牌转移的客户、对企业和产品采取无品牌忠诚的客户。企业营销部门针对客户管理的工作重点就是，在全部客户当中，选择对企业和产品都忠诚的客户，作为企业的一级客户实施重点管理和维护，同时，针对采取品牌转移的客户，积极培养其对本企业和产品的忠诚度。

2. 按客户购买产品交易金额进行分类管理

在客户管理中，把公司全部客户按交易金额的多少，划分为关键客户、潜力客户、常规客户三类。企业营销部门针对客户管理的重点就是，将关键客户作为企业一级客户进行重点管理和维护，使他们更加对企业和产品忠诚，长期稳定；针对交易额一般的潜力客户与常规客户，应当加大交易量和金额，尽快将其提升到企业一级客户。

3. 按照客户销售业绩与忠诚度实施分类管理

按照客户销售业绩与忠诚度不同，可将客户划分为以下几类。

（1）销售量小，对企业也不忠诚的客户。这类客户对任何企业来讲都是没有价值的，企业对待此类客户的对策就是该出手时就出手，该淘汰的就淘汰。

（2）销售量大，但对企业不忠诚的客户。这类客户常常会成为企业最危险的敌人。此类客户“挟市场或货款以令厂家”，他们以自己的销售额为资本向厂家讲条件、提要求，厂家不能满足他们的愿望，他们就还厂家以“颜色”——窜货、降价倾销，扰乱市场或是长期拖欠企业货款。如果对这些客户管理稍有疏忽，他们就会给企业造成很大的损失。如果企业所拥有的客户中这些客户占有较大的比重，那么企业的销售和市场就很危险了。

（3）销售量小，但对企业忠诚的客户。这是可以培养的明日之星。对此类客户，企业要多扶持、多培养，努力使其成为一个好客户。

（4）销售量大、对企业也忠诚的客户。这是企业最宝贵的财富。一个企业拥有的这类客户越多，市场就越稳定，越有发展潜力。

4. 依据客户信用和业绩实施分类管理

（1）信用好，但销售能力差的客户。他们的经营意识和经营能力严重不足，是典型的坐商，只凭老招牌与固定的客户做生意。这些客户虽然不能够促进业务发展，但足以稳定经营。对业务员来说，这也很具有吸引力。

（2）销售能力强但信用差的客户。他们可能在较短的时间内使业务急剧增长。这些客户的经营思想新颖、开发能力强，与这样的客户交易是业务员增加业绩的捷径。但是，业务员要注意，这些企业的基础较弱、信用条件差，这增加了经营的风险。

（3）销售能力和信用都好的客户。这是最受业务员欢迎的客户。提升业绩的重点就是增加这类客户。拥有的好客户的多少，对业务员的业绩有决定性的影响。业务员拥有这些好客户的好处包括：能销售高档的产品（服务）；能持续稳定地销售；客户付款干脆，不必前去推销也能做成生意（电话推销或是客户主动订货）；会提供各种有用的信息。

如果客户目前的经营状况一般，但有发展潜力，业务员就要去辅导、扶持客户发展，促进客户的成长。

5. 依据客户发展潜力实施分类管理

（1）有的客户销量高，但购买的产品和服务不多。客户不全方面合作的原因包括：无法赚钱；有其他有力的物流企业竞争者；对产品或服务不了解；觉得价格太高；服务种类太少，不具吸引力；因过去的不愉快经历而心存芥蒂；对品牌不熟悉。上述问题的共同点就是：客户对企业不了解，彼此缺乏交情。对此，身为业务员应该强化与客户的沟通。

（2）有的客户尽管目前经营状况不佳，但若能加以扶持、辅导，将来必定能够发展成为好客户。这类客户的特点包括：观念明确，对企业的环境、现状有清楚的了解，对未来的发展有明确的打算；拥有稳定的销售网络，口碑好；地理条件具有发展性等。对这类客户，业务员要积极加以辅导、扶持，促使其成长，使之发展成为重要客户。

技能训练

通过业务主管的分析和指导，唐同学掌握了物流企业市场细分和客户定位的方法，请根据所学知识，对照不同潜在客户的营销策略设计，根据关系营销中的物流企业客户关系，对辽沈地区特定客户进行定位分析。

任务3　实施物流企业客户分级管理

任务进程

经过团队业务主管的指导，唐同学学会了物流市场调查分析和营销预测，掌握了市场细分的标准和客户定位策略，理解了关系营销中的物流客户关系，为了将来更好服务客户，提高客户满意度，唐同学接下来还应该掌握物流企业客户分级管理的技能。

相关知识

对企业来讲，客户的性质是不同的，客户采购规模有大有小，客户对企业的利润贡献也不相同。企业在有限的资源条件下，要有效地管理客户，就需要对不同的客户采取不同的销售策略。对客户进行分层管理，就需要了解客户差异化分析的有关内容。

一、客户的 ABC 分类法

ABC 分类法又称帕累托分析法或主次因素分析法、分类管理法、重点管理法。它是根据事物在技术或经济方面的主要特征进行分类排队，分清重点和一般，从而有区别地确定管理方式的一种分析方法。对于客户，我们可以按照成交额进行划分，或根据客户的发展潜力来划分。通过 ABC 分类法，我们把客户划分成不同的等级，并针对性地采取不同的管理办法，如图 5－3－1 所示。

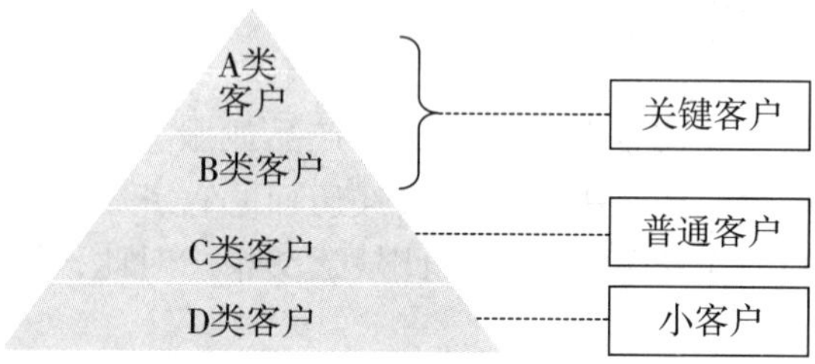

图 5－3－1　客户的 ABC 分类法

1. A 类客户（重要客户）

A 类客户是能够给企业带来最大价值的前 1% 的客户，他们的进货额占总销售额的 70%～80%，位于客户金字塔的最高层。A 类客户往往是产品的重度用户，对企业忠诚，是企业客户资产中最稳定的部分。长期为企业创造绝大部分利润，而企业却只需支付较低的服务成本；A 类客户对价格不敏感，也乐意试用新服务，还可帮助企业介绍潜在客户，为企业节省开发新客户成本；A 类客户不但有很高的当前价值，而且有巨大的增值潜力，其业务总量在不断增大，未来在增量销售、交叉销售等方面仍有潜力可挖。A 类客户是最有吸引力的一类客户，可以说，企业拥有 A 类客户的多少，决定了其市场上竞争地位的高低。

2. B 类客户（主要客户）

B 类客户是除重要客户以外给企业带来最大价值的前 20% 的客户，它位于客户金字塔的次高层。B 类客户可能是物流企业服务的大量使用者，也可能是中度使用者，对价格的敏感度比较高，为物流企业创造的利润和价值没有重要客户那么高。

A 类客户和 B 类客户属于企业的关键客户。关键客户管理的目标是提高关键客户忠诚度，并在保持联系的基础上，提升 A 类客户给企业带来的价值。

为此，必须做好三个方面的工作。第一，成立为关键客户服务的专门机构，主要负责联系关键客户；利用数据库分析每位客户的交易历史，及时与关键客户进行市场趋势沟通；为企业高层提供准确的关键客户信息，根据客户要求设计不同的服务方案；关心关键客户的利益得失，绝不能让其转向竞争对手；关注关键客户的动态，强化对关键客户的跟踪管理。第二，通过沟通和感情交流密切双方的关系，要经常地征求关键客户的意见；有目的、有计划地拜访客户；利用多种沟通渠道进行有效沟通；及时、有效地处理关键客户的异议或者抱怨；增进与关键客户的关键交流。第三，集中优势资源服务于关键客户，加大关键客户的服务力度，为他们提供“优质、优先、优惠”

的个性化服务。

3. C 类客户（普通客户）

C 类客户是客户金字塔中处在第三层的客户，是除 A 类客户与 B 类客户之外的为企业创造最大价值的前 50% 的客户，一般占客户总数的 30%。普通客户包含的客户数量较大，但购买力、忠诚度和能够带来的价值远比不上重要客户与主要客户。

对于普通客户的管理主要强调提升级别和控制成本两个方面。对于有升级潜力的普通客户，企业要制订周密、可行的升级计划，吸引普通客户加强与企业的合作；对于没有升级潜力的普通客户，企业可以采取“维持战略”，提供常规档次的产品或一般性的服务。

4. D 类客户（小客户）

D 类客户是客户金字塔中最底层的客户，指除了上述三种客户外，剩下的 50% 的客户。小客户既包含利润低的小型客户，也包含信用低的客户。这类客户购买量不多，忠诚度很低，偶尔购买，却经常延期支付甚至不付款；这类客户经常会提出苛刻的服务要求，几乎不会给企业带来利润，还会消耗掉企业的资源。有时这类客户是问题客户，会向他人抱怨，破坏企业形象。

对于小客户要科学地评判，不能因为目前客户“小”，就盲目抛弃，要用动态的眼光看趋势。企业在认真分析小客户价值低的原因之后，判断和甄别这类客户是否有升级的可能。如果有升级的可能，企业就要加强对他们的培育，帮助其成长，挖掘其潜力，通过多种方法与这类小客户建立特殊的关系；如果非淘汰不可，可以采用提高销售价格、降低服务成本投入等方法有理、有节地淘汰。而对于信用低的客户，坚决淘汰。

二、核心客户选择

企业要达到对客户资源的有效管理与利用，必须明确自己的核心客户群。核心客户是指与企业关系最为密切、对企业价值贡献最大的那部分客户群体。通常情况下，核心客户有两方面的含义：一是它定义了客户范围，这里的客户不仅仅指产品的最终用户，还包括企业供应链上的任何一个环节，如供应商、分销商、经营商、批发商、代理商、内部客户等成员；二是它明确了客户的价值，不同客户对企业利润贡献差异很大，具体是指那些为企业创造超过 50% 的利润而只占企业所有客户很小比重的一部分客户。所以，企业的核心客户具有两个明显的特征：一是客户对企业的产品和服务有较高的满意度与忠诚度；二是能为企业提供大部分的利润贡献。

客户忠诚感与企业的获利能力有密切的关系。客户忠诚度若提高 5%，企业的利润就能增加 25% ~85%。因此，培育客户忠诚感是企业营销活动的重要目的。

客户满意与客户忠诚之间的关系受行业竞争状况的影响。影响竞争状况的因素主要有以下四类：一是限制竞争的法律；二是高昂的改购代价；三是专有技术；四是有效的常客奖励计划。如图 5 -3 -2 所示，要培育客户忠诚感，企业必须尽力使客户完全满意。

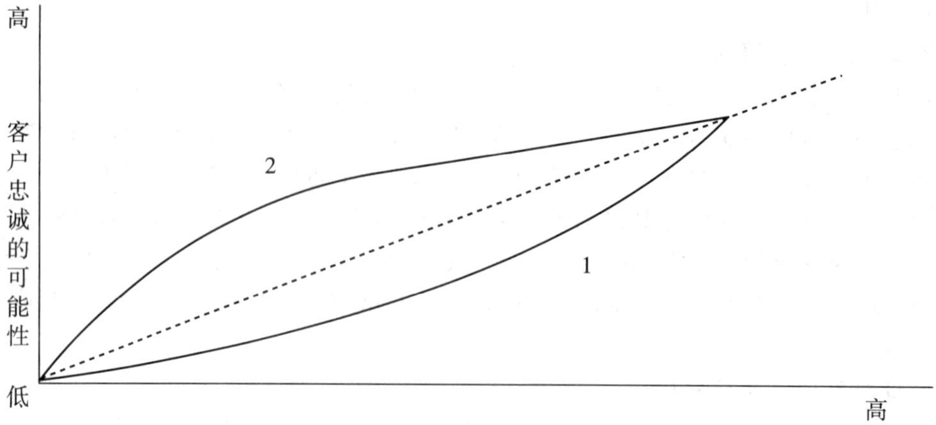

图 5 –3 –2　客户满意度与客户忠诚可能性的关系

图 5 –3 –2 中，虚线表明了在理想状况下客户满意度越高，客户忠诚的可能性越高。实线 1，表明现实中客户满意度与客户忠诚的可能性基本呈正比关系，即客户满意度越高，客户忠诚的可能性越高，但应该牢记的是满意的客户不一定忠诚。实线 2，表明现实中客户忠诚的可能性与客户满意度的关系，即忠诚的客户必然满意。

在低度竞争的行业中，客户满意度对客户忠诚感的影响较小。因此，企业应居安思危，努力提高客户满意度，否则一旦竞争加剧，客户大量跳槽，企业就会陷入困境。

客户忠诚包含态度成分和行为成分。态度成分指客户对企业的员工、产品和服务的喜欢和留恋的情感，又称客户忠诚感。行为成分受态度成分的影响，客户忠诚感以客户的多种行为方式表现出来，这些行为方式包括再次购买、大量购买、经常购买、长期购买，以及为企业的产品和服务做有利的宣传等。这时客户的再次购买意向主要是由外界因素决定的，一旦外界因素的影响减弱，客户不忠诚的态度就会通过客户大量跳槽表现出来，只有客户完全满意，他们的忠诚感才会比较强烈。

只有保持核心客户的忠诚感，企业才能取得明显的竞争优势。明确核心客户，是企业的一项重要的战略工作。要识别核心客户，管理人员必须注意以下三个问题。

（1）应识别消费数额高、付款及时、不需要多少服务、愿意与本企业保持长期关系的客户。

（2）要了解客户最重视本企业的哪种产品和服务、本企业最能满足哪些客户的需要、哪些客户更值得本企业重视。

（3）应尽力留住重要的客户，否则竞争对手企业更重视的客户必然会从本企业跳槽。

通过上述思考，管理人员识别出本企业最明显的核心客户。在这个分析过程中，管理人员还应仔细研究各类数据，如本企业在各个细分市场赢利数额、各类客户终身购买本企业产品和服务可使本企业获得的利润数额的现值、各类客户在本企业的消费份额、各类客户对本企业产品和服务的购买周期。

在客户忠诚感极强的企业里，管理人员会集中精力为核心客户提供较高的消费价值。

管理人员不仅应了解本企业客户跳槽的原因，而且应了解竞争对手企业的客户为什么会改购本企业的产品和服务，分析这些新客户是否符合本企业核心客户的条件，清楚本企业的市场沟通活动是否能吸引核心客户改购本企业的产品和服务。

一般来讲，核心客户具有以下特点。

（1）核心客户对于公司要达到的销售目标是十分重要的，现在或者将来会在公司销售收入中占很大比重。这些客户的数量很少，但在公司的整体业务中有着举足轻重的地位。

（2）公司如果失去这些核心客户将严重影响公司的业务，公司的销售业绩在短期内难以恢复过来，而且很难迅速地建立起其他的销售渠道。公司对这些重点客户存在一定的依赖关系。

（3）公司与核心客户之间有稳定的合作关系，而且他们对公司未来的业务有巨大的推动潜力。

（4）公司要花费很多的工作时间、人力和物力来做好客户关系管理。这些核心客户具有很强的谈判能力、讨价还价能力，公司必须花费更多的精力来进行客户关系的维护。

（5）核心客户的发展符合公司未来的发展目标，将会形成战略联盟关系。当时机成熟，公司可以进行后向一体化战略，与客户之间结成战略联盟关系，利用核心客户的优势，促进公司的成长。

三、核心客户管理

研究成果表明，开发一个新客户的成本是留住一位老客户成本的5倍，所以留住老客户比开发新客户更为经济有效。企业原有的客户数量平均每年要以20%左右的速度流失，企业应采取什么措施来防止普通客户，特别是核心客户的流失，并开发新的核心客户呢？

1. 开展定期调研，时刻关注客户需求

市场环境的变化蕴涵着核心客户的新需求。因此，企业要保持对核心客户的关注，真正了解客户需求。企业应该注重调整产品或服务，以满足每个客户的不同需要。

2. 针对客户需求打造核心流程

核心流程对组织价值创造具有关键作用。核心流程的各个环节都体现了企业的核心竞争力，对核心客户的保持是重中之重。

3. 提高服务水平，丰富差异化的服务内容

服务是取得客户信任、开拓市场的基本手段，是企业获取利润、赢得竞争的重要法宝。差异化的服务需要企业认真考察核心业务及其相近业务，并根据多种市场影响因素，确立优先次序来分配企业资源。差异化的服务可以体现企业的经营谋略，使企业挖掘更深层次的客户价值，最终在行业中提升自己的核心竞争力，获取更大的竞争优势。

4. 同核心客户建立战略联盟关系

客户关系管理的层次分为卖主关系，被优先考虑的供应商、伙伴关系和战略联盟关系。其中战略联盟关系是企业客户关系管理的最高境界。双方有着重大的共同利益，投入巨大资源在各方面紧密合作，达到无边界管理，在竞争中获得重大优势。

5. 建立学习型关系

顾客是使用产品的专家，他们提供最新产品信息和使用情况，对产品服务、不同产品的优劣以及对产品的改进提出意见。因此，企业应该与核心客户建立学习型关系。通过与核心客户共同建立研发联盟、知识联盟等方式或者通过借用“外脑”、到其他企业进行人员交流访问等方式来获取新知识，提供给客户更具差异性的服务。

6. 提高客户忠诚度

忠诚客户趋向于购买更多的产品，对价格较不敏感，而且会主动为本企业传递好的口碑、推荐新的客户。客户忠诚是企业取得竞争优势的源泉。在关系营销中，俱乐部营销是一种非常成功的培养客户忠诚的方式。在这种方式中，物质利益的吸引固然重要，但建立牢固的情感才是关键。竞争对手可以通过提供类似的物质利益来争夺客户，但却难以控制在这种情感交流环境中建立的客户对企业的忠诚。所以，在优质服务的基础上，企业要力争维护与客户的紧密关系，提高顾客忠诚度。

对老客户的维持和新客户的开发，关键要看企业能否满足核心客户的个性化需求，通过提供超值的服务使他们感到满意，进而产生客户忠诚。客户关系管理利用现代化的技术手段，通过细分企业的产品或服务，向最有潜在性收益和影响力的客户群体实施有创意的销售，强化核心客户的形成，并加强对核心客户的跟踪管理，使核心客户的使用价值最大化，并长久地抓住核心客户。

技能训练

通过业务主管的分析和指导，唐同学掌握了物流企业客户分级管理的方法，请根据所学知识，对照不同客户的分级管理办法，对辽沈地区特定客户进行分级管理。

任务4 进行物流企业大客户管理

任务进程

经过团队业务主管的指导，唐同学掌握了物流企业客户分级管理的技能。接下来准备在业务主管的带领下对辽沈地区的大客户进行业务拜访，并与大客户沟通新业务合作事宜。在拜访客户之前，业务主管向唐甜介绍了物流客户分级管理的规定和流程。

相关知识

一、大客户分析

从消费者的类别来分，可以把客户分成两大类：第一类，个人和家庭客户，常称消费品客户；第二类，商业客户。这两类客户的消费习惯是完全不同的，通常把对商业客户的销售叫大客户的销售。

1. 大客户的特征

相对于个人和家庭的销售来讲，大客户的销售完全是另外一种销售渠道，这两种销售模式在很多方面都不同。

（1）采购对象不同。

家庭和个人的主体就是夫妻，做决定的一般来讲都是妻子。据统计，70%～80%的家庭都是由妻子做主进行消费的。

大客户采购对象不同，它的组织结构复杂，人员关系也非常复杂，采购流程更加复杂。一家大型的企业机构中，可能有局长、处长等中高级领导，还有工程人员、财务人员等，以及使用设备并负责维护这些设备的人，这些人都可能与采购有关。

（2）采购金额不同。

一个家庭，每年的正常收入有限，用于购买专项产品的钱也很有限，一般来讲主要是衣食住行方面的消费。如果一个家庭买了汽车或房子等高额商品，通常很长一段时间内不会再采购同类商品。但是大客户不同，他们不仅购买金额较大，而且会重复加量购买。

（3）销售方式不同。

对于消费品客户，最常用的销售方式就是广告宣传、店面销售。

大客户则不容易受到广告的影响，需要专业的团队亲自上门分析需求，做出解决方案，然后签订合同，再购进产品。

（4）服务要求不同。

对于消费品客户，只要保证产品的正常使用就能够基本满足客户的要求，有时甚至不要求产品以外的任何服务。

大客户则要求服务非常及时、周到和全面。所以对于大客户，销售人员要制定完全不同的服务策略。两种客户的比较如表5－4－1所示。

表5－4－1 两种客户的比较

分类依据	个人与家庭客户（消费品客户）	商业客户（大客户）
采购对象不同	一个人基本可以做主	许多人与采购有关
采购金额不同	较小，大金额重复购买少	较大，更会重复加量购买
销售方式不同	常用广告宣传、店面销售	专业团队上门做出解决方案
服务要求不同	保证正常使用即可	要求及时、周到、全面

由于大客户和消费品客户的不同，因此形成了两种不同的销售模式。随着时代的不断进步，出现销售渠道的扁平化的趋势。现在，对于消费品客户也还需要销售人员去挖掘需求，去建立互信。

2. 大客户资料的收集

当销售人员接近一个客户的时候，要做的第一件事情就是收集相关信息。

（1）收集客户资料。

充分收集客户资料之后，销售人员才能了解客户的基本需求，才可以进行销售。首先要了解的就是：客户是什么样的客户？规模有多大？员工有多少？一年内大概会买多少同类产品？

客户背景资料包括：客户组织机构；各种形式的通信方式；客户的使用部门、采购部门、支持部门；客户具体使用维护人员、管理层和高层客户的个人信息；同类产品安装和使用情况；客户的业务情况；客户所在的行业基本状况等。

（2）竞争对手的资料。

除了要了解竞争对手产品的情况之外，还要了解其公司的情况及背景。IBM（国际商业机器公司）在新员工培训的时候，就专门设有如何向竞争对手学习这样一项内容。只有了解了对手的特性，才可能在对比中找到自己的优势来赢得订单。

竞争对手资料包括：产品使用情况；客户对其产品的满意度；竞争对手的销售代表的名字、销售的特点；该销售代表与客户的关系等。

（3）项目的资料。

销售人员的压力是最大的，千万不能把非常有限的时间、费用和精力投放到一个错误的客户身上，所以要了解客户项目的情况，包括客户要不要买、什么时候买、预算是多少、采购流程是怎么样的，等等。

项目资料包括：客户最近的采购计划；通过这个项目要解决什么问题；决策人和影响者；采购时间表；采购预算；采购流程等。

（4）客户的个人资料。

有没有一种资料让销售人员能够在竞争过程中取得优势，压倒竞争对手呢？有。这类资料叫客户个人资料。只有在掌握了客户个人资料的时候，才有机会真正挖掘到客户实际的内在需求，才能做出切实有效的解决方案。当掌握到这些资料的时候，销售策略和销售行为往往到了一个新的转折点，必须设计新的思路、新的方法来进行销售。

客户的个人资料包括：家庭状况和家乡；毕业的大学；喜欢的运动；喜爱的餐厅和食物；宠物；喜欢阅读的书籍；上次度假的地点和下次休假的计划；行程；在机构中的作用；同事之间的关系；今年的工作目标；个人发展计划和志向等。

3. 影响购买的六类客户

同样的产品，每个人的角度不同，对它的判断也不同。每个客户关心的内容都不一样，所以在做产品介绍的时候，就要有针对性地介绍。在大客户销售过程中，因为商业客户的角色分工很复杂，所以，首先要把客户进行分类（见图5－4－1）。

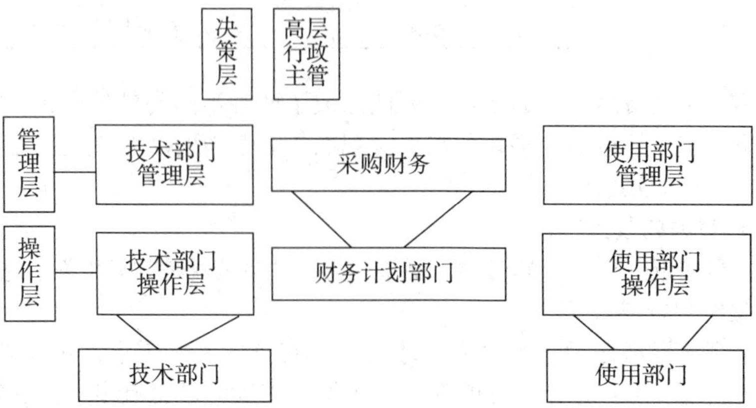

图5－4－1　六大类客户

从层次上分，可以把客户分成以下三个层次。

（1）操作层：就是指直接使用这些设备或者直接接触服务的客户。

（2）管理层：他们可能不一定直接使用这些设备，但是他们负责管理各个部门，如编辑部的主任。

（3）决策层：在采购过程中，他们参与的时间很短，但是每次他们参与的时候，就是来做决定的。

从职能上分：可以把客户分成以下三个类别。

（1）使用部门：使用这些设备和服务的人。

（2）技术部门：负责维护或者负责选型的人。

（3）财务计划部门：负责审批资金的人。

六大类客户各自关心不同的内容，有不同的需求，销售人员应针对他们不同的需求来销售产品，不能一视同仁，应该各个击破。

二、大客户销售策略

每一次营销活动都是在时间、精力和金钱方面的一种投资。要使这种投资在短期内得到有效的回报，就要设计一种策略，其核心是以某一因素作为策略导向，找对了这个“点”，就能收到事半功倍的效果。有一点是毋庸置疑的，那就是销售的目的是从客户那里得到投资回报。

1. 影响客户采购的要素（见图5－4－2）

（1）决定客户采购的第一个要素：对产品的了解。客户如果不了解产品，便一定不会买这个产品。

（2）客户采购的第二个要素：就是有需要，而且觉得值得。一般客户在采购时都会想要了解产品带来的价值。

（3）有经验的销售员接下来会努力引导客户的需求，继续把这个产品卖给客户。这就是客户采购的第三个要素：相信。

（4）消费者使用的满意程度决定了客户是否重复购买。如果用得满意，下次买的可能性就会大大地增加；相反，如果用得不满意，下次买的可能性就减少了。这就是客户采购的第四个要素：满意。

图5－4－2　影响客户采购的四要素

2. 以产品为导向的营销策略

以4P为理论基础的营销模式也称以产品为导向的营销模式（见图5－4－3）。

3. 以客户为导向的营销策略

以客户为导向，就是实行全方位覆盖客户购买要素的营销策略。客户有什么样的需求，销售人员就提供什么样的产品，对于生产商来讲，就是“以销定产”。销售和市场活动紧紧围绕着客户采购的四个要素，而不是只按其中某一个要素进行，这样就能

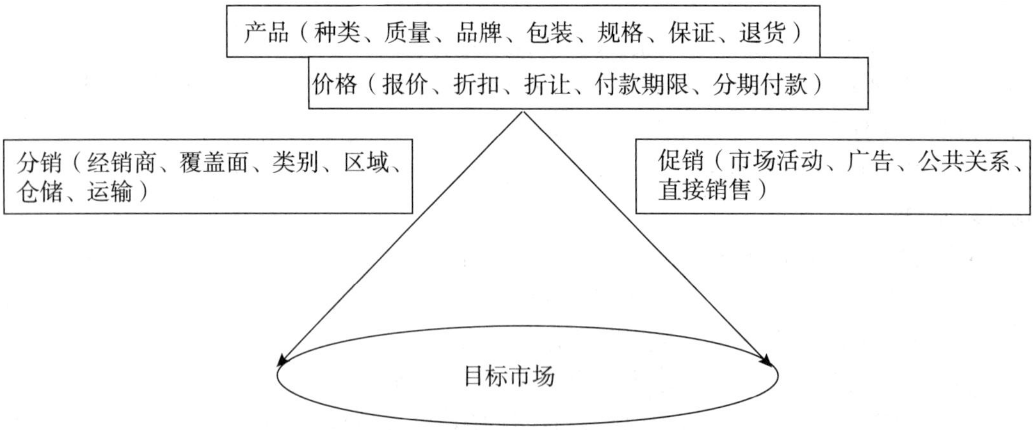

图 5-4-3　以产品为导向的营销模式

全方位地满足客户的要求，在竞争中取得优势。

4. 客户导向销售的四种力量

在销售过程中，一定要坚持以客户为导向的销售策略。在安排销售的时候，要看到做什么可以让客户的四个要素都得到满足，这就体现出销售的四种力量。

（1）介绍和宣传。客户采购的第一要素是了解，那么做什么可以让消费者来了解产品呢？销售人员要做的就是介绍和宣传自己的产品、自己的公司以及相应的服务。这是销售的第一种力量：介绍和宣传。

（2）挖掘和引导需求。针对客户不需要或者觉得不值得的要素，销售人员要做的就是挖掘客户的需求，并且引导客户的需求。这是销售的第二种力量：挖掘和引导客户的需求。

（3）建立互信关系。对于客户的不相信，销售人员就要跟客户建立互信的关系，使客户能够相信他的介绍，以及相信他这个人，使客户愿意讲清自己的需求。这是销售的第三种力量：建立互信。

（4）超越客户期望。在销售产品之后，销售人员就要在第一时间跟客户取得联系，询问客户是否满意。如果不满意，就要再做一些事情让客户满意，争取超越客户的期望。客户满意不满意来自一个期望值，如果产品没有达到期望值客户就不满意，超过期望值他就觉得很满意。所以，销售的第四种力量，就是要超越客户的期望。

针对客户采购的四个要素，有销售的四种力量。换句话说，做销售，就是要通过这四种力量把产品销售出去。

5. 制定销售策略需考虑的因素

但是，销售人员的数量是有限的，销售费用也是有限的，因此不可能无限制地花费财力和物力来进行销售。所以要计算成本，具体包括以下几个方面。

（1）费用。这里的费用是指销售人员在达到销售目的的过程中所需的费用。

（2）时间。市场就如同战场，时机稍纵即逝，所以销售人员要在很短的时间内把产品介绍出去，要在很短的时间内挖掘客户的需求，在很短的时间内赢取订单。

（3）客户的覆盖面。一是覆盖客户的数量，即在某一时段内接触产品信息的客户的数量。二是覆盖客户的级别，尤其在大客户销售过程中，成功的销售员善于向高层的客户进行销售。三是区分客户的职能，需要拜访的客户按职能可以分三种：财务层的客户、使用层的客户、技术部门负责把关的客户。在销售过程中，销售人员一定要拜访这三种职能的客户。

以客户为导向的经营策略，除了要善于使用销售的四种力量，即介绍和宣传、挖掘和引导需求、建立互信关系、超越客户期望之外，还要衡量一下销售活动到底付出了多少代价，包括在时间上的代价、费用上的代价；要分析销售活动的对象，是覆盖高层次的客户还是低层次的客户，是不是只覆盖了某一个职能的客户；是否要全方位地去介绍和挖掘客户的需求。这些综合在一起，就是以客户为导向的销售策略（如图5－4－4）。

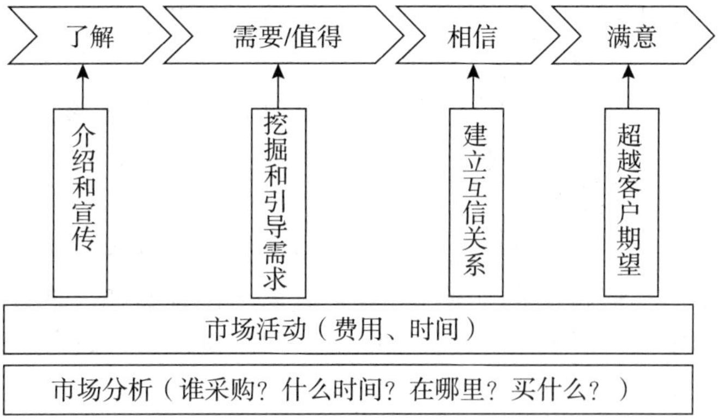

图5－4－4 以客户为导向的销售策略

技能训练

通过业务主管的分析和指导，唐同学掌握了物流企业大客户管理的技巧，请根据所学知识，对照大客户与一般个体客户的区别，协助唐同学对辽沈地区特定大客户进行管理。

请详细列明物流企业中大客户管理的内容规定。

任务5 执行物流企业客户流失管理

任务进程

经过团队业务主管的指导，唐同学掌握了物流企业大客户管理规定，但要完成物流企业大客户管理还需掌握流失客户的挽救技能。为了更好服务客户，提高客户忠诚度，唐甜同学特意向业务主管请教客户流失管理的技巧。

相关知识

一、物流客户流失

（一）物流客户流失的含义

物流客户流失是指物流企业的客户由于种种原因不再忠诚，而转向购买其他物流企业的产品或服务的现象。对物流客户流失的界定可以从以下四个方面着手：一是客户因为自身某种原因放弃目前提供过物流服务的企业；二是客户由于不道德行为等原因被目前提供物流服务的企业主动剔除；三是客户从目前提供物流服务的企业转向其他物流企业；四是客户从高价值客户变成低价值客户。

物流客户流失一般包括两种情况：一是物流客户主动选择转移到另外一个供应商，使用他们的物流产品或服务，我们称之为主动流失的物流客户；二是那些由于恶意欠款等原因被物流企业解除服务合同的客户，我们称之为被动流失物流客户。

物流客户背后还有物流客户，流失一位重复购买的物流客户，不仅使物流企业失去这位客户可能带来的利润，还可能损失与受到其影响的物流客户交易的机会。

此外，物流客户流失还可能会极大地影响物流企业对新客户的开发。因此当物流客户关系出现倒退时，物流企业不应轻易放弃流失的物流客户，而应当重视他们，积极对待他们，尽力争取挽留他们，促使他们重新购买物流企业的产品或服务，与物流企业继续建立稳定的合作关系。

（二）物流客户流失的形成过程

物流客户流失会导致物流企业的收入损失，失去大量客户会对物流公司的财务状况造成极为不利的影响。同时，当出现客户流失时，物流企业通常还会为了挽留老客户或吸引新客户而增加广告投入。

物流客户流失不仅会给物流公司带来经济上的重大损失，而且会给物流企业内部的工作环境带来恶劣影响，同时也会使企业的工作计划和财务预算产生混乱。如果在物流企业业务总量中占很大比例的重要客户突然离开企业，企业将无法测算当年的收入及人员安排、设备配备。

物流客户流失所产生的更重大的代价是影响物流企业的声誉，长期居高不下的客户流失率势必会大大影响物流企业在市场上的声誉，这种影响使企业很难通过其他营销方法再次赢回声誉。

如果已成为物流企业的客户，说明客户曾经认可物流企业的产品或服务。通常情况下，物流客户在下一次购买物流产品或服务时，首先会与上一次购买进行比较。如果物流产品或服务质量较好，即使价格高一点，物流客户还会重复购买。但是，物流客户如果第一次使用和购买后，发现提供的物流产品或服务的质量与宣传的不一样，或者使用过程中出现问题迟迟得不到解决，或者是经过投诉后无处理结果，在这几种情况下，物流客户就会抛弃原物流企业而去选择其竞争对手的产品或服务。物流客户流失一般集中在售后服务出现问题之后，抱怨、投诉得不到解决时。物流客户流失的形成过程如图 5－5－1 所示。

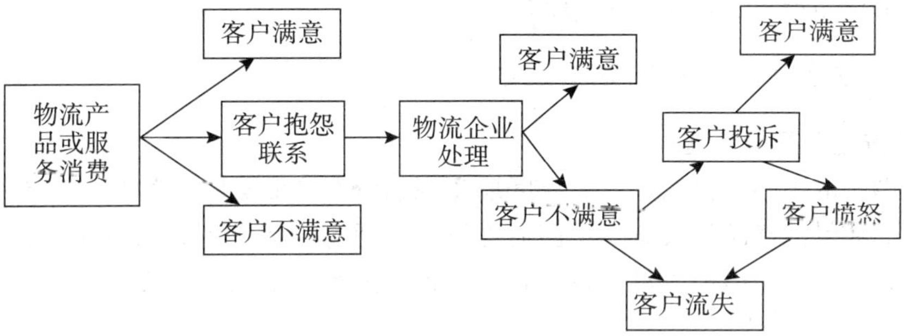

图 5－5－1　物流客户流失的形成过程

（三）物流客户流失的原因分析

通过有效的客户流失分析，总结出客户流失的原因，归纳客户流失的类型，有利于增加客户对物流企业的品牌认同，同时也能为物流企业再次赢回客户。而赢回的客户已经对企业的产品和服务非常熟悉，物流客服人员对这些老客户的个性化需求非常了解，因而可以向其提供更有针对性的服务。

物流客户流失的原因可能有很多，从物流客户价值和物流客户满意的角度来看，主要有以下几种。

1. 自然流失

物流客户的经济情况改变或发生地域上的迁移等，将会迫使其与物流企业断绝交易关系。这种类型的物流客户流失不是人为因素造成的，也是不可避免的，应该在弹性流失范围之内。

2. 竞争流失

由于物流企业竞争对手的影响而造成的流失称之竞争流失。市场上的竞争突出表现在价格战和服务战上。竞争对手采取优惠、特价、折扣等措施，或者竞争对手推出功能和质量更好的物流产品或服务，将原来属于本企业的物流客户挖走。

3. 过失流失

由于物流企业自身工作中的过失，引起物流客户的不满而造成的流失称之过失流失。如企业形象不佳、产品质量不好、服务态度恶劣等。过失流失在物流客户流失总量中所占的比例最高，但物流企业也可在分析物流客户流失因素的基础上，通过采取一些有效手段来防止或减少这种流失。

4. 恶意流失

一般是指物流企业主动放弃客户。由于物流企业产品或服务技术含量提高、升级换代，目标物流客户群体发生改变，从而主动放弃部分原来的物流客户。物流客户的信用度低、物流客户有故意欺诈行为等也会导致物流企业放弃这部分客户。

5. 其他流失

除上述几种情况外，还有很多导致物流客户流失的原因。例如，由于物流企业员工跳槽而带走的物流客户；由于物流企业对市场监控不力、市场出现混乱、物流客户经营企业的产品不能获利而导致物流客户流失等。

（四）防范物流客户流失的策略

1. 实施全面质量管理

关系营销的中心内容就是最大限度地实现物流客户满意。为物流客户创造最大价值而提供高质量的产品和服务，是创造价值和实现物流客户满意的前提。而实施全面质量管理，有效控制影响质量的各个环节、各个因素，是创造优质物流产品或服务的关键。

2. 重视物流客户抱怨管理

物流客户抱怨是物流客户对企业产品或服务不满的反应，它表明物流企业经营管理中存在缺陷。物流客户抱怨是推动物流企业发展的动力，也是物流企业创新的源泉，物流企业必须妥善处理物流客户抱怨和投诉。

3. 建立内部物流客户体制，提升员工满意度

物流企业提供给客户的物流服务或产品是对负责提供服务员工的满意度的函数。员工满意度的增加会使员工提供给物流客户的服务质量增加，最终会带来满意度的增加。

4. 建立以物流客户为中心的组织机构

拥有忠诚客户的巨大经济效益让许多物流企业深刻认识到，与物流客户互动的最终目标并不是交易，而是建立持久、忠诚的物流客户关系。在这种观念下，不能仅把营销部门看成是唯一的对物流客户负责的部门，物流企业的每一个部门、每一个员工都应以客户为中心，所有工作都应建立在让物流客户满意的基础上。

5. 建立物流客户关系的评价体系

物流客户关系的正确评价对于防范物流客户流失有着重要的作用，只有及时地对物流客户关系的牢固程度做出衡量，才有可能在制定防范措施时有的放矢。

二、物流客户挽留管理

（一）物流客户挽留的含义

物流客户挽留，即物流企业运用科学的方法对那些将要流失的有价值的物流客户采取措施，争取将其留下的营销活动。它将有效地延长物流客户生命周期、保持市场份额和运营效益。

（二）物流客户挽留的策略

1. 服务第一，物流客户为先

优质的物流客户服务可以为物流企业带来更高的利润，并保证物流企业常青。物

流企业不能仅通过降低和削减成本来增加收入，因为成本削减总有一个限度，物流企业应该通过重新设计物流服务战略来达到挽留流失客户、稳固公司收入的目的。物流服务策略包括制定全方位的物流客户服务解决方案、建立服务矩阵、加强服务创新和优化服务流程等方面的内容。

物流企业和客户应是双赢关系而不仅仅是买卖关系。物流客户服务推广销售和广告宣传更能增加物流企业的营业额和利润。因此，想战胜对手就必须学会站在物流客户的立场和角度去思考问题。

2. 客户关系的培育和积累

留住企业的优质物流客户需要处理好与物流客户的关系。

3. 物流客户关怀可以成为核心竞争力

核心竞争力是企业在很长的一段时间内形成的，蕴涵于企业内质中的，企业独具的，支撑企业过去、现在和未来的竞争优势，是能使企业长时间在竞争环境中取得主动的核心能力。

（三）物流客户挽留的流程

物流客户挽留的流程主要有下面几步。

1. 调查原因，缓解不满

首先，物流企业要积极与流失物流客户联系，访问流失物流客户，诚意表示歉意，缓解矛盾；其次，要了解流失的原因，弄清问题究竟出在哪里，并虚心听取他们的意见、看法和要求，让他们感受到物流企业的关心，给他们反映问题的机会。

2. 对症下药，争取挽留

物流企业要根据客户流失的原因制定相应的对策，争取尽早挽回流失的物流客户。

3. 对不同级别的物流客户的流失采取不同的态度

物流企业应该根据客户的重要性来分配投入挽留客户的资源，挽留的重点是那些最能赢利的流失物流客户，这样才能达到挽留效益的最大化。

针对下列三种不同级别的流失物流客户，物流企业应当采取的基本态度如下。

（1）对重要物流客户要极力挽留，对主要物流客户也要尽力挽留。

（2）对普通物流客户的流失和非常难避免的流失，可见机行事。

（3）基本放弃对小物流客户的挽留努力。

4. 彻底放弃根本不值得挽留的流失物流客户

以下四类流失物流客户根本不值得挽留，企业要彻底放弃。

（1）不可能带来利润的物流客户。

（2）无法履行合同规定的物流客户。

（3）损害员工士气的物流客户。

（4）声望太差，与之建立业务关系会损害企业形象的物流客户。

技能训练

通过业务主管的分析和指导，唐同学掌握了物流企业客户挽救技巧，请根据所学知识，针对辽沈地区特定客户进行物流客户挽救管理过程的模拟，协助唐同学实现对辽沈地区特定流失客户进行管理。请在模拟的过程中，提醒唐同学把流失客户挽救与流失业务接待相结合，熟悉客户投诉处理规定，利用公司各类规定进行客户挽救。

请详细列明物流企业对流失客户进行挽救管理的规定。

项目小结

物流客户部新进员工面临新的业务难题，通过向业务主管请教和学习，掌握了物流客户定位和维护技能，学会了针对物流市场的调查和预测，掌握了物流客户的细分和定位，实现了物流客户的分级管理，了解了物流企业大客户管理规定，能熟练运用企业投诉处理和流失客户管理规定进行流失客户挽救。

扫描右侧二维码，阅读营运质量管理——服务质量提升内容，了解关于服务形象、作业规范以及质量管理方面的相关知识。

项目考核与评价

1. 自我评价

自我评价

<table>
<tr><th>评价说明</th><th>考核项目</th><th>考核点</th><th>考核总结</th></tr>
<tr><td rowspan="4">□及格
□不及格</td><td>理论知识</td><td>详细列明学会的知识点</td><td rowspan="3"></td></tr>
<tr><td>企业操作</td><td>详细阐述掌握的操作能力</td></tr>
<tr><td>素质技能</td><td>详细列明培养的素质和技能</td></tr>
<tr><td colspan="2">学生自评成绩</td><td></td></tr>
</table>

2. 理论考核

理论考核

<table>
<tr><th>评价说明</th><th>考核项目</th><th>考核点</th><th>学院评语</th></tr>
<tr><td rowspan="4">□及格
□不及格</td><td>操行表现</td><td>有无违法/违纪，不诚信表现</td><td rowspan="3"></td></tr>
<tr><td>学习状况</td><td>出勤率、课堂表现、作业完成率</td></tr>
<tr><td>理论水平</td><td>作业、测试、项目报告成绩</td></tr>
<tr><td colspan="2">理论成绩</td><td></td></tr>
</table>

3. 实操考核

实操考核

<table>
<tr><th>评价说明</th><th>考核项目</th><th>考核点</th><th>企业评语</th></tr>
<tr><td rowspan="4">□称职
□不称职</td><td>职业道德</td><td>有无违反职业道德或不诚信表现</td><td rowspan="3"></td></tr>
<tr><td>职业表现</td><td>到岗率、岗位表现、任务达成率</td></tr>
<tr><td>技能水平</td><td>绩效考核结果</td></tr>
<tr><td colspan="2">实操评价</td><td></td></tr>
</table>

项目六　理解物流客户服务绩效与管理

项目介绍

李忠伟作为储备干部，被安排至客户服务部，辅助部门助理进行部门业务梳理工作，其岗位责任要求他全面掌握客户服务部业务范围和岗位职责，熟悉部门各个岗位的作业流程，掌握了物流客户开发、客户接待、投诉处理、客户定位和维护能力。考虑到客户服务部的业务，客户服务质量和绩效考核成为部门管理的重点，李同学就部门的服务绩效和业务改进计划，向部门助理进行了请教，学习制定和评价服务绩效的要点以及进行服务改进的方法。

任务分解

任务 1　制定和评价物流客户服务绩效

任务 2　实施物流客户服务改进

任务目标

➢ 知识目标

（1）了解物流企业客户服务绩效和评价指标。

（2）熟悉物流企业客户服务改进内容。

➢ 技能目标

（1）能进行物流企业客户服务绩效评价。

（2）能进行物流企业客户服务改进。

任务 1　制定和评价物流客户服务绩效

任务进程

客户服务部的部门助理对李忠伟请教的物流客户服务绩效问题进行了讲解。部门服务绩效制定和评价的内容如下。

相关知识

一、绩效考核与绩效管理

1. 绩效考核

绩效考核又称绩效考评、绩效评价等，是对员工的工作行为与工作结果全面地、系统地、科学地进行考察、分析、评估与传递的过程。绩效考核本质上就是考核组织成员对组织的贡献，或者对组织成员的价值进行评价，它是管理者与员工之间为提高员工能力与绩效、实现组织战略目标的一种管理沟通活动。

绩效考核是手段。从内涵上说，绩效考核包括人与事的评价两层含义：一是对人及其工作状态进行评价；二是对人的工作结果，即人在组织中的相对价值或贡献程度进行评价。从外延上看，绩效考核就是有目的、有组织地对日常工作中的人进行观察、记录、分析和评价，包括三层含义：一是从企业经营目标出发对员工工作进行考评，推动企业经营目标的实现；二是作为人力资源管理系统的组成部分，运用系统和制度性规范、程序和方法进行考评；三是对组织成员在日常工作中所表现出的能力、态度和获得的业绩，进行以事实为依据的评价。

2. 绩效管理

绩效管理是一种提高组织员工绩效和开发团队、个体潜能的手段，是组织不断获得成功的管理方法。绩效管理与绩效考核是不同的，绩效考核是事后考核工作的结果，而绩效管理是事前计划、事中管理和事后考核所组成的三位一体的系统。绩效管理与绩效考核的比较如表 6－1－1 所示。

表 6－1－1　绩效管理与绩效考核的比较

项目	绩效管理	绩效考核
过程的完整性	完整的管理过程	管理过程中的局部环节和手段
侧重点	侧重于信息沟通与绩效提高，强调事先沟通与承诺	侧重于判断和评估，强调事后评价
出现的阶段	伴随着管理活动的全过程	只出现在特定的时期

有效的物流绩效评估和控制，必须进行资源的监督和配置。物流要维持高绩效，则绩效评估是必需的。物流企业绩效评估对一个物流企业的成功有着显著的影响。

二、物流企业绩效评估

在物流企业组织内部，高层管理者往往通过制定预算或编制计划等方式，对下级责任者设定绩效标准，而后进行业绩计量，据以反映实际执行情况，并对此做出绩效评估。

1. 物流绩效评估的基础工作

物流企业进行物流绩效评估的基础工作包括以下几个方面。

（1）合理划分责任中心，明确规定权责范围。

实施物流绩效评估制度，首先，要按照分工明确、责任分明、成绩便于考核的原则，合理划分物流责任中心。其次，要依据各个物流责任中心的特点，明确规定其权责范围，使每个物流责任中心在其权限范围内，独立自主履行其职责。

（2）定期编制责任预算，明确各物流责任中心的考核标准。

编制责任预算，使物流活动的总体目标按各物流责任中心进行分解、落实和具体化，并以此作为它们开展日常物流经营活动的准则，确定评价其工作成果的基本标准。考核标准应当具有可控性、可计量性和协调性等特征，即其考核内容只应为物流责任中心能够控制的因素；考核指标的实际执行情况，要能比较准确地计量和报告，并能使各个物流责任中心在完成物流活动总目标的过程中，明确各自的目标和任务，以实现局部与整体的统一。

（3）区分各个物流责任中心的可控与不可控费用。

针对物流企业所发生的全部物流成本，一一判别责任归属，分别落实到各个物流责任中心，并根据可控费用来科学地评价各物流责任中心的成绩。

（4）合理制定内部转移价格。 、

物流企业所制定的内部转移价格，必须既有利于调动各方面开展物流活动的主动性、积极性，又有助于实现局部和整体之间的目标一致。

（5）建立、健全严密的记录、报告系统。

建立记录、报告系统就是要建立一套拥有完整的日常记录，能够计算和考核有关责任预算执行情况的信息系统。一个良好的报告系统，应当具有相关性、适时性和准确性等特征。

（6）制定合理而有效的奖惩制度。

根据其实际工作成果的好坏进行奖惩，做到功过分明，奖惩有据。奖惩制度及其执行包括以下内容。

①奖惩制度必须结合各物流责任中心的预算责任目标制定，体现公平、合理、有效的原则。

②要形成严格的考评机制，包括建立考评机构、确定考评程序、审查考评数据、依照制度进行考评和执行考评结果。

③要把过程考核与结果考核结合起来。即把即时奖惩与期间奖惩结合起来，一方面，要求在绩效评估过程中随时考核各物流责任中心的责任目标和执行情况，并根据考核结果立即奖惩；另一方面，要求在一定周期，根据预算的执行结果，对各物流责任中心进行全面考评，并进行相应奖惩。

2. 物流企业绩效评估的意义

物流系统的管理在实施过程中需要耗费大量的人力、物力和财力，承担来自管理、组织和产品的风险，因此必须要进行严格的核算和绩效评估，才能实现物流企业资源和社会资源的最大化应用。有效的绩效评估体系，可以为物流系统在管理过程中解决以下四个方面的问题。

（1）发现原有物流系统的缺陷并提出改进措施。

（2）评价新构造的物流系统的运营效率，充分发挥物流系统管理的作用。

（3）作为业务流程重组的评价指标，建立基于时间、成本和绩效的物流系统优化体系。

（4）建立节点，成为物流企业和标杆物流系统体系的基准。

3. 物流绩效评估的步骤

进行了一段时间物流活动后，需要对成本效益情况进行评估，以便发现问题，及时反馈。物流财务绩效评估的实施步骤如下。

（1）确定评估工作组织机构。

评估组织机构直接组织实施评估活动，负责成立评估小组。成员应具备如下基本条件：具有较丰富的物流管理、财务会计、资产管理等专业知识；熟悉物流成本绩效评估业务，有较强的综合分析判断能力；评估工作主持人应有较长时间的经济管理工作经历，并能坚持原则，秉公办事。

（2）制定评估工作方案。

由评估工作组制定评估工作方案，确定以下内容。

①评估对象：不同的物流企业可能具有不同的物流活动，因此必须首先确定物流企业的具体物流环节，明确评估工作的对象。对物流企业进行成本绩效评估时，评估对象就是整个物流企业。

②评估目标：物流绩效评估目标是整个评估工作的指南和目的。不同评估目标决定了不同的评估指标、评估标准和评估方法的选择，其报告形式也不相同。

③评估指标：评估指标是评估对象对应于评估目标的具体考核内容，是评估方案的重点和关键。评估指标可分为物流作业评估指标、物流企业评估指标等。

④评估标准：物流财务绩效评估标准取决于它的评估目标，常用的评估标准是年度预算标准、竞争对手标准等。

⑤评估方法：有了评估指标和评估标准，还要有一定的方法对评估指标和标准进行实际运用，以取得公正合理的评估结果。在物流财务绩效评估中常采用定量方法。

⑥报告形式：根据评估目标，确定最终需要形成的绩效报告形式，如成本—服务报告，趋势报告等。

4. 物流企业绩效评估的基本原则

在进行物流绩效评估的过程中，需要牢牢把握以下原则。

（1）整体性原则。绩效评估应该反映整个物流系统的运营情况，在设计评价指标和标准时，要着眼于整体最优。

（2）动态性原则。绩效评估不仅是事后的分析，而且要能对未来时期的情况进行预测，并做出关键趋势判断。

（3）例外性原则。物流活动涉及面广，通过评估，能发现例外情况并使之与其他活动分别开，使报告的使用者把注意力集中到少数严重脱离预算的因素或项目上来，从而对这些需要解决的特定活动或作业进行更具深度的评估。

按照上述步骤和原则可真正评估物流成本和财务绩效，发现并解决问题，起到帮助决策的作用。

三、物流客户服务绩效指标

物流是优化资源配置、提高经济运行质量、改善投资环境和提升企业核心竞争力的重要途径。客户服务水平作为物流企业的直接产出，是衡量物流系统为客户创造时间和空间效应能力的尺度。日益激烈的竞争使越来越多的物流企业意识到只有提供客户满意的服务才能获得客户忠诚，从而获得持续发展能力和竞争优势。

1. 物流企业客户服务绩效属性

（1）服务可得性。

服务可得性是指当客户需要产品或服务时，组织所拥有的库存能力或提供服务的能力。可得性可以通过各种方式实现，最普通的做法是按预期的客户订货进行存货储备。存货储备可以分为两类：一类是基于需求预测，为满足基本可得性的基本储备；另一类是满足超过预测的需求量，用以适应异常变化的安全储备。

应该清楚的是，要高水准地实现存货可得性需要精心计划，而不能仅仅在销售预测的基础上给各个仓库分配库存。事实上，其关键是要对首要客户或核心客户实现高水准的存货可得性，同时使整个存货储备和仓库设施维持在最低限度，以在维持高服务水平的同时平衡成本压力。服务与成本的权衡会在后面详细介绍。

（2）服务作业绩效。

服务作业绩效涉及物流活动或服务作业期望完成的时间及活动中的变化因素，可以通过速度、一致性、灵活性和故障与恢复四个方面来衡量。具体如下。

①速度。因为物流系统的设计不同，故订货周期差别很大，可以短至几个小时也可以长达几周、几月或几年。

②一致性。物流管理者更强调服务的一致性，即厂商在众多的订单中按时履约能力。

③灵活性。作业灵活性是指处理异常服务需求的能力。如：更改装运交付的地点；新产引进；供应中断；产品回收；客户的特殊定制等。在很多情况下，让竞争对手最难复制的竞争优势就存在于服务的灵活性中。

④故障与恢复。厂商必须具备预测服务过程中可能发生的故障或服务的中断的能力，并有能力制订适当的应急计划来恢复系统的运作，完成服务。这也是保障服务一致性的不可或缺的能力。

（3）服务可靠性。

服务可靠性中一个关键的因素是厂商能否提供精确无误的信息。正如前面提到的，服务过程中意外总可能发生，客户通常讨厌意外事件，但如果他们能够事先收到明确的信息，就可以对意外情况做出相应调整。

2. 物流客户服务绩效指标

物流客户服务绩效应包括七个指标，即准时装运率、准时交货率、拣选准确率、订货完成率、品类完成率、存货准确率、差错损失率。

四、物流企业客户绩效评价的内容

优秀的物流客户服务是大多数物流企业追求的目标，而通过对其绩效进行合理的评价可以发现企业物流客户服务中存在的缺陷和不足，为企业的客户服务指明发展的方向，促使企业建立科学的客户服务策略，树立良好的客户服务理念。

1. 物流企业客户服务绩效评价

定期对物流客户服务系统进行绩效评价，有利于企业发现问题，改进业务，在竞争中占据优势。对物流客户服务的绩效水平进行评价，可以运用下面几方面的指标：

客户满意度、交易前评价指标、交易中评价指标、交易后评价指标。

（1）客户满意度。

客户满意度是经常被提及的一项评价指标，反映了企业对客户满意程度的重视。在物流客户服务绩效评价的过程中，应当尽量将这一指标分解为众多的分指标，同时结合企业的市场份额、企业的形象与声誉、客户忠诚度等指标，力争能够从不同侧面，全面、真实地反映客户的满意程度。

（2）交易前评价指标。

前述提到物流客户服务的组成要素可以分为交易前、交易中和交易后三大类，根据这些要素，可以构建出评价物流客户服务的各项指标。交易前评价指标包括：库存可得率、目标交付时间、信息能力等。

（3）交易中评价指标。

交易中评价指标是对物流服务提供过程中可能影响客户服务质量的关键环节的反映。具体包括：下订单的方便性、订单满足率、订货周期的一致性、订单处理正确率、订单跟踪、灵活性、货损率等。

（4）交易后评价指标。

交易后评价指标是对物流服务作业活动结束后，一些可能影响客户服务质量的关键因素的反映。具体包括：票据的及时性、退货或调换率、客户投诉率、客户投诉处理时间等。企业在进行物流客户服务的绩效评价时，应结合自身的特点，对上述四个指标进行修改完善，并根据评价的结果找出与企业目标的差距，实行必要的纠正和改进措施，不断提高物流客户服务质量。

2. 物流企业客户服务绩效评价方法

对于物流企业客户服务绩效的评价来说，每个指标的评价是采用模糊语言将其分为不同程度的评语。因此，这里采用模糊综合评价模型加以表达。模糊数学的研究对象是模糊的，所使用的方法却是精确的。

在评价指标体系中，各个指标都分别分为四个等级：优、良、中、差。

3. 物流客户服务绩效考核的原则

物流客户服务有自身的业务特点——分布广、人员多、业务活动复杂、绩效考核工作量大，因此绩效考核在物流客户服务中操作的难度相对较大。基于这样的特点，为了更好地开展绩效考核，从而让物流企业更好地发展，物流客户服务的绩效考核要从自身特点出发，结合以下原则设定绩效考核体系，客观地对员工进行绩效考核。

（1）公开透明原则。

考核目标、考核标准、考核方法、考核程序和考核结果等整个绩效考核工作应对员工公开。

（2）公正客观原则。

为了保证绩效考核遵循公正客观原则，应该在制订绩效考核计划之前，考虑员工的不同工作性质和实际情况，经过多方面征求意见后制订合适的绩效考核计划。

（3）沟通反馈原则。

绩效考核过程是一个持续需要员工和直接主管之间达成某种协议来保证其完成的

交流过程。考核者与被考核者进行沟通，是通过对工作中存在的问题和不足进行沟通，使被考核者明确今后努力的方向从而提高工作质量，达到激励员工的目的，最终实现企业和员工共同成长与发展。

（4）常规制度化原则。

由于绩效考核是对员工的工作内容做出的评价，也是对员工工作行为的分析，因此只有将绩效考核常规化、制度化，才能全面了解员工的绩效，及时发现并纠正员工工作中存在的不足，以发现员工的工作价值。

（5）差别化原则。

绩效考核指标应该根据岗位职能、物流客户服务的实际经营情况制定。

（6）实用性和可操作原则。

实用性是指绩效考核体系的设计要从物流客户服务自身特点、员工实际工作职责出发，既要保证企业战略目标的实现，也要照顾员工工作的积极性。可操作原则是指物流企业制定的绩效考核体系的执行所需要的人力、财力、物力、时间，要与考核者与被考核者的客观情况基本保持一致。

五、物流客户服务绩效管理实施

（一）物流客户服务绩效管理的工作流程

绩效管理的工作流程可以分为四个阶段：准备阶段、实施阶段、反馈阶段和应用开发阶段，如图6－1－1所示。

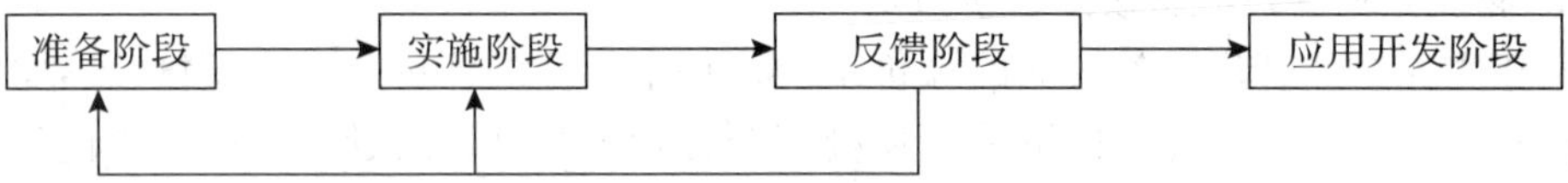

图6－1－1　绩效管理的工作流程

1. 准备阶段

准备阶段是绩效考核工作的第一步。这一阶段的主要任务是做好绩效考核主体内容的准备工作，主要包括绩效考核主体的确定、绩效考核目标的制定、绩效考核周期的确定等。

2. 实施阶段

实施阶段主要完成两大任务：一是做好绩效沟通工作；二是完成绩效考核任务。这一阶段要对员工工作业绩、能力、态度等方面做出综合评价。

3. 反馈阶段

反馈阶段是指在绩效考核分数或等级评定完成后，管理人员还需要与员工进行一次甚至多次面对面的交谈，以达到反馈与沟通的目的。通过此阶段，员工可以了解自己的绩效和上级对自己的期望，认识自己有待改进的方面；同时，员工可以提出自己在完成绩效目标中遇到的困难，请求上级的指导和理解。

4. 应用开发阶段

应用开发阶段是绩效考核过程中的一个重要环节。传统绩效考核的目的是通过对员工的工作业绩进行评估，将评估结果作为确定员工薪酬、奖惩、晋升或降级的依据。现代绩效管理的目的不局限于此，员工能力的不断提高和绩效的持续改进、发展才是其根本目的。所以，绩效改进工作的成功与否，是绩效管理过程能否发挥效果的关键。

（二）物流客户服务绩效管理的实施

充分的准备工作是绩效考核能够顺利实施的关键。这一阶段的具体工作如下。

（1）绩效考核主体的确定。

绩效考核主体是指对员工的绩效进行考核的人员。为了保证绩效考核的客观公正，应当根据考核指标的性质来选择考核主体，选择的考核主体应当是对考核指标最了解的，如“协作性”由同级进行考核，“培养下属的能力”由下级进行考核，“服务的及时性”由客户进行考核等。由于每个职位的绩效目标都由一系列的指标组成，不同的指标又由不同的考核主体来进行考核，因此每个职位的考核主体应该有多个。此外，当不同的考核主体对某一个指标都比较了解时，这些考核主体都应当对这一指标做出评价，以尽可能地消除考核的片面性。

（2）绩效考核目标的制定。

绩效考核目标也称绩效目标，是对员工在绩效考核期间工作任务和工作要求所做的界定。绩效目标是对员工进行绩效考核的参照，由绩效指标和绩效标准组成。

①绩效指标。绩效指标是指绩效的维度，即从哪些方面来对员工绩效进行考核。绩效指标的设置应当注意以下几个问题。

第一，绩效指标应当根据员工的工作内容来确定。由于绩效考核的根本目的是改善员工工作业绩，因此绩效指标应当反映员工的工作内容，这样才有助于发现他们工作中的不足和问题，并针对性地进行改进。在企业中，每个员工的工作内容都是不一样的，因此他们的绩效指标也应当是不同的。

第二，绩效指标应当切实有效，涵盖员工的全部工作内容，这样才能准确地评价员工的实际绩效。这包括两层含义：一是指绩效指标不能有缺失，应当包括员工的全部工作内容；二是指绩效指标不能有溢出，不应当包括员工职责范围以外的工作内容。

第三，绩效指标应当详细具体，就是说绩效指标要明确指出到底要考核什么内容，不能过于笼统，否则考核主体无法进行考核。例如，在考核教师的工作业绩时，“授课情况”就是一个不具体的指标，因为授课情况涉及很多方面的内容，如果使用这一指标进行考核，考核主体会无从下手。应当将它分解成几个具体的指标，如“上课的准时性”“讲课内容的逻辑性”“讲课方式的生动性”等，这样考核时就更有针对性。

第四，绩效指标应当明确无歧义，就是说当对绩效指标有多种不同的理解时，应当清晰地界定其含义，不能让考核主体产生误解。例如，对于“工程质量达标率”这一指标，就有两种不同的理解：一是指“质量合格的工程在已经完工的工程中所占的比重”；二是指“质量合格的工程在应该完工的工程中所占的比重”。这两种理解有很大的差别，因此应当指明到底是按照哪种含义来进行考核。

第五，绩效指标应当具有差异性。这包括两层含义：一是对于同一个员工来说，各个绩效指标在总体绩效中所占的比重应当有差异，因为不同的绩效指标对员工绩效的贡献不同。例如，对于总经理办公室主任来说，公关能力相对计划能力更为重要。这种差异性是通过各个绩效指标的权重来体现的。二是对于不同员工来说，绩效指标应当有差异，因为每个员工从事的工作内容是不同的，如销售经理的绩效指标就不应和生产经理的一样。此外，即便有些绩效指标是一样的，但是权重也应当不一样，因为每个职位的工作重点不同。例如，计划能力对企业策划部经理的重要性就比对法律事务部经理的重要性要大。

第六，绩效指标应当具有可变性。这包括两层含义：一是在不同的绩效周期，绩效指标应当随着工作任务的变化而有所变化。例如，企业在下个月没有招聘计划但是有对新员工的培训计划，那么人力资源经理下个月的绩效指标中就不应当设置有关招聘的指标，而应当增加有关培训的指标。二是在不同的绩效周期，各个绩效指标的权重应当根据工作重点的不同而有所区别。岗位的工作重点一般是由企业的工作重点决定的。例如，企业在下个月准备重点提高产品质量，那么在整个绩效指标中，质量指标所占的比重就应当相应地提高，以引起员工对产品质量的重视。

②绩效标准。绩效标准明确了对员工的工作要求，也就是说对于绩效内容界定的事情，员工应当怎样来做或者做到什么程度。例如，“产品的合格率达到 90%”“接到投诉后两天内给客户以满意的答复”等。绩效标准的确定，有助于保证绩效考核的公正性。确定绩效标准时，应当注意以下几个问题。

第一，绩效标准应当明确。目标越明确，对员工的激励效果越好，因此在确定绩效标准时应当具体清楚，不能含糊不清，要尽可能地使用量化标准。

量化的绩效标准主要有三种类型：一是数值型的标准，如“销售额为 50 万元”“成本平均每个 20 元”“投诉的人数不超过 5 人次”等；二是百分比型的标准，如“产品合格率为 95%”“每次培训的满意率为 90%”等；三是时间型的标准，如“接到任务后 3 天内按要求完成”“在 1 个工作日内回复应聘者的求职申请”等。绩效标准量化的方式则分为两种；一种是以绝对值的方式进行量化，如上面所举的几个例子；另一种是以相对值的方式进行量化，如“销售额提高 10%”“成本每个降低 5 元”。这两种方式的本质其实是一样的，只是表现形式不同而已。

第二，绩效标准应当适度。即制定的绩效标准要具有一定的难度，但是员工经过努力又可以实现。这同样是基于目标激励理论，目标太容易或太难，对员工的激励效果都会大大降低，因此绩效标准应当在员工可以实现的范围内确定。

第三，绩效标准应当可变。这包括两层含义：一是对于同一个员工来说，在不同的绩效周期，随着外部环境的变化，绩效标准有可能也要变化。例如，对空调销售员来说，由于销售有淡季和旺季之分，因此淡季的绩效标准应当低于旺季。二是对于不同的员工来说，即使在同样的绩效周期，由于工作环境的不同，绩效标准也有可能不同。仍以空调销售员为例，有两个销售员，一个在昆明工作，一个在广州工作，由于昆明的气候原因，人们对空调基本上没有需求，广州人的需求则比较大，因此这两个销售员的绩效标准就应当不同，在广州工作的销售员，绩效标准就应当高于在昆明工作的销售员。

（3）绩效考核周期的确定。

绩效考核周期也称绩效考核期限，是指多长时间对员工进行一次绩效考核。绩效考核周期过短，会增加企业管理成本的开支；绩效考核周期过长，又会降低绩效考核的准确性，不利于员工工作绩效的改进，从而影响绩效管理的效果。

绩效考核周期的确定，要考虑以下几个因素：

第一，职位的性质。不同的职位，工作内容是不同的，绩效考核的周期也应当不同。首先，职位的工作绩效比较容易考核的，绩效考核周期相对要短一些，如工人的绩效考核周期相对就应当比管理人员的短；其次，职位的工作绩效对企业整体绩效的影响比较大的，考核周期相对要短一些，这样有助于及时发现问题并进行改进，如销售职位的绩效考核周期相对就应当比后勤职位的短。

第二，指标的性质。不同的绩效指标，其性质是不同的，绩效考核周期也应当不同。一般来说，性质稳定的绩效指标，绩效考核周期相对要长一些；反之，绩效考核周期相对就短一些。例如，员工的工作能力比工作态度相对要稳定一些，因此“工作能力”指标的考核周期相比“工作态度”指标的考核周期要长一些。

第三，标准的性质。在确定绩效考核周期时，还应当考虑绩效标准的性质，即绩效考核周期的时间应当保证员工经过努力能够实现这些标准。这一点其实是和绩效标准的适度性联系在一起的，如“销售额为50万元”这一标准，按照经验需要2周左右的时间才能完成，如果将考核周期定为1周，员工根本无法完成；如果定为4周，又非常容易实现。在这两种情况下，对员工的绩效进行考核都是没有意义的。

第四，考核的目的。考核的目的不同，则考核周期也应相应调整。如果绩效考核的目的主要是奖惩，那么自然就应该使考核周期与奖惩周期保持一致；而如果是为了续签聘用合同，则考核周期应与企业制定的员工聘用周期一致等。根据不同的考核目的，企业绩效考核周期的一般情况如表6－1－2所示。

表6－1－2　　企业绩效考核周期的一般情况

考核目的	职位类别	周期
绩效薪酬的发放	高层管理人员、高级技术人员、销售人员	1年
	中层管理人员、一般技术人员	1个季度
	一般管理人员、直接生产人员	1个月
确认晋升资格	所有职位	按年连续考核
检查提薪资格		按年连续考核
检查奖励资格		与奖励周期一致
能力开发/调动配置		按年连续考核
续签聘用合同		在合同期限内每年综合考核

（三）实施阶段的主要工作

1. 绩效沟通

绩效沟通是绩效管理的灵魂与核心，是绩效管理过程中耗时最长、最关键、最能促进工作开展、最易产生效果的环节。良好的绩效沟通能够及时排除障碍，最大限度地提高绩效。在某种程度上，绩效沟通贯穿了绩效考核工作的始终——制订绩效计划与目标要沟通，帮助员工实现目标要沟通，年终评估要沟通，分析原因寻求进步也需要沟通。

1）绩效沟通的意义

企业的绩效考核，说到底就是上下级之间就绩效目标的设定及实现而进行的持续不断的双向沟通的过程。在这一过程中，管理者与被管理者从绩效目标的设定开始，一直到最后的绩效考核，都必须保持持续不断的沟通，任何单方面的决定都将影响绩效考核的有效开展，降低绩效考核体系效用的发挥。因此，不懂沟通的管理者不可能拥有一个高绩效的团队，再完美的考核制度都无法弥补管理者和员工缺乏沟通带来的消极影响。

持续的绩效沟通对于上级和下属都有着非常重要的意义。对于上级来说，通过沟通可以帮助下属提升能力；有助于考核者全面了解被考核者的工作情况，掌握工作进展信息，并有针对性地提供相应的辅导、资源；考核者能够掌握考核的依据，有助于客观公正地评价下属的工作绩效；有助于提高考核工作的有效性，提高员工对绩效考核以及与绩效考核密切相关的激励机制的满意度。

对于下属来说，通过沟通可以在工作过程中不断得到关于自己工作绩效的反馈信息，如客户抱怨、工作不足之处或产品质量等信息，以便不断改进绩效、提高技能；可以及时了解组织的目标调整、工作内容和工作重要性发生的变化，便于适时变更个人目标和工作任务等；能够及时得到上级相应的资源和帮助，以便更好地达成目标，当环境或任务以及面临的困难发生变化时，不至于处于孤立无援的境地。

2）绩效沟通的方法

绩效沟通的方法可分为正式沟通方法与非正式沟通方法两类。

（1）正式沟通方法。正式沟通方法是事先计划和安排好的，如定期的书面报告、正式面谈、定期的会议沟通等。

①定期的书面报告。员工可以通过文字的形式向上级报告工作进展、反映发现的问题，主要有周报、月报、季报、年报。员工与上级不在同一地点办公或经常在外地工作，可通过电子邮件进行传送。书面报告可促使员工理性、系统地考虑问题，提高逻辑思维和书面表达能力。但应注意只保留必要的报告内容，避免烦琐。

②正式面谈。正式面谈对于及早发现问题、找到和推行解决问题的方法是非常有效的；可以使管理者和员工进行比较深入的探讨，使员工有一种被尊重的感觉，有利于管理者和员工之间以开放、坦诚的态度进行谈话和交流。

③定期的会议沟通。会议沟通可以满足团队交流的需要，定期参加会议的人员相互之间能掌握工作进展情况；通过会议沟通，员工往往能从上级口中获取公司战略或

价值导向的信息。但应注意明确会议重点，注意会议频率，避免召开不必要的会议。

（2）非正式沟通方法。非正式沟通方法是指未经计划的，通过组织内的各种社会关系，以非正式的会议、闲聊、走动式交谈、吃饭时进行的交谈等形式进行的沟通。

非正式沟通方法的好处是形式灵活多样，不需要刻意准备；沟通及时，问题发生后，马上就可以进行简短的交谈，从而使问题很快得到解决；容易拉近管理者与员工之间的距离。

3）绩效沟通的内容

总的来说，绩效沟通的内容包括以下六个方面。

（1）阶段工作目标、任务完成情况。应对照绩效考核表、岗位说明书和工作计划，就每项工作完成情况进行沟通，上级可以就岗位职责、各项指标的完成情况进行逐项讨论、确定。这主要是对员工过去一个阶段绩效考核的结果交换看法，以达成共识。

（2）完成工作过程中的优良表现。主要是挖掘下属工作中的闪光点，最好列出具体事例加以证明。这项沟通要求上级注意观察和发现员工在日常工作中表现出的优秀方面，及时给予表扬和奖励，以扩大正面行为带来的积极影响。要做到这一点，上级首先要切实发现员工身上的闪光点，如一些不是员工职责范围内的事情（哪怕再小的事情）员工主动去完成。但要注意，不要表扬一些不值得表扬的行为，如员工应该做到的事情。另外，表扬一定要具体，表扬的内容要以事实为依据，态度要明确。

（3）指出需要改进的地方。应针对具体问题，明确指出员工工作过程中哪些地方做得不到位，哪些地方还可以提高。请员工本人分析存在问题的原因，描述下一步该如何克服和改进，同时提出自己的建议。

（4）描述公司领导或他人对下属工作的看法和意见。对于正面的反馈，一定要及时告知员工具体表扬人和内容，并向员工为部门征得的荣誉表示感谢；对于负面的反馈，可以转述反馈的内容，根据不同情况（事实严重程度、员工个性特点等）确定是否需要说明反馈部门或人员。询问员工对反馈意见的看法，帮助制定改进措施，或和员工一起向有关部门解释原因，通报解决方案等。

（5）协助下属制定改进措施和制订行动计划。对实施过程中遇到的问题进行认真分析，找出原因并找到解决方法。

（6）下一阶段绩效工作目标、计划的制订和确认。要点在于和员工一起讨论、确定工作目标、完成进度表和检查考核计划，让员工对完成的目标、阶段性目标、何时反馈等有明确的认识。

2. 选择和培训考核者

1）选择考核者

由谁来考核是绩效考核一个很重要的问题。它关系考核的信度和效度，同时是维持绩效考核公正、权威的一个重要因素。绩效考核系统是一个复杂的系统，考核主体的多样化有助于多层次、多角度地进行考核，这对整个绩效考核系统的稳定性是很有帮助的。可选择的考核者如下。

（1）员工的直接上级。由主管进行考核，也称上级为下级考核，这是大多数考核体系中普遍采用的方法。选用这一方法有以下几个容易理解的原因。

第一，主管通常处于最佳的位置来观察员工的工作业绩。

第二，主管对特定的单位负有管理责任。当评价下级的任务被移交给其他人时，主管的威信可能受到削弱。

第三，下级的培训和发展在每个管理者的工作中是一个不可或缺的环节，同时排除了同事之间互相考核的一些弊端，具有一定的公平性。

从不好的方面来看，主管可能会强调员工业绩的某一方面，而忽视其他方面。此外，由主管进行考核，能为对员工做出的加薪和晋升决策提供依据，这是众所周知的，但在项目或矩阵组织结构中，职能领域的基层主管可能缺少足够观察业绩的机会来对下级的业绩进行考核。

（2）员工的同事。由员工的同事进行考核可以有效地预示某人的发展潜力，但可能出现互相吹嘘的情况，因为所有的同事坐在一起互相考核，碍于面子和各自的利益容易出现高估的情形。长期以来，同事考核的拥护者认为，在企业全面质量管理中，对工作小组的考核是全面性的、成果导向的。因此在一个构成稳定且长期存在并承担相应考核责任的自我管理的工作小组内，成员工作需要彼此支持，共同完成协作任务，以此应对企业考核时，同事考核可能会越来越流行。由小组成员实施考核有如下优点。

①小组成员对彼此的业绩更为了解，所以做出的评价更为准确。

②同事的压力和竞争对小组成员来说是一个极为有力的激励因素。

③那些认识到小组中的同事将会评价他们工作的成员，会表现出更高的积极性和工作效率。

④同事的评价中包括众多的观点，且不单独针对某一个人。

同事考核所带来的问题包括实施考核所需要的时间，以及在区别个人与小组的贡献方面所遇到的困难，而且有些小组成员在评价他们的同事时可能有些不适应。因此，应该对参与绩效考核的小组成员进行必要的培训。

（3）员工的下级职员。现在有许多组织都提倡下属用不记名的方式对他们主管的工作行为进行评估，这一过程又称为“向上的反馈”。在整个组织中实行这种考核方式，有助于高层管理者重新审视他们的管理风格，明确一些潜在的问题，并按照对管理者的要求来采取一些正确的行为。这种考核方式对促进管理者的发展和改进工作更有价值。有些管理者断言，由下属来考核管理者是可行的，他们的根据是下属处于一个较有利的位置来观察领导者的管理效果。这种方法的拥护者认为，管理人将会特别注意工作小组的需要，并且会将经营管理工作做得很好；反对者则认为，员工有可能会担心遭到报复。因此，如果这种方法有效的话，有一点相当关键，即必须对考核者的姓名进行保密。

（4）员工自己。员工对工作行为进行自我评估也是许多组织经常采用的一种方式，它通常是与主管的评估相连接的。如果员工理解他们所期望取得的目标以及将来评价他们所采用的标准，则他们往往处于评估自己业绩的最佳位置。人最清楚自己在工作中哪些做得好、哪些是需要改进的，如果给他们机会，他们就会客观地评价自己的工作业绩并采取必要的措施进行改进。同时，因为员工发展是自我的发展，所以进行自我评估的员工会变得更加积极和主动。自我评估对那些特别重视员工参与和发展的经理具有很大的吸引力。但通常情况是，员工做的自我评估通常高于主管和同事得出的绩效。因此，这种方法必须慎重使用。

（5）客户。该方法常用于收集客户的抱怨或客户的批评意见。对于服务行业，如餐饮业、旅游业等，客户的评价非常重要。有些公司雇用专门的调查公司收集客户的意见，并将其作为员工薪金设定的重要依据。

（6）外界人事专家或顾问。许多组织都采用由考核委员会对雇员的工作进行考核的方法对员工进行绩效考核。考核委员会成员通常由员工的直接主管及3～4名其他主管组成。这种方法有很多优点，不同考核者可以从不同角度来评定一个人的工作行为。因为有3～4名主管是非直接主管，所以他们完全凭事实说话，排除了直接主管自己考核的许多感情因素，往往更真实、公平、有效。

2）培训考核者

为保证绩效考核工作的质量，对考核者应该进行培训，使他们重视这项工作并增强成功信心，在开展工作时显得更加专业、规范，从而提高绩效考核的效度。同时，通过培训，使考核者掌握相关技能，熟悉考核的各个环节，并积累一定的实践经验。对考核者的培训，一般由人力资源部门负责实施，主要包括以下内容。

（1）企业人力资源管理制度的讲解。主要是由人力资源部门对企业整个人力资源管理制度的结构和内容进行整体介绍；同时，站在企业目标和企业整体战略的角度，对人力资源管理制度的运行情况以及未来的发展方向和模式做出阐述。通过讲解，不但可以使考核者充分认识到人力资源管理制度是企业经营战略的一个重要组成部分，而且能使他们了解到考核制度是整个人力资源管理制度的基石，从而增强他们对考核工作的重视程度和对考核工作的责任感。

（2）考核基本知识的介绍。明白了考核工作的意义和地位之后，就要具体讲解有关考核的一些基本知识和技巧，从而保证考核者能够正确地进行考核。这些基本知识包括：如何确定考核项目，怎样设计考核用表，如何制定考核标准，考核方法有哪些，以及考核实施过程中应注意的问题等。同时，应注重对考核者的实际操作训练，使他们对整个考核流程有一个总体的把握，并能熟悉考核的各个环节。

（3）说明考核中的种种误区。在考核工作中，经常会出现一些错误，如光环效应、首因效应、近期效应等。这些误区往往会影响考核者得出正确的考核评价结果。因此，需要在培训的过程中进行说明，使他们可以尽量避免这些错误，从而做出正确的评价。

绩效考核是一项标准化的工作，但恰恰又最容易受绩效考核实施者主观方面的影响。所以，为了使绩效考核更加真实、精确，有必要对绩效考核的主体进行规范，尽可能将主观方面的影响降至最小。

①要求考核者公正地对待被考核者。考核者更应该是一位公正的裁判，做到公平、客观，对事不对人，不存在偏见。否则，即使有科学的考核手段、方法，也无济于事。

②要求考核者对被考核者的业务有相当的了解。通过了解，可以正确、直观地评估被考核者所取得的成绩及其努力程度。同时，对不同业务的被考核者应做出相应的判断，体现差异性原则。

③要求考核者熟练掌握考核的基本原理及相关实务，并能熟练地运用到实践中去。

④要求考核者能与被考核者进行有效的沟通和交流，这是非常重要的。由于考核者与被考核者的关系不同，其沟通和交流的方式也有差异。如与上级进行沟通就具有一定的难度，这需要考核者掌握一定的沟通技巧。

⑤要求考核者尽量避免知觉上的差错，如光环效应、从众心理等，至少应具备心理学方面的相关知识。

（四）反馈阶段的主要工作

绩效反馈就是将绩效考核的结果反馈给被考核者，并对被考核者的行为产生影响。

绩效反馈是绩效管理工作的最后一环，也是最关键的一环，绩效考核能否达到预期目的，取决于绩效反馈的实施效果。反馈阶段的主要工作如下。

1. 通报员工当期绩效考核结果

通过对员工绩效考核结果的通报，使员工明确其绩效表现在整个组织中的大致位置，激发其改进现在绩效水平的意愿。在沟通这项内容时，主管要关注员工的长处，耐心倾听员工的声音，并在制定员工下一期绩效指标时进行调整。

2. 分析员工绩效差距与确定改进措施

绩效管理的目的是通过提高每一名员工的绩效水平来促进企业整体绩效水平的提高。因此，每一名主管都负有协助员工提高其绩效水平的职责。改进措施的可操作性与指导性来源于对绩效差距分析的准确性。所以，每一位主管在对员工进行过程指导时要记录员工的关键行为，按类别整理，分成高绩效行为记录与低绩效行为记录。通过表扬与激励，维持与强化员工的高绩效行为；还要通过对低绩效行为的归纳与总结，准确地界定员工绩效差距。在绩效反馈时反馈给员工，以期得到改进与提高。

3. 沟通协商下一个绩效考核周期的工作任务与目标

绩效反馈既是上一个绩效考核周期的结束，也是下一个绩效考核周期的开始。在考核期初明确绩效指标是绩效管理的基本思想之一，需要各主管与员工共同制定。各主管不参与会导致绩效指标的方向性偏差，员工不参与会导致绩效目标的不明确。另外，在确定绩效指标时一定要紧紧围绕关键指标内容，同时考虑员工所处的内外部环境变化，而不是僵化地将季度目标设置为年度目标的四分之一，也不是简单地在上一期目标的基础上累加几个百分点。

4. 确定与任务、目标相匹配的资源配置

绩效反馈不只是简单地总结上一个绩效考核周期员工的表现，更重要的是着眼于未来的绩效考核周期。在明确绩效任务的同时确定相应的资源配置，对主管与员工来说是一个双赢的过程。对于员工，可以得到完成任务所需要的资源；对于主管，可以积累资源消耗的历史数据，分析资源消耗背后可控成本的节约途径，还可以综合资源情况，使有限的资源发挥最大的效用。

（五）应用开发阶段的主要工作

绩效考核结果得出后并不意味着绩效考核工作的结束。在绩效考核过程中获得的

大量有用信息可以运用到企业各项管理活动中。应用开发阶段的主要工作内容如下。

（1）明确员工改进工作的方向。在向员工反馈结果的过程中，帮助员工找到问题、明确方向，这对员工改进工作、提高绩效会有促进作用。

（2）提供人事决策依据。为人事决策（如任用、晋级、加薪、奖励等）提供依据。

（3）提供修订企业各项政策的依据。检查企业管理各项政策，如人员配置、员工培训等方面是否有失误？还存在哪些问题？从而为政策的修订提供依据。

六、物流客户服务常见绩效考核方法

绩效考核方法很多，各有侧重。首先要了解各种绩效考核方法的内容和特点，然后根据绩效考核的要求及所要达到的目的来选择最佳的绩效考核方法。要特别注意考核方法在绩效考核中的适用性以及不同绩效考核方法在运用时的差异。

员工绩效考核方法各有优缺点，应根据特定的目的和需求定向选择。应该强调的是，绩效考核方法在整个绩效考核系统中只是一种手段而已，而有关各方在绩效考核过程中的相互信任，管理人员和员工的态度，考核的目的、频率，考核的信息来源以及对考核者的训练等各种因素对于绩效考核体系的成败都是非常关键的。下面我们重点论述的员工绩效考核方法，主要是针对员工的工作行为和工作业绩的考核。员工的工作行为考核方法包括两类：主观考核法和客观考核法。工作业绩考核详见项目六任务1中相关内容。

（一）主观考核法

主观考核法即根据员工的工作行为对员工进行主观评价，一般没有固定的标准，随意性比较大，但比较经济，且能直观地反映员工的真实状态。具体包括以下几种方法。

1. 叙述法

在叙述法中，只需考核者写一篇短洁的文章来描述员工的业绩。这种方法倾向于体现员工工作中的突出行为，而不是日常的业绩。

这种考核方法与考核者的写作能力关系较大。一些主管由于具备优秀的写作技巧，甚至能将一名勉强合格的工人描述得像一个工作模范。因为没有统一的标准，所以对叙述法描述的绩效进行比较是很困难的。但一些经理认为，叙述法不仅是最简单的，而且是对员工进行考核的最好方法。

叙述法也可以是利用书面形式对自己所做工作的总结，适用于较高级管理人员的自我评估。

2. 简单排序法

在实行简单排序法的情况下，考核者将员工按照工作中总体情况的优劣依次排序，如部门中业绩最好的员工排在最前面，最差的排在最后。

这种方法需要的时间和成本很少，简便易行，一般适合于员工数量比较少的考核需求。在员工数量比较多的情况下，就需要选择其他的排序方法。当然，这种方法的主要问题在于：当个人的业绩水平相近时难以进行比较排序。

3. 交错排序法

交错排序法是简单排序法的一种变形。人们对简单排序法不是特别满意，认为它过于粗糙，几乎不太可能得到一个比较合理的考核结果。心理学的观点认为，人们比较容易发现极端的情况，而不容易发现中间的情况。

根据这个原理，人们提出了用交错排序法来克服简单排序法的不足。在实行交错排序法的情况下，考核者在目标员工中挑出最好的员工和最差的员工，分别将他们列为第一名和最后一名；然后在余下的员工中选择出最好的员工作为整个序列的第二名，选择出最差的员工作为整个序列的倒数第二名；以此类推，直到将所有员工排序完毕，就可以得到对所有员工的一个完整的排序。

4. 成对比较法

成对比较法是根据某一特定的标准，考核者将每一个员工与其他员工进行逐一比较，并将每一次比较中的优胜者选出，最后根据每一个员工净胜次数的多少进行排序。这种方法的比较标准一般是考核者对员工比较笼统的整体印象，而不是具体的工作行为或成果。

5. 硬性分配法

硬性分配法需要考核者将员工分配到一种类似于一个正态分布的有限数量的类型中去。这种方法的理论依据是数理统计中的正态分布概念，认为员工的绩效水平遵从正态分布，因此可以将所有员工分为杰出的、高于一般的、一般的、低于一般的和不合格的五种情况。

在实践中，实行硬性分配法的企业通常会对设定的分布形式做一定程度的变通，使员工绩效水平呈现为某种正态分布。硬性分配法的优点是：可以克服考核者过分宽容或过分严厉的情况，也可以克服所有员工不分优劣的平均主义；缺点是：如果员工的绩效水平实际上不遵从所设定的分布形式，那么按照考核者的设想对员工进行硬性区分容易引起员工的不满。这种方法广泛用于大公司的年终考核，如先进个人的评选、工资的晋级等。

（二）客观考核法

根据客观标准对员工的行为进行考核的方法即为客观考核法，主要包括关键事件法、行为对照表法、等级鉴定法、行为锚定法。其中的大多数方法在实施上都是对员工的行为按照考核标准给出一个量化的分数或程度判断，然后对员工在各个方面的得分进行加总，得到一个员工绩效的综合考核结果。

1. 关键事件法

关键事件法是客观考核法中最简单的一种。关键事件法要求保存最有利和最不利的工作行为的书面记录。当一种行为对部门的效益产生积极或消极的重大影响时，管理者应把它记录下来，这样的事件称为关键事件。考核者在对员工的优点、缺点和潜在能力进行评论的基础上提出改进工作绩效的意见。如果考核者能够长期观察员工的工作行为，对员工的工作情况十分了解，也很公正和坦率，那么这种考核服务报告是有效的。在考核后期，考核者运用这些记录和其他资料对员工绩效进行考核。用这种方法进行的考核有可能贯穿整个考核阶段，而不仅仅集中在最后几周或几个月。然而，如果一名基层主管要对多名员工进行考核，则记录这些行为所需要的时间可能会过多。由于书面报告是对不同员工的不同工作侧面进行描述，无法在员工之间、团队之间和部门之间进行工作情况的比较，而且考核者用自己制定的标准来衡量员工，员工没有参与的机会，因此不适合进行人事决策。关键事件法一般不独立使用，而是作为一种补充方法与绝大多数绩效考核方法结合使用。

2. 行为对照表法

行为对照表法是最常用的绩效考核方法之一。在应用这种考核方法时，人力资源管理部门要给考核者提供一份描述员工规范的工作行为的表格，要求考核者在一系列的个人陈述中进行选择，且这些人应是被受到最多或最少描述的员工。在某些情况下，行为对照表对于每一个反映员工工作行为的陈述都给出了一系列相关的程度判断，每一个判断被赋予不同的分数。考核者根据员工的行为表现进行选择后，将员工各项的得分加总，得到这一员工的总分。

行为对照表法的一个改进方法是运用所谓的强制选择系统，即设计一个行为对照表，其中的考核项目分组排列，但是每个考核项目并不列出对应的分数；考核者完成一份类似于强制选择报告的表格，这张表格中涉及与员工行为有关的问题，但对不同的问题会赋予不同的权重；考核者或否定或肯定地回答每个问题，但他并不知道每个问题的权重；得到的结果汇总到人事部门，由人事部门根据不公开的标准计算每位员工的总分。这种方法可以减少考核者对员工的宽容成分，建立更加客观的考核体系。

3. 等级鉴定法

等级鉴定法是一种历史最悠久、应用最广泛的员工绩效考核方法。在应用这种考核方法时，首先确定绩效考核的标准，然后为每个考核项目列出几种行为程度供考核者选择。具体而言，等级鉴定法有三个方面的内容：一是各个选项含义的明确程度；二是高层管理人员在分析考核结果时分辨理想答案的清晰程度；三是对考核者来说各个考核项目含义的清晰程度。这种方法所需花费的成本比较低，容易使用。

4. 行为锚定法

行为锚定法是根据每一职务的各个考核维度设计出一个评分量表，用一些典型的行为描述性说明词与量表上的一定刻度相对应和联系，并将典型的说明词作为被考核者实际表现评分时的参考依据。这些典型的说明词数量毕竟有限，不可能涵盖千变万化的员工实际表现，一般很难做到被考核者的实际表现恰好与说明词所描述的完全吻合；但有了量表上的这些典型行为锚定点，考核者给分时便有了分寸感。这些代表从最劣到最优典型绩效的、有具体行为描述的锚定说明词，不但使被考核者能深刻了解自身的现状，还可以找到具体的改进目标。

技能训练

请帮助李同学比较绩效考核和绩效评估的区别，并协助他整理企业的绩效考核指标和规定，请协助李同学设计公司的绩效考核方案。

任务2 实施物流客户服务改进

任务进程

李同学在请教如何制定和评价服务绩效的要点后，准备继续学习如何进行服务改进的方法和步骤。

相关知识

一、物流企业客户服务质量管理

服务与有形产品不同，大部分管理方法和理论都无法直接应用到服务质量管理中去。

1. 物流客户服务质量的构成

服务是买卖双方之间的一种互动关系，是所谓的互动和接触，或多或少是一种主观体验过程，它对感知服务质量的形成具有重要的影响。

客户感知的服务质量包括两个部分：物流服务技术质量、物流服务功能质量（见图6-2-1）。

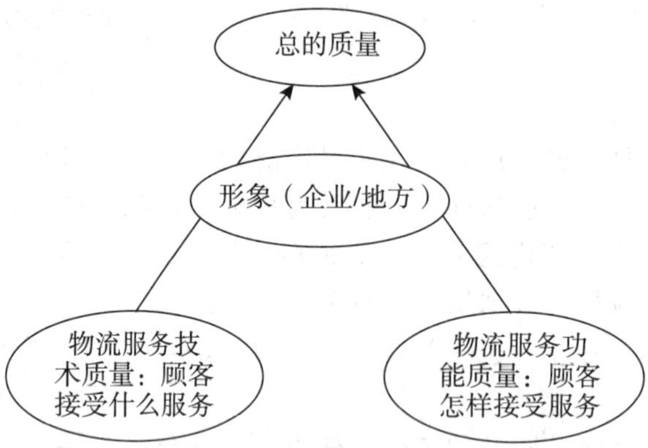

图6-2-1 物流客户服务质量的两个构成要素

服务本身的标准、环境条件、网点设置、服务设置、服务设备以及服务项目等就是物流服务技术质量，在服务管理中，也称其为结果质量。结果质量是客户在服务过程结束后的"所得"。通常客户对物流服务技术质量的衡量是客观的，因为物流服务技术质量评价的是技术方面的有形内容。

功能质量是客户感知服务质量的一部分，更需要考虑服务结果传递给客户的方式和客户在消费过程中的体验。例如，服务人员的仪表仪态、服务态度、服务程序等都会对客户服务体验产生影响，这就是物流服务功能质量。在服务管理中，也称其为过程质量。从更深层次上说，如果客户能够亲自参与服务过程，那么，客户对服务质量的评价将会更高。企业利用同一种产品、同一种服务进行竞争，这时决定服务竞争优势的只能是物流服务功能质量。

2. 良好服务质量的标准

（1）职业化程度与技能。客户认为物流企业员工应当具有专业化知识和技能。

（2）员工态度与行为。客户认为，物流企业员工（与客户接触的员工）应当关注他们，并且积极主动地解决他们在接受服务过程中所面临的问题。

（3）服务易获得性与灵活性。服务的地点、时间以及运营系统应当根据客户的要求加以设计和运营，这样客户可以很容易地接受企业的服务。如果客户有其他要求，也可以根据客户的要求灵活地对服务做相应调整。

（4）服务的可靠性与可信度。如果物流企业及其员工能够信守诺言而且全心全意地为客户服务，那么，客户就会对企业产生信任感，认为企业是非常可靠的。

（5）服务补救能力。如果出现客户意料之外的事情或服务失误，物流企业应当立即和主动采取措施来控制局面，并找到新的、客户可以接受的解决方案。

（6）服务环境组合。服务的有形环境和其他环境应当对服务过程起到有力的支持作用。

（7）物流企业的声誉与信用。客户对物流企业应当具有信任感，物流服务应当是"物有所值的"，客户可以与企业一起分享良好的服务绩效和价值，这是与形象相关的标准。

3. 持续提高服务质量的基本思路

物流企业的客户服务水平应根据企业的经营状况而定，一味地追求高水平客户服务和在低水平客户服务上停步不前，都是不可取的。在科学管理的基础上，物流企业应积极应用新技术、新设备，同时依靠先进的管理方法改进客户服务质量，这是见效快、成本低的企业经营策略。

（1）提高服务的可靠性。物流活动中最基本的问题就是如何实现可靠性及提高作业完成能力，这对于有些客户来讲要远远比时间因素重要得多。通常来讲，可靠性可以直接影响客户的缺货成本和存货水平。因此，物流企业无论提供什么样的服务水平，都要尽可能保持服务的100%的稳定性。

（2）强化服务的及时性。快速反应已成为物流发展的动力之一。传统的做法是将加快反应速度变成单纯的快速运输，而现代物流观点则认为以下途径可以使过程加快：一是提高运输基础设施和设备的效率，如修建高速公路、铁路提速、制定新的交通管理办法、提高汽车的行驶速度等；二是优化电子商务系统的配送中心、物流中心网络，重新设计适合电子商务的流通渠道，以此来减少物流环节，简化物流过程，提高物流系统的快速反应能力。后一种方法具有较大的推广价值。

（3）保证服务的灵活性。物流企业的服务灵活性的高低，直接关系在特别情况下及时妥善地处理问题的能力。需要企业灵活作业的典型事件有很多，如修改基本服务安排、支持独特的销售方案和营销方案、新产品引入、产品回收、特殊市场的定制、在服务过程中的定制化服务等。

物流客户服务能力取决于在满足关键客户的个性需求时，拥有的"随机应变"的能力。物流企业应根据客户的产品、市场策略、行业、管理模式采取多样化和个性化的服务模式，如为客户配备专门的服务小组、进入客户企业的作业现场、采用同客户兼容的计算机系统等措施来提高服务的灵活性。

按以上措施，制定的物流企业客户服务质量考核指标，如表 6－2－1 所示。

表 6－2－1　　物流企业客户服务质量考核指标

指标	具体指标	考核周期	指标定义公式
服务的可靠性	缺货频率	月/季/年度	$\frac{\text{缺货订单数}}{\text{订单总数}}\times 100\%$
	订单延迟率	月/季/年度	$\frac{\text{延迟交货订单数}}{\text{订单总数}}\times 100\%$
	无误交货率	月/季/年度	$\frac{\text{按客户要求交货数}}{\text{货物总数}}\times 100\%$
	货损与货差率	月/季/年度	$\frac{\text{货损与货差货物数量}}{\text{货物总数}}\times 100\%$
服务的及时性	订单按时完成率	月/季/年度	$\frac{\text{按时完成订单数}}{\text{订单总数}}\times 100\%$
	送货准时率	月/季/年度	$\frac{\text{按时送货次数}}{\text{订单总数}}\times 100\%$
	数据与信息传输准时率	月/季/年度	$\frac{\text{传输准时次数}}{\text{传输总次数}}\times 100\%$
服务的灵活性	急订单响应率	月/季/年度	$\frac{\text{未超过 12 小时出货的订单数}}{\text{同期订单总数}}\times 100\%$
客户满意度	客户投诉量	月/季/年度	客户投诉的次数之和
	有效投诉率（由物流服务商过失所引起的）	月/季/年度	$\frac{\text{有效投诉订单数}}{\text{订单总数}}\times 100\%$
	处理客户投诉的效率	月/季/年度	从客户投诉直至投诉得到有效处理所间隔的全部时间

二、物流客户满意度管理

1. 物流客户满意度的形式

服务质量在很大程度上是客户主观意志的产物，而且对服务质量的感知过程是非常复杂的。客户实际接受的服务并不能决定感知服务质量的好坏。客户总的感知服务质量如图 6－2－2 所示。

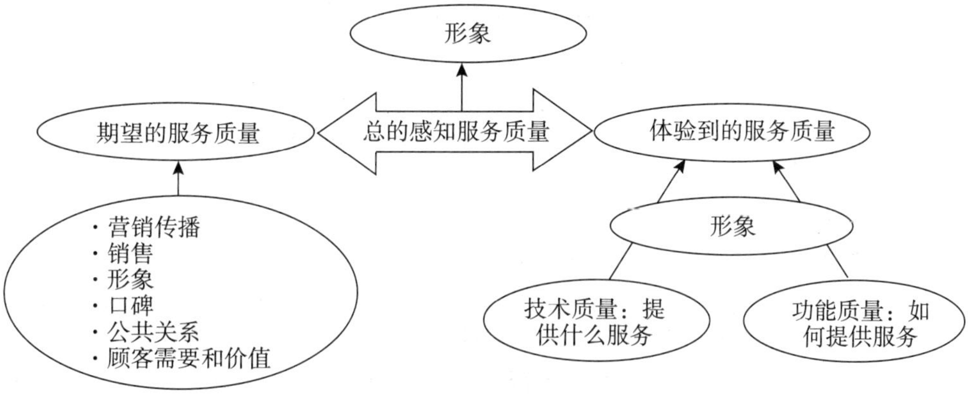

图 6－2－2　客户总的感知服务质量

值得注意的是，即使物流企业实施了质量改进计划，客户感知的服务质量仍然很低，甚至不断降低。这是因为客户感知的服务质量并不取决于技术质量和功能质量这两个要素，而是取决于客户预期的服务质量和体验到的服务质量之间的差距。脱离实际的承诺会导致这种差距的扩大，进而导致客户感知服务质量的下降。所以，质量改进计划不仅要考虑企业运营情况，还要考虑外部营销与市场沟通情况，要将他们有机地结合起来，对物流客户进行满意度管理。

物流客户满意度是指客户通过对一个服务的可感知效果与其期望值比较后，所形成的愉悦或失望的感觉状态。这种感觉决定了他们是否继续使用或购买物流企业的服务。影响客户满意度的因素是客户期望和客户体验，决定客户满意度的是客户期望效果和企业提供的物流服务的可感知效果之间的差距（见图 6－2－3 和图 6－2－4）。客户的满意度越高，就越会形成客户忠诚，客户与服务企业之间的关系越发牢固，客户就更愿意购买该物流企业的服务。客户的期望值与其付出的成本相关，付出成本越高，客户期望值就越高。物流企业只有实施物流客户满意度战略，通过物流客户满意度测评方法，及时发现物流客户服务当中的不足，加以改进，才能让物流客户更加满意。

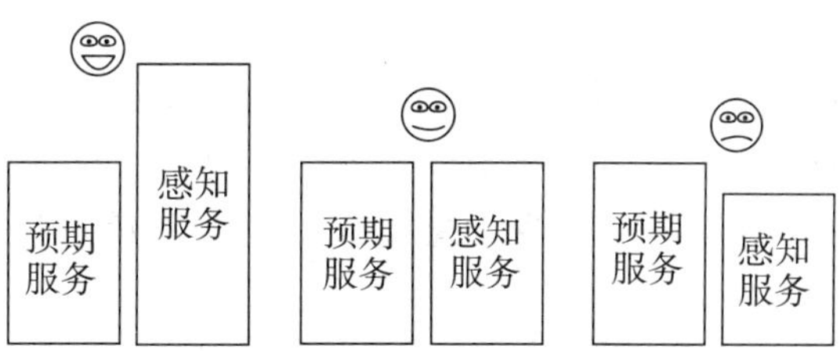

图 6－2－3　客户的满意度取决于物流服务的可感知效果与期望效果的差距

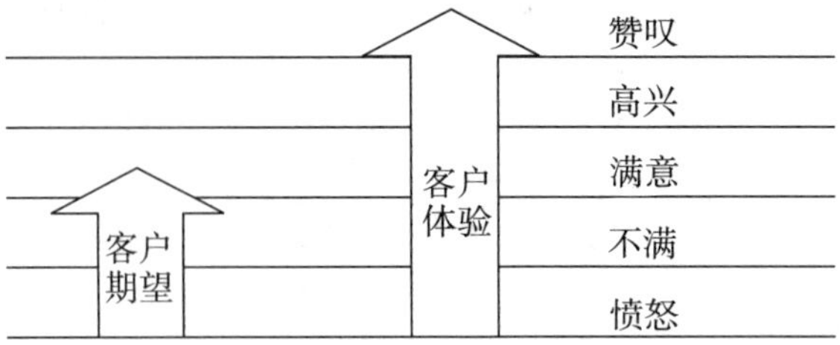

图 6-2-4 客户期望、客户体验与客户满意度的关系

2. 物流客户满意度的特征

（1）客观性。客户满意与否，对物流企业来说是一种客观存在。

（2）抽样性。在相当多的情况下，对客户满意度只能进行抽样测评，但由于抽样方法的变化，测量到的客户满意度往往并不能完全反映客户整体的满意度。

（3）主观性。对客户来说，满意与否是受自己的主观因素影响的。客户是否满意以及满意的程度，取决于客户的经济地位、文化背景、需求、期望以及评价动机，甚至受个人的好恶、性格、情绪等非理性因素的影响。

（4）否定性。客户向物流企业提供的往往是不满意的意见信息（异议），而这种不满意的意见往往对物流企业更有价值，因而要大力收集。

（5）变化性。社会经济和文化发展了，客户的需求和期望也相应提高，客户的满意度也会发生变化，甚至从满意转变为不满意。在现代社会，经济和文化快速发展，市场竞争越发激烈，物流企业的服务要随社会发展而提升和创新，只有持续改进，不断提高自己的服务质量水平，才能把客户满意度维持在一个既定的水平上。这就是企业制定和实施客户满意和服务创新的根本原因。

（6）复杂性。测评客户满意度时，不同的客户或同一客户对不同的质量特性以及同一客户对同一质量特性的不同方面都存在不同评价，而且这种评价的好坏程度又各不相同，因而客户满意度指标往往不能只用一个百分比来表示，而要用多个数据来支持。只用一个百分比表示往往存在虚假性，其可信度可能大打折扣。

（7）全面性。客户满意度是对物流企业及提供的服务的心理评价，是针对服务质量特性的，更是针对物流企业本身的。物流企业的性质、形象、管理、承担的社会义务或社会责任，甚至所在的国家或地区、内部员工的生存状况、所在社区的反映、与政府或其他组织的关系及主要管理者或最高管理者的政治态度等，都可能直接或间接影响客户的满意状况。

（8）集合性。对物流企业来说，客户满意度既是针对某一个客户的，又是针对全部客户的。全部客户的满意度是若干个客户满意度的集合。测量客户满意度，是测量全部或其具有代表性的一部分（其数量不能太小）客户的满意状况，而不是只测量一个客户的满意状况。

（9）隐含性。客户满意与否往往隐含于客户的潜意识之中，只有在对物流企业进行调查时才可能得到确认。当然，大多数客户的满意情况是隐含的，但特殊情况下也可能是公开的，如客户主动向物流企业提出异议，或提供好的意见和建议等。

（10）下降性。客户的需求和期望是发展的，因而在物流企业的质量相对稳定的情况下，客户满意度会呈现出下降的趋势；物流企业对客户满意度进行测评，正是为了保持或提升客户满意度，从而使自己永远立于不败之地。

3. 物流客户满意度调查

客户满意度调查问卷设计的情况直接影响调查数据的收集情况，因而在很大程度上决定了测评结果的有效性和准确性。

（1）客户满意度调查问卷的设计。

①客户满意度调查问卷设计的思路。客户满意度测评问卷设计，除了满足一般调查问卷的要求外，还必须满足客户满意度指数测评指标体系的特殊要求，如表6-2-2所示。

设计客户满意度测评问卷之前，明确测评的目的是十分必要的。通常情况下，企业引入客户满意度测评方法的主要目的如下。

第一，了解客户的要求与期望，把握客户对产品或服务质量和价值的感知，制定质量标准。

第二，计算客户满意度，识别客户对产品态度的动态变化趋势。

第三，通过与竞争者比较，明确优劣势，寻求改进的方向。

设计客户满意度测评问卷时必须依据这些测评目的来确定测评的内容。

客户满意度测评指标是便于计算的统计量，而问卷上的问题是要求客户准确回答的内容，要根据问卷设计的原则和要求、被测评的产品或服务的本质特征以及客户的消费心理和行为特征，将关键的三级测评指标转化为问卷上的问题。如可以从服务环节中出现问题的频次来了解服务质量的可靠性，这种问题都是客户能够回答出的。

设计问卷上的问题是需要一定的技巧的。在了解客户对某物流企业的忠诚度时，如果从正面角度设计问题，客户将很难对“是否会继续与该物流企业合作”做出回答，收集到的数据也就难于反映实质性的情况。但是，换一个角度客户可能更愿意回答这样的问题——“当有需要时，您是否愿意再次购买我公司的服务？”其效果可能也会更好些。

表6-2-2　客户满意度指数测评指标体系

一级指标	二级指标	三级指标
客户满意度指数	客户期望	对产品（或服务）质量的总体期望
		对产品（或服务）质量满足客户需求程度的期望
		对产品（或服务）质量稳定性的期望
	客户对产品质量的感知	客户对产品质量的总体评价
		客户对产品质量满足需求程度的评价
		客户对产品质量可靠性的评价

续 表

<table>
<tr><th>一级指标</th><th>二级指标</th><th>三级指标</th></tr>
<tr><td rowspan="14">客户满意度指数</td><td rowspan="3">客户对服务质量的感知</td><td>客户对服务质量的总体评价</td></tr>
<tr><td>客户对服务质量满足需求程度的评价</td></tr>
<tr><td>客户对服务质量的可靠性的评价</td></tr>
<tr><td rowspan="4">客户对价值的感知</td><td>给定价格时客户对质量级别的评价</td></tr>
<tr><td>给定质量时客户对价格级别的评价</td></tr>
<tr><td>客户对总成本的感知</td></tr>
<tr><td>客户对总价值的感知</td></tr>
<tr><td rowspan="2">客户满意度</td><td>总体满意度</td></tr>
<tr><td>感知与期望的比较</td></tr>
<tr><td rowspan="2">客户抱怨</td><td>客户抱怨</td></tr>
<tr><td>客户异议情况</td></tr>
<tr><td rowspan="3">客户忠诚</td><td>重复购买的次数</td></tr>
<tr><td>能承受的涨价幅度</td></tr>
<tr><td>能抵制的竞争者的降价幅度</td></tr>
</table>

②客户满意度调查问卷的预调查。在设计好客户满意度测评问卷之后有必要进行预调查。一般来说，只需要选取30~50个样本就够了。对于这些样本的预调查尽量采用面对面访谈的形式进行，这样除了可以详细了解客户对服务的态度以外，更重要的是还可以了解客户对问卷本身的看法。可以根据预调查的分析结果对问卷进行修改和完善。

③客户满意度调查问卷的检验。在得到了预调查数据之后，我们需要运用信度分析、因子分析等一些统计方法，根据收集到的数据，对问卷进行分析和检验。

就客户满意度指数测评来讲，信度是指客户满意度指数测评问卷反映客户评价的可靠程度。如果问卷设计有偏差（易得高分或易得低分的问题偏多等情况），问卷的信度就会较低。

为了检验问卷设计的合理性，要对每一项测评指标对客户评价结果的影响程度进行检验，同时也要对问卷中测评指标的分类的合理性进行检验。影响客户评价结果的原因可以有很多，可以将原因归为若干类，因此，可以对预调查收集到的数据采用因子分析的方法来分析，以识别问卷设计的合理性，并根据分析结果对问卷加以调整。

④客户满意度调查问卷的优化。根据上述分析的结果可以判断，这份问卷的设计是否是可信的、合理的，是否需要对问卷中的问题做调整。如果计算出的信度较低，可以根据因子分析的结果调整各指标，改善问卷的信度、合理性；如果问卷的信度较高，为减少调查的工作量，也可以根据因子分析的结果对问卷中共同度较低的测评指标项目进行剔除。

客户满意度测评还有一个重要的目的是通过与竞争者的比较来了解与竞争者的差

距，因此在对客户满意度测评问卷进行调整完毕之后，需要在问卷中加入一些问题，了解客户对竞争者的评价。

（2）客户满意度测评指标的设定。

建立客户满意度测评指标体系是客户满意度测评的核心部分，在很大程度上决定了测评结果的有效性、可靠性。

客户满意度测评指标中的客户期望、客户对产品和服务质量的感知、客户对价值的感知、客户满意度、客户抱怨和客户忠诚均为隐性变量，都不是可以直接测评的。我们需要对隐性变量进行逐级展开，直到形成一系列可以直接测评的指标，这些逐级展开的测评指标就构成了客户满意度测评指标体系。

①建立客户满意度测评指标体系的原则。

第一，建立的客户满意度测评指标体系，必须是客户认为重要的。“由客户来确定测评指标体系”是设定测评指标体系最基本的要求。要准确把握客户的需求，选择客户认为最关键的测评指标。

第二，测评指标必须能够控制。客户满意度测评会使客户产生新的期望，促使企业采取改进措施。但如果企业在某一领域还无条件或无能力采取行动加以改进，则应暂不采用这方面的测评指标。

第三，测评指标必须是可测量的。客户满意度测评的结果是一个量化的值，因此设定的测评指标必须是可以进行统计、计算和分析的。

第四，建立客户满意度测评指标体系还需要考虑与竞争者的比较，设定测评指标时要考虑竞争者的特性。

②客户满意度测评指标体系的构成。

客户满意度测评指标体系是一个多指标的结构，运用层次化结构设定测评指标，能够由表及里、深入清晰地表述客户满意度测评指标体系的内涵。测评指标体系划分为四个层次较为合理。每一层次的测评指标都是由上一层测评指标展开的，而上一层次的测评指标则是通过下一层的测评指标的测评结果反映出来的，其中“客户满意度指数”是总的测评目标，为一级指标，即第一层次；客户满意度模型中的客户期望、客户对产品和服务质量的感知、客户对价值的感知、客户满意度、客户抱怨和客户忠诚六大要素作为二级指标，即第二层次；根据不同的产品、服务、企业或行业的特点，可将六大要素展开为具体的三级指标，即第三层次；三级指标可以展开为问卷上的问题，形成了测评指标体系的四级指标，即第四层次。

（3）测评指标的量化。

客户满意度测评的本质是一个定量分析的过程，即用数字去反映客户对测量对象的属性的态度，因此需要对测评指标进行量化。表 6－2－3 是一个利用量表测评客户对某产品质量满意程度的例子。

表 6－2－3　　客户对某产品质量满意度测评

测评指标	满意	较满意	一般	较不满意	不满意
产品外观	□	□	□	□	□

续 表

测评指标	满意	较满意	一般	较不满意	不满意
质量稳定性	□	□	□	□	□
使用性能	□	□	□	□	□
安全性	□	□	□	□	□

通过了解可以汇总计算每个测评指标的客户满意度评价值，从而了解被访者群体对测量对象各方面的态度；也可以计算每个受访者对测量对象的态度总分，以了解不同被访者对受测对象的不同态度。

（4）测评指标权重的确定。

客户满意度测评指标体系反映测评对象的质量水平状况和特征，而每一次测评指标的变化对客户满意度指数变化的影响程度是有所不同的。反映影响程度的尺度是权重。为了明确各项指标在测评指标体系中所具有的不同的程度，需要分别赋予各项指标以不同的权重数。

在确定了客户满意度测评指标体系之后，有必要邀请有关专家和具有一定代表性的客户，对确定的测评指标体系和评价标准进行论证，在认真听取意见的基础上，对确定的测评指标体系进行修改，以保证客户满意度测评结果的公正性和有效性。

有可能的情况下可以组织一次预调查，对所确定的测评指标体系进行再次验证，以证实其合理性及有效性。可以在小范围内抽取适量的样本，根据拟定好的测评指标体系制作好调查表，实施预测评。根据测评的结果和调查过程中遇到的问题，对客户满意度测评指标体系进行必要的、适当的调整和修改。

三、物流客户服务培训

为了给客户更好的服务感受，提升客户满意度，实现物流企业的全员营销，企业应该对物流企业员工进行全员培训。

培训分为两类，即技术培训和服务培训。物流企业的培训更多地倾向于服务培训。物流客户服务培训应包括物流企业客户服务的各个环节。

（一）物流客户服务培训与客户的关系

1. 物流客户服务培训具有科学性

（1）制定培训方案。

进行培训前，执行培训的人员要设计一个方案，根据参加培训的人数、培训时间、培训目的、培训方法以及培训的器械和培训花费，制订详细的计划，然后严格按照这个计划方案执行，并及时地进行检查和补充，以便培训工作顺利进行。

（2）领导和高层管理人员参与。

企业高层领导通过亲自参加实践培训工作，多与员工进行交流，获得大量的宝贵经验和有关客户的信息，并且与员工加深了彼此的理解和信任。在这个基础之上举行的培训，是容易的、有效的。

（3）强调员工的贡献。

企业内部的所有员工都会对客户产生影响。在对企业员工进行培训时，强调所有员工对企业的贡献，会使员工自觉地做好与客户之间的交流，得到客户的信任和尊重，从而有利于企业的发展。

（4）激励员工的技巧。

培训员工，就要激励员工多做贡献。激励的手段虽然多种多样，但是奖励制度却是激励手段中的“重头戏”。企业设立奖励制度，就可以激发企业员工的积极性，使他们在工作中既体会到积极工作的乐趣，又感受到自身价值得到实现的欢欣。除了奖励制度外，还应该培训员工对自己在一个时期内的工作情况做一个总结，然后把所有员工的工作情况制成一张一览表，使每个员工都认识到自己工作的得失，积极参与到企业的每项活动中去，为企业做贡献。

2. 物流客户服务培训是对客户的尊重

诚信即言行一致，言必行，行必果。客户愿意选择诚信的公司。当客户切实感受到尊重时，公司的诚信就表现出来了。公司及其员工应做到言行完全一致，并且其言行要与客户感受到的完全一致。

客户们喜欢遵守诺言的一线服务人员，那些服务人员承诺回电话就一定会回，他们送货及时，坚持跟踪服务，解决问题，决不遗漏。

公司如果以尊重客户为重，要达到诚信的最高境界，还必须以感情与情感为重。这也就是对投诉及客户咨询做出标准化的回答却收效甚微的原因，那些标准化的回答降低了对客户的尊重程度。

表现出诚信以及使你的客户真正相信你尊重他们的最好方法是：向他们做出承诺，并履行你的承诺。你做出的承诺应有策略性，同时在日常生活中又具有可操作性，这样的承诺越多越好。如果公司不向客户做出承诺，就不能产生信任，也就不能展示出更多的情感尊重，那么诚信根本无法显示出来。

成功的公司可以与客户形成一条感情的纽带，并通过这一纽带传递他们尊重客户的信息。这将使客户感觉满意。

3. 物流客户服务培训是向客户学习的过程

现在衡量一个企业是否成功的标准除了看企业的投资收益率和市场份额外，还要审视该企业的客户保持率、客户份额及数据资产的收益等指标。

在很多情况下，企业将为客户送去他们需要的产品，而不是让客户自己寻购产品。由此，企业将致力于同每一个客户建立起“学习型关系”：我们知道你是谁，记得你，并经常与你进行交流；我们比其他人更了解你，能为你提供一些竞争对手不能提供的免费服务；此时，客户将发现与我们做生意比重新选择新合作伙伴更容易，选择与我们合作意味着更低的成本。这样就形成了一种退出壁垒，我们可以利用客户忠诚来做生意了。

四、物流客户信用管理

在对员工进行服务培训时，重点应该放在物流企业客户信用管理上。

客户信用评价，通俗地理解就是要回答企业与某个特定客户能够做多大生意以及怎么做这笔生意的问题。信用评估就是指通过对客户资料的分析，赋予客户不同的信用等级，根据信用等级计算出信用额度、账期等具体指标，作为进行信用控制的依据。

（一）物流客户信用管理的目标

1. 降低赊销风险，减少坏账损失

物流企业的销售部门追求销售额的最大化，财务部门关注资金回笼的最大化，那么信用管理部门则需要在两者之间找到平衡点，以实现物流企业利润最大化。信用管理要预计赊销的风险，控制信用的额度与方式，跟踪信用的执行情况，评价客户的信用状况，将物流企业应收账款控制在合理的持有水平。

2. 降低销售变现天数，加快流动资金周转

销售变现天数（Days Sales Outstanding，DSO）是衡量赊销工作最重要的指标。DSO 指标表现了企业的平均收账期，即把赊销收入转化为现金所需的时间，是企业衡量应收账款水平的重要指标。信用管理的重要职责就是将 DSO 控制在一个合理的水平，减少应收账款对资金的占用，减少利息成本，以加快流动资金的周转。

（二）物流客户信用调查

1. 物流客户信用调查的时机

在出现下列情况时，需要对客户进行信用调查。

（1）与新客户进行第一次交易时。业务人员为了预防、避免销售后货款回收困难，造成呆账、坏账，在推销之前就要对客户各方面的情况，如销售能力、付款能力、经济实力等进行了解和分析，以判断客户是否具有交易、开发的价值。

（2）流传客户经营形势不好时。流言的出现一定有某种根据，不能忽视，业务人员必须从多方面进行验证。

（3）客户的订单骤增或骤减，特别是客户大量进货时。当客户进货超过信用额度时，业务人员就要考虑这极可能是危险的交易，必须对客户进行信用调查。

（4）客户要求授信，或老客户的资料超过一年，或客户改变交易方式时，也应对客户的信用情况进行调查。

（5）其他影响企业信用的异常情况。客户本身的经营存在风险，作为供方应该定期对客户的情况进行调查，尽管是多年合作的老客户，也必须了解客户交易量变化的原因。另外，对于客户的重大事件，必须及时跟踪。

2. 物流客户信用变化

客户的信用状况是不断变化的，因此对客户的信用调查也要经常进行。业务员要及时了解客户的信用变化情况，以便及早发现问题，进行处理。客户的信用变化主要表现在以下几个方面。

（1）付款变化包括：延迟付款期限；付款日期经常变更；由现金变为票据；付款的银行改变；小额付款很干脆，而大额付款常拖延；在付款日期，负责人不在；不按清款支付；要求取消保证金。

（2）采购的变化包括：采购进货厂商急速改变；订货额突然减少；原本向竞争企业的采购额全部转移到本公司；没有订货；要求迅速出货；突然增加订货额。

（3）营业上的变化包括：销售情形突然恶化；销售对象破产；销售对象大量退货；突然开始大量倾销；开始销售毫无关联的产品；库存量锐增或锐减。

（4）员工的变化包括：不断有人辞职；多数人抱怨不断；发生相当金额的透支；员工无精打采，工作态度恶劣。

（5）经营者的变化包括：插手毫不相干的业务；吹牛自夸。

3. 物流客户信用调查的内容

对客户进行信用调查时，由于交易性质不同、金额大小有异，调查在内容上、程度上也有不同。业务人员要了解的内容主要包括客户的品格、客户的能力、企业资本、担保品和企业情况等多个方面。

（三）物流客户信用评价

业务人员要定期对客户进行信用评价，可以根据实际情况把客户分为A、B、C、D四级。A级客户是最好的客户，B级次之，C级一般，D级最差。同时，根据信用评价结果确定销售政策。例如，对初评获得C、D信用等级的客户，是否进行信用调查需要根据企业的信用政策决定。如实行保守的信用政策，则无须进行信用调查，信用申请不予批准；如实行积极的信用政策，则需要进行信用调查，在充分了解风险后，决定是否核准信用申请。

1. 客户信用评价的依据

信用评价主要依据回款率（应收账款）、支付能力（还款能力）、经营同行业竞争品牌情况等指标来确定。

（1）回款率。对回款率（应收账款），不同企业可以有不同的规定。例如，双汇集团规定A级客户的回款率必须达到100%；如果回款率低于100%，则信用等级相应降低；评价期内低于5%的，则降为C级或D级。

（2）支付能力。有些客户尽管汇款率高，但由于支付能力（还款能力）有限而必须降低信用等级。如某企业一客户尽管不欠公司货款，但由于欠其他公司的货款达几百万元，以致其他公司将该客户起诉至法院，该客户银行账户被冻结，已无支付能力，这样的客户最多只能认定为C级客户。以下三个方面可用于对客户支付能力的考查。

①客户资产负债率。如果客户的资产主要是靠贷款和欠款形成，则资产负债率较高，信用自然降低。

②客户的经营能力。如果客户的经营能力差，长期亏损，则支付能力必然降低。

③是否有风险性经营项目。如果客户投资一些占压资金多、风险性大、投资周期长的项目，则信用等级自然下降。

（3）经营同行业竞争品牌情况。如果客户以本公司的产品为主，则信用等级较高；如果客户将本公司的产品与其他企业的产品同等对待，则信用等级降低；如果客户不以本公司的产品为主，本企业的产品仅是辅助经营项目，或者仅仅是起到配货作用，则信用等级更低。上述三项指标中，以信用等级最低的一项作为该客户的信用等级。

2. 信用评价参考条件

除了依据以上三项主要因素进行信用等级评价外，还需要根据客户执行公司销售政策、送货与服务功能、不良记录等多个因素对信用等级信息进行修正。

（1）送货的服务功能。如果客户能够对下级客户开展送货或服务，则控制市场的能力大大增强，信用等级也相应增强；相反，则信用等级降低。

（2）执行公司销售政策的情况。如果客户未能很好地执行公司的销售政策，如经常窜货、低价倾销，则信用等级要大大下降。

（3）不良记录。如果客户曾有过不良记录，如曾经欠款不还，无论是针对本公司还是针对其他公司的，信用等级都要降低。

企业在对客户进行信用评价时，千万注意不要仅以企业规模评定客户信用。

3. 利用信用等级对客户货款进行控制

信用评价不是最终目的，最终目的是利用信用等级对客户进行管理。企业要针对不同信用等级的客户采用不同的销售管理政策。

（1）对于A级客户，在客户资金周转偶尔有一定的困难，或旺季进货量大、资金不足时，可以有一定的赊销额度和回款限期。但赊销额度应不超过一次进货量，回款宽限期可根据实际情况确定。

（2）对于B级客户，一般要求现款现货。但在处理现款现货时，应该讲究艺术性，不要过分机械，不要让客户难堪。应该在摸清客户确实准备货款或准备付款的情况下，再通知公司发货。

（3）对于C级客户，一般要求先款后货。而对其中一些有问题的客户，要坚决先款后货，丝毫不退让，并且要想好这个客户破产倒闭后在该区域市场的补救措施。C级客户不应被列为公司的主要客户，应逐步以信用良好、经营实力强的客户取而代之。

（4）对于D级客户，坚决要求先款后货，并在追回货款的情况下逐步淘汰此类客户。

4. 客户信用评价应注意的问题

（1）对客户的信用评价应该是动态进行的。客户的信用是变化的，有的客户信用在上升，有的在下降。对客户的信用状况进行动态评价，并根据评价结果及时调整销售政策。对信用上升的客户采取宽松的政策可能会导致客户不满，也可能没及时发现客户信用下降而导致货款回收困难。客户的信用评价每月进行一次，时间最长也不能超过两个月一次。业务员对客户的信用评价结果必须及时上报办事处主任、销售公司业务主管。

（2）新客户的信用评价。第一次交易的客户，其信用一般按C级客户对待，实行先款后货，待经过多次交往，对客户信用状况有较多了解（一般不少于三个月）之后，再按正常的信用评价方式评价。需要注意的是，要谨防一些异常狡猾的骗子，头几笔生意故意装得诚实可信，待取得信任后再开始行骗。

（3）信用评价信息来源。评价客户的信息从哪里来是困扰一些业务员的问题，要获得这些信息，业务人员需要做好以下三项工作：一是做好客户交易记录，对每笔业务往来都要详细地记录；二是多与客户的会计、保管、业务员、供应商接触，在与他们的接触中能够获得有关客户经营、信用方面的大量信息；三是在获取的大量信息中，对有些互相矛盾的信息，去伪存真、去粗取精，保证信息的真实、准确、可靠。

（四）确定客户信用等级的方法

（1）根据收益与风险对等的原则确定。给予某一客户的信用额度，也就是根据某一客户的预计全年购货量和该产品的边际贡献率测算企业从该客户处可获取的收益额，以该收益额作为每次客户的赊购限额，前账不清，后账不赊。

（2）根据客户运营资本净额的一定比例确定，即周转资产分割法：

信用额度 = 周转资产（流动资产 - 流动负债）÷供商个数

客户在一定的生产经营规模下，其流动资产减去流动负债后的营运资本净额也是大致稳定的。运营资本净额可看作是新兴债务的偿付来源，因此企业可以根据客户的运营资金规模，考虑客户从本企业购货的比重，确定以客户营运资本净额的一定比例作为本企业对客户的信用额度。

（3）根据客户清算价值的一定比例确定，即净资产分割法：

信用额度 = 清算价值（资产 - 负债）/供货商个数

清算价值是客户因无力偿债或其他原因进行破产清算时的资产变现价值，体现了客户偿债的最后保证。如果客户的清算价值减去现有负债后尚有剩余，企业可以向该客户提供信用，信用的额度可按照清算的价值的一定比例确定。

（4）销售额测定法。计算公式为：

信用额度 = 客户的总购入额（预计销售额 × 成本率）× 本公司供货比率 × 信用期限

（5）综合判断法。根据客户的收益性、安全性、流动性、销售能力、购货情况和员工素质等，综合确定一个大致的信用限度额，然后再根据支付状况和交易额的大小，适当地逐步提高信用限度。

（五）确定客户信用限度的方法

（1）根据实际情况，划分出不同的信用限度。如前所述的 A、B、C 三类客户，对于 A 类客户，其信用限度可以不受限制；对于 B 类客户，可先确定一个信用限度基数，以后再逐渐放宽限制；而对于 C 类客户，则应仔细审核，适当给予少量的信用限度。

（2）对不同客户确定的信用限度不是一成不变的，应随着实际情况的变化而有所改变。

（3）可先确定一个最高限额，然后根据不同客户设定不同的信用限度。

（4）推销员所辖客户要求超过规定的信用限度时，必须向业务经理乃至总经理汇报并请示批准。

技能训练

请协助李同学打造服务质量升级计划，并进行全员培训。请帮助李同学制定服务质量改进的培训方案，并设计培训课程，用来培训业务团队减少呆账、坏账的技巧。

项目小结

李同学通过部门助理的指导，掌握了客户服务部服务质量绩效评价的方法和步骤，学会服务改进的方法。通过顶岗工作，将理论知识转化成工作能力，通过物流客户服务绩效评估设计和服务改进计划的培训课程设计，完成了项目任务，实现了项目目标，提升了个人能力。

扫描右侧二维码，阅读营运质量管理内容，了解服务质量管理的基本含义与方法。

项目考核与评价

1. 自我评价

自我评价

评价说明	考核项目	考核点	考核总结
□及格 □不及格	理论知识	详细列明学会的知识点	
	企业操作	详细阐述掌握的操作能力	
	素质技能	详细列明培养的素质和技能	
	学生自评成绩		

2. 理论考核

理论考核

评价说明	考核项目	考核点	学院评语
□及格 □不及格	操行表现	有无违法/违纪，不诚信表现	
	学习状况	出勤率、课堂表现、作业完成率	
	理论水平	作业、测试、项目报告成绩	
	理论成绩		

3. 实操考核

实操考核

<table>
<tr><th>评价说明</th><th>考核项目</th><th>考核点</th><th>企业评语</th></tr>
<tr><td rowspan="4">□称职
□不称职</td><td>职业道德</td><td>有无违反职业道德或不诚信表现</td><td rowspan="3"></td></tr>
<tr><td>职业表现</td><td>到岗率、岗位表现、任务达成率</td></tr>
<tr><td>技能水平</td><td>绩效考核结果</td></tr>
<tr><td colspan="2">实操评价</td><td></td></tr>
</table>

参考文献

[1] 游艳雯. 物流客户服务操作实务 [M]. 北京：化学工业出版社，2010.

[2] 张洪峰. 物流客户服务 [M]. 北京：机械工业出版社，2013.

[3] 石小平. 物流客户服务 [M]. 3 版. 北京：人民交通出版社，2015.

[4] 续秀梅. 物流客户服务（学生用书）[M]. 2 版. 北京：中国财富出版社，2015.

[5] 袁旦. 物流客户服务 [M]. 2 版. 北京：电子工业出版社，2018.

[6] 曾益坤，庞德义. 物流客户服务 [M]. 北京：中国人民大学出版社，2016.

[7] 苏虹，孙红菊. 物流客户服务 [M]. 北京：机械工业出版社，2017.

[8] 何雄明. 快递客户服务与营销 [M]. 北京：人民邮电出版社，2018.

[9] 陶欣，张海霞，卢琳. 物流营销与客户服务 [M]. 北京：中国人民大学出版社，2017.

[10] 周爱国. 物流客户关系管理实务 [M]. 北京：中国物资出版社，2010.

[11] 杨明，刘春侠. 客户服务与管理 [M]. 北京：高等教育出版社，2000.

[12] 曹宗平. 客户服务管理 [M]. 北京：科学出版社，2011.

[13] 周爱国. 物流客户拓展实务 [M]. 北京：中国物资出版社，2008.